CODE DE L'ORGANISATION JUDICIAIRE

Texte à jour au 2 juillet 2022

Table des matières

- Table des matières 2
- Code de l'organisation judiciaire 38
  - Partie législative (Articles L111-1 à L563-1) 38
    - LIVRE Ier : DISPOSITIONS COMMUNES AUX JURIDICTIONS JUDICIAIRES (Articles L111-1 à L141-3) 38
    - TITRE Ier : PRINCIPES GÉNÉRAUX (Articles L111-1 à L111-14) 38
      - Chapitre unique (Articles L111-1 à L111-14) 38
        - Article L111-1 38
        - Article L111-2 38
        - Article L111-3 38
        - Article L111-4 38
        - Article L111-5 39
        - Article L111-6 39
        - Article L111-7 39
        - Article L111-8 40
        - Article L111-9 40
        - Article L111-10 40
        - Article L111-11 40
        - Article L111-12 40
        - Article L111-12-1 41
        - Article L111-13 41
        - Article L111-14 42
    - TITRE II : RÈGLES GÉNÉRALES D'ORGANISATION ET DE FONCTIONNEMENT (Articles L121-1 à L124-3) 42
      - Chapitre Ier : Les juges (Articles L121-1 à L121-4) 42
        - Section 1 : Composition des juridictions (Articles L121-1 à L121-2) 42
          - Article L121-1 42
          - Article L121-2 42
        - Section 2 : Le service juridictionnel (Articles L121-3 à L121-4) 43
          - Article L121-3 43
          - Article L121-4 43
      - Chapitre II : Le ministère public (Articles L122-1 à L122-4) 43
        - Section 1 : Organisation (Articles L122-1 à L122-3) 43
          - Article L122-1 43
          - Article L122-2 44
          - Article L122-3 44
        - Section 2 : Fonctionnement (Article L122-4) 44

Article L122-4 44

Chapitre III : Le greffe (Articles L123-1 à L123-3) 44

Article L123-1 44

Article L123-2 44

Article L123-3 45

Chapitre III bis : Les juristes assistants (Article L123-4) 45

Article L123-4 45

Chapitre IV : Siège et ressort des juridictions (Articles L124-1 à L124-3) 45

Article L124-1 45

Article L124-2 45

Article L124-3 46

TITRE IV : RESPONSABILITÉ DU FAIT DU FONCTIONNEMENT DU SERVICE PUBLIC DE LA JUSTICE (Articles L141-1 à L141-3) 46

Chapitre unique (Articles L141-1 à L141-3) 46

Article L141-1 46

Article L141-2 46

Article L141-3 46

LIVRE II : JURIDICTIONS DU PREMIER DEGRÉ (Articles L211-1 à L261-1) 47

TITRE Ier : LE TRIBUNAL JUDICIAIRE (Articles L211-1 à L218-12) 47

Chapitre Ier : Institution et compétence (Articles L211-1 à L211-21) 47

Article L211-1 47

Article L211-2 47

Section 1 : Compétence matérielle (Articles L211-3 à L211-21) 47

Sous-section 1 : Compétence commune à tous les tribunaux judiciaires (Articles L211-3 à L211-9-2) 47

Article L211-3 47

Article L211-4 47

Article L211-4-1 47

Article L211-4-2 47

Article L211-6 48

Article L211-7 48

Article L211-9 48

Article L211-9-1 48

Article L211-9-2 48

Sous-section 2 : Compétence particulière à certains tribunaux judiciaires (Articles L211-9-3 à L211-21) 48

Article L211-9-3 48

Article L211-10 49

Article L211-11 49

Article L211-11-1 50

Article L211-12 50

Article L211-13 50

Article L211-14 50

Article L211-16 50

Article L211-19 51

Article L211-20 51

Article L211-21 51

Chapitre II : Organisation et fonctionnement (Articles L212-1 à L212-8) 51

Section 1 : Le service juridictionnel (Articles L212-1 à L212-5-2) 51

Article L212-1 51

Article L212-2 52

Article L212-3 52

Article L212-4 52

Article L212-5 52

Article L212-5-1 52

Article L212-5-2 52

Section 2 : Le parquet (Articles L212-6 à L212-7) 53

Article L212-6 53

Article L212-6-1 53

Article L212-7 53

Section 4 : Les chambres de proximité (Article L212-8) 54

Article L212-8 54

Chapitre III : Fonctions particulières (Articles L213-1 à L213-13) 54

Section 1 : Fonctions particulières exercées en matière civile (Articles L213-1 à L213-8) 54

Sous-section 1 : Le président du tribunal (Articles L213-1 à L213-2) 54

Article L213-1 54

Article L213-2 54

Sous-section 3 : Le juge aux affaires familiales (Articles L213-3 à L213-4) 54

Article L213-3 54

Article L213-3-1 55

Article L213-4 55

Sous-section 3 bis : Le juge des contentieux de la protection (Articles L213-4-1 à L213-4-8) 56

Article L213-4-1 56

Article L213-4-2 56

Article L213-4-3 56

Article L213-4-4 56

Article L213-4-5 57

Article L213-4-6 57
Article L213-4-7 57
Article L213-4-8 57
Sous-section 4 : Le juge de l'exécution (Articles L213-5 à L213-7) 57
Article L213-5 57
Article L213-6 58
Article L213-7 58
Sous-section 5 : Le juge des libertés et de la détention (Article L213-8) 58
Article L213-8 58
Section 2 : Fonctions particulières exercées en matière pénale (Articles L213-9 à L213-13) 58
Article L213-9 58
Article L213-10 59
Article L213-11 59
Article L213-12 59
Article L213-13 60
Chapitre IV : La commission d'indemnisation des victimes d'infractions (Articles L214-1 à L214-2) 60
Article L214-1 60
Article L214-2 60
Chapitre V : Dispositions particulières aux départements du Bas-Rhin, du Haut-Rhin et de la Moselle (Articles L215-1 à L215-8) 61
Article L215-1 61
Article L215-2 61
Article L215-3 61
Article L215-4 61
Article L215-5 61
Article L215-6 62
Article L215-7 62
Article L215-8 62
Chapitre VI : Dispositions particulières au Département de Mayotte (Articles L216-1 à L216-2) 62
Article L216-1 62
Article L216-2 63
Chapitre VII : Dispositions particulières au tribunal judiciaire de Paris (Articles L217-1 à L217-6) 63
Section 1 : Les parquets spécialisés près le tribunal judiciaire de Paris (Articles L217-1 à L217-5) 63
Article L217-1 63
Article L217-2 63
Article L217-3 63

Article L217-4 64

Article L217-5 64

Section 2 : L'indemnisation des victimes d'actes de terrorisme (Article L217-6) 64

Article L217-6 64

Chapitre VIII : Dispositions particulières au tribunal judiciaire spécialement désigné au titre de l'article L. 211-16 (Articles L218-1 à L218-12) 65

Article L218-1 65

Article L218-2 65

Article L218-3 66

Article L218-4 66

Article L218-5 66

Article L218-6 67

Article L218-7 67

Article L218-8 67

Article L218-10 67

Article L218-11 68

Article L218-12 68

TITRE IV : LA COUR D'ASSISES (Article L241-1) 68

Chapitre unique (Article L241-1) 68

Article L241-1 68

TITRE V : LES JURIDICTIONS DES MINEURS (Articles L251-1 à L254-1) 69

Chapitre Ier : Le tribunal pour enfants (Articles L251-1 à L251-6) 69

Section 1 : Institution et compétence (Articles L251-1 à L251-2) 69

Article L251-1 69

Article L251-2 69

Section 2 : Organisation et fonctionnement (Articles L251-3 à L251-6) 69

Article L251-3 69

Article L251-4 69

Article L251-5 70

Article L251-6 70

Chapitre II : Le juge des enfants (Articles L252-1 à L252-6) 70

Section 1 : Institution et compétence (Articles L252-1 à L252-5) 70

Article L252-1 70

Article L252-2 70

Article L252-3 70

Article L252-4 70

Article L252-5 70

Section 2 : Organisation et fonctionnement (Article L252-6) 71

Article L252-6 71

Chapitre IV : La cour d'assises des mineurs (Article L254-1) 71

Article L254-1 71

TITRE VI : AUTRES JURIDICTIONS D'ATTRIBUTION (Article L261-1) 71

Chapitre unique (Article L261-1) 71

Article L261-1 71

LIVRE III : JURIDICTIONS DU SECOND DEGRÉ (Articles L311-1 à L321-1) 72

TITRE Ier : LA COUR D'APPEL (Articles L311-1 à L314-1) 72

Chapitre Ier : Compétence (Articles L311-1 à L311-17) 72

Section 1 : Dispositions générales (Article L311-1) 72

Article L311-1 72

Section 2 : Dispositions particulières (Articles L311-2 à L311-6) 72

Article L311-2 72

Article L311-3 72

Article L311-4 72

Article L311-6 73

Section 3 : Dispositions relatives au premier président (Articles L311-7 à L311-7-1) 73

Article L311-7 73

Article L311-7-1 73

Section 4 : Dispositions particulières à certaines chambres de la cour d'appel (Article L311-8) ... 74

Article L311-8 74

Section 5 : Dispositions particulières à certaines cours d'appel (Articles L311-10 à L311-16) 74

Article L311-10 74

Article L311-11 74

Article L311-12 74

Article L311-13 74

Article L311-14 75

Article L311-15 75

Article L311-16 75

Section 6 : Dispositions particulières au premier président de certaines cours d'appel (Article L311-17) 75

Article L311-17 75

Chapitre II : Organisation et fonctionnement (Articles L312-1 à L312-8) 76

Section 1 : Les formations de la cour d'appel (Articles L312-1 à L312-6-2) 76

Sous-section 1 : Dispositions générales (Articles L312-1 à L312-3) 76

Article L312-1 76

Article L312-2 76

Article L312-3 76

Sous-section 2 : Dispositions particulières à certaines formations (Articles L312-4 à L312-6-2) .. 76

    Article L312-4 76

    Article L312-6 76

    Article L312-6-1 77

    Article L312-6-2 77

Section 2 : Le parquet général (Articles L312-7 à L312-8) 77

    Article L312-7 77

    Article L312-8 77

Chapitre III : Dispositions particulières aux départements du Bas-Rhin, du Haut-Rhin et de la Moselle (Articles L313-1 à L313-2) 78

    Article L313-1 78

    Article L313-2 78

Chapitre IV : Dispositions particulières au Département de Mayotte (Article L314-1) 78

    Article L314-1 78

TITRE II : LA COUR D'ASSISES STATUANT EN APPEL (Article L321-1) 78

    Chapitre unique (Article L321-1) 78

    Article L321-1 78

LIVRE IV : LA COUR DE CASSATION (Articles L411-1 à LO461-2) 78

TITRE Ier : INSTITUTION ET COMPÉTENCE (Articles L411-1 à L411-4) 78

    Chapitre unique (Articles L411-1 à L411-4) 78

    Article L411-1 78

    Article L411-2 79

    Article L411-3 79

    Article L411-4 79

TITRE II : ORGANISATION (Articles L421-1 à L421-8) 79

    Chapitre unique (Articles L421-1 à L421-8) 79

    Article L421-1 79

    Article L421-2 80

    Article L421-3 80

    Article L421-4 80

    Article L421-5 80

    Article L421-6 80

    Article L421-7 80

    Article L421-8 81

TITRE III : FONCTIONNEMENT (Articles L431-1 à L432-5) 81

    Chapitre Ier : Les chambres de la cour (Articles L431-1 à L431-10) 81

    Section 1 : Dispositions générales (Articles L431-1 à L431-4) 81

    Article L431-1 81

Article L431-2 81

Article L431-3 81

Article L431-3-1 81

Article L431-4 82

Section 2 : Dispositions particulières aux chambres mixtes et à l'assemblée plénière (Articles L431-5 à L431-10) 82

Article L431-5 82

Article L431-6 82

Article L431-7 82

Article L431-8 82

Article L431-9 82

Article L431-10 83

Chapitre II : Le parquet général (Articles L432-1 à L432-5) 83

Article L432-1 83

Article L432-2 83

Article L432-3 83

Article L432-4 83

Article L432-5 84

TITRE IV : DISPOSITIONS PARTICULIÈRES EN CAS DE SAISINE POUR AVIS DE LA COUR DE CASSATION (Articles L441-1 à L441-4) 84

Chapitre unique (Articles L441-1 à L441-4) 84

Article L441-1 84

Article L441-2 84

Article L441-2-1 84

Article L441-3 84

Article L441-4 85

TITRE V : JURIDICTIONS ET COMMISSIONS PLACÉES AUPRÈS DE LA COUR DE CASSATION (Articles L451-1 à L452-6) 85

Chapitre Ier : Révision et réexamen en matière pénale (Articles L451-1 à L451-2) 85

Article L451-1 85

Article L451-2 85

Chapitre II : Réexamen en matière civile (Articles L452-1 à L452-6) 85

Article L452-1 85

Article L452-2 86

Article L452-3 86

Article L452-4 86

Article L452-5 87

Article L452-6 87

TITRE VI : QUESTION PRIORITAIRE DE CONSTITUTIONNALITÉ (Articles LO461-1 à LO461-2) 87

    Article LO461-1 87

    Article LO461-2 87

LIVRE V : DISPOSITIONS PARTICULIÈRES À SAINT-PIERRE-ET-MIQUELON, À WALLIS-ET-FUTUNA, AUX TERRES AUSTRALES ET ANTARCTIQUES FRANCAISES, À LA POLYNÉSIE FRANCAISE ET À LA NOUVELLE-CALÉDONIE (Articles L511-1 à L563-1) 88

TITRE Ier : DISPOSITIONS PARTICULIÈRES À SAINT-PIERRE-ET-MIQUELON (Articles L511-1 à L513-11) 88

    Chapitre Ier : Dispositions générales (Article L511-1) 88

    Article L511-1 88

    Chapitre II : Des fonctions judiciaires (Articles L512-1 à L512-4) 88

    Article L512-1 88

    Article L512-2 88

    Article L512-3 89

    Article L512-4 89

    Chapitre III : Des juridictions (Articles L513-1 à L513-11) 89

    Section 1 : Le tribunal de première instance (Articles L513-1 à L513-5-1) 89

    Article L513-1 89

    Article L513-2 89

    Article L513-3 90

    Article L513-4 90

    Article L513-5 90

    Article L513-5-1 90

    Section 2 : Le tribunal supérieur d'appel (Articles L513-6 à L513-11) 90

    Article L513-6 90

    Article L513-7 91

    Article L513-8 91

    Article L513-9 91

    Article L513-10 91

    Article L513-11 91

TITRE II : DISPOSITIONS PARTICULIERES À MAYOTTE (Article L521-1) (abrogé) 92

    Chapitre Ier : Dispositions générales (Article L521-1) (abrogé) 92

    Article L521-1 92

TITRE III : DISPOSITIONS APPLICABLES À WALLIS-ET-FUTUNA (Articles L531-1 à L533-1) 92

    Chapitre Ier : Dispositions générales (Articles L531-1 à L531-2) 92

    Article L531-1 92

Article L531-2 92

Chapitre II : Des juridictions (Articles L532-1 à L532-28) 92

Section 1 : Le tribunal de première instance (Articles L532-1 à L532-18) 92

Article L532-1 93

Article L532-2 93

Article L532-3 93

Article L532-4 93

Article L532-5 93

Article L532-6 93

Article L532-6-1 93

Article L532-7 94

Article L532-8 94

Article L532-9 94

Article L532-10 94

Article L532-11 94

Article L532-12 94

Article L532-13 95

Article L532-14 95

Article L532-15 95

Article L532-15-1 95

Article L532-16 95

Article L532-17 96

Article L532-17-1 96

Article L532-18 96

Section 3 : Les juridictions des mineurs (Articles L532-25 à L532-26) 96

Article L532-25 96

Article L532-26 96

Section 4 : La cour d'assises (Articles L532-27 à L532-28) 97

Article L532-27 97

Article L532-28 97

Chapitre III : Du greffe (Article L533-1) 97

Article L533-1 97

TITRE IV : DISPOSITIONS APPLICABLES AUX TERRES AUSTRALES ET ANTARCTIQUES FRANÇAISES (Article L541-1) 97

Article L541-1 97

TITRE V : DISPOSITIONS APPLICABLES À LA POLYNÉSIE FRANÇAISE (Articles L551-1 à L553-1) 97

Chapitre Ier : Dispositions générales (Articles L551-1 à L551-2) 97

Article L551-1 97

Article L551-2 98

Chapitre II : Des juridictions (Articles L552-1 à L552-21) 98

Section 1 : Le tribunal de première instance (Articles L552-1 à L552-9-11) 98

Sous-section 1 : Dispositions générales (Articles L552-1 à L552-9) 98

Article L552-1 98

Article L552-2 98

Article L552-3 98

Article L552-4 98

Article L552-5 98

Article L552-6 99

Article L552-7 99

Article L552-8 99

Article L552-8-1 99

Article L552-9 99

Sous-section 2 : Dispositions spécifiques au tribunal foncier (Articles L552-9-1 à L552-9-11) 99

Article L552-9-1 99

Article L552-9-2 99

Article L552-9-3 100

Article L552-9-4 100

Article L552-9-5 100

Article L552-9-6 100

Article L552-9-7 100

Article L552-9-8 100

Article L552-9-9 101

Article L552-9-10 101

Article L552-9-11 101

Section 2 : La cour d'appel (Articles L552-10 à L552-12) 102

Article L552-10 102

Article L552-11 102

Article L552-12 102

Section 4 : Les juridictions des mineurs (Article L552-19) 102

Article L552-19 102

Section 5 : La cour d'assises (Articles L552-20 à L552-21) 102

Article L552-20 103

Article L552-21 103

Chapitre III : Du greffe (Article L553-1) 103

Article L553-1 103

TITRE VI : DISPOSITIONS APPLICABLES À LA NOUVELLE-CALÉDONIE (Articles L561-1 à L563-1) ... 103

Chapitre Ier : Dispositions générales (Articles L561-1 à L561-2) ... 103

Article L561-1 ... 103

Article L561-2 ... 103

Chapitre II : Des juridictions (Articles L562-1 à L562-37) ... 104

Section 1 : Le tribunal de première instance (Articles L562-1 à L562-24-1) ... 104

Article L562-1 ... 104

Article L562-2 ... 104

Article L562-3 ... 104

Article L562-4 ... 104

Article L562-5 ... 104

Article L562-6 ... 104

Article L562-6-1 ... 105

Article L562-7 ... 105

Article L562-8 ... 105

Article L562-9 ... 105

Article L562-10 ... 105

Article L562-11 ... 106

Article L562-12 ... 106

Article L562-13 ... 106

Article L562-14 ... 106

Article L562-15 ... 106

Article L562-16 ... 106

Article L562-17 ... 107

Article L562-18 ... 107

Article L562-19 ... 107

Article L562-20 ... 107

Article L562-21 ... 107

Article L562-22 ... 108

Article L562-23 ... 108

Article L562-24 ... 108

Article L562-24-1 ... 108

Section 2 : La cour d'appel (Articles L562-25 à L562-28) ... 108

Article L562-25 ... 108

Article L562-26 ... 109

Article L562-27 ... 109

Article L562-28 ... 109

Section 4 : Les juridictions des mineurs (Article L562-35) 109
Article L562-35 109
Section 5 : La cour d'assises (Articles L562-36 à L562-37) 109
Article L562-36 109
Article L562-37 110
Chapitre III : Du greffe (Article L563-1) 110
Article L563-1 110
Partie réglementaire (Articles R111-1 à Annexe Tableau XVII) 110
LIVRE IER : DISPOSITIONS COMMUNES AUX JURIDICTIONS JUDICIAIRES (Articles R111-1 à R131-12) 110
TITRE IER : PRINCIPES GENERAUX (Articles R111-1 à R111-13) 110
Chapitre Ier : Dispositions générales (Articles R111-1 à R111-8) 110
Article R111-1 110
Article R111-2 110
Article R111-3 111
Article R111-4 111
Article R111-5 111
Article R111-6 111
Article R111-7 111
Article R111-7-1 112
Article R111-8 112
Chapitre II : Le règlement des conflits de compétence entre les ordres de juridiction (Article R111-9) 113
Article R111-9 113
Chapitre III : La mise à disposition du public des décisions de justice sous forme électronique (Articles R111-10 à R111-13) 113
Article R111-10 113
Article R111-11 113
Article R111-12 113
Article R111-13 114
TITRE II : REGLES GENERALES D'ORGANISATION ET DE FONCTIONNEMENT (Articles R121-1 à R124-3) 114
Chapitre Ier : Les juges (Articles R121-1 à R121-5) 114
Section 2 : Le service juridictionnel (Articles R121-1 à R121-5) 114
Article R121-1 114
Article R121-2 115
Article R121-3 115
Article R121-4 115
Article R121-5 115

Chapitre II : Le ministère public (Articles R122-1 à R122-5) 115
Section 1 : Organisation (Article R122-1) 115
Article R122-1 115
Section 2 : Fonctionnement (Articles R122-2 à R122-5) 116
Article R122-2 116
Article R122-3 116
Article R122-4 116
Article R122-5 117
Chapitre III : Le greffe (Articles R123-1 à R123-29) 117
Section 1 : Organisation (Articles R123-1 à R123-2) 117
Article R123-1 117
Article R123-2 117
Section 2 : Fonctionnement (Articles R123-3 à R123-19) 118
Article R123-3 118
Article R123-4 118
Article R123-5 118
Article R123-6 119
Article R123-7 119
Article R123-8 119
Article R123-9 119
Article R123-10 119
Article R123-11 120
Article R123-12 120
Article R123-13 120
Article R123-14 120
Article R123-15 121
Article R123-16 121
Article R123-17 121
Article R123-18 122
Article R123-19 122
Section 3 : Régies (Articles R123-20 à R123-25) 122
Article R123-20 122
Article R123-21 123
Article R123-22 123
Article R123-23 123
Article R123-24 123
Article R123-25 124
Section 4 : Le service d'accueil unique du justiciable (Articles R123-26 à R123-29) 124

Article R123-26 124
Article R123-27 124
Article R123-28 124
Article R123-29 125
Chapitre III bis : Les juristes assistants (Articles R123-30 à R123-39) 126
Article R123-30 126
Article R123-31 126
Article R123-32 126
Article R123-33 126
Article R123-34 127
Article R123-35 127
Article R123-36 128
Article R123-37 128
Article R123-38 128
Article R123-39 128
Chapitre IV : Siège et ressort des juridictions (Articles R124-1 à R124-3) 129
Article R124-1 129
Article R124-2 129
Article R124-3 129
TITRE III : MAISONS DE JUSTICE ET DU DROIT (Articles R131-1 à R131-11) 130
Chapitre unique (Articles R131-1 à R131-11) 130
Article R131-1 130
Article R131-2 130
Article R131-3 130
Article R131-4 131
Article R131-5 131
Article R131-6 131
Article R131-7 132
Article R131-8 132
Article R131-9 133
Article R131-10 133
Article R131-11 133
TITRE V : CONCILIATEURS DE JUSTICE (Article R131-12) 134
Article R131-12 134
LIVRE II : JURIDICTIONS DU PREMIER DEGRE (Articles D211-1 à R253-1) 134
TITRE IER : LE TRIBUNAL JUDICIAIRE (Articles D211-1 à R218-17) 134
Chapitre Ier : Institution et compétence (Articles D211-1 à R211-18) 134
Article D211-1 134

Article R211-2 134

Section 1 : Compétence matérielle (Articles R211-3 à R211-10-5) 135

Sous-section 1 : Compétence commune à tous les tribunaux judiciaires (Articles R211-3 à R211-3-27) 135

Paragraphe 1 : Compétence à charge d'appel (Articles R211-3 à R211-3-11) 135

Article R211-3 135

Article R211-3-1 135

Article R211-3-2 135

Article R211-3-3 136

Article R211-3-4 136

Article R211-3-5 136

Article R211-3-6 136

Article R211-3-7 137

Article R211-3-8 137

Article R211-3-9 138

Article R211-3-10 138

Article R211-3-11 138

Paragraphe 2 : Compétence en dernier ressort (Articles R211-3-12 à R211-3-23) 139

Article R211-3-12 139

Article R211-3-13 139

Article R211-3-14 139

Article R211-3-15 139

Article R211-3-16 140

Article R211-3-17 140

Article R211-3-18 141

Article R211-3-19 141

Article R211-3-20 141

Article R211-3-21 141

Article R211-3-22 142

Article R211-3-23 142

Paragraphe 3 : Compétence à charge d'appel ou en dernier ressort en fonction du montant de la demande (Articles R211-3-24 à R211-3-27) 142

Article R211-3-24 143

Article R211-3-25 143

Article R211-3-26 143

Article R211-3-27 144

Sous-section 2 : Compétence particulière à certains tribunaux judiciaires (Articles R211-4 à D211-10-4-1) 144

Article R211-4 144

Article D211-4-1 146

Article D211-5 147

Article D211-6 147

Article D211-6-1 147

Article R211-7 147

Article R211-7-1 148

Article D211-7-2 148

Article D211-7-3 148

Article D211-9 148

Article D211-10 148

Article D211-10-1 149

Article D211-10-2 149

Article D211-10-3 149

Article D211-10-3-1 149

Article R211-10-4 149

Article D211-10-4-1 150

Sous-section 3 : Compétence du juge du tribunal judiciaire (Article R211-10-5) 150

Article R211-10-5 150

Section 2 : Compétence territoriale (Articles R211-11 à R211-18) 150

Article R211-11 150

Article R211-12 150

Article R211-13 151

Article R211-14 151

Article R211-15 151

Article R211-16 151

Article R211-17 152

Article R211-18 152

Chapitre II : Organisation et fonctionnement (Articles R212-1 à R212-64) 153

Article R212-1 153

Article R212-2 153

Section 1 : Le service juridictionnel (Articles R212-3 à R212-11) 153

Article R212-3 153

Article R212-4 154

Article R212-5 154

Article R212-6 155

Article R212-7 155

Article R212-8 155

Article R212-9 157

Article R212-9-1 157
Article R212-10 158
Article R212-11 158
Section 2 : Le parquet (Articles R212-12 à R212-15) 158
Article R212-12 158
Article R212-13 158
Article R212-14 159
Article R212-15 159
Section 3 : Le greffe (Articles R212-16 à R212-17-4) 159
Article R212-16 159
Article R212-17 160
Article R212-17-1 160
Article R212-17-1-1 160
Article D212-17-2 160
Article R212-17-3 161
Article R212-17-4 161
Section 4 : Les chambres de proximité (Articles R212-18 à R212-21) 161
Article R212-18 161
Article D212-19 162
Article D212-19-1 162
Article D212-19-2 162
Article R212-19-3 163
Article R212-19-4 163
Article R212-20 164
Article R212-21 164
Section 5 : Les assemblées générales (Articles R212-22 à R212-57) 164
Article R212-22 164
Sous-section 1 : Dispositions communes aux différentes formations de l'assemblée générale (Articles R212-23 à R212-33) 165
Article R212-23 165
Article R212-24 165
Article R212-25 166
Article R212-26 166
Article R212-27 166
Article R212-28 166
Article R212-29 167
Article R212-30 167
Article R212-31 167

Article R212-32 167

Article R212-33 168

Sous-section 2 : L'assemblée des magistrats du siège (Articles R212-34 à R212-37-1) 168

Article R212-34 168

Article R212-34-1 169

Article R212-35 169

Article R212-36 169

Article R212-37 169

Article R212-37-1 170

Sous-section 3 : L'assemblée des magistrats du parquet (Articles R212-38 à R212-40) 171

Article R212-38 171

Article R212-39 171

Article R212-40 172

Sous-section 4 : L'assemblée des magistrats du siège et du parquet (Articles R212-41 à R212-44)
 172

Article R212-41 172

Article R212-41-1 172

Article R212-42 173

Article R212-43 173

Article R212-44 174

Sous-section 5 : Les assemblées des fonctionnaires du greffe et du secrétariat de parquet
autonome (Articles R212-45 à R212-48) 174

Article R212-45 174

Article R212-45-1 175

Article R212-46 175

Article R212-47 175

Article R212-48 175

Sous-section 6 : L'assemblée plénière des magistrats et des fonctionnaires (Articles R212-49 à
R212-50) 176

Article R212-49 176

Article R212-49-1 176

Article R212-50 177

Sous-section 7 : La commission plénière (Articles R212-51 à R212-54-1) 177

Article R212-51 177

Article R212-52 178

Article R212-53 178

Article R212-54 178

Article R212-54-1 178

Sous-section 8 : La commission restreinte (Articles R212-55 à R212-57) 179

Article R212-55 179
Article R212-56 179
Article R212-57 179
Section 6 : Administration du tribunal judiciaire (Articles R212-58 à R212-61) 179
Article R212-58 179
Article R212-59 180
Article R212-60 180
Article R212-61 180
Section 7 : Les pôles (Article R212-62) 180
Article R212-62 180
Section 8 : Le projet de juridiction (Article R212-63) 181
Article R212-63 181
Section 9 : Le conseil de juridiction (Article R212-64) 181
Article R212-64 181
Chapitre III : Fonctions particulières (Articles R213-1 à R213-14) 183
Section 1 : Fonctions particulières exercées en matière civile (Articles R213-1 à R213-12-1) ... 183
Sous-section 1 : Le président du tribunal judiciaire (Articles R213-1 à R213-6) 183
Article R213-1 183
Article R213-1-1 183
Article R213-2 183
Article R213-3 183
Article R213-4 184
Article R213-5 184
Article R213-5-1 184
Article R213-5-2 184
Article R213-5-3 185
Article R213-6 185
Sous-section 2 : Le juge de la mise en état (Article R213-7) 185
Article R213-7 185
Sous-section 3 : Le juge aux affaires familiales (Articles R213-8 à R213-9) 185
Article R213-8 185
Article R213-9 186
Sous-section 3-1 : Le magistrat coordonnateur de l'activité en matière de droit de la famille et des personnes (Article R213-9-1) 186
Article R213-9-1 186
Sous-section 3-2 : Le juge des contentieux de la protection (Articles R213-9-2 à R213-9-9) ... 186
Paragraphe 1 : Compétence matérielle (Articles R213-9-2 à R213-9-4) 186
Article R213-9-2 186

Article R213-9-3 186

Article R213-9-4 187

Paragraphe 2 : Compétence territoriale (Articles R213-9-5 à R213-9-8) 187

Article R213-9-5 187

Article R213-9-6 187

Article R213-9-7 187

Article R213-9-8 188

Paragraphe 3 : Le service juridictionnel (Article R213-9-9) 188

Article R213-9-9 188

Sous-section 3-3 : Le magistrat coordonnateur de la protection et de la conciliation de justice (Articles R213-9-10 à R213-9-11) 188

Article R213-9-10 188

Article R213-9-11 188

Sous-section 4 : Le juge de l'exécution (Articles R213-10 à R213-12) 189

Article R213-10 189

Article R213-11 189

Article R213-12 190

Sous-Section 5 : Le juge chargé de contrôler l'exécution des mesures d'instruction et des commissions rogatoires en provenance de l'étranger (Article R213-12-1) 190

Article R213-12-1 190

Section 2 : Fonctions particulières exercées en matière pénale (Articles R213-13 à R213-14) 190

Article R213-13 190

Article R213-14 190

Chapitre IV : La commission d'indemnisation des victimes d'infractions (Articles R214-1 à R214-6) 191

Article R214-1 191

Article R214-2 191

Article R214-3 191

Article R214-4 192

Article D214-5 192

Article R214-6 192

Chapitre V : Dispositions particulières aux départements du Bas-Rhin, du Haut-Rhin et de la Moselle (Articles R215-1 à R215-14) 193

Section 1 : Institution et compétence (Articles R215-1 à D215-2) 193

Article R215-1 193

Article D215-2 193

Section 2 : Organisation et fonctionnement (Articles D215-3 à R215-14) 193

Sous-section 1 : Le livre foncier (Articles D215-3 à D215-9) 193

Article D215-3 194

Article D215-4 194
Article R215-5 194
Article D215-6 194
Article R215-7 195
Article D215-8 195
Article D215-9 195
Sous-section 2 : Le greffe (Articles R215-10 à R215-14) 196
Article R215-10 196
Article R215-11 196
Article R215-12 196
Article R215-13 196
Article R215-14 197
Chapitre VII : Dispositions particulières au tribunal judiciaire de Paris (Articles R217-1 à R217-8)
.... 197
Article R217-1 197
Article R217-2 197
Article R217-3 198
Article R217-4 198
Article R217-5 198
Article R217-6 199
Article R217-7 199
Article R217-8 199
Chapitre VIII : Dispositions particulières au tribunal judiciaire spécialement désigné au titre de l'article L. 211-16 (Articles R218-1 à R218-17) 200
Section 1 : De la désignation et du mandat des assesseurs (Articles R218-1 à R218-12) 200
Article R218-1 200
Article R218-2 200
Article R218-3 200
Article R218-4 200
Article R218-5 200
Article R218-6 201
Article R218-7 201
Article R218-8 201
Article R218-9 202
Article R218-9-1 202
Article R218-10 202
Article R218-11 202
Article R218-12 203

Section 2 : De l'obligation de formation initiale (Articles D218-13 à R218-17) 203
Article D218-13 203
Article D218-14 203
Article D218-15 203
Article R218-16 203
Article R218-17 203
TITRE V : LES JURIDICTIONS DES MINEURS (Articles D251-1 à R253-1) 204
Chapitre Ier : Le tribunal pour enfants (Articles D251-1 à R251-13) 204
Section 1 : Institution et compétence (Article D251-1) 204
Article D251-1 204
Section 2 : Organisation et fonctionnement (Articles D251-2 à R251-13) 204
Article D251-2 204
Article R251-3 204
Article R251-4 205
Article R251-5 205
Article R251-6 205
Article R251-7 205
Article R251-8 206
Article R251-9 206
Article R251-10 206
Article R251-11 206
Article R251-12 206
Article R251-13 207
Chapitre II : Le juge des enfants (Articles R252-1 à R252-2) 207
Section 1 : Institution et compétence (Articles R252-1 à R252-2) 207
Article R252-1 207
Article R252-2 207
Chapitre III : Dispositions communes au tribunal pour enfant et au juge des enfants (Article R253-1) 207
Article R253-1 207
LIVRE III : JURIDICTIONS DU SECOND DEGRE (Articles D311-1 à R314-7) 208
TITRE IER : LA COUR D'APPEL (Articles D311-1 à R314-7) 208
Chapitre Ier : Compétence (Articles D311-1 à D311-13) 208
Section 1 : Dispositions générales (Articles D311-1 à R311-3) 208
Article D311-1 208
Article R311-2 208
Article R311-3 208
Section 3 : Dispositions relatives au premier président (Articles R311-4 à R311-5) 209

Article R311-4 209

Article R311-5 209

Section 4 : Dispositions particulières à certaines chambres de la cour d'appel (Articles R311-6 à R311-7) 209

Article R311-6 209

Article R311-7 209

Section 5 : Dispositions particulières à certaines cours d'appel (Articles D311-8 à D311-12-1) . 209

Article D311-8 209

Article D311-9 210

Article D311-10 210

Article D311-11 210

Article D311-12 211

Article D311-12-1 211

Section 6 : Dispositions particulières au premier président de certaines cours d'appel (Article D311-13) 211

Article D311-13 211

Chapitre II : Organisation et fonctionnement (Articles R312-1 à R312-85) 211

Section 1 : Les formations de la cour d'appel (Articles R312-1 à R312-13-4) 211

Sous-Section 1 : Dispositions générales (Articles R312-1 à R312-8) 211

Article R312-1 211

Article R312-2 212

Article R312-3 212

Article R312-4 212

Article R312-5 212

Article R312-6 213

Article R312-7 213

Article R312-8 213

Sous-Section 2 : Dispositions particulières à certaines formations (Articles R312-9 à R312-13-4) 213

Article R312-9 213

Article R312-10 214

Article R312-11 214

Article R312-11-1 214

Article R312-12 214

Article R312-13 215

Article R312-13-1 216

Article R312-13-2 216

Article R312-13-3 216

Article R312-13-4 217

Section 2 : Le parquet général (Articles R312-14 à R312-18) 217
    Article R312-14 217
    Article R312-15 217
    Article R312-16 217
    Article R312-17 218
    Article R312-18 218
Section 3 : Le greffe (Article R312-19) 218
    Article R312-19 218
Section 5 : Les assemblées générales (Articles R312-27 à R312-64) 218
    Article R312-27 219
Sous-Section 1 : Dispositions communes aux différentes formations de l'assemblée générale (Articles R312-28 à R312-38) 219
    Article R312-28 219
    Article R312-29 219
    Article R312-30 220
    Article R312-31 220
    Article R312-32 220
    Article R312-33 220
    Article R312-34 221
    Article R312-35 221
    Article R312-36 221
    Article R312-37 221
    Article R312-38 222
Sous-Section 2 : L'assemblée des magistrats du siège (Articles R312-39 à R312-43) 222
    Article R312-39 222
    Article R312-40 222
    Article R312-41 222
    Article R312-42 223
    Article R312-42-1 223
    Article R312-43 224
Sous-Section 3 : L'assemblée des magistrats du parquet (Articles R312-45 à R312-47) 224
    Article R312-45 224
    Article R312-46 225
    Article R312-47 225
Sous-Section 4 : L'assemblée des magistrats du siège et du parquet (Articles R312-48 à R312-51) 225
    Article R312-48 225
    Article R312-49 226

Article R312-50...226

Article R312-51...226

Sous-Section 5 : L'assemblée des fonctionnaires du greffe (Articles R312-52 à R312-55) 227

Article R312-52...227

Article R312-53...227

Article R312-54...227

Article R312-55...228

Sous-Section 6 : L'assemblée plénière des magistrats et des fonctionnaires (Articles R312-56 à R312-57)..228

Article R312-56...228

Article R312-57...228

Sous-Section 7 : La commission plénière (Articles R312-58 à R312-61-1)....................................229

Article R312-58...229

Article R312-59...229

Article R312-60...230

Article R312-61...230

Article R312-61-1..230

Sous-Section 8 : La commission restreinte (Articles R312-62 à R312-64)....................................230

Article R312-62...230

Article R312-63...231

Article R312-64...231

Section 6 : Administration et inspection des juridictions du ressort de la Cour d'appel (Articles R312-65 à R312-69-3)..231

Article R312-65...231

Article D312-66...231

Article R312-67...232

Article R312-68...232

Article R312-69...232

Article R312-69-1..232

Article R312-69-2..233

Article R312-69-3..233

Section 7 : Le service administratif régional (Articles R312-70 à R312-82)..................................233

Sous-Section 1 : Missions (Article R312-70)..233

Article R312-70...233

Sous-Section 2 : Organisation et fonctionnement (Articles R312-71 à R312-76) 233

Article R312-71...234

Article R312-72...234

Article R312-73...234

Article R312-74 234

Article R312-75 234

Article R312-76 235

Sous-Section 3 : Assemblée des membres du service administratif régional (Articles R312-77 à R312-82) 235

Article R312-77 235

Article R312-78 235

Article R312-79 235

Article R312-80 236

Article R312-81 236

Article R312-82 236

Section 8 : Les pôles (Article R312-83) 236

Article R312-83 236

Section 9 : Le projet de juridiction (Article R312-84) 237

Article R312-84 237

Section 10 : Le conseil de juridiction (Article R312-85) 237

Article R312-85 237

Chapitre III : Dispositions particulières aux départements du Bas-Rhin, du Haut-Rhin et de la Moselle (Articles D313-1 à R313-3) 238

Article D313-1 238

Article D313-2 238

Article R313-3 239

Chapitre IV : Dispositions particulières au département de Mayotte (Articles D314-1 à R314-7) 239

Article D314-1 239

Article R314-2 239

Article R314-3 239

Article R314-4 239

Article R314-5 240

Article R314-6 240

Article R314-7 240

LIVRE IV : LA COUR DE CASSATION (Articles R411-1 à R*461-1) 240

TITRE IER : INSTITUTION ET COMPETENCE (Articles R411-1 à R411-7) 240

Chapitre unique (Articles R411-1 à R411-7) 240

Article R411-1 240

Article R411-2 240

Article R411-3 241

Article R411-4 241

Article R411-4-1 241

Article R411-5 241

Article R411-6 241

Article R411-7 242

TITRE II : ORGANISATION (Articles R421-1 à R421-10) 242

Chapitre unique (Articles R421-1 à R421-10) 242

Article R421-1 242

Article R421-2 243

Article R421-3 243

Article R421-4 244

Article R421-4-1 244

Article R421-4-2 245

Article R421-4-3 245

Article R421-5 246

Article R421-6 246

Article R421-7 246

Article R421-8 246

Article R421-9 247

Article R421-10 247

TITRE III : FONCTIONNEMENT (Articles R431-1 à R435-3) 248

Chapitre Ier : Les chambres de la Cour (Articles R431-1 à R431-14) 248

Section 1 : Dispositions générales (Articles R431-1 à R431-10) 248

Article R431-1 248

Article R431-2 248

Article R431-3 248

Article R431-4 249

Article R431-5 249

Article R431-6 249

Article R431-7 249

Article R431-7-1 249

Article R431-8 250

Article R431-9 250

Article R431-10 250

Section 2 : Dispositions particulières aux chambres mixtes et à l'assemblée plénière (Articles
R431-11 à R431-14) 250

Article R431-11 250

Article R431-12 250

Article R431-13 251

Article R431-14 251

Chapitre II : Le parquet général (Articles R432-1 à R432-4) 251
Article R432-1 251
Article R432-2 251
Article R432-3 251
Article R432-4 252
Chapitre III : Le service de documentation et d'études (Articles R433-1 à R433-4) 252
Article R433-1 252
Article R433-2 252
Article R433-3 253
Article R433-4 253
Chapitre IV : Le greffe (Articles R434-1 à R434-2) 253
Article R434-1 253
Article R434-2 254
Chapitre V : Les assemblées générales (Articles R435-1 à R435-3) 254
Article R435-1 254
Article R435-2 254
Article R435-3 254
TITRE IV : DISPOSITIONS PARTICULIERES EN CAS DE SAISINE POUR AVIS DE LA COUR DE CASSATION (Article R441-1) 254
Chapitre unique (Article R441-1) 254
Article R441-1 254
TITRE VI : QUESTION PRIORITAIRE DE CONSTITUTIONNALITÉ (Article R*461-1) 255
Article R*461-1 255
LIVRE V : DISPOSITIONS PARTICULIERES A SAINT-PIERRE-ET-MIQUELON, A WALLIS ET FUTUNA, AUX TERRES AUSTRALES ET ANTARCTIQUES FRANCAISES, A LA POLYNESIE FRANCAISE ET A LA NOUVELLE CALEDONIE (Articles R511-1 à R563-4) 255
TITRE IER : DISPOSITIONS PARTICULIERES A SAINT-PIERRE-ET-MIQUELON (Articles R511-1 à R513-12) 255
Chapitre Ier : Dispositions générales (Article R511-1) 255
Article R511-1 255
Chapitre II : Des fonctions judiciaires (Articles R512-1 à R512-7) 256
Article R512-1 256
Article R512-2 256
Article R512-3 256
Article R512-4 256
Article R512-5 257
Article R512-6 257

Article R512-7	257
Chapitre III : Des juridictions (Articles R513-1 à R513-12)	257
Section 1 : Le tribunal de première instance (Articles R513-1 à R513-6)	257
Sous-Section 1 : Compétence (Articles R513-1 à R513-1-1)	257
Article R513-1	257
Article R513-1-1	258
Sous-section 2 : Organisation et fonctionnement (Articles R513-2 à R513-6)	258
Article R513-2	258
Article R513-3	258
Article R513-4	258
Article R513-5	258
Article R513-6	259
Section 2 : Le tribunal supérieur d'appel (Articles R513-7 à R513-12)	259
Article R513-7	259
Article R513-8	259
Article R513-9	260
Article R513-10	260
Article R513-11	260
Article R513-12	260
TITRE III : DISPOSITIONS APPLICABLES A WALLIS ET FUTUNA (Articles R531-1 à R533-4)	260
Chapitre Ier : Dispositions générales (Articles R531-1 à R531-2)	260
Article R531-1	260
Article R531-2	261
Chapitre II : Des juridictions (Articles D532-1 à R532-24)	261
Article D532-1	261
Section 1 : Le tribunal de première instance (Articles D532-2 à R532-23)	261
Sous-section 1 : Institution et compétence (Articles D532-2 à R532-6-1)	261
Article D532-2	261
Article R532-3	262
Article R532-4	262
Article D532-5	262
Article R532-6	262
Article R532-6-1	262
Sous-section 2 : Organisation et fonctionnement (Articles R532-8 à R532-22-1)	263
Article R532-8	263
Article R532-9	263
Article R532-10	263

Article R532-11 263

Article R532-12 263

Article R532-13 263

Article R532-14 264

Article R532-15 264

Article R532-16 264

Article R532-17 264

Article R532-18 265

Article R532-19 265

Article R532-20 265

Article R532-21 265

Article R532-22 265

Article R532-22-1 266

Sous-section 3 : La commission d'indemnisation des victimes d'infractions (Article R532-23) ... 266

Article R532-23 266

Article R532-24 266

Article R533-1 267

Article R533-2 267

Article R533-3 267

Article R533-4 267

TITRE IV : DISPOSITIONS APPLICABLES AUX TERRES AUSTRALES ET ANTARCTIQUES FRANCAISES (Article R541-1) 267

Chapitre unique (Article R541-1) 267

Article R541-1 267

TITRE V : DISPOSITIONS APPLICABLES A LA POLYNESIE FRANCAISE (Articles R551-1 à R553-4) 268

Chapitre Ier : Dispositions générales (Articles R551-1 à R551-2) 268

Article R551-1 268

Article R551-2 268

Chapitre II : Des juridictions (Articles D552-1 à R552-35) 268

Section 1 : Le tribunal de première instance (Articles D552-1 à R552-22-8) 268

Sous-section 1 : Institution et compétence (Articles D552-1 à R552-6) 268

Article D552-1 269

Article R552-2 269

Article R552-3 269

Article D552-4 269

Article R552-5 269

Article R552-6 269

Sous-section 2 : Organisation et fonctionnement (Articles R552-8 à R552-22-3) 270

Article R552-8 270

Paragraphe 1 : Le service juridictionnel (Articles R552-9 à R552-13-1) 270

Article R552-9 270

Article R552-10 270

Article R552-11 270

Article R552-12 270

Article R552-13 271

Article R552-13-1 271

Paragraphe 2 : Le parquet (Articles R552-14 à R552-15) 271

Article R552-14 271

Article R552-15 271

Paragraphe 3 : Les sections détachées (Articles R552-16 à R552-20) 271

Article R552-16 272

Article D552-17 272

Article R552-18 272

Article R552-19 272

Article R552-20 273

Paragraphe 4 : Les assemblées générales (Article R552-21) 273

Article R552-21 273

Paragraphe 5 : Administration des juridictions du ressort du tribunal de première instance (Article R552-22) 273

Article R552-22 273

Paragraphe 6 : Les pôles (Article R552-22-1) 273

Article R552-22-1 274

Paragraphe 7 : Le projet de juridiction (Article R552-22-2) 274

Article R552-22-2 274

Paragraphe 8 : Le conseil de juridiction (Article R552-22-3) 274

Article R552-22-3 274

Sous-section 3 : Dispositions spécifiques au tribunal foncier (Articles R552-22-4 à R552-22-8) 274

Article R552-22-4 274

Article R552-22-5 274

Article R552-22-6 275

Article R552-22-7 275

Article R552-22-8 275

Section 2 : La cour d'appel (Articles R552-23 à R552-27) 275

Sous-section 1 : Institution et compétence (Article R552-23) 275

Article R552-23 275

Sous-section 2 : Organisation et fonctionnement (Articles R552-24 à R552-27) 276

Article R552-24 276

Article R552-25 276

Article R552-26 276

Article R552-27 276

Section 4 : Les juridictions des mineurs (Articles R552-28 à R552-30) 276

Article R552-28 276

Article R552-29 277

Article R552-30 277

Section 6 : Le tribunal du travail (Articles R552-31 à R552-35) 277

Article R552-31 277

Article R552-32 277

Article R552-33 278

Article R552-34 278

Article R552-35 278

Chapitre III : Du greffe (Articles R553-1 à R553-4) 278

Article R553-1 278

Article R553-2 278

Article R553-3 278

Article R553-4 279

TITRE VI : DISPOSITIONS APPLICABLES A LA NOUVELLE-CALEDONIE (Articles R561-1 à R563-4) 279

Chapitre Ier : Dispositions générales (Articles R561-1 à R561-2) 279

Article R561-1 279

Article R561-2 279

Chapitre II : Des juridictions (Articles D562-1 à R562-44) 280

Section 1 : Le tribunal de première instance (Articles D562-1 à R562-31-3) 280

Sous-section 1 : Institution et compétence (Articles D562-1 à R562-6) 280

Article D562-1 280

Article R562-2 280

Article R562-3 280

Article D562-4 280

Article R562-5 281

Article R562-6 281

Sous-section 2 : Organisation et fonctionnement (Articles R562-8 à R562-31-3) 281

Article R562-8 281

Paragraphe 1 : Le service juridictionnel (Articles R562-9 à R562-22-1) 281

Article R562-9 281

Article R562-10......281
Article R562-11......282
Article R562-11-1......282
Article R562-11-2......282
Article R562-11-3......282
Article R562-11-4......282
Article R562-11-5......282
Article R562-12......283
Article R562-13......283
Article R562-14......283
Article R562-15......284
Article R562-16......284
Article R562-17......284
Article R562-18......284
Article R562-19......284
Article R562-20......285
Article R562-21......285
Article R562-22......285
Article R562-22-1......285
Paragraphe 2 : Le parquet (Articles R562-23 à R562-24)......285
Article R562-23......285
Article R562-24......286
Paragraphe 3 : Les sections détachées (Articles R562-25 à R562-29)......286
Article R562-25......286
Article D562-26......286
Article R562-27......287
Article R562-28......287
Article R562-29......287
Paragraphe 4 : Les assemblées générales (Article R562-30)......287
Article R562-30......287
Paragraphe 5 : Administration des juridictions du ressort du tribunal de première instance (Article R562-31)......288
Article R562-31......288
Paragraphe 6 : Les pôles (Article R562-31-1)......288
Article R562-31-1......288
Paragraphe 7 : Le projet de juridiction (Article R562-31-2)......288
Article R562-31-2......288
Paragraphe 8 : Le conseil de juridiction (Article R562-31-3)......288

Article R562-31-3 288

Section 2 : La cour d'appel (Articles R562-32 à R562-36) 289

Sous-section 1 : Institution et compétence (Article R562-32) 289

Article R562-32 289

Sous-section 2 : Organisation et fonctionnement (Articles R562-33 à R562-36) 289

Article R562-33 289

Article R562-34 289

Article R562-35 289

Article R562-36 290

Section 4 : Les juridictions des mineurs (Articles R562-37 à R562-39) 290

Article R562-37 290

Article R562-38 290

Article R562-39 290

Section 6 : Le tribunal du travail (Articles R562-40 à R562-44) 290

Article R562-40 290

Article R562-41 291

Article R562-42 291

Article R562-43 291

Article R562-44 291

Chapitre III : Du greffe (Articles R563-1 à R563-4) 291

Article R563-1 291

Article R563-2 292

Article R563-3 292

Article R563-3-1 292

Article R563-3-2 293

Article R563-4 293

Annexes (Articles Annexe Tableau I à Annexe Tableau XVII) 293

Annexe Tableau I 293

Annexe Tableau II 298

Annexe Tableau III 298

Annexe Tableau IV 306

Annexe Tableau IV-I 344

Annexe Tableau IV-II 347

Annexe Tableau IV-III 355

Annexe Tableau IV-III 358

Annexe Tableau IV-IV 361

Annexe Tableau V 366

Annexe Tableau VI 367

Annexe Tableau VII	367
Annexe Tableau VIII	369
Annexe Tableau VIII-I	370
Annexe Tableau VIII-II	373
Annexe Tableau VIII-III	373
Annexe Tableau VIII-IV	385
Annexe Tableau IX	389
Annexe Tableau IX-I	406
Annexe Tableau XI	408
Annexe Tableau XII	408
Annexe Tableau XIII	409
Annexe Tableau XIV	410
Annexe Tableau XV	417
Annexe Tableau XVI	418
Annexe Tableau XVII	419
Annexes (Article Annexe Tableau III) (abrogé)	419
Annexe Tableau III	419

Code de l'organisation judiciaire

Dernière mise à jour des données de ce texte : 02 juillet 2022

Partie législative (Articles L111-1 à L563-1)

Partie réglementaire (Articles R111-1 à Annexe Tableau XVII)

Annexes (Article Annexe Tableau III) (abrogé)

Partie législative (Articles L111-1 à L563-1)

LIVRE Ier : DISPOSITIONS COMMUNES AUX JURIDICTIONS JUDICIAIRES (Articles L111-1 à L141-3)

TITRE Ier : PRINCIPES GÉNÉRAUX (Articles L111-1 à L111-14)

Chapitre unique (Articles L111-1 à L111-14)

Article L111-1

Création Ordonnance n°2006-673 du 8 juin 2006 - art. 1 (V) JORF 9 juin 2006

Les juridictions judiciaires rendent leurs décisions au nom du peuple français.

Article L111-2

Modifié par LOI n°2016-1547 du 18 novembre 2016 - art. 1

Le service public de la justice concourt à l'accès au droit et assure un égal accès à la justice.

Sa gratuité est assurée selon les modalités fixées par la loi et le règlement.

Article L111-3

Création Ordonnance n°2006-673 du 8 juin 2006 - art. 1 (V) JORF 9 juin 2006

Les décisions de justice sont rendues dans un délai raisonnable.

Article L111-4

Modifié par LOI n°2016-1547 du 18 novembre 2016 - art. 1

La permanence et la continuité du service public de la justice demeurent toujours assurées.

Article L111-5

Création Ordonnance n°2006-673 du 8 juin 2006 - art. 1 (V) JORF 9 juin 2006

L'impartialité des juridictions judiciaires est garantie par les dispositions du présent code et celles prévues par les dispositions particulières à certaines juridictions ainsi que par les règles d'incompatibilité fixées par le statut de la magistrature.

Article L111-6

Modifié par LOI n°2016-1547 du 18 novembre 2016 - art. 18

Sous réserve de dispositions particulières à certaines juridictions, la récusation d'un juge peut être demandée :

1° Si lui-même ou son conjoint a un intérêt personnel à la contestation ;

2° Si lui-même ou son conjoint est créancier, débiteur, héritier présomptif ou donataire de l'une des parties ;

3° Si lui-même ou son conjoint est parent ou allié de l'une des parties ou de son conjoint jusqu'au quatrième degré inclusivement ;

4° S'il y a eu ou s'il y a procès entre lui ou son conjoint et l'une des parties ou son conjoint ;

5° S'il a précédemment connu de l'affaire comme juge ou comme arbitre ou s'il a conseillé l'une des parties ;

6° Si le juge ou son conjoint est chargé d'administrer les biens de l'une des parties ;

7° S'il existe un lien de subordination entre le juge ou son conjoint et l'une des parties ou son conjoint ;

8° S'il y a amitié ou inimitié notoire entre le juge et l'une des parties ;

9° S'il existe un conflit d'intérêts, au sens de l'article 7-1 de l'ordonnance n° 58-1270 du 22 décembre 1958 portant loi organique relative au statut de la magistrature.

Les magistrats du ministère public, partie jointe, peuvent être récusés dans les mêmes cas.

Article L111-7

Modifié par LOI n°2016-1547 du 18 novembre 2016 - art. 18

Le juge qui suppose en sa personne une cause de récusation ou estime en conscience devoir s'abstenir se fait remplacer par un autre juge spécialement désigné.

Le magistrat du ministère public qui suppose en sa personne un conflit d'intérêts, au sens de l'article 7-1 de l'ordonnance n° 58-1270 du 22 décembre 1958 portant loi organique relative au statut de la magistrature, ou estime en conscience devoir s'abstenir se fait remplacer.

Article L111-8

Création Ordonnance n°2006-673 du 8 juin 2006 - art. 1 (V) JORF 9 juin 2006

En matière civile, le renvoi à une autre juridiction de même nature et de même degré peut être ordonné pour cause de suspicion légitime, de sûreté publique ou s'il existe des causes de récusation contre plusieurs juges.

En matière pénale, le renvoi d'un tribunal à un autre peut être ordonné conformément aux articles 662 à 667-1 du code de procédure pénale.

Article L111-9

Création Ordonnance n°2006-673 du 8 juin 2006 - art. 1 (V) JORF 9 juin 2006

Ne peut faire partie d'une formation de jugement du second degré le juge qui a précédemment connu de l'affaire en premier ressort.

Ne peut faire partie d'une formation de jugement de la Cour de cassation le juge qui a précédemment connu de l'affaire en premier ou en dernier ressort.

Article L111-10

Création Ordonnance n°2006-673 du 8 juin 2006 - art. 1 (V) JORF 9 juin 2006

Les conjoints, les parents et alliés jusqu'au troisième degré inclus ne peuvent, sauf dispense, être simultanément membres d'un même tribunal ou d'une même cour en quelque qualité que ce soit.

Aucune dispense ne peut être accordée lorsque la juridiction ne comprend qu'une chambre ou que l'un des conjoints, parents ou alliés au degré mentionné à l'alinéa précédent est le président de la juridiction ou le chef du parquet près celle-ci.

En aucun cas, même si la dispense est accordée, les conjoints, les parents ou alliés mentionnés à l'alinéa premier ne peuvent siéger dans une même cause.

Article L111-11

Création Ordonnance n°2006-673 du 8 juin 2006 - art. 1 (V) JORF 9 juin 2006

Pour l'application des articles L. 111-6 et L. 111-10, la personne liée au juge par un pacte civil de solidarité est assimilée au conjoint.

Article L111-12

Modifié par LOI n°2011-803 du 5 juillet 2011 - art. 1

Les audiences devant les juridictions judiciaires, sans préjudice des dispositions particulières du code de la santé publique du code de procédure pénale et du code de l'entrée et du séjour des étrangers et du droit d'asile, peuvent, par décision du président de la formation de jugement, d'office ou à la demande d'une partie, et avec le consentement de l'ensemble des parties, se dérouler dans plusieurs salles d'audience reliées directement par un moyen de télécommunication audiovisuelle garantissant la confidentialité de la transmission.

L'une ou plusieurs de ces salles d'audience peuvent se trouver en dehors du ressort de la juridiction saisie.

Pour la tenue des débats en audience publique, chacune des salles d'audience est ouverte au public. Pour la tenue des débats en chambre du conseil, il est procédé hors la présence du public dans chacune des salles d'audience.

Les prises de vue et les prises de son ne peuvent faire l'objet d'aucun enregistrement ni d'aucune fixation, hors le cas prévu par les articles L. 221-1 et suivants du code du patrimoine.

Les modalités d'application du présent article sont fixées par décret en Conseil d'Etat.

Article L111-12-1

Création LOI n°2021-1729 du 22 décembre 2021 - art. 54

Sans préjudice du code de la santé publique et du code de l'entrée et du séjour des étrangers et du droit d'asile et par dérogation à l'article L. 111-12 du présent code, le président de la formation de jugement peut, devant les juridictions statuant en matière non pénale, pour un motif légitime, autoriser une partie, un témoin, un expert ou toute autre personne convoquée et qui en a fait expressément la demande à être entendu par un moyen de communication audiovisuelle au cours de l'audience ou de l'audition.

Les modalités d'application du présent article, notamment les conditions de sécurité et de confidentialité des échanges, sont fixées par décret en Conseil d'Etat.

Article L111-13

Modifié par LOI n°2019-222 du 23 mars 2019 - art. 33 (V)

Sous réserve des dispositions particulières qui régissent l'accès aux décisions de justice et leur publicité, les décisions rendues par les juridictions judiciaires sont mises à la disposition du public à titre gratuit sous forme électronique.

Les nom et prénoms des personnes physiques mentionnées dans la décision, lorsqu'elles sont parties ou tiers, sont occultés préalablement à la mise à la disposition du public. Lorsque sa divulgation est de nature à porter atteinte à la sécurité ou au respect de la vie privée de ces personnes ou de leur entourage, est également occulté tout élément permettant d'identifier les parties, les tiers, les magistrats et les membres du greffe.

Les données d'identité des magistrats et des membres du greffe ne peuvent faire l'objet d'une réutilisation ayant pour objet ou pour effet d'évaluer, d'analyser, de comparer ou de prédire leurs pratiques professionnelles réelles ou supposées. La violation de cette interdiction est punie des peines prévues aux articles 226-18,226-24 et 226-31 du code pénal, sans préjudice des mesures et sanctions prévues par la loi n° 78-17 du 6 janvier 1978 relative à l'informatique, aux fichiers et aux libertés.

Les articles L. 321-1 à L. 326-1 du code des relations entre le public et l'administration sont également applicables à la réutilisation des informations publiques figurant dans ces décisions.

Un décret en Conseil d'Etat fixe, pour les décisions de premier ressort, d'appel ou de cassation, les conditions d'application du présent article.

Article L111-14

Création LOI n°2019-222 du 23 mars 2019 - art. 33 (V)

Les tiers peuvent se faire délivrer copie des décisions de justice par le greffe de la juridiction concernée conformément aux règles applicables en matière civile ou pénale et sous réserve des demandes abusives, en particulier par leur nombre ou par leur caractère répétitif ou systématique.

Les éléments permettant d'identifier les personnes physiques mentionnées dans la décision, lorsqu'elles sont parties ou tiers, sont occultés si leur divulgation est de nature à porter atteinte à la sécurité ou au respect de la vie privée de ces personnes ou de leur entourage.

Un décret en Conseil d'Etat fixe, pour les décisions de premier ressort, d'appel ou de cassation, les conditions d'application du présent article.

TITRE II : RÈGLES GÉNÉRALES D'ORGANISATION ET DE FONCTIONNEMENT (Articles L121-1 à L124-3)

Chapitre Ier : Les juges (Articles L121-1 à L121-4)

Section 1 : Composition des juridictions (Articles L121-1 à L121-2)

Article L121-1

Modifié par LOI n°2019-222 du 23 mars 2019 - art. 95

Sauf disposition particulière, à la Cour de cassation, dans les cours d'appel et dans les tribunaux judiciaires, les fonctions de jugement sont exercées par des magistrats appartenant au corps judiciaire ; les règles applicables à leur nomination sont fixées par le statut de la magistrature.

Les autres juridictions judiciaires sont composées soit de magistrats du corps judiciaire, soit de juges non professionnels désignés dans les conditions prévues par les textes organisant ces juridictions.

Article L121-2

Création Ordonnance n°2006-673 du 8 juin 2006 - art. 1 (V) JORF 9 juin 2006

Sauf disposition particulière, les juges statuent en nombre impair.

Section 2 : Le service juridictionnel (Articles L121-3 à L121-4)

Article L121-3

Modifié par LOI n°2019-222 du 23 mars 2019 - art. 95

Chaque année, le premier président de la Cour de cassation, le premier président de la cour d'appel et le président du tribunal judiciaire répartissent les juges dans les différents pôles, chambres et services de la juridiction.

Un décret en Conseil d'Etat fixe les modalités d'application du présent article. Il précise notamment les conditions dans lesquelles la répartition des juges peut être modifiée en cours d'année.

Article L121-4

Modifié par LOI n°2019-222 du 23 mars 2019 - art. 95

En cas de vacance d'emploi ou d'empêchement d'un ou plusieurs magistrats ou lorsque le renforcement temporaire et immédiat des juridictions du premier degré apparaît indispensable pour assurer le traitement du contentieux dans un délai raisonnable, le premier président peut, par ordonnance, déléguer les présidents de chambre et les conseillers de la cour d'appel et les juges des tribunaux judiciaires, pour exercer des fonctions judiciaires dans les tribunaux du ressort de la cour d'appel dont le service est assuré par des magistrats du corps judiciaire.

Un magistrat ne peut être délégué plus de cinq fois au cours de la même année judiciaire. Ses délégations ne peuvent excéder une durée totale de trois mois.

En ce qui concerne les magistrats désignés pour exercer les fonctions de juge de l'expropriation, la durée de la délégation prévue à l'alinéa précédent peut être portée à six mois.

L'ordonnance mentionnée au premier alinéa précise le motif et la durée de la délégation ainsi que la nature des fonctions qui seront exercées par le magistrat délégué.

Chapitre II : Le ministère public (Articles L122-1 à L122-4)

Section 1 : Organisation (Articles L122-1 à L122-3)

Article L122-1

Modifié par LOI n°2019-222 du 23 mars 2019 - art. 95

A la Cour de cassation, dans les cours d'appel et les tribunaux judiciaires, le ministère public est exercé par des magistrats appartenant au corps judiciaire ; les règles applicables à leur nomination sont fixées par le statut de la magistrature.

Devant les autres juridictions, le ministère public est exercé soit par des magistrats du corps judiciaire, soit par des personnes habilitées dans les conditions prévues par les textes organisant ces juridictions.

Article L122-2

Modifié par LOI n°2019-222 du 23 mars 2019 - art. 95

Le ministère public est exercé, en toutes matières, devant toutes les juridictions du premier degré du ressort du tribunal judiciaire par le procureur de la République.

Article L122-3

Modifié par LOI n°2019-222 du 23 mars 2019 - art. 69

Sous réserve des dispositions particulières du code de procédure pénale, le ministère public est exercé, en toutes matières, devant toutes les juridictions du second degré et les cours d'assises instituées dans le ressort de la cour d'appel par le procureur général.

NOTA :
Conformément au XVIII de l'article 109 de la loi n° 2019-222 du 23 mars 2019, ces dispositions entrent en vigueur à une date fixée par décret, et au plus tard le 1er janvier 2020.Conformément à l'article 1er du décret n° 2019-628 du 24 juin 2019, ces dispositions entrent en vigueur le 1er juillet 2019.

Section 2 : Fonctionnement (Article L122-4)

Article L122-4

Création Ordonnance n°2006-673 du 8 juin 2006 - art. 1 (V) JORF 9 juin 2006

Tout magistrat d'un parquet ou d'un parquet général peut exercer les fonctions du ministère public au sein de ce parquet.

Chapitre III : Le greffe (Articles L123-1 à L123-3)

Article L123-1

Modifié par LOI n°2019-222 du 23 mars 2019 - art. 95

La Cour de cassation, les cours d'appel, les tribunaux judiciaires et les conseils de prud'hommes comprennent un greffe composé de fonctionnaires de l'Etat.

Nonobstant le premier alinéa, lorsqu'un conseil de prud'hommes a son siège dans la même commune que le siège d'un tribunal judiciaire ou de l'une de ses chambres de proximité, le greffe du tribunal judiciaire comprend, d'une part, les services de greffe de cette juridiction et, d'autre part, le service de greffe du conseil des prud'hommes, dans des conditions propres à garantir le bon fonctionnement du conseil de prud'hommes.

Le président du conseil de prud'hommes est consulté sur l'organisation du service de greffe du conseil de prud'hommes.

Article L123-2

Création Ordonnance n°2006-673 du 8 juin 2006 - art. 1 (V) JORF 9 juin 2006

Les dispositions particulières applicables au greffe des autres juridictions sont fixées par les textes sur l'organisation et le fonctionnement de ces juridictions, mentionnés à l'article L. 261-1.

Article L123-3

Création LOI n°2016-1547 du 18 novembre 2016 - art. 2

Il est institué un service d'accueil unique du justiciable dont la compétence s'étend au delà de celle de la juridiction où il est implanté. Le service informe les personnes sur les procédures qui les concernent et reçoit de leur part des actes afférents à ces procédures.

Chapitre III bis : Les juristes assistants (Article L123-4)

Article L123-4

Modifié par LOI n°2021-1729 du 22 décembre 2021 - art. 61 (V)

Des juristes assistants sont institués auprès des juridictions. Peuvent être nommées en qualité de juristes assistants auprès des magistrats des tribunaux judiciaires et des tribunaux de première instance, des cours d'appel ainsi qu'à la Cour de cassation les personnes titulaires d'un diplôme de doctorat en droit ou sanctionnant une formation juridique au moins égale à cinq années d'études supérieures après le baccalauréat avec une année d'expérience professionnelle dans le domaine juridique et que leur compétence qualifie particulièrement pour exercer ces fonctions. Ces juristes assistants sont nommés, à temps partiel ou complet, pour une durée maximale de trois années, renouvelable une fois. Ils sont tenus au secret professionnel et peuvent accéder aux dossiers de procédure pour l'exercice des tâches qui leur sont confiées. Un décret en Conseil d'Etat précise les modalités d'application du présent article.

Chapitre IV : Siège et ressort des juridictions (Articles L124-1 à L124-3)

Article L124-1

Modifié par Décret n°2020-900 du 22 juillet 2020 - art. 1

Lorsque la continuité du service de la justice ne peut plus être assurée au sein du bâtiment où siège la juridiction, dans les conditions offrant les garanties nécessaires au maintien de la sécurité des personnes et des biens, tout ou partie des services de la juridiction peut, à titre provisoire, être transféré dans une autre commune du ressort de la même cour d'appel.

Ce transfert est prononcé par ordonnance du premier président de la cour d'appel après avis du procureur général près cette cour.

Un décret en Conseil d'Etat détermine les conditions d'application du présent article.

Article L124-2

Modifié par LOI n°2021-1729 du 22 décembre 2021 - art. 55

Lorsqu'une audience ne peut être matériellement tenue dans le respect des droits des parties ou dans des conditions garantissant la bonne administration de la justice, elle peut se dérouler dans toute commune située soit dans le ressort d'une juridiction limitrophe, soit dans le ressort de la même cour d'appel. Le premier président de la cour d'appel, après avis du procureur général, fixe par ordonnance le lieu et le jour de ces audiences.

Article L124-3

Création LOI n°2019-222 du 23 mars 2019 - art. 103

Lorsqu'une juridiction a compétence nationale, elle peut tenir des audiences dans toute commune du territoire national. Le premier président de la cour d'appel dont relève la juridiction à compétence nationale, après avis du procureur général, fixe par ordonnance le lieu et le jour de ces audiences.

TITRE IV : RESPONSABILITÉ DU FAIT DU FONCTIONNEMENT DU SERVICE PUBLIC DE LA JUSTICE (Articles L141-1 à L141-3)

Chapitre unique (Articles L141-1 à L141-3)

Article L141-1

Modifié par LOI n°2016-1547 du 18 novembre 2016 - art. 1

L'Etat est tenu de réparer le dommage causé par le fonctionnement défectueux du service public de la justice.

Sauf dispositions particulières, cette responsabilité n'est engagée que par une faute lourde ou par un déni de justice.

Article L141-2

Modifié par LOI n°2007-1787 du 20 décembre 2007 - art. 26

La responsabilité des juges, à raison de leur faute personnelle, est régie :

-s'agissant des magistrats du corps judiciaire, par le statut de la magistrature ;

-s'agissant des autres juges, par des lois spéciales ou, à défaut, par la prise à partie.

Article L141-3

Création LOI n°2007-1787 du 20 décembre 2007 - art. 26

Les juges peuvent être pris à partie dans les cas suivants :

1° S'il y a dol, fraude, concussion ou faute lourde, commis soit dans le cours de l'instruction, soit lors des jugements ;

2° S'il y a déni de justice.

Il y a déni de justice lorsque les juges refusent de répondre aux requêtes ou négligent de juger les affaires en état et en tour d'être jugées.

L'Etat est civilement responsable des condamnations en dommages et intérêts qui sont prononcées à raison de ces faits contre les juges, sauf son recours contre ces derniers.

LIVRE II : JURIDICTIONS DU PREMIER DEGRÉ (Articles L211-1 à L261-1)

TITRE Ier : LE TRIBUNAL JUDICIAIRE (Articles L211-1 à L218-12)

Chapitre Ier : Institution et compétence (Articles L211-1 à L211-21)

Article L211-1

Modifié par LOI n°2019-222 du 23 mars 2019 - art. 95

Le tribunal judiciaire statue en première instance en matière civile et pénale. Lorsqu'il statue en matière pénale, il est dénommé tribunal correctionnel ou tribunal de police.

Article L211-2

Modifié par LOI n°2019-222 du 23 mars 2019 - art. 95

Il y a au moins un tribunal judiciaire dans le ressort de chaque cour d'appel.

Section 1 : Compétence matérielle (Articles L211-3 à L211-21)

Sous-section 1 : Compétence commune à tous les tribunaux judiciaires (Articles L211-3 à L211-9-2)

Article L211-3

Modifié par LOI n°2019-222 du 23 mars 2019 - art. 95

Le tribunal judiciaire connaît de toutes les affaires civiles et commerciales pour lesquelles compétence n'est pas attribuée, en raison de la nature de la demande, à une autre juridiction.

Article L211-4

Modifié par LOI n°2019-222 du 23 mars 2019 - art. 95

Le tribunal judiciaire a compétence exclusive dans les matières déterminées par les lois et règlements.

Article L211-4-1

Modifié par LOI n°2019-222 du 23 mars 2019 - art. 95

Le tribunal judiciaire connaît des actions en réparation d'un dommage corporel.

Article L211-4-2

Création LOI n°2019-222 du 23 mars 2019 - art. 95

Le tribunal judiciaire connaît des demandes formées en application du règlement (CE) n° 861/2007 du Parlement européen et du Conseil du 11 juillet 2007 instituant une procédure européenne de règlement des petits litiges.

Article L211-6

Modifié par LOI n°2019-222 du 23 mars 2019 - art. 95

Le tribunal judiciaire connaît des demandes relatives aux frais, émoluments et débours des auxiliaires de justice et des officiers publics ou ministériels dans les cas prévus par l'article 52 du code de procédure civile, sans préjudice des dispositions particulières en matière d'honoraires d'avocats énoncées à l'article L. 311-7 du présent code et à l'article 179 du décret n° 91-1197 du 27 novembre 1991 organisant la profession d'avocat.

Article L211-7

Modifié par LOI n°2019-222 du 23 mars 2019 - art. 95

Dans les cas prévus par l'article 16 de la loi n° 71-1130 du 31 décembre 1971 portant réforme de certaines professions judiciaires et juridiques, le tribunal judiciaire remplit les fonctions du conseil de l'ordre des avocats.

Article L211-9

Création Ordonnance n°2006-673 du 8 juin 2006 - art. 1 (V) JORF 9 juin 2006

Le tribunal correctionnel connaît des délits, sans préjudice des autres compétences prévues par les dispositions du code de procédure pénale.

Article L211-9-1

Création LOI n°2016-1547 du 18 novembre 2016 - art. 15 (V)

Le tribunal de police connaît des contraventions, sous réserve de la compétence du juge des enfants.

Article L211-9-2

Modifié par LOI n°2019-222 du 23 mars 2019 - art. 95

Le tribunal judiciaire connaît des actions de groupe définies au chapitre III du titre II du livre VI du code de la consommation et par la loi n° 2016-1547 du 18 novembre 2016 de modernisation de la justice du XXIe siècle.

Sous-section 2 : Compétence particulière à certains tribunaux judiciaires (Articles L211-9-3 à L211-21)

Article L211-9-3

Modifié par LOI n°2020-1672 du 24 décembre 2020 - art. 26
Modifié par Ordonnance n°2020-1144 du 16 septembre 2020 - art. 8

I. - Lorsqu'il existe plusieurs tribunaux judiciaires dans un même département, ils peuvent être spécialement désignés par décret pour connaître seuls, dans l'ensemble des ressorts de ces juridictions :

1° De certaines des matières civiles dont la liste est déterminée par décret en Conseil d'Etat, en tenant compte du volume des affaires concernées et de la technicité de ces matières ;

2° De certains délits et contraventions dont la liste est déterminée par décret en Conseil d'Etat, en tenant compte du volume des affaires concernées et de la technicité de ces matières. Cette liste ne peut comporter les délits mentionnés à l'article 398-1 du code de procédure pénale, à l'exception des délits prévus par le code du travail, le code de l'action sociale et des familles, le code de la sécurité sociale, la législation sociale des transports, le code de l'environnement, le code rural et de la pêche maritime, le code forestier, le code minier, le code de l'urbanisme, le code de la consommation, le code de la propriété intellectuelle et le code de la construction et de l'habitation.

Il peut être saisi des infractions connexes aux délits et contraventions mentionnés au 2° du présent I.

II. - Pour la mise en œuvre du I, le premier président de la cour d'appel et le procureur général près cette cour peuvent proposer la désignation de tribunaux de leur ressort après avis des chefs de juridiction et consultation des conseils de juridiction concernés.

III. - A titre exceptionnel, le I peut s'appliquer à des tribunaux judiciaires situés dans deux départements différents lorsque leur proximité géographique et les spécificités territoriales le justifient.

IV. - Pour la mise en œuvre du III, le premier président de la cour d'appel et le procureur général près cette cour peuvent proposer la désignation de tribunaux de leur ressort situés dans deux départements différents, en identifiant les spécificités territoriales mentionnées au même III, après avis des chefs de juridiction et consultation des conseils de juridiction concernés.

NOTA :
Conformément à l'article 19 de l'ordonnance n° 2020-1144 du 16 septembre 2020, ces dispositions entrent en vigueur le 1er janvier 2021 et ne sont applicables qu'aux arrêtés notifiés à compter de cette date.

Article L211-10

Modifié par LOI n°2019-222 du 23 mars 2019 - art. 95

Des tribunaux judiciaires spécialement désignés connaissent des actions en matière de propriété littéraire et artistique, de dessins et modèles, de brevets d'invention, de certificats d'utilité, de certificats complémentaires de protection, de topographie de produits semi-conducteurs, d'obtentions végétales, d'indications géographiques et de marques, dans les cas et conditions prévus par le code de la propriété intellectuelle.

Article L211-11

Modifié par Ordonnance n°2019-1169 du 13 novembre 2019 - art. 13
Modifié par LOI n°2019-222 du 23 mars 2019 - art. 95

Un tribunal judiciaire spécialement désigné connaît des actions et demandes en matière de marque de l'Union européenne, dans les cas et conditions prévus par le code de la propriété intellectuelle.

Article L211-11-1

Modifié par LOI n°2019-222 du 23 mars 2019 - art. 95

Des tribunaux judiciaires spécialement désignés connaissent des actions et demandes en matière de dessins ou modèles communautaires, dans les cas et conditions prévus par le code de la propriété intellectuelle.

Article L211-12

Modifié par LOI n°2019-222 du 23 mars 2019 - art. 95

Des tribunaux judiciaires spécialement désignés connaissent des actions engagées sur le fondement des dispositions des instruments internationaux et communautaires relatives au déplacement illicite international d'enfants.

Article L211-13

Modifié par LOI n°2019-222 du 23 mars 2019 - art. 95

Des tribunaux judiciaires spécialement désignés connaissent des actions aux fins d'adoption ainsi que des actions aux fins de reconnaissance des jugements d'adoption rendus à l'étranger, lorsque l'enfant résidant habituellement à l'étranger a été, est ou doit être déplacé vers la France.

Article L211-14

Modifié par LOI n°2019-222 du 23 mars 2019 - art. 95

Des tribunaux judiciaires spécialement désignés connaissent des contestations relatives aux obligations de publicité et de mise en concurrence auxquelles est soumise la passation des contrats de droit privé relevant de la commande publique dans les cas et conditions prévus par les articles 2 à 20 de l'ordonnance n° 2009-515 du 7 mai 2009 relative aux procédures de recours applicables aux contrats de la commande publique.

Article L211-16

Modifié par LOI n°2021-1754 du 23 décembre 2021 - art. 88 (V)

Des tribunaux judiciaires spécialement désignés connaissent :

1° Des litiges relevant du contentieux de la sécurité sociale défini à l'article L. 142-1 du code de la sécurité sociale, à l'exception de ceux mentionnés au 7° du même article L. 142-1 ;

2° Des litiges relevant de l'admission à l'aide sociale mentionnés à l'article L. 134-3 du code de l'action sociale et des familles et des litiges relatifs aux décisions prises en application du chapitre Ier du titre VI du livre VIII du code de la sécurité sociale ;

3° Des litiges relevant de l'application de l'article L. 4162-13 du code du travail.

NOTA :
Conformément au IV de l'article 88 de la loi n° 2021-1754 du 23 décembre 2021, ces dispositions s'appliquent aux recours introduits à compter du 1er janvier 2022.

Article L211-19

Création LOI n°2020-1672 du 24 décembre 2020 - art. 3

Le tribunal judiciaire de Paris connaît des infractions pénales portant atteinte aux intérêts financiers de l'Union européenne et relevant de la compétence du procureur européen conformément au règlement (UE) 2017/1939 du Conseil du 12 octobre 2017 mettant en œuvre une coopération renforcée concernant la création du Parquet européen, dans les cas et conditions prévus par le code de procédure pénale.

NOTA :
Conformément à l'article 32 de la loi n° 2020-1672 du 24 décembre 2020, les dispositions issues du titre Ier de la présente loi entrent en vigueur à la date fixée par la Commission européenne en application de l'article 120 du règlement (UE) 2017/1939 du Conseil du 12 octobre 2017 mettant en œuvre une coopération renforcée concernant la création du Parquet européen, soit le 1er juin 2021.

Article L211-20

Création LOI n°2020-1672 du 24 décembre 2020 - art. 17

Dans le ressort de chaque cour d'appel, un tribunal judiciaire spécialement désigné connaît :

1° Des actions relatives au préjudice écologique fondées sur les articles 1246 à 1252 du code civil ;

2° Des actions en responsabilité civile prévues par le code de l'environnement ;

3° Des actions en responsabilité civile fondées sur les régimes spéciaux de responsabilité applicables en matière environnementale résultant de règlements européens, de conventions internationales et des lois prises pour l'application de ces conventions.

Article L211-21

Création LOI n°2021-1729 du 22 décembre 2021 - art. 56

Le tribunal judiciaire de Paris connaît des actions relatives au devoir de vigilance fondées sur les articles L. 225-102-4 et L. 225-102-5 du code de commerce.

Chapitre II : Organisation et fonctionnement (Articles L212-1 à L212-8)

Section 1 : Le service juridictionnel (Articles L212-1 à L212-5-2)

Article L212-1

Modifié par LOI n°2019-222 du 23 mars 2019 - art. 95

Le tribunal judiciaire statue en formation collégiale, sous réserve des exceptions tenant à l'objet du litige ou à la nature des questions à juger.

Dans les matières disciplinaires ou relatives à l'état des personnes, sous réserve des dispositions particulières aux matières de la compétence du juge aux affaires familiales et du juge des contentieux de la protection mentionné à l'article L. 213-4-1, le tribunal judiciaire ne peut statuer à juge unique.

Article L212-2

Modifié par LOI n°2019-222 du 23 mars 2019 - art. 95

Lorsqu'une affaire, compte tenu de l'objet du litige ou de la nature des questions à juger, est portée devant le tribunal judiciaire statuant à juge unique, le renvoi à la formation collégiale peut être décidé, d'office ou à la demande de l'une des parties, dans les cas prévus par décret en Conseil d'Etat. Cette décision constitue une mesure d'administration judiciaire qui n'est pas susceptible de recours.

Article L212-3

Modifié par LOI n°2019-222 du 23 mars 2019 - art. 95

La formation collégiale du tribunal judiciaire se compose d'un président et de plusieurs assesseurs.

Article L212-4

Modifié par LOI n°2019-222 du 23 mars 2019 - art. 95

Les avocats peuvent être appelés, dans l'ordre du tableau, à suppléer les juges pour compléter le tribunal judiciaire.

Toutefois, la formation de jugement ne peut comprendre une majorité de juges non professionnels.

Article L212-5

Création Ordonnance n°2006-673 du 8 juin 2006 - art. 1 (V) JORF 9 juin 2006

Les règles relatives à l'organisation et au fonctionnement du tribunal correctionnel statuant à juge unique sont fixées par les articles 398 et 398-1 du code de procédure pénale.

Article L212-5-1

Modifié par Ordonnance n°2019-964 du 18 septembre 2019 - art. 35 (VD)

Devant le tribunal judiciaire, la procédure peut, à l'initiative des parties lorsqu'elles en sont expressément d'accord, se dérouler sans audience. En ce cas, elle est exclusivement écrite.

Toutefois, le tribunal peut décider de tenir une audience s'il estime qu'il n'est pas possible de rendre une décision au regard des preuves écrites ou si l'une des parties en fait la demande.

NOTA :
Conformément à l'article 36 de l'ordonnance n° 2019-964 du 18 septembre 2019, ces dispositions entrent en vigueur au 1er janvier 2020.

Article L212-5-2

Création LOI n°2019-222 du 23 mars 2019 - art. 26

Les oppositions aux ordonnances portant injonction de payer statuant sur une demande initiale n'excédant pas un montant défini par décret en Conseil d'Etat et les demandes formées devant le tribunal judiciaire en paiement d'une somme n'excédant pas ce montant peuvent, à l'initiative des parties lorsqu'elles en sont expressément d'accord, être traitées dans le cadre d'une procédure dématérialisée. Dans ce cas, la procédure se déroule sans audience.

Toutefois, le tribunal peut décider de tenir une audience s'il estime qu'il n'est pas possible de rendre une décision au regard des preuves écrites ou si l'une des parties en fait la demande. Le tribunal peut, par décision spécialement motivée, rejeter cette demande s'il estime que, compte tenu des circonstances de l'espèce, une audience n'est pas nécessaire pour garantir le déroulement équitable de la procédure. Le refus de tenir une audience ne peut être contesté indépendamment du jugement sur le fond.

NOTA :
Conformément au VIII de l'article 109 de la loi n° 2019-222 du 23 mars 2019, ces dispositions entrent en vigueur à une date définie par décret en Conseil d'Etat, et au plus tard le 1er janvier 2022.

Section 2 : Le parquet (Articles L212-6 à L212-7)

Article L212-6

Modifié par LOI n°2019-222 du 23 mars 2019 - art. 95

Le procureur de la République représente, en personne ou par ses substituts, le ministère public près le tribunal judiciaire.

Le siège du ministère public devant le tribunal de police est occupé par le procureur de la République ou par le commissaire de police dans les cas et conditions prévus aux articles 45 à 48 du code de procédure pénale.

Article L212-6-1

Création LOI n°2020-1672 du 24 décembre 2020 - art. 3

Nonobstant les articles L. 122-2 et L. 212-6, le ministère public près le tribunal judiciaire de Paris est exercé par le procureur européen ou ses délégués pour les affaires relevant de ses attributions.

NOTA :
Conformément à l'article 32 de la loi n° 2020-1672 du 24 décembre 2020, les dispositions issues du titre 1er de la présente loi entrent en vigueur à la date fixée par la Commission européenne en application de l'article 120 du règlement (UE) 2017/1939 du Conseil du 12 octobre 2017 mettant en œuvre une coopération renforcée concernant la création du Parquet européen, soit le 1er juin 2021.

Article L212-7

Modifié par Ordonnance n°2019-964 du 18 septembre 2019 - art. 35 (V)
Création LOI n°2019-222 du 23 mars 2019 - art. 97

Quand un département compte plusieurs tribunaux judiciaires, le procureur général peut désigner l'un des procureurs de la République de ce département pour représenter, sous son autorité, l'ensemble des parquets dans le cadre de leurs relations avec les autorités administratives du département et assurer la coordination des activités s'y rapportant. Celui-ci tient les autres procureurs informés de ses diligences et rend compte au procureur général.

NOTA :
Conformément au XXIII de l'article 109 de la loi n° 2019-222 du 23 mars 2019, ces dispositions entrent en vigueur le 1er janvier 2020.

Section 4 : Les chambres de proximité (Article L212-8)

Article L212-8

Création LOI n°2019-222 du 23 mars 2019 - art. 95

Le tribunal judiciaire peut comprendre, en dehors de son siège, des chambres de proximité dénommées "tribunaux de proximité", dont le siège et le ressort ainsi que les compétences matérielles sont fixées par décret.

Ces chambres peuvent se voir attribuer, dans les limites de leur ressort, des compétences matérielles supplémentaires, par une décision conjointe du premier président de la cour d'appel et du procureur général près cette cour, après avis des chefs de juridiction et consultation du conseil de juridiction concernés.

Chapitre III : Fonctions particulières (Articles L213-1 à L213-13)

Section 1 : Fonctions particulières exercées en matière civile (Articles L213-1 à L213-8)

Sous-section 1 : Le président du tribunal (Articles L213-1 à L213-2)

Article L213-1

Modifié par LOI n°2019-222 du 23 mars 2019 - art. 95

Le président du tribunal judiciaire a compétence dans les matières déterminées par la loi et le règlement.

Article L213-2

Modifié par Ordonnance n°2019-738 du 17 juillet 2019 - art. 7

En toutes matières, le président du tribunal judiciaire statue en référé ou sur requête. Dans les cas prévus par la loi ou le règlement, il statue selon la procédure accélérée au fond.

NOTA :
Conformément à l'article 30 de l'ordonnance n° 2019-738 du 17 juillet 2019, ces dispositions s'appliquent aux demandes introduites à compter du 1er janvier 2020.

Sous-section 3 : Le juge aux affaires familiales (Articles L213-3 à L213-4)

Article L213-3

Modifié par LOI n° 2019-222 du 23 mars 2019 - art. 95

Dans chaque tribunal judiciaire, un ou plusieurs magistrats du siège sont délégués dans les fonctions de juge aux affaires familiales.

Le juge aux affaires familiales connaît :

1° De l'homologation judiciaire du changement de régime matrimonial, des demandes relatives au fonctionnement des régimes matrimoniaux et des indivisions entre personnes liées par un pacte civil de solidarité ou entre concubins, de la séparation de biens judiciaire, sous réserve des compétences du président du tribunal judiciaire et du juge des tutelles des majeurs ;

2° Du divorce, de la séparation de corps et de leurs conséquences, de la liquidation et du partage des intérêts patrimoniaux des époux, des personnes liées par un pacte civil de solidarité et des concubins, sauf en cas de décès ou de déclaration d'absence ;

3° Des actions liées :

a) A la fixation de l'obligation alimentaire, de la contribution aux charges du mariage ou du pacte civil de solidarité et de la contribution à l'entretien et à l'éducation des enfants ;

b) A l'exercice de l'autorité parentale ;

c) A la révision de la prestation compensatoire ou de ses modalités de paiement ;

d) Au changement de prénom ;

e) A la protection à l'encontre du conjoint, du partenaire lié par un pacte civil de solidarité ou du concubin violent ou d'un ancien conjoint, partenaire lié par un pacte civil de solidarité ou concubin violent ;

f) A la protection de la personne majeure menacée de mariage forcé.

4° Des demandes d'attribution à un concubin de la jouissance provisoire du logement de la famille en application de l'article 373-2-9-1 du code civil.

Article L213-3-1

Création LOI n°2009-526 du 12 mai 2009 - art. 13 (V)
Modifié par LOI n°2009-526 du 12 mai 2009 - art. 13 (V)

Le juge aux affaires familiales exerce les fonctions de juge des tutelles des mineurs.

Il connaît :

1° De l'émancipation ;

2° De l'administration légale et de la tutelle des mineurs ;

3° De la tutelle des pupilles de la nation.

Article L213-4

Modifié par LOI n°2019-222 du 23 mars 2019 - art. 95

Le juge aux affaires familiales peut renvoyer à la formation collégiale du tribunal judiciaire qui statue comme juge aux affaires familiales.

Ce renvoi est de droit à la demande des parties pour le divorce et la séparation de corps.

La formation collégiale comprend le juge qui a ordonné le renvoi.

Sous-section 3 bis : Le juge des contentieux de la protection (Articles L213-4-1 à L213-4-8)

Article L213-4-1

Création LOI n°2019-222 du 23 mars 2019 - art. 95

Au sein du tribunal judiciaire, un ou plusieurs juges exercent les fonctions de juge des contentieux de la protection.

Article L213-4-2

Création LOI n°2019-222 du 23 mars 2019 - art. 95

Le juge des contentieux de la protection exerce les fonctions de juge des tutelles des majeurs.

Il connaît :

1° De la sauvegarde de justice, de la curatelle, de la tutelle des majeurs et de la mesure d'accompagnement judiciaire ;

2° Des actions relatives à l'exercice du mandat de protection future ;

3° Des demandes formées par un époux, lorsque son conjoint est hors d'état de manifester sa volonté, aux fins d'être autorisé à passer seul un acte pour lequel le concours ou le consentement de ce dernier serait nécessaire, ou aux fins d'être habilité à le représenter ;

4° De la constatation de la présomption d'absence ;

5° Des demandes de désignation d'une personne habilitée et des actions relatives à l'habilitation familiale prévue à la section 6 du chapitre II du titre XI du livre Ier du code civil.

Article L213-4-3

Création LOI n°2019-222 du 23 mars 2019 - art. 95

Le juge des contentieux de la protection connaît des actions tendant à l'expulsion des personnes qui occupent aux fins d'habitation des immeubles bâtis sans droit ni titre.

Article L213-4-4

Création LOI n°2019-222 du 23 mars 2019 - art. 95

Le juge des contentieux de la protection connaît des actions dont un contrat de louage d'immeubles à usage d'habitation ou un contrat portant sur l'occupation d'un logement est l'objet, la cause ou l'occasion ainsi que des actions relatives à l'application de la loi n° 48-1360 du 1er septembre 1948 portant modification et codification de la législation relative aux rapports des bailleurs et locataires ou occupants de locaux d'habitation ou à usage professionnel et instituant des allocations de logement.

Article L213-4-5

Création LOI n°2019-222 du 23 mars 2019 - art. 95

Le juge des contentieux de la protection connaît des actions relatives à l'application du chapitre II du titre Ier du livre III du code de la consommation.

Article L213-4-6

Création LOI n°2019-222 du 23 mars 2019 - art. 95

Le juge des contentieux de la protection connaît des actions relatives à l'inscription et à la radiation sur le fichier national recensant les informations sur les incidents de paiement caractérisés liés aux crédits accordés aux personnes physiques pour des besoins non professionnels prévu à l'article L. 751-1 du code de la consommation.

Article L213-4-7

Modifié par LOI n°2022-172 du 14 février 2022 - art. 5

Le juge des contentieux de la protection connaît des mesures de traitement des situations de surendettement des particuliers et de la procédure de rétablissement personnel, à l'exception du cas prévu au IV de l'article L. 681-2 du code de commerce.

NOTA :
Conformément au I de l'article 19 de la loi n° 2022-172 du 14 février 2022, ces dispositions entrent en vigueur à l'expiration d'un délai de trois mois à compter de la promulgation de la présente loi. Toutefois, ces dispositions ne sont pas applicables aux procédures en cours au jour de son entrée en vigueur.

Article L213-4-8

Création LOI n°2019-222 du 23 mars 2019 - art. 95

Le juge des contentieux de la protection peut renvoyer à la formation collégiale du tribunal judiciaire, qui statue comme juge des contentieux de la protection.

La formation collégiale comprend le juge qui a ordonné le renvoi.

Sous-section 4 : Le juge de l'exécution (Articles L213-5 à L213-7)

Article L213-5

Modifié par LOI n°2019-222 du 23 mars 2019 - art. 95

Les fonctions de juge de l'exécution sont exercées par le président du tribunal judiciaire.

Lorsqu'il délègue ces fonctions à un ou plusieurs juges, le président du tribunal judiciaire fixe la durée et l'étendue territoriale de cette délégation.

Article L213-6

Modifié par LOI n°2019-222 du 23 mars 2019 - art. 95

Le juge de l'exécution connaît, de manière exclusive, des difficultés relatives aux titres exécutoires et des contestations qui s'élèvent à l'occasion de l'exécution forcée, même si elles portent sur le fond du droit à moins qu'elles n'échappent à la compétence des juridictions de l'ordre judiciaire.

Dans les mêmes conditions, il autorise les mesures conservatoires et connaît des contestations relatives à leur mise en oeuvre.

Le juge de l'exécution connaît, sous la même réserve, de la procédure de saisie immobilière, des contestations qui s'élèvent à l'occasion de celle-ci et des demandes nées de cette procédure ou s'y rapportant directement, même si elles portent sur le fond du droit ainsi que de la procédure de distribution qui en découle.

Il connaît, sous la même réserve, des demandes en réparation fondées sur l'exécution ou l'inexécution dommageables des mesures d'exécution forcée ou des mesures conservatoires.

Il connaît de la saisie des rémunérations, à l'exception des demandes ou moyens de défense échappant à la compétence des juridictions de l'ordre judiciaire.

Le juge de l'exécution exerce également les compétences particulières qui lui sont dévolues par le code des procédures civiles d'exécution.

Article L213-7

Modifié par LOI n°2019-222 du 23 mars 2019 - art. 95

Le juge de l'exécution peut renvoyer à la formation collégiale du tribunal judiciaire qui statue comme juge de l'exécution.

La formation collégiale comprend le juge qui a ordonné le renvoi.

Sous-section 5 : Le juge des libertés et de la détention (Article L213-8)

Article L213-8

Création Ordonnance n°2006-673 du 8 juin 2006 - art. 1 (V) JORF 9 juin 2006

Les compétences du juge des libertés et de la détention en matière non répressive sont fixées par des lois particulières.

Section 2 : Fonctions particulières exercées en matière pénale (Articles L213-9 à L213-13)

Article L213-9

Modifié par LOI n°2019-222 du 23 mars 2019 - art. 95

Le code de procédure pénale fixe les règles relatives à la compétence, à l'organisation et au fonctionnement de certains tribunaux judiciaires :

1° En matière militaire en temps de paix ;

2° En matière économique et financière ;

3° En matière sanitaire ;

4° En matière de terrorisme ;

5° En matière de délinquance organisée ;

6° En matière de pollution des eaux maritimes par rejets des navires.

Article L213-10

Création Ordonnance n°2006-673 du 8 juin 2006 - art. 1 (V) JORF 9 juin 2006

Le code de procédure pénale fixe les règles relatives à la compétence, à l'organisation et au fonctionnement de la juridiction des libertés et de la détention et de la juridiction de l'application des peines.

Article L213-11

Création Ordonnance n°2006-673 du 8 juin 2006 - art. 1 (V) JORF 9 juin 2006

Le code de procédure pénale fixe les règles relatives à la compétence, à l'organisation et au fonctionnement de la juridiction d'instruction, et notamment :

1° En matière militaire en temps de paix ;

2° En matière économique et financière ;

3° En matière sanitaire ;

4° En matière de terrorisme ;

5° En matière de délinquance et de criminalité organisée ;

6° En matière de pollution des eaux maritimes par rejets des navires.

Article L213-12

Modifié par Ordonnance n°2019-964 du 18 septembre 2019 - art. 35 (VD)

Au sein des tribunaux judiciaires dans le ressort desquels est susceptible de se trouver une forte concentration de personnes soutenant ou adhérant à des thèses incitant à la commission d'actes de terrorisme, dont la liste est fixée par le ministre de la justice, un magistrat du ministère public, désigné par le procureur de la République, est chargé des missions suivantes :

1° L'information du procureur de la République antiterroriste de tous les faits en lien avec des affaires en cours susceptibles de faire l'objet d'investigations de sa part ;

2° L'information du procureur de la République antiterroriste sur l'état de la menace terroriste dans son ressort ;

3° La participation aux instances locales de prévention, de détection et de suivi du terrorisme et de la radicalisation ;

4° Le suivi des personnes placées sous main de justice dans son ressort et qui sont identifiées comme étant radicalisées ;

5° La diffusion auprès des magistrats du ressort des informations permettant d'aider à prévenir les actes de terrorisme.

NOTA :
Conformément à l'article 36 de l'ordonnance n° 2019-964 du 18 septembre 2019, ces dispositions entrent en vigueur au 1er janvier 2020.

Article L213-13

Création LOI n°2020-1672 du 24 décembre 2020 - art. 3

Le code de procédure pénale fixe les règles relatives à la compétence, à l'organisation et au fonctionnement du tribunal judiciaire de Paris pour la poursuite des infractions portant atteinte aux intérêts financiers de l'Union européenne conformément au règlement (UE) 2017/1939 du Conseil du 12 octobre 2017 mettant en œuvre une coopération renforcée concernant la création du Parquet européen.

NOTA :
Conformément à l'article 32 de la loi n° 2020-1672 du 24 décembre 2020, les dispositions issues du titre Ier de la présente loi entrent en vigueur à la date fixée par la Commission européenne en application de l'article 120 du règlement (UE) 2017/1939 du Conseil du 12 octobre 2017 mettant en œuvre une coopération renforcée concernant la création du Parquet européen, soit le 1er juin 2021.

Chapitre IV : La commission d'indemnisation des victimes d'infractions (Articles L214-1 à L214-2)

Article L214-1

Modifié par LOI n°2019-222 du 23 mars 2019 - art. 95

Chaque tribunal judiciaire comporte une commission d'indemnisation de certaines victimes d'infractions qui revêt le caractère d'une juridiction civile. Cette commission, compétente pour fixer l'indemnisation prévue par l'article 706-3 du code de procédure pénale, statue en premier ressort.

Article L214-2

Modifié par LOI n°2019-222 du 23 mars 2019 - art. 95

La commission d'indemnisation est composée de magistrats du siège du tribunal judiciaire et d'une ou plusieurs personnes majeures, de nationalité française et jouissant de leurs droits civiques, s'étant signalées par l'intérêt qu'elles portent aux problèmes des victimes. Elle est présidée par l'un des magistrats.

Les membres de la commission et leurs suppléants sont désignés pour une durée de trois ans par l'assemblée générale des magistrats du siège du tribunal.

Les fonctions du ministère public sont exercées par le procureur de la République.

Chapitre V : Dispositions particulières aux départements du Bas-Rhin, du Haut-Rhin et de la Moselle (Articles L215-1 à L215-8)

Article L215-1

Modifié par LOI n°2019-222 du 23 mars 2019 - art. 95

Dans les matières prévues au livre VI du code de commerce, le tribunal judiciaire ou, le cas échéant, la chambre commerciale de ce tribunal remplit les fonctions attribuées au tribunal de commerce.

Les fonctions de juge-commissaire peuvent aussi être exercées par un juge du siège du tribunal judiciaire.

Article L215-2

Modifié par LOI n°2019-222 du 23 mars 2019 - art. 95

Les règles relatives à la compétence, à l'organisation et au fonctionnement des chambres commerciales des tribunaux judiciaires des départements du Bas-Rhin, du Haut-Rhin et de la Moselle sont fixées par le code de commerce.

Article L215-3

Création LOI n°2019-222 du 23 mars 2019 - art. 95

Le greffe du tribunal judiciaire, sous le contrôle du juge, tient les registres de publicité légale tenus au greffe du tribunal de commerce.

Article L215-4

Création LOI n°2019-222 du 23 mars 2019 - art. 95

Les fonctions de tribunal pour la navigation du Rhin sont exercées par un tribunal judiciaire spécialement désigné, conformément à la convention révisée pour la navigation du Rhin, signée à Mannheim le 17 octobre 1868.

Les fonctions de tribunal de première instance pour la navigation de la Moselle sont exercées par un tribunal judiciaire spécialement désigné, conformément à la convention franco-germano-luxembourgeoise du 27 octobre 1956.

Article L215-5

Création LOI n°2019-222 du 23 mars 2019 - art. 95

Le service du livre foncier est assuré au sein du tribunal judiciaire selon des modalités fixées par décret.

Article L215-6

Création LOI n°2019-222 du 23 mars 2019 - art. 95

Le tribunal judiciaire connaît :

1° De la tutelle, des administrations légales et des curatelles de droit local ;

2° Du partage judiciaire et de la vente judiciaire d'immeubles, des certificats d'héritier et des scellés ;

3° Des registres des associations et des registres des associations coopératives de droit local.

Article L215-7

Création LOI n°2019-222 du 23 mars 2019 - art. 95

Le tribunal judiciaire connaît de la saisie conservatoire prévue à l'article L. 511-51 du code de commerce.

Article L215-8

Création Ordonnance n°2019-964 du 18 septembre 2019 - art. 14

Les fonctions du tribunal de l'exécution sont exercées par le tribunal judiciaire.

Le tribunal de l'exécution connaît :

1° De l'exécution forcée sur les biens immeubles ;

2° De l'administration forcée des immeubles ;

3° De la procédure en matière de purge des hypothèques.

NOTA :
Conformément à l'article 36 de l'ordonnance n° 2019-964 du 18 septembre 2019, ces dispositions entrent en vigueur au 1er janvier 2020.

Chapitre VI : Dispositions particulières au Département de Mayotte (Articles L216-1 à L216-2)

Article L216-1

Modifié par LOI n°2019-222 du 23 mars 2019 - art. 95

Le tribunal judiciaire connaît de toutes les affaires relatives à l'application du statut civil de droit local entre citoyens relevant de ce statut.

Article L216-2

Modifié par LOI n°2019-222 du 23 mars 2019 - art. 95

Lorsque le tribunal judiciaire est saisi d'un litige entre citoyens de statut civil de droit local sur des matières régies par ce statut, les parties peuvent, d'un commun accord, demander l'application des règles du droit civil commun.

Chapitre VII : Dispositions particulières au tribunal judiciaire de Paris (Articles L217-1 à L217-6)

Section 1 : Les parquets spécialisés près le tribunal judiciaire de Paris (Articles L217-1 à L217-5)

Article L217-1

Modifié par LOI n° 2019-222 du 23 mars 2019 - art. 95
Modifié par LOI n°2019-222 du 23 mars 2019 - art. 69

Sont placés auprès du tribunal judiciaire de Paris, aux côtés du procureur de la République, un procureur de la République financier et un procureur de la République antiterroriste, dont les attributions sont fixées par le code de procédure pénale.

NOTA :
Conformément au XVIII de l'article 109 de la loi n° 2019-222 du 23 mars 2019, ces dispositions entrent en vigueur à une date fixée par décret, et au plus tard le 1er janvier 2020. Conformément à l'article 1er du décret n° 2019-628 du 24 juin 2019, ces dispositions entrent en vigueur le 1er juillet 2019.

Article L217-2

Modifié par LOI n° 2019-222 du 23 mars 2019 - art. 95
Modifié par LOI n°2019-222 du 23 mars 2019 - art. 69

Par dérogation aux articles L. 122-2 et L. 212-6, le procureur de la République financier et le procureur de la République antiterroriste, en personne ou par leurs substituts, exercent respectivement le ministère public auprès du tribunal judiciaire de Paris pour les affaires relevant de leurs attributions.

NOTA :
Conformément au XVIII de l'article 109 de la loi n° 2019-222 du 23 mars 2019, ces dispositions entrent en vigueur à une date fixée par décret, et au plus tard le 1er janvier 2020.

Article L217-3

Modifié par LOI n°2019-222 du 23 mars 2019 - art. 69

Par dérogation à l'article L. 122-4, le procureur de la République financier et le procureur de la République antiterroriste, et leurs substituts, n'exercent les fonctions de ministère public que pour les affaires relevant de leurs attributions.

NOTA :
Conformément au XVIII de l'article 109 de la loi n° 2019-222 du 23 mars 2019, ces dispositions entrent en vigueur à une date fixée par décret, et au plus tard le 1er janvier 2020.

Article L217-4

Modifié par LOI n°2019-222 du 23 mars 2019 - art. 69

Les dispositions législatives du code de l'organisation judiciaire faisant mention du procureur de la République ne sont applicables au procureur de la République financier ou au procureur de la République antiterroriste que si elles le prévoient expressément.

NOTA :
Conformément au XVIII de l'article 109 de la loi n° 2019-222 du 23 mars 2019, ces dispositions entrent en vigueur à une date fixée par décret, et au plus tard le 1er janvier 2020.

Article L217-5

Modifié par Ordonnance n°2019-964 du 18 septembre 2019 - art. 35 (VD)

Lorsque le renforcement temporaire et immédiat du parquet antiterroriste près le tribunal judiciaire de Paris apparaît indispensable pour assurer le traitement des procédures, le procureur de la République antiterroriste peut requérir un ou plusieurs magistrats du parquet de Paris dont les noms figurent sur une liste arrêtée par le procureur général près la cour d'appel de Paris pour chaque année civile, après avis du procureur de la République et du procureur de la République antiterroriste.

Le procureur de la République antiterroriste informe le procureur général et le procureur de la République de Paris des réquisitions de magistrats auxquelles il procède.

Le procureur général veille à ce que ce dispositif soit utilisé le temps strictement nécessaire au traitement de l'accroissement temporaire d'activité du parquet antiterroriste.

Les modalités d'application du présent article sont déterminées par décret en Conseil d'Etat.

NOTA :
Conformément à l'article 36 de l'ordonnance n° 2019-964 du 18 septembre 2019, ces dispositions entrent en vigueur au 1er janvier 2020.

Section 2 : L'indemnisation des victimes d'actes de terrorisme (Article L217-6)

Article L217-6

Modifié par Ordonnance n°2019-964 du 18 septembre 2019 - art. 35 (VD)

Le tribunal judiciaire de Paris a compétence exclusive pour connaître, en matière civile, à moins qu'ils n'échappent à la compétence des juridictions de l'ordre judiciaire :

1° Des demandes formées par les victimes mentionnées à l'article L. 126-1 du code des assurances contre le fonds de garantie des victimes des actes de terrorisme et d'autres infractions, après saisine de ce dernier, et relatives :

a) A la reconnaissance de leur droit à indemnisation ;

b) Au versement d'une provision ;

c) A l'organisation d'une expertise judiciaire en cas de contestation de l'examen médical pratiqué en application de l'article L. 422-2 du même code ou en cas de refus du fonds de garantie de désigner un médecin à cette fin ;

d) A l'offre d'indemnisation qui leur est faite ;

2° Des recours subrogatoires du fonds de garantie en remboursement des indemnités ou provisions mentionnées au 1° du présent article ;

3° Des demandes formées contre toute personne, autre que le fonds de garantie, en réparation du dommage résultant d'un acte de terrorisme.

NOTA :
Conformément à l'article 36 de l'ordonnance n° 2019-964 du 18 septembre 2019, ces dispositions entrent en vigueur au 1er janvier 2020.

Chapitre VIII : Dispositions particulières au tribunal judiciaire spécialement désigné au titre de l'article L. 211-16 (Articles L218-1 à L218-12)

Article L218-1

Modifié par LOI n°2019-222 du 23 mars 2019 - art. 95

Lorsqu'elle statue dans les matières mentionnées à l'article L. 211-16, la formation collégiale du tribunal judiciaire est composée du président du tribunal judiciaire, ou d'un magistrat du siège désigné par lui pour le remplacer, et de deux assesseurs représentant les travailleurs salariés, pour le premier, et les employeurs et les travailleurs indépendants, pour le second.

Dans le cas où la formation collégiale est incomplète, l'audience est reportée à une date ultérieure, dans des conditions fixées par décret en Conseil d'Etat, sauf accord des parties pour que le président statue seul après avoir recueilli, le cas échéant, l'avis de l'assesseur présent.

L'audience ne peut être reportée plus d'une fois. Dans le cas où, à la deuxième audience, la formation collégiale ne peut à nouveau siéger au complet, le président statue seul après avoir recueilli, le cas échéant, l'avis de l'assesseur présent.

Article L218-2

Création LOI n°2016-1547 du 18 novembre 2016 - art. 12

Les assesseurs appartiennent aux professions agricoles lorsque le litige intéresse un membre de ces professions et aux professions non agricoles dans le cas contraire.
Lorsque le tribunal est appelé à déterminer si le régime applicable à l'une des parties à l'instance est celui d'une profession agricole ou celui d'une profession non agricole, il est composé, outre son président, de deux assesseurs représentant les travailleurs salariés, dont l'un appartient à une profession agricole et l'autre à une profession non agricole, et de deux assesseurs représentant les employeurs et travailleurs indépendants, dont l'un appartient à une profession agricole et l'autre à une profession non agricole.

NOTA :
Conformément au I de l'article 114 de la loi n° 2016-1547 du 18 novembre 2016, ces dispositions entrent en vigueur à une date fixée par décret et au plus tard le 1er janvier 2019. Se reporter aux dispositions du I dudit article concernant les modalités des transferts des procédures en cours à la date d'entrée en vigueur de ces dispositions.

Article L218-3

Création LOI n°2016-1547 du 18 novembre 2016 - art. 12

Les assesseurs sont choisis pour une durée de trois ans par le premier président de la cour d'appel, après avis du président du tribunal, sur une liste dressée dans le ressort de chaque tribunal par l'autorité administrative sur proposition des organisations professionnelles intéressées les plus représentatives. Leurs fonctions peuvent être renouvelées suivant les mêmes formes. En l'absence de liste ou de proposition, le premier président de la cour d'appel peut renouveler les fonctions d'un ou de plusieurs assesseurs pour une durée de trois ans.
Des assesseurs suppléants sont désignés dans les mêmes formes.
Une indemnité est allouée aux membres du tribunal pour l'exercice de leurs fonctions.
Un décret en Conseil d'Etat détermine les modalités d'application du présent article.

NOTA :
Conformément au I de l'article 114 de la loi n° 2016-1547 du 18 novembre 2016, ces dispositions entrent en vigueur à une date fixée par décret et au plus tard le 1er janvier 2019. Se reporter aux dispositions du I dudit article concernant les modalités des transferts des procédures en cours à la date d'entrée en vigueur de ces dispositions.

Article L218-4

Création LOI n°2016-1547 du 18 novembre 2016 - art. 12

Les assesseurs titulaires et suppléants doivent être de nationalité française, être âgés de vingt-trois ans au moins, remplir les conditions d'aptitude pour être juré fixées aux articles 255 à 257 du code de procédure pénale et n'avoir fait l'objet d'aucune condamnation pour une infraction prévue au livre VII du code rural et de la pêche maritime ou au code de la sécurité sociale.
Nonobstant le 2° de l'article 257 du code de procédure pénale, la fonction d'assesseur n'est pas incompatible avec celle de conseiller prud'homme.
Les membres des conseils ou des conseils d'administration des organismes de sécurité sociale ou de mutualité sociale agricole ne peuvent être désignés en qualité d'assesseurs.

NOTA :
Conformément au I de l'article 114 de la loi n° 2016-1547 du 18 novembre 2016, ces dispositions entrent en vigueur à une date fixée par décret et au plus tard le 1er janvier 2019. Se reporter aux dispositions du I dudit article concernant les modalités des transferts des procédures en cours à la date d'entrée en vigueur de ces dispositions.

Article L218-5

Création LOI n°2016-1547 du 18 novembre 2016 - art. 12

Les assesseurs exercent leurs fonctions en toute indépendance, impartialité, dignité et probité et se comportent de façon à exclure tout doute légitime à cet égard. Ils s'abstiennent, notamment, de tout acte ou comportement public incompatible avec leurs fonctions.
Ils sont tenus au secret des délibérations.

NOTA :
Conformément au I de l'article 114 de la loi n° 2016-1547 du 18 novembre 2016, ces dispositions entrent en vigueur à une date fixée par décret et au plus tard le 1er janvier 2019. Se reporter aux dispositions du I dudit article concernant les modalités des transferts des procédures en cours à la date d'entrée en vigueur de ces dispositions.

Article L218-6

Modifié par LOI n°2019-222 du 23 mars 2019 - art. 95

Avant d'entrer en fonctions, les assesseurs prêtent devant le tribunal judiciaire le serment suivant : "Je jure de bien et fidèlement remplir mes fonctions, de garder le secret des délibérations et de me conduire en tout comme un assesseur digne et loyal".

Article L218-7

Modifié par LOI n°2019-222 du 23 mars 2019 - art. 95

Les employeurs sont tenus de laisser à leurs salariés assesseurs d'un tribunal judiciaire mentionné à l'article L. 211-16 le temps nécessaire à l'exercice de leurs fonctions.

L'exercice des fonctions d'assesseur ne peut être une cause de sanction ou de rupture du contrat de travail. Le licenciement d'un assesseur est soumis à la procédure d'autorisation administrative prévue au livre IV de la deuxième partie du code du travail pour les conseillers prud'hommes.

Article L218-8

Création LOI n°2016-1547 du 18 novembre 2016 - art. 12

Les assesseurs veillent à prévenir ou à faire cesser immédiatement les situations de conflit d'intérêts. Constitue un conflit d'intérêts toute situation d'interférence entre un intérêt public et des intérêts publics ou privés qui est de nature à influencer ou paraître influencer l'exercice indépendant, impartial et objectif d'une fonction.

NOTA :
Conformément au I de l'article 114 de la loi n° 2016-1547 du 18 novembre 2016, ces dispositions entrent en vigueur à une date fixée par décret et au plus tard le 1er janvier 2019. Se reporter aux dispositions du I dudit article concernant les modalités des transferts des procédures en cours à la date d'entrée en vigueur de ces dispositions.

Article L218-10

Modifié par LOI n°2019-222 du 23 mars 2019 - art. 95

En dehors de toute action disciplinaire, le premier président de la cour d'appel peut donner un avertissement aux assesseurs des tribunaux judiciaires mentionnés à l'article L. 211-16 situés dans le ressort de la cour, après avoir recueilli l'avis du président du tribunal concerné.

Article L218-11

Modifié par LOI n°2019-222 du 23 mars 2019 - art. 95

Tout manquement d'un assesseur d'un tribunal judiciaire mentionné à l'article L. 211-16 aux devoirs de son état, à l'honneur, à la probité ou à la dignité constitue une faute disciplinaire.

Le pouvoir disciplinaire est exercé par le ministre de la justice. Après audition de l'assesseur par le premier président de la cour d'appel dans le ressort de laquelle le tribunal judiciaire a son siège, assisté du président du tribunal, le ministre de la justice peut être saisi par le premier président.

Les sanctions disciplinaires applicables sont :

1° Le blâme ;

2° La suspension des fonctions pour une durée maximale de six mois ;

3° La déchéance assortie de l'interdiction d'être désigné assesseur pour une durée maximale de dix ans ;

4° La déchéance assortie de l'interdiction définitive d'être désigné assesseur.

L'assesseur qui, après sa désignation, perd la capacité d'être juré ou est condamné pour une infraction pénale mentionnée au premier alinéa de l'article L. 218-4 est déchu de plein droit.

Sur proposition du premier président de la cour d'appel dans le ressort de laquelle le tribunal a son siège, le ministre de la justice peut suspendre de ses fonctions un assesseur, préalablement entendu par le premier président, pour une durée maximale de six mois, lorsqu'il existe contre l'intéressé des faits de nature à entraîner une sanction disciplinaire.

Article L218-12

Création LOI n°2016-1547 du 18 novembre 2016 - art. 12

Les assesseurs sont soumis à une obligation de formation initiale dans des conditions fixées par décret.
Tout assesseur qui n'a jamais exercé de mandat ne peut siéger que s'il justifie avoir suivi une formation initiale.

NOTA :
Conformément au I de l'article 114 de la loi n° 2016-1547 du 18 novembre 2016, ces dispositions entrent en vigueur à une date fixée par décret et au plus tard le 1er janvier 2019. Se reporter aux dispositions du I dudit article concernant les modalités des transferts des procédures en cours à la date d'entrée en vigueur de ces dispositions.

TITRE IV : LA COUR D'ASSISES (Article L241-1)

Chapitre unique (Article L241-1)

Article L241-1

Création Ordonnance n°2006-673 du 8 juin 2006 - art. 1 (V) JORF 9 juin 2006

Les règles concernant l'institution, la compétence, l'organisation et le fonctionnement de la cour d'assises sont fixées par le code de procédure pénale.

TITRE V : LES JURIDICTIONS DES MINEURS (Articles L251-1 à L254-1)

Chapitre Ier : Le tribunal pour enfants (Articles L251-1 à L251-6)

Section 1 : Institution et compétence (Articles L251-1 à L251-2)

Article L251-1

Modifié par Ordonnance n° 2019-950 du 11 septembre 2019 - art. 6 (V)

Le tribunal pour enfants connaît, dans les conditions définies par le code de la justice pénale des mineurs, des contraventions et des délits commis par les mineurs et des crimes commis par les mineurs de seize ans.

Article L251-2

Création Ordonnance n°2006-673 du 8 juin 2006 - art. 1 (V) JORF 9 juin 2006

Il y a au moins un tribunal pour enfants dans le ressort de chaque cour d'appel.

Section 2 : Organisation et fonctionnement (Articles L251-3 à L251-6)

Article L251-3

Modifié par LOI n°2022-52 du 24 janvier 2022 - art. 27

Le tribunal pour enfants est composé d'un juge des enfants, président, et de plusieurs assesseurs.

Le juge des enfants qui a été chargé de l'instruction ou qui a renvoyé l'affaire devant le tribunal pour enfants ne peut présider cette juridiction.

Lorsque l'incompatibilité prévue au deuxième alinéa et le nombre de juges des enfants dans le tribunal judiciaire le justifient, la présidence du tribunal pour enfants peut être assurée par un juge des enfants d'un tribunal pour enfants sis dans le ressort de la cour d'appel et désigné par ordonnance du premier président.

NOTA :
Par une décision n° 2021-893 QPC du 26 mars 2021, le Conseil constitutionnel a déclaré contraire à la Constitution le deuxième alinéa de l'article L. 251-3 du code de l'organisation judiciaire, dans sa rédaction résultant de la loi n° 2019-222 du 23 mars 2019 de programmation 2018-2022 et de réforme pour la justice. L'abrogation de ces dispositions est toutefois reportée au 31 décembre 2022. Jusqu'à l'entrée en vigueur d'une nouvelle loi et au plus tard jusqu'au 31 décembre 2022, dans les instances où le mineur a fait l'objet d'une ordonnance de renvoi postérieure à la présente décision, le juge des enfants qui a instruit l'affaire ne peut présider le tribunal pour enfants.

Article L251-4

Création Ordonnance n°2006-673 du 8 juin 2006 - art. 1 (V) JORF 9 juin 2006

Les assesseurs titulaires et suppléants sont choisis parmi les personnes âgées de plus de trente ans, de nationalité française et qui se sont signalées par l'intérêt qu'elles portent aux questions de l'enfance et par leurs compétences.

Les assesseurs sont nommés pour quatre ans par le garde des sceaux, ministre de la justice. Leur renouvellement s'opère par moitié. Toutefois, en cas de création d'un tribunal pour enfants, d'augmentation ou de réduction du nombre des assesseurs dans ces juridictions, ou de remplacement d'un ou de plusieurs de ces assesseurs à une date autre que celle qui est prévue pour leur renouvellement, la désignation des intéressés peut intervenir pour une période inférieure à quatre années dans la limite de la durée requise pour permettre leur renouvellement par moitié.

Article L251-5

Modifié par LOI n°2019-222 du 23 mars 2019 - art. 95

Avant d'entrer en fonctions, les assesseurs titulaires et suppléants prêtent serment devant le tribunal judiciaire de bien et fidèlement remplir leurs fonctions et de garder le secret des délibérations.

Article L251-6

Création Ordonnance n°2006-673 du 8 juin 2006 - art. 1 (V) JORF 9 juin 2006

Les assesseurs titulaires ou suppléants qui, sans motif légitime, se sont abstenus de déférer à plusieurs convocations successives peuvent, à la demande du juge des enfants ou du ministère public, être déclarés démissionnaires, par décision de la cour d'appel.

En cas de faute grave entachant l'honneur ou la probité, leur déchéance est prononcée dans les mêmes formes.

Chapitre II : Le juge des enfants (Articles L252-1 à L252-6)

Section 1 : Institution et compétence (Articles L252-1 à L252-5)

Article L252-1

Il y a au moins un juge des enfants au siège de chaque tribunal pour enfants.

Le juge des enfants peut être suppléé, en cas d'absence ou d'empêchement, ou remplacé provisoirement par un magistrat du siège désigné par le président du tribunal judiciaire.

Article L252-2

Le juge des enfants est compétent en matière d'assistance éducative.

Article L252-3

Le juge des enfants est compétent en matière d'organisation ou de prolongation d'une action de protection judiciaire à l'égard des mineurs émancipés ou des majeurs âgés de vingt et un ans ou moins.

Article L252-4

Le juge des enfants connaît de la mesure judiciaire d'aide à la gestion du budget familial.

Article L252-5

En matière pénale, le juge des enfants connaît, dans les conditions définies par le code de la justice pénale des mineurs, des délits et des contraventions de cinquième classe commis par les mineurs.

Section 2 : Organisation et fonctionnement (Article L252-6)

Article L252-6

Création LOI n°2022-140 du 7 février 2022 - art. 25

En matière d'assistance éducative, si la particulière complexité d'une affaire le justifie, le juge des enfants peut, à tout moment de la procédure, ordonner son renvoi à la formation collégiale du tribunal judiciaire, qui statue comme juge des enfants. La formation collégiale est présidée par le juge des enfants saisi de l'affaire.

Chapitre IV : La cour d'assises des mineurs (Article L254-1)

Article L254-1

Modifié par Ordonnance n° 2019-950 du 11 septembre 2019 - art. 6 (V)

Les règles concernant la compétence, l'organisation et le fonctionnement de la cour d'assises des mineurs sont fixées par le code de la justice pénale des mineurs et, en matière de terrorisme, par l'article 706-17 du code de procédure pénale.

TITRE VI : AUTRES JURIDICTIONS D'ATTRIBUTION (Article L261-1)

Chapitre unique (Article L261-1)

Article L261-1

Modifié par LOI n° 2016-1547 du 18 novembre 2016 - art. 12

Les dispositions particulières relatives à l'institution, la compétence, l'organisation et au fonctionnement des autres juridictions d'attribution sont énoncées :

1° Au code de commerce en ce qui concerne le tribunal de commerce ;

2° Par la loi relative à la répression en matière maritime, en ce qui concerne le tribunal maritime ;

3° Au code de l'expropriation pour cause d'utilité publique et aux lois et règlements particuliers en ce qui concerne le juge de l'expropriation ;

4° Au code de justice militaire en ce qui concerne les juridictions des forces armées ;

5° Au code de procédure pénale en ce qui concerne le tribunal d'application des peines ;

6° Au code rural et de la pêche maritime en ce qui concerne le tribunal paritaire des baux ruraux ;

7° (Abrogé) ;

8° Au code du travail en ce qui concerne le conseil de prud'hommes ;

9° Au décret du 19 novembre 1859 sur la police de la pêche côtière dans le cinquième arrondissement maritime en ce qui concerne les prud'homies de pêche.

NOTA :
Conformément au I de l'article 114 de la loi n° 2016-1547 du 18 novembre 2016, ces dispositions entrent en vigueur à une date fixée par décret, et au plus tard le 1er janvier 2019. Se reporter aux dispositions du I dudit article concernant les modalités des transferts des procédures en cours à la date d'entrée en vigueur de ces dispositions.

LIVRE III : JURIDICTIONS DU SECOND DEGRÉ (Articles L311-1 à L321-1)

TITRE Ier : LA COUR D'APPEL (Articles L311-1 à L314-1)

Chapitre Ier : Compétence (Articles L311-1 à L311-17)

Section 1 : Dispositions générales (Article L311-1)

Article L311-1

Création Ordonnance n°2006-673 du 8 juin 2006 - art. 1 (V) JORF 9 juin 2006

La cour d'appel connaît, sous réserve des compétences attribuées à d'autres juridictions, des décisions judiciaires, civiles et pénales, rendues en premier ressort.

La cour d'appel statue souverainement sur le fond des affaires.

Section 2 : Dispositions particulières (Articles L311-2 à L311-6)

Article L311-2

Création Ordonnance n°2006-673 du 8 juin 2006 - art. 1 (V) JORF 9 juin 2006

La cour d'appel connaît des contestations relatives à l'élection du président du tribunal de commerce dans les conditions prévues par le code de commerce.

Article L311-3

Création Ordonnance n°2006-673 du 8 juin 2006 - art. 1 (V) JORF 9 juin 2006

La cour d'appel connaît, en ce qui concerne les avocats :

1° Des contestations relatives aux élections au conseil de l'ordre et à l'élection du bâtonnier de l'ordre ;

2° Des recours contre les décisions ou délibérations du conseil de l'ordre ;

3° Des recours contre les décisions des centres de formation professionnelle ;

4° Des recours exercés après arbitrage du bâtonnier pour les litiges nés à l'occasion du contrat de travail des avocats salariés.

Article L311-4

Modifié par LOI n°2011-94 du 25 janvier 2011 - art. 33 (V)

La cour d'appel connaît :

1° (Abrogé)

2° En ce qui concerne le stage des huissiers de justice, des recours contre les décisions de la chambre départementale des huissiers de justice ;

3° En ce qui concerne le stage des notaires, des recours contre les décisions du conseil d'administration du centre de formation professionnelle des notaires.

Article L311-6

Modifié par LOI n°2011-94 du 25 janvier 2011 - art. 32

La cour d'appel connaît des contestations relatives à la régularité des élections des membres des organismes professionnels des commissaires-priseurs judiciaires, des huissiers de justice et des notaires.

Section 3 : Dispositions relatives au premier président (Articles L311-7 à L311-7-1)

Article L311-7

Modifié par LOI n°2007-1787 du 20 décembre 2007 - art. 26 (V)

Le premier président a compétence dans les matières suivantes, sans préjudice des autres compétences qui lui sont attribuées par la loi ou le règlement :

1° L'arrêt ou l'octroi de l'exécution provisoire en cas d'appel, conformément au code de procédure civile ;

2° Le recours contre la décision du bâtonnier prise sur contestation des honoraires d'avocat ;

3° La réparation à raison d'une détention provisoire, conformément au code de procédure pénale ;

4° L'appel des ordonnances du juge des libertés et de la détention en cas de prolongation du maintien en zone d'attente et de la rétention, conformément au code de l'entrée et du séjour des étrangers et du droit d'asile.

Article L311-7-1

Modifié par Ordonnance n°2019-738 du 17 juillet 2019 - art. 7

En matière civile, le premier président statue en référé ou sur requête. Dans les cas prévus par la loi ou le règlement, il statue selon la procédure accélérée au fond.

NOTA :
Conformément à l'article 30 de l'ordonnance n° 2019-738 du 17 juillet 2019, ces dispositions s'appliquent aux demandes introduites à compter du 1er janvier 2020.

Section 4 : Dispositions particulières à certaines chambres de la cour d'appel (Article L311-8)

Article L311-8

Création Ordonnance n°2006-673 du 8 juin 2006 - art. 1 (V) JORF 9 juin 2006

Les règles relatives à la compétence de la chambre de l'instruction, de la chambre de l'application des peines et de la chambre des appels correctionnels sont fixées par le code de procédure pénale.

Section 5 : Dispositions particulières à certaines cours d'appel (Articles L311-10 à L311-16)

Article L311-10

Création Ordonnance n°2006-673 du 8 juin 2006 - art. 1 (V) JORF 9 juin 2006

Des cours d'appel spécialement désignées connaissent des recours contre les décisions du directeur de l'Institut national de la propriété industrielle dans les cas et conditions prévus par le code de la propriété intellectuelle.

Article L311-11

Modifié par Ordonnance n°2021-649 du 26 mai 2021 - art. 5

Une cour d'appel spécialement désignée connaît des recours contre :

1° Les décisions de l'Autorité de la concurrence, et relatifs à la validité de la notification par l'Autorité de la concurrence des actes mentionnés au IV de l'article L. 462-9-1 du code de commerce ;

2° Les décisions de portée individuelle de l'Autorité des marchés financiers, dans les cas et conditions prévus par le code monétaire et financier ;

3° Les décisions du Comité de la protection des obtentions végétales, dans les cas et conditions prévus par le code de la propriété intellectuelle.

Article L311-12

Création Ordonnance n°2006-673 du 8 juin 2006 - art. 1 (V) JORF 9 juin 2006

Une cour d'appel spécialement désignée connaît des actions, engagées en matière d'indemnisation des victimes de préjudices résultant de la contamination par le virus d'immunodéficience humaine, contre l'Office national d'indemnisation des accidents médicaux, des affections iatrogènes et des infections nosocomiales, dans les cas et conditions prévus par le code de la santé publique.

Article L311-13

Création Ordonnance n°2006-673 du 8 juin 2006 - art. 1 (V) JORF 9 juin 2006

Une cour d'appel spécialement désignée connaît des recours contre les décisions prises par l'Autorité de régulation des communications électroniques et des postes dans les cas et conditions prévus par le code des postes et des communications électroniques.

Article L311-14

Création Ordonnance n°2006-673 du 8 juin 2006 - art. 1 (V) JORF 9 juin 2006

Une cour d'appel spécialement désignée connaît :

1° Des contestations relatives à l'élection des membres du Conseil national des barreaux et des membres du bureau de ce conseil ;

2° Des recours contre les décisions individuelles prises par le Conseil national des barreaux ;

3° Des recours contre les décisions prises par les commissions nationales en matière d'inscription, de retrait ou de discipline des administrateurs judiciaires, des mandataires judiciaires au redressement et à la liquidation des entreprises et des experts en diagnostic d'entreprise.

Article L311-15

Création LOI n°2016-1547 du 18 novembre 2016 - art. 12

Des cours d'appel spécialement désignées connaissent des décisions rendues par les juridictions mentionnées à l'article L. 211-16, dans les cas et conditions prévus par le code de l'action sociale et des familles et le code de la sécurité sociale.

NOTA :
Conformément au I de l'article 114 de la loi n° 2016-1547 du 18 novembre 2016, ces dispositions entrent en vigueur à une date fixée par décret et au plus tard le 1er janvier 2019. Se reporter aux dispositions du I dudit article concernant les modalités des transferts des procédures en cours à la date d'entrée en vigueur de ces dispositions.

Article L311-16

Modifié par LOI n°2019-222 du 23 mars 2019 - art. 96 (V)

Une cour d'appel spécialement désignée connaît des litiges mentionnés au 7° de l'article L. 142-1 du code de la sécurité sociale.

NOTA :
Conformément à l'article 96, VII de la loi n° 2019-222 du 23 mars 2019, ces dispositions sont applicables aux recours préalables et aux recours juridictionnels introduits à compter d'une date fixée par décret en Conseil d'Etat, et au plus tard le 1er janvier 2020.

Section 6 : Dispositions particulières au premier président de certaines cours d'appel (Article L311-17)

Article L311-17

Création Ordonnance n°2017-303 du 9 mars 2017 - art. 11

Le premier président d'une cour d'appel spécialement désignée connaît des recours contre les décisions relatives à la protection du secret des affaires dans les cas et conditions prévus par le code de commerce.

Chapitre II : Organisation et fonctionnement (Articles L312-1 à L312-8)

Section 1 : Les formations de la cour d'appel (Articles L312-1 à L312-6-2)

Sous-section 1 : Dispositions générales (Articles L312-1 à L312-3)

Article L312-1

Création Ordonnance n°2006-673 du 8 juin 2006 - art. 1 (V) JORF 9 juin 2006

La cour d'appel statue en formation collégiale.

Article L312-2

Création Ordonnance n°2006-673 du 8 juin 2006 - art. 1 (V) JORF 9 juin 2006

La formation de jugement de la cour d'appel se compose d'un président et de plusieurs conseillers.

Aux audiences solennelles, la cour est présidée par le premier président et comprend en outre des conseillers appartenant à plusieurs chambres.

Article L312-3

Modifié par LOI n°2011-94 du 25 janvier 2011 - art. 32

Les avocats dans l'ordre du tableau peuvent être appelés à suppléer les conseillers pour compléter la cour d'appel.

Toutefois, la formation de jugement de la cour d'appel ne peut comprendre, en matière pénale, une majorité de juges non professionnels.

Sous-section 2 : Dispositions particulières à certaines formations (Articles L312-4 à L312-6-2)

Article L312-4

Création Ordonnance n°2006-673 du 8 juin 2006 - art. 1 (V) JORF 9 juin 2006

Les règles relatives à l'organisation et au fonctionnement de la chambre de l'instruction, de la chambre de l'application des peines et de la chambre des appels correctionnels sont fixées par le code de procédure pénale.

Article L312-6

Modifié par Ordonnance n° 2019-950 du 11 septembre 2019 - art. 5

Un magistrat qui prend le nom de délégué à la protection de l'enfance est désigné au sein de chaque cour d'appel.

Ce magistrat préside la chambre spéciale des mineurs ou y exerce les fonctions de rapporteur.

Il siège comme membre de la chambre de l'instruction dans les cas mentionnés à l'article L. 221-3 du code de la justice pénale des mineurs.

Il siège également dans la formation de la cour d'appel qui statue sur les recours formés contre les décisions rendues en première instance sur le fondement des dispositions des instruments internationaux et communautaires relatives au déplacement illicite international d'enfants.

NOTA :
Se reporter aux conditions d'application prévues à l'article 10 de l'ordonnance n° 2019-950 du 11 septembre 2019.Conformément à l'article 25 de la loi n°2020-734, l'ordonnance n°2019-950 entre en vigueur le 31 mars 2021.Cette date a été reportée au 30 septembre 2021 par l'article 2 de la loi n° 2021-218 du 26 février 2021

Article L312-6-1

Création LOI n°2009-526 du 12 mai 2009 - art. 13 (V)
Modifié par LOI n°2009-526 du 12 mai 2009 - art. 13 (V)

Un magistrat, qui prend le nom de délégué à la protection des majeurs, est désigné au sein de chaque cour d'appel par le premier président.

Ce magistrat préside la formation de jugement qui statue en matière de protection juridique des majeurs sur les appels des décisions rendues par le juge des tutelles et le conseil de famille, ou y exerce les fonctions de rapporteur.

Article L312-6-2

Modifié par LOI n°2019-222 du 23 mars 2019 - art. 95

La formation de jugement mentionnée à l'article L. 311-16 est composée d'un magistrat du siège et de deux assesseurs représentant les travailleurs salariés, pour le premier, et les employeurs et les travailleurs indépendants, pour le second.

Ces assesseurs sont choisis par le premier président dans le ressort de la cour d'appel sur les listes dressées en vertu de l'article L. 218-3. Les articles L. 218-4 à L. 218-12 et les deux derniers alinéas de l'article L. 218-1 leur sont applicables, dans des conditions fixées par décret en Conseil d'Etat.

Section 2 : Le parquet général (Articles L312-7 à L312-8)

Article L312-7

Création Ordonnance n°2006-673 du 8 juin 2006 - art. 1 (V) JORF 9 juin 2006

Le procureur général représente en personne, ou par ses substituts, le ministère public près la cour d'appel.

Article L312-8

Création LOI n°2020-1672 du 24 décembre 2020 - art. 3

Nonobstant les articles L. 122-3 et L. 312-7, le ministère public près la cour d'appel de Paris est exercé par le procureur européen ou ses délégués pour les affaires relevant de ses attributions.

NOTA :
Conformément à l'article 32 de la loi n° 2020-1672 du 24 décembre 2020, les dispositions issues du titre Ier de la présente loi entrent en vigueur à la date fixée par la Commission européenne en application de l'article 120 du règlement (UE) 2017/1939 du Conseil du 12 octobre 2017 mettant en œuvre une coopération renforcée concernant la création du Parquet européen, soit le 1er juin 2021.

Chapitre III : Dispositions particulières aux départements du Bas-Rhin, du Haut-Rhin et de la Moselle (Articles L313-1 à L313-2)

Article L313-1

Création Ordonnance n°2006-673 du 8 juin 2006 - art. 1 (V) JORF 9 juin 2006

Une cour d'appel spécialement désignée exerce les fonctions de tribunal d'appel pour la navigation du Rhin et connaît des recours contre les décisions du tribunal pour la navigation du Rhin.

Article L313-2

Création Ordonnance n°2006-673 du 8 juin 2006 - art. 1 (V) JORF 9 juin 2006

Une cour d'appel spécialement désignée exerce les fonctions de tribunal d'appel pour la navigation de la Moselle et connaît des recours contre les décisions du tribunal de première instance pour la navigation de la Moselle.

Chapitre IV : Dispositions particulières au Département de Mayotte (Article L314-1)

Article L314-1

Création Ordonnance n°2011-337 du 29 mars 2011 - art. 1

Lorsque la cour d'appel est saisie d'un litige entre citoyens de statut civil de droit local sur des matières régies par ce statut, les parties peuvent, d'un commun accord, demander l'application des règles du droit civil commun.

TITRE II : LA COUR D'ASSISES STATUANT EN APPEL (Article L321-1)

Chapitre unique (Article L321-1)

Article L321-1

Création Ordonnance n°2006-673 du 8 juin 2006 - art. 1 (V) JORF 9 juin 2006

Les règles relatives à l'institution, la compétence, l'organisation et au fonctionnement de la cour d'assises statuant en appel sont fixées par le code de procédure pénale.

LIVRE IV : LA COUR DE CASSATION (Articles L411-1 à LO461-2)

TITRE Ier : INSTITUTION ET COMPÉTENCE (Articles L411-1 à L411-4)

Chapitre unique (Articles L411-1 à L411-4)

Article L411-1

Création Ordonnance n°2006-673 du 8 juin 2006 - art. 1 (V) JORF 9 juin 2006

Il y a, pour toute la République, une Cour de cassation.

Article L411-2

Création Ordonnance n°2006-673 du 8 juin 2006 - art. 1 (V) JORF 9 juin 2006

La Cour de cassation statue sur les pourvois en cassation formés contre les arrêts et jugements rendus en dernier ressort par les juridictions de l'ordre judiciaire.

La Cour de cassation ne connaît pas du fond des affaires, sauf disposition législative contraire.

Article L411-3

Modifié par LOI n°2016-1547 du 18 novembre 2016 - art. 38

La Cour de cassation peut casser sans renvoi lorsque la cassation n'implique pas qu'il soit à nouveau statué sur le fond.

Elle peut aussi, en matière civile, statuer au fond lorsque l'intérêt d'une bonne administration de la justice le justifie.

En matière pénale, elle peut, en cassant sans renvoi, mettre fin au litige lorsque les faits, tels qu'ils ont été souverainement constatés et appréciés par les juges du fond, lui permettent d'appliquer la règle de droit appropriée.

En ces cas, elle se prononce sur la charge des dépens afférents aux instances civiles devant les juges du fond.

L'arrêt emporte exécution forcée.

Les modalités d'application du présent article sont fixées par décret en Conseil d'Etat.

Article L411-4

Création Ordonnance n°2006-673 du 8 juin 2006 - art. 1 (V) JORF 9 juin 2006

Ainsi qu'il est dit à l'article 11-1 de l'ordonnance n° 58-1270 du 22 décembre 1958 portant loi organique relative au statut de la magistrature, l'action récursoire contre les magistrats ayant commis une faute personnelle se rattachant au service public de la justice est exercée devant une chambre civile de la Cour de cassation.

TITRE II : ORGANISATION (Articles L421-1 à L421-8)

Chapitre unique (Articles L421-1 à L421-8)

Article L421-1

Création Ordonnance n°2006-673 du 8 juin 2006 - art. 1 (V) JORF 9 juin 2006

La Cour de cassation comprend des chambres civiles et une chambre criminelle.

Article L421-2

Création Ordonnance n°2006-673 du 8 juin 2006 - art. 1 (V) JORF 9 juin 2006

Les pourvois formés à l'encontre des arrêts et jugements rendus en dernier ressort en matière pénale sont portés devant la chambre criminelle dans les conditions prévues au code de procédure pénale.

Article L421-3

Création Ordonnance n°2006-673 du 8 juin 2006 - art. 1 (V) JORF 9 juin 2006

Les arrêts de la Cour de cassation sont rendus soit par l'une des chambres, soit par une chambre mixte, soit par l'assemblée plénière.

Article L421-4

Création Ordonnance n°2006-673 du 8 juin 2006 - art. 1 (V) JORF 9 juin 2006

Lorsqu'une chambre mixte doit être constituée, elle est composée de magistrats appartenant à trois chambres au moins de la cour.

La chambre mixte est présidée par le premier président, ou, en cas d'empêchement de celui-ci, par le plus ancien des présidents de chambre.

Elle comprend, en outre, les présidents et doyens des chambres qui la composent ainsi que deux conseillers de chacune de ces chambres.

Article L421-5

Création Ordonnance n°2006-673 du 8 juin 2006 - art. 1 (V) JORF 9 juin 2006

L'assemblée plénière est présidée par le premier président, ou, en cas d'empêchement de celui-ci, par le plus ancien des présidents de chambre.

Elle comprend, en outre, les présidents et les doyens des chambres ainsi qu'un conseiller de chaque chambre.

Article L421-6

Création Ordonnance n°2006-673 du 8 juin 2006 - art. 1 (V) JORF 9 juin 2006

Les dispositions de l'article L. 121-2 ne sont pas applicables à la Cour de cassation.

Article L421-7

Création Ordonnance n°2006-673 du 8 juin 2006 - art. 1 (V) JORF 9 juin 2006

Un ou plusieurs avocats généraux à la Cour d'appel de Paris peuvent, par décret, être délégués à la Cour de cassation pour exercer les fonctions du ministère public près cette juridiction.

Article L421-8

Création Ordonnance n°2006-673 du 8 juin 2006 - art. 1 (V) JORF 9 juin 2006

Les modalités d'application du présent titre sont fixées par décret en Conseil d'Etat.

TITRE III : FONCTIONNEMENT (Articles L431-1 à L432-5)

Chapitre Ier : Les chambres de la cour (Articles L431-1 à L431-10)

Section 1 : Dispositions générales (Articles L431-1 à L431-4)

Article L431-1

Création Ordonnance n°2006-673 du 8 juin 2006 - art. 1 (V) JORF 9 juin 2006

Les affaires soumises à une chambre civile sont examinées par une formation de trois magistrats appartenant à la chambre à laquelle elles ont été distribuées.

Cette formation statue lorsque la solution du pourvoi s'impose. Dans le cas contraire, elle renvoie l'examen du pourvoi à l'audience de la chambre.

Toutefois, le premier président ou le président de la chambre concernée, ou leurs délégués, d'office ou à la demande du procureur général ou de l'une des parties, peuvent renvoyer directement une affaire à l'audience de la chambre par décision non motivée.

Article L431-2

Création Ordonnance n°2006-673 du 8 juin 2006 - art. 1 (V) JORF 9 juin 2006

En matière pénale, les dispositions relatives à la formation d'admission des pourvois sont fixées par le code de procédure pénale.

Article L431-3

Création Ordonnance n°2006-673 du 8 juin 2006 - art. 1 (V) JORF 9 juin 2006

Les conseillers référendaires siègent, avec voix consultative, dans la chambre à laquelle ils sont affectés. Ils ont voix délibérative dans le jugement des affaires qu'ils sont chargés de rapporter.

En outre, des conseillers référendaires pris par ordre d'ancienneté dans leurs fonctions peuvent, avec voix délibérative, être appelés à compléter la chambre à laquelle ils appartiennent.

Article L431-3-1

Création LOI n°2016-1547 du 18 novembre 2016 - art. 39

Lors de l'examen du pourvoi, la Cour de cassation peut inviter toute personne dont la compétence ou les connaissances sont de nature à l'éclairer utilement sur la solution à donner à un litige à produire des observations d'ordre général sur les points qu'elle détermine.

Article L431-4

Création Ordonnance n°2006-673 du 8 juin 2006 - art. 1 (V) JORF 9 juin 2006

En cas de cassation, l'affaire est renvoyée, sous réserve des dispositions de l'article L. 411-3, devant une autre juridiction de même nature que celle dont émane l'arrêt ou le jugement cassé ou devant la même juridiction composée d'autres magistrats.

Lorsque le renvoi est ordonné par l'assemblée plénière, la juridiction de renvoi doit se conformer à la décision de cette assemblée sur les points de droit jugés par celle-ci.

Section 2 : Dispositions particulières aux chambres mixtes et à l'assemblée plénière (Articles L431-5 à L431-10)

Article L431-5

Création Ordonnance n°2006-673 du 8 juin 2006 - art. 1 (V) JORF 9 juin 2006

Le renvoi devant une chambre mixte peut être ordonné lorsqu'une affaire pose une question relevant normalement des attributions de plusieurs chambres ou si la question a reçu ou est susceptible de recevoir devant les chambres des solutions divergentes ; il doit l'être en cas de partage égal des voix.

Article L431-6

Création Ordonnance n°2006-673 du 8 juin 2006 - art. 1 (V) JORF 9 juin 2006

Le renvoi devant l'assemblée plénière peut être ordonné lorsque l'affaire pose une question de principe, notamment s'il existe des solutions divergentes soit entre les juges du fond, soit entre les juges du fond et la Cour de cassation ; il doit l'être lorsque, après cassation d'un premier arrêt ou jugement, la décision rendue par la juridiction de renvoi est attaquée par les mêmes moyens.

Article L431-7

Création Ordonnance n°2006-673 du 8 juin 2006 - art. 1 (V) JORF 9 juin 2006

Le renvoi devant une chambre mixte ou devant l'assemblée plénière est décidé soit, avant l'ouverture des débats, par ordonnance non motivée du premier président, soit par arrêt non motivé de la chambre saisie.

Le renvoi est de droit lorsque le procureur général le requiert avant l'ouverture des débats.

Article L431-8

Création Ordonnance n°2006-673 du 8 juin 2006 - art. 1 (V) JORF 9 juin 2006

En cas d'empêchement de l'un des membres, il est remplacé par un conseiller désigné par le premier président ou, à défaut de celui-ci, par le président de chambre qui le remplace.

Article L431-9

Création Ordonnance n°2006-673 du 8 juin 2006 - art. 1 (V) JORF 9 juin 2006

La chambre mixte et l'assemblée plénière se prononcent sur le pourvoi même si les conditions de leur saisine n'étaient pas réunies.

Article L431-10

Création Ordonnance n°2006-673 du 8 juin 2006 - art. 1 (V) JORF 9 juin 2006

Les modalités d'application du présent chapitre sont fixées par décret en Conseil d'Etat.

Chapitre II : Le parquet général (Articles L432-1 à L432-5)

Article L432-1

Modifié par LOI n°2016-1547 du 18 novembre 2016 - art. 40
Modifié par LOI n°2016-1547 du 18 novembre 2016 - art. 41

Le procureur général porte la parole aux audiences des chambres mixtes et de l'assemblée plénière ainsi que dans les assemblées générales de la cour.

Il peut la porter aux audiences des chambres et devant les formations prévues à l'article L. 441-2.

Il rend des avis dans l'intérêt de la loi et du bien commun. Il éclaire la cour sur la portée de la décision à intervenir.

Article L432-2

Modifié par Loi n°2006-1666 du 21 décembre 2006 - art. 117 () JORF 27 décembre 2006

En cas d'empêchement du procureur général, celui-ci est remplacé pour les actes de ses fonctions par un premier avocat général désigné par le procureur général ou, à défaut, par le plus ancien des premiers avocats généraux.

Article L432-3

Modifié par LOI n°2009-526 du 12 mai 2009 - art. 138 (V)

Les premiers avocats généraux, les avocats généraux et les avocats généraux référendaires portent la parole, au nom du procureur général, devant les chambres auxquelles ils sont affectés.

Ils peuvent être désignés par le procureur général pour la porter également devant les autres formations de la cour.

Article L432-4

Création Ordonnance n°2006-673 du 8 juin 2006 - art. 1 (V) JORF 9 juin 2006

Lorsque l'empêchement d'un avocat général est de longue durée, le premier président et le procureur général peuvent, par une décision conjointe, déléguer un conseiller dans les fonctions d'avocat général.

Article L432-5

Création Ordonnance n°2006-673 du 8 juin 2006 - art. 1 (V) JORF 9 juin 2006

Les modalités d'application du présent chapitre sont fixées par décret en Conseil d'Etat.

TITRE IV : DISPOSITIONS PARTICULIÈRES EN CAS DE SAISINE POUR AVIS DE LA COUR DE CASSATION (Articles L441-1 à L441-4)

Chapitre unique (Articles L441-1 à L441-4)

Article L441-1

Modifié par LOI n°2016-1088 du 8 août 2016 - art. 24 (V)

Avant de statuer sur une question de droit nouvelle, présentant une difficulté sérieuse et se posant dans de nombreux litiges, les juridictions de l'ordre judiciaire peuvent, par une décision non susceptible de recours, solliciter l'avis de la Cour de cassation.

Elles peuvent, dans les mêmes conditions, solliciter l'avis de la commission paritaire mentionnée à l'article L. 2232-9 du code du travail ou de la Cour de cassation avant de statuer sur l'interprétation d'une convention ou d'un accord collectif présentant une difficulté sérieuse et se posant dans de nombreux litiges.

Article L441-2

Modifié par LOI n°2016-1547 du 18 novembre 2016 - art. 41

La chambre compétente de la Cour de cassation se prononce sur la demande d'avis.

Lorsque la demande relève normalement des attributions de plusieurs chambres, elle est portée devant une formation mixte pour avis.

Lorsque la demande pose une question de principe, elle est portée devant la formation plénière pour avis.

La formation mixte et la formation plénière pour avis sont présidées par le premier président ou, en cas d'empêchement, par le doyen des présidents de chambre.

Article L441-2-1

Création LOI n°2016-1547 du 18 novembre 2016 - art. 41

Le renvoi devant une formation mixte ou plénière pour avis est décidé soit par ordonnance non motivée du premier président, soit par décision non motivée de la chambre saisie.

Le renvoi est de droit lorsque le procureur général le requiert.

Article L441-3

Création Ordonnance n°2006-673 du 8 juin 2006 - art. 1 (V) JORF 9 juin 2006

L'avis rendu ne lie pas la juridiction qui a formulé la demande.

Article L441-4

Création Ordonnance n°2006-673 du 8 juin 2006 - art. 1 (V) JORF 9 juin 2006

Les modalités d'application du présent titre sont fixées, en ce qui concerne les juridictions autres que pénales, par décret en Conseil d'Etat.

TITRE V : JURIDICTIONS ET COMMISSIONS PLACÉES AUPRÈS DE LA COUR DE CASSATION (Articles L451-1 à L452-6)

Chapitre Ier : Révision et réexamen en matière pénale (Articles L451-1 à L451-2)

Article L451-1

Modifié par LOI n°2014-640 du 20 juin 2014 - art. 6

Les règles relatives à l'institution, à la compétence, à l'organisation et au fonctionnement de la Commission nationale de réparation des détentions, de la cour de révision et de réexamen et de la commission d'examen des recours en matière de discipline des officiers de police judiciaire sont fixées par le code de procédure pénale.

Article L451-2

Modifié par LOI n° 2016-1547 du 18 novembre 2016 - art. 42 (V)

Les règles relatives à l'institution, à la compétence, à l'organisation et au fonctionnement de la cour de révision et de réexamen en matière pénale sont fixées par le code de procédure pénale.

NOTA :
Conformément au I de l'article 42 de la loi n° 2016-1547 du 18 novembre 2016, ces dspositions entrent en vigueur à une date fixée par décret en Conseil d'Etat, et au plus tard six mois après la promulgation de ladite loi.Se reporter au III de l'article 42 de la loi n° 2016-1547 du 18 novembre 2016 pour les dispositions transitoires concernant les demandes de réexamen présentées en application du chapitre II du code de l'organisation judiciaire et motivées par une décision rendue par la Cour européenne des droits de l'homme avant l'entrée en vigueur dudit chapitre.

Chapitre II : Réexamen en matière civile (Articles L452-1 à L452-6)

Article L452-1

Création LOI n°2016-1547 du 18 novembre 2016 - art. 42 (V)

Le réexamen d'une décision civile définitive rendue en matière d'état des personnes peut être demandé au bénéfice de toute personne ayant été partie à l'instance et disposant d'un intérêt à le solliciter, lorsqu'il résulte d'un arrêt rendu par la Cour européenne des droits de l'homme que cette décision a été prononcée en violation de la convention européenne de sauvegarde des droits de l'homme et des libertés fondamentales ou de ses protocoles additionnels, dès lors que, par sa nature et sa gravité, la violation constatée entraîne, pour cette personne, des conséquences dommageables auxquelles la satisfaction équitable accordée en application de l'article 41 de la même convention ne pourrait mettre un terme. Le réexamen peut être demandé dans un délai d'un an à compter de la décision de la Cour européenne des droits de l'homme. Le réexamen d'un pourvoi en cassation peut être demandé dans les mêmes conditions.

NOTA :
Conformément au I de l'article 42 de la loi n° 2016-1547 du 18 novembre 2016, ces dspositions entrent en vigueur à une date fixée par décret en Conseil d'Etat, et au plus tard six mois après la promulgation de ladite loi. Se reporter au III de l'article 42 de la loi n° 2016-1547 du 18 novembre 2016 pour les dispositions transitoires concernant les demandes de réexamen présentées en application du chapitre II du code de l'organisation judiciaire et motivées par une décision rendue par la Cour européenne des droits de l'homme avant l'entrée en vigueur dudit chapitre.

Article L452-2

Création LOI n°2016-1547 du 18 novembre 2016 - art. 42 (V)

Le réexamen peut être demandé :

1° Par la partie intéressée ou, en cas d'incapacité, par son représentant légal ;

2° Après la mort ou l'absence déclarée de la partie intéressée, par son conjoint, le partenaire lié à elle par un pacte civil de solidarité, son concubin, ses enfants, ses parents, ses petits-enfants ou arrière-petits-enfants ou ses légataires universels ou à titre universel.

NOTA :
Conformément au I de l'article 42 de la loi n° 2016-1547 du 18 novembre 2016, ces dspositions entrent en vigueur à une date fixée par décret en Conseil d'Etat, et au plus tard six mois après la promulgation de ladite loi. Se reporter au III de l'article 42 de la loi n° 2016-1547 du 18 novembre 2016 pour les dispositions transitoires concernant les demandes de réexamen présentées en application du chapitre II du code de l'organisation judiciaire et motivées par une décision rendue par la Cour européenne des droits de l'homme avant l'entrée en vigueur dudit chapitre.

Article L452-3

Création LOI n°2016-1547 du 18 novembre 2016 - art. 42 (V)

La demande en réexamen est adressée à la cour de réexamen. Celle-ci est composée de treize magistrats de la Cour de cassation, dont le doyen des présidents de chambre, qui préside la cour de réexamen. Les douze autres magistrats sont désignés par l'assemblée générale de la Cour de cassation pour une durée de trois ans, renouvelable une fois.

Chacune des chambres de la Cour de cassation y est représentée par deux de ses membres.

Douze magistrats suppléants sont désignés dans les mêmes conditions. Le président de chambre le plus ancien après le doyen des présidents de chambre est désigné suppléant de celui-ci.

NOTA :
Conformément au I de l'article 42 de la loi n° 2016-1547 du 18 novembre 2016, ces dspositions entrent en vigueur à une date fixée par décret en Conseil d'Etat, et au plus tard six mois après la promulgation de ladite loi. Se reporter au III de l'article 42 de la loi n° 2016-1547 du 18 novembre 2016 pour les dispositions transitoires concernant les demandes de réexamen présentées en application du chapitre II du code de l'organisation judiciaire et motivées par une décision rendue par la Cour européenne des droits de l'homme avant l'entrée en vigueur dudit chapitre.

Article L452-4

Création LOI n°2016-1547 du 18 novembre 2016 - art. 42 (V)

Lorsque la demande est manifestement irrecevable, le président de la cour de réexamen peut la rejeter par une ordonnance motivée non susceptible de recours.

NOTA :
Conformément au I de l'article 42 de la loi n° 2016-1547 du 18 novembre 2016, ces dspositions entrent en vigueur à une date fixée par décret en Conseil d'Etat, et au plus tard six mois après la promulgation de ladite loi. Se reporter au III de l'article 42 de la loi n° 2016-1547 du 18 novembre 2016 pour les dispositions transitoires concernant les demandes de réexamen présentées en application du chapitre II du code de l'organisation judiciaire et motivées par une décision rendue par la Cour européenne des droits de l'homme avant l'entrée en vigueur dudit chapitre.

Article L452-5

Création LOI n°2016-1547 du 18 novembre 2016 - art. 42 (V)

Le parquet général près la Cour de cassation assure les fonctions du ministère public devant la formation de jugement.

Ne peuvent siéger au sein de la formation de jugement ou y exercer les fonctions du ministère public les magistrats qui, dans l'affaire soumise à la cour de réexamen, ont, au sein d'autres juridictions, soit assuré les fonctions du ministère public, soit participé à une décision sur le fond.

NOTA :
Conformément au I de l'article 42 de la loi n° 2016-1547 du 18 novembre 2016, ces dspositions entrent en vigueur à une date fixée par décret en Conseil d'Etat, et au plus tard six mois après la promulgation de ladite loi. Se reporter au III de l'article 42 de la loi n° 2016-1547 du 18 novembre 2016 pour les dispositions transitoires concernant les demandes de réexamen présentées en application du chapitre II du code de l'organisation judiciaire et motivées par une décision rendue par la Cour européenne des droits de l'homme avant l'entrée en vigueur dudit chapitre.

Article L452-6

Création LOI n°2016-1547 du 18 novembre 2016 - art. 42 (V)

La cour de réexamen rejette la demande si elle l'estime mal fondée. Si elle estime la demande fondée, elle annule la décision mentionnée à l'article L. 452-1, sauf lorsqu'il est fait droit à une demande en réexamen du pourvoi du requérant.

La cour de réexamen renvoie le requérant devant une juridiction de même ordre et de même degré, autre que celle qui a rendu la décision annulée. Toutefois, si le réexamen du pourvoi du requérant, dans des conditions conformes à la convention européenne de sauvegarde des droits de l'homme et des libertés fondamentales, est de nature à remédier à la violation constatée par la Cour européenne des droits de l'homme, elle renvoie le requérant devant l'assemblée plénière de la Cour de cassation.

NOTA :
Conformément au I de l'article 42 de la loi n° 2016-1547 du 18 novembre 2016, ces dspositions entrent en vigueur à une date fixée par décret en Conseil d'Etat, et au plus tard six mois après la promulgation de ladite loi. Se reporter au III de l'article 42 de la loi n° 2016-1547 du 18 novembre 2016 pour les dispositions transitoires concernant les demandes de réexamen présentées en application du chapitre II du code de l'organisation judiciaire et motivées par une décision rendue par la Cour européenne des droits de l'homme avant l'entrée en vigueur dudit chapitre.

TITRE VI : QUESTION PRIORITAIRE DE CONSTITUTIONNALITÉ (Articles LO461-1 à LO461-2)

Article LO461-1

Création LOI organique n°2009-1523 du 10 décembre 2009 - art. 2

La transmission par une juridiction de l'ordre judiciaire d'une question prioritaire de constitutionnalité à la Cour de cassation obéit aux règles définies par les articles 23-1 à 23-3 de l'ordonnance n° 58-1067 du 7 novembre 1958 portant loi organique sur le Conseil constitutionnel.

Article LO461-2

Création LOI organique n°2009-1523 du 10 décembre 2009 - art. 2

Le renvoi par la Cour de cassation d'une question prioritaire de constitutionnalité au Conseil constitutionnel obéit aux règles définies par les articles 23-4 à 23-7 de l'ordonnance n° 58-1067 du 7 novembre 1958 précitée.

LIVRE V : DISPOSITIONS PARTICULIÈRES À SAINT-PIERRE-ET-MIQUELON, À WALLIS-ET-FUTUNA, AUX TERRES AUSTRALES ET ANTARCTIQUES FRANCAISES, À LA POLYNÉSIE FRANCAISE ET À LA NOUVELLE-CALÉDONIE (Articles L511-1 à L563-1)

TITRE Ier : DISPOSITIONS PARTICULIÈRES À SAINT-PIERRE-ET-MIQUELON (Articles L511-1 à L513-11)

Chapitre Ier : Dispositions générales (Article L511-1)

Article L511-1

Modifié par Ordonnance n°2019-964 du 18 septembre 2019 - art. 34

Pour l'application à Saint-Pierre-et-Miquelon du présent code (partie Législative), il y a lieu de lire :

1° " tribunal supérieur d'appel " à la place de : " cour d'appel " ;

2° " tribunal de première instance" à la place de : " tribunal judiciaire" ;

3° " président du tribunal supérieur d'appel " à la place de :
" premier président de la cour d'appel " ;

4° " procureur de la République près le tribunal supérieur d'appel " à la place de : " procureur général près la cour d'appel " et de : " procureur de la République près le tribunal judiciaire".

NOTA :
Conformément à l'article 36 de l'ordonnance n° 2019-964 du 18 septembre 2019, ces dispositions entrent en vigueur au 1er janvier 2020.

Chapitre II : Des fonctions judiciaires (Articles L512-1 à L512-4)

Article L512-1

Modifié par LOI n°2007-1787 du 20 décembre 2007 - art. 30 (V)

Les fonctions judiciaires à Saint-Pierre-et-Miquelon sont exercées :

1° Par des magistrats du corps judiciaire ;

2° Par des assesseurs au tribunal supérieur d'appel et au tribunal criminel.

Article L512-2

Modifié par LOI n°2007-1787 du 20 décembre 2007 - art. 30 (V)

Les personnes appelées à exercer les fonctions d'assesseurs au tribunal supérieur d'appel et au tribunal criminel sont choisies parmi les personnes de nationalité française, âgées de plus de vingt-trois ans, jouissant des droits civiques, civils et de famille et présentant des garanties de compétence et d'impartialité.

Article L512-3

Modifié par LOI n°2007-1787 du 20 décembre 2007 - art. 30 (V)

Les assesseurs au tribunal supérieur d'appel sont désignés pour deux ans par le garde des sceaux, ministre de la justice.

Les assesseurs sont désignés sur proposition du président du tribunal supérieur d'appel, après avis du procureur de la République.

Avant d'entrer en fonctions, les assesseurs prêtent devant le tribunal supérieur d'appel le serment prévu à l'article 6 de l'ordonnance n° 58-1270 du 22 décembre 1958 portant loi organique relative au statut de la magistrature.

Article L512-4

Modifié par LOI n°2007-1787 du 20 décembre 2007 - art. 30 (V)

Les assesseurs au tribunal supérieur d'appel peuvent, avant l'expiration de la période de deux ans prévue à l'article L. 512-3, être relevés de leurs fonctions, par arrêté du garde des sceaux, ministre de la justice, sur leur demande.

Les assesseurs au tribunal supérieur d'appel peuvent, en cas de faute grave entachant l'honneur ou la probité, être relevés de leurs fonctions, avant l'expiration de la période de deux ans prévue à l'article L. 512-3, par décision du premier président de la cour d'appel de Paris, après avoir été convoqués et mis en demeure de présenter leurs observations. Ils peuvent, selon les mêmes formes, à la demande du président du tribunal supérieur d'appel, être déclarés démissionnaires lorsque, sans motif légitime, ils se sont abstenus de déférer à plus de deux convocations successives.

Dans tous les cas, l'avis du président du tribunal supérieur d'appel et celui du procureur de la République sont nécessaires lorsque la décision n'intervient pas sur leur demande.

Chapitre III : Des juridictions (Articles L513-1 à L513-11)

Section 1 : Le tribunal de première instance (Articles L513-1 à L513-5-1)

Article L513-1

Création Ordonnance n°2006-673 du 8 juin 2006 - art. 1 (V) JORF 9 juin 2006

Le tribunal de première instance connaît de toutes les affaires pour lesquelles compétence n'est pas attribuée à une autre juridiction.

Article L513-2

Création Ordonnance n°2006-673 du 8 juin 2006 - art. 1 (V) JORF 9 juin 2006

Le tribunal de première instance statue à juge unique.

Article L513-3

Création Ordonnance n°2006-673 du 8 juin 2006 - art. 1 (V) JORF 9 juin 2006

En cas de vacance des postes de magistrat au tribunal de première instance, d'absence, d'empêchement ou d'incompatibilité légale, les fonctions de magistrat dans cette juridiction sont exercées par le président du tribunal supérieur d'appel.

Article L513-4

Création Ordonnance n°2006-673 du 8 juin 2006 - art. 1 (V) JORF 9 juin 2006

I. – Si, pour l'une des causes énoncées à l'article L. 513-3, le président du tribunal supérieur d'appel ne peut intervenir, les fonctions de magistrat du tribunal de première instance sont alors assurées par un magistrat du siège désigné par le premier président de la cour d'appel de Paris sur une liste arrêtée par lui pour chaque année civile.

II. – Lorsque la venue du magistrat assurant le remplacement n'est pas matériellement possible, soit dans les délais prescrits par la loi, soit dans les délais exigés par la nature de l'affaire, l'audience est présidée par ce magistrat depuis un autre point du territoire de la République, ce dernier se trouvant relié, en direct, à la salle d'audience, par un moyen de communication audiovisuelle.

Les modalités d'application de l'alinéa qui précède sont fixées par décret en Conseil d'Etat.

Article L513-5

Création Ordonnance n°2006-673 du 8 juin 2006 - art. 1 (V) JORF 9 juin 2006

Le président du tribunal de première instance exerce les fonctions de juge des enfants.

Article L513-5-1

Création LOI n°2009-526 du 12 mai 2009 - art. 138 (V)

Pour l'application de l'article L. 214-1, le président du tribunal de première instance exerce les attributions dévolues à la commission d'indemnisation des victimes d'infraction.

Les premier et deuxième alinéas de l'article L. 214-2 ne sont pas applicables à Saint-Pierre-et-Miquelon.

Section 2 : Le tribunal supérieur d'appel (Articles L513-6 à L513-11)

Article L513-6

Création Ordonnance n°2006-673 du 8 juin 2006 - art. 1 (V) JORF 9 juin 2006

Le tribunal supérieur d'appel statuant en formation collégiale comprend un président, magistrat du siège, et des assesseurs choisis parmi les personnes mentionnées à l'article L. 512-2.

Article L513-7

Création Ordonnance n°2006-673 du 8 juin 2006 - art. 1 (V) JORF 9 juin 2006

En cas de vacance du poste, d'absence, d'empêchement ou d'incompatibilité légale, les fonctions de président du tribunal supérieur d'appel sont exercées par le président du tribunal de première instance ou, à défaut, par un juge de ce tribunal.

Article L513-8

Création Ordonnance n°2006-673 du 8 juin 2006 - art. 1 (V) JORF 9 juin 2006

I. – Si, pour l'une des causes énoncées à l'article L. 513-7, aucun magistrat du siège du tribunal de première instance ne peut remplacer le président du tribunal supérieur d'appel, ses fonctions sont assurées par un magistrat du siège désigné par le premier président de la cour d'appel de Paris sur une liste arrêtée par lui pour chaque année civile.

II. – Lorsque la venue du magistrat assurant le remplacement n'est pas matériellement possible, soit dans les délais prescrits par la loi, soit dans les délais exigés par la nature de l'affaire, l'audience est présidée par le magistrat depuis un autre point du territoire de la République, ce dernier se trouvant relié, en direct, à la salle d'audience, par un moyen de communication audiovisuelle.

Lorsque l'audience est collégiale, par dérogation aux dispositions de l'article L. 513-6, la formation de jugement est composée de magistrats, figurant sur la liste prévue au I ci-dessus, reliés à la salle d'audience selon le même procédé.

Les modalités d'application des deux alinéas précédents sont fixées par décret en Conseil d'Etat.

Article L513-9

Création Ordonnance n°2006-673 du 8 juin 2006 - art. 1 (V) JORF 9 juin 2006

Le président du tribunal supérieur d'appel exerce les fonctions de délégué à la protection de l'enfance.

Article L513-10

Création Ordonnance n°2006-673 du 8 juin 2006 - art. 1 (V) JORF 9 juin 2006

Le procureur de la République près le tribunal supérieur d'appel peut, en toutes matières, exercer le ministère public devant toutes juridictions du premier degré établies dans son ressort.

Article L513-11

Modifié par LOI n°2007-1787 du 20 décembre 2007 - art. 30 (V)

I. – En cas d'empêchement du procureur de la République, quelle qu'en soit la cause, les fonctions de ce magistrat sont alors assurées par un magistrat du parquet général désigné par le procureur général près la cour d'appel de Paris sur une liste arrêtée par lui pour chaque année civile.

II. – Lorsque la venue de ce magistrat n'est pas matériellement possible soit dans les délais prescrits par la loi, soit dans les délais exigés par la nature de l'affaire, celui-ci exerce ses fonctions depuis un autre point du territoire de la République par téléphone et par télécopie et, en cas de déférement ou d'audience, par un moyen de communication audiovisuelle qui le relie directement au tribunal de première instance ou au tribunal supérieur d'appel.

Les modalités d'application des dispositions prévues au premier alinéa du présent II sont fixées par décret en Conseil d'Etat.

TITRE II : DISPOSITIONS PARTICULIERES À MAYOTTE (Article L521-1) (abrogé)

Chapitre Ier : Dispositions générales (Article L521-1) (abrogé)

Article L521-1

Modifié par LOI n°2010-1609 du 22 décembre 2010 - art. 11 (V)

Les titres IV et VI du livre II ne sont pas applicables à Mayotte.

NOTA :
Loi n° 2010-1609 du 22 décembre 2010 article 43 : l'article 11 de la présente loi entre en vigueur dans les conditions fixées par un décret nécessaire à son application et au plus tard le 1er septembre 2011.

TITRE III : DISPOSITIONS APPLICABLES À WALLIS-ET-FUTUNA (Articles L531-1 à L533-1)

Chapitre Ier : Dispositions générales (Articles L531-1 à L531-2)

Article L531-1

Modifié par LOI n°2021-1729 du 22 décembre 2021 - art. 57
Modifié par LOI n°2021-1729 du 22 décembre 2021 - art. 60

Sont applicables à Wallis-et-Futuna le livre Ier, les articles L. 211-19, L. 211-20, L. 211-21, L. 212-5-1, L. 212-5-2, L. 212-6-1 et L. 213-13 ainsi que l'article L. 312-8 du présent code, dans leur rédaction résultant de la loi n° 2021-1729 du 22 décembre 2021 pour la confiance dans l'institution judiciaire.

Article L531-2

Modifié par Ordonnance n°2019-964 du 18 septembre 2019 - art. 34

Pour l'application des dispositions étendues par le présent titre à Wallis-et-Futuna, il y a lieu de lire : " tribunal de première instance " à la place de : " tribunal judiciaire ".

NOTA :
Conformément à l'article 36 de l'ordonnance n° 2019-964 du 18 septembre 2019, ces dispositions entrent en vigueur au 1er janvier 2020.

Chapitre II : Des juridictions (Articles L532-1 à L532-28)

Section 1 : Le tribunal de première instance (Articles L532-1 à L532-18)

Article L532-1

Création Ordonnance n°2006-673 du 8 juin 2006 - art. 1 (V) JORF 9 juin 2006

A Wallis-et-Futuna, la juridiction du premier degré est dénommée tribunal de première instance.

Article L532-2

Modifié par Ordonnance n°2019-964 du 18 septembre 2019 - art. 34

Les dispositions des articles L. 211-9-2, L. 211-10, L. 211-12 et L. 217-6 sont applicables à Wallis-et-Futuna dans leur rédaction résultant de la loi n° 2019-222 du 23 mars 2019 de programmation 2018-2022 et de réforme pour la justice.

NOTA :
Conformément à l'article 36 de l'ordonnance n° 2019-964 du 18 septembre 2019, ces dispositions entrent en vigueur au 1er janvier 2020.

Article L532-3

Création Ordonnance n°2006-673 du 8 juin 2006 - art. 1 (V) JORF 9 juin 2006

Les règles relatives à la compétence, l'organisation et au fonctionnement du tribunal correctionnel et du tribunal de police ainsi que celles relatives au ministère public près ces juridictions sont fixées par les dispositions du présent titre et par les dispositions de procédure pénale applicables à Wallis-et-Futuna.

Article L532-4

Création Ordonnance n°2006-673 du 8 juin 2006 - art. 1 (V) JORF 9 juin 2006

Le tribunal de première instance connaît de toutes les affaires pour lesquelles compétence n'est pas attribuée, en raison de la nature de la demande, à une autre juridiction.

Article L532-5

Création Ordonnance n°2006-673 du 8 juin 2006 - art. 1 (V) JORF 9 juin 2006

Le tribunal de première instance a compétence exclusive dans les matières déterminées par les lois et règlements.

Article L532-6

Création Ordonnance n°2006-673 du 8 juin 2006 - art. 1 (V) JORF 9 juin 2006

Le tribunal de première instance exerce les compétences dévolues en métropole au tribunal de commerce.

Article L532-6-1

Modifié par Ordonnance n°2019-964 du 18 septembre 2019 - art. 34

Les articles L. 213-5 à L. 213-7 sont applicables à Wallis-et-Futuna dans leur rédaction résultant de la loi n° 2019-222 du 23 mars 2019 de programmation 2018-2022 et de réforme pour la justice.

NOTA :
Loi n° 2010-1609 du 22 décembre 2010 article 43 : l'article 11 de la présente loi entre en vigueur dans les conditions fixées par un décret nécessaire à son application et au plus tard le 1er septembre 2011.Conformément à l'article 36 de l'ordonnance n° 2019-964 du 18 septembre 2019, ces dispositions entrent en vigueur au 1er janvier 2020.

Article L532-7

Création Ordonnance n°2006-673 du 8 juin 2006 - art. 1 (V) JORF 9 juin 2006

En matière civile et commerciale, le tribunal de première instance statue à juge unique.

Toutefois, le juge saisi peut ordonner le renvoi devant la formation collégiale du tribunal.

Article L532-8

Création Ordonnance n°2006-673 du 8 juin 2006 - art. 1 (V) JORF 9 juin 2006

Lorsqu'il statue en formation collégiale, le tribunal de première instance est composé d'un magistrat du siège, président du tribunal, et d'assesseurs choisis, pour une durée de deux ans, parmi les personnes de nationalité française, âgées de plus de vingt-trois ans, jouissant des droits civiques, civils et de famille et présentant des garanties de compétence et d'impartialité.

Article L532-9

Création Ordonnance n°2006-673 du 8 juin 2006 - art. 1 (V) JORF 9 juin 2006

Avant l'expiration des fonctions des assesseurs en exercice, le garde des sceaux, ministre de la justice, arrête la liste des assesseurs titulaires et suppléants.

Les assesseurs sont choisis sur proposition du premier président de la cour d'appel après avis du procureur général et de l'assemblée générale de la cour d'appel. Un décret en Conseil d'Etat fixe les modalités d'application du présent article.

Article L532-10

Création Ordonnance n°2006-673 du 8 juin 2006 - art. 1 (V) JORF 9 juin 2006

Si le nombre des candidats remplissant les conditions fixées à l'article L. 532-8 n'est pas suffisant pour établir la liste des assesseurs titulaires et suppléants, le tribunal de première instance statue sans assesseur.

Article L532-11

Création Ordonnance n°2006-673 du 8 juin 2006 - art. 1 (V) JORF 9 juin 2006

Lorsqu'un assesseur titulaire est absent ou empêché, il est remplacé par l'un de ses suppléants appelés dans l'ordre de la liste d'assesseurs prévue à l'article L. 532-9.

Article L532-12

Création Ordonnance n°2006-673 du 8 juin 2006 - art. 1 (V) JORF 9 juin 2006

Avant d'entrer en fonctions, les assesseurs titulaires et suppléants prêtent devant la cour d'appel le serment prévu à l'article 6 de l'ordonnance n° 58-1270 du 22 décembre 1958 portant loi organique relative au statut de la magistrature.

Article L532-13

Création Ordonnance n°2006-673 du 8 juin 2006 - art. 1 (V) JORF 9 juin 2006

Sous réserve de l'application de l'article L. 532-10, les assesseurs restent en fonctions jusqu'à l'installation de leurs successeurs. Toutefois, la prorogation des fonctions d'un assesseur ne peut en aucun cas excéder une période de deux mois.

Article L532-14

Création Ordonnance n°2006-673 du 8 juin 2006 - art. 1 (V) JORF 9 juin 2006

Les assesseurs titulaires ou suppléants qui, sans motif légitime, se sont abstenus de déférer à plusieurs convocations successives peuvent, à la demande du président du tribunal de première instance ou du ministère public, après avoir été convoqués et mis en mesure de présenter leurs observations, être déclarés démissionnaires par la cour d'appel statuant en chambre du conseil.

En cas de faute grave entachant l'honneur ou la probité, leur déchéance est prononcée dans les mêmes formes.

Article L532-15

Création Ordonnance n°2006-673 du 8 juin 2006 - art. 1 (V) JORF 9 juin 2006

Lorsque, du fait de l'absence ou de l'empêchement d'un assesseur titulaire et de ses suppléants, la formation normalement compétente ne peut être légalement composée et que le cours de la justice s'en trouve interrompu, la cour d'appel, sur requête présentée par le procureur général, constate l'impossibilité pour la formation de se réunir dans la composition prévue à l'article L. 532-8 et renvoie la connaissance de l'affaire à la formation statuant sans assesseur.

Article L532-15-1

Modifié par Ordonnance n°2019-964 du 18 septembre 2019 - art. 34

Les articles L. 213-3 et L. 213-3-1 sont applicables à Wallis-et-Futuna dans leur rédaction résultant de la loi n° 2019-222 du 23 mars 2019 de programmation 2018-2022 et de réforme pour la justice.

NOTA :
Conformément à l'article 14-IV de la loi n° 2009-526 du 12 mai 2009, les I et II sont applicables aux demandes en justice formées à compter du 1er janvier 2010.Conformément à l'article 36 de l'ordonnance n° 2019-964 du 18 septembre 2019, ces dispositions entrent en vigueur au 1er janvier 2020.

Article L532-16

Création Ordonnance n°2006-673 du 8 juin 2006 - art. 1 (V) JORF 9 juin 2006

Le président du tribunal de première instance exerce les fonctions de juge d'instruction dans les conditions prévues par les dispositions de procédure pénale applicables à Wallis-et-Futuna.

Article L532-17

Modifié par LOI n°2007-1787 du 20 décembre 2007 - art. 30 (V)

I. – En cas de vacance de poste du président du tribunal de première instance de Mata-Utu, d'absence, d'empêchement ou d'incompatibilité légale, les fonctions de ce magistrat sont exercées par un magistrat du siège désigné par le premier président de la cour d'appel de Nouméa sur une liste arrêtée par lui pour chaque année civile.

II. – Lorsque la venue du magistrat assurant le remplacement n'est pas matériellement possible soit dans les délais prescrits par la loi, soit dans les délais exigés par la nature de l'affaire, l'audience est présidée par ce magistrat depuis un autre point du territoire de la République, ce dernier se trouvant relié directement à la salle d'audience par un moyen de communication audiovisuelle.

Les modalités d'application des dispositions prévues au premier alinéa du présent II sont fixées par décret en Conseil d'Etat.

Article L532-17-1

Création LOI n°2009-526 du 12 mai 2009 - art. 138 (V)

Pour l'application de l'article L. 214-1, le président du tribunal de première instance exerce les attributions dévolues à la commission d'indemnisation des victimes d'infraction.

Les premier et deuxième alinéas de l'article L. 214-2 ne sont pas applicables à Wallis-et-Futuna.

Article L532-18

Création Ordonnance n°2006-673 du 8 juin 2006 - art. 1 (V) JORF 9 juin 2006

En cas d'empêchement, le procureur de la République est remplacé par un magistrat du parquet appartenant au ressort de la cour d'appel et désigné par le procureur général.

Section 3 : Les juridictions des mineurs (Articles L532-25 à L532-26)

Article L532-25

Modifié par LOI n°2022-52 du 24 janvier 2022 - art. 34 (V)

Les dispositions du titre V du livre II (partie Législative) relatives aux juridictions des mineurs sont applicables à Wallis-et-Futuna, dans leur rédaction résultant de la loi n° 2022-52 du 24 janvier 2022 relative à la responsabilité pénale et à la sécurité intérieure.

Article L532-26

Création Ordonnance n°2006-673 du 8 juin 2006 - art. 1 (V) JORF 9 juin 2006

Les fonctions de juge des enfants sont exercées par le président du tribunal de première instance.

Section 4 : La cour d'assises (Articles L532-27 à L532-28)

Article L532-27

Création Ordonnance n°2006-673 du 8 juin 2006 - art. 1 (V) JORF 9 juin 2006

Il est tenu des assises à Mata-Utu.

Article L532-28

Création Ordonnance n°2006-673 du 8 juin 2006 - art. 1 (V) JORF 9 juin 2006

Les règles relatives à la compétence, l'organisation et au fonctionnement de la cour d'assises ainsi que celles relatives au ministère public près cette juridiction sont fixées par les dispositions de procédure pénale applicables à Wallis-et-Futuna.

Chapitre III : Du greffe (Article L533-1)

Article L533-1

Modifié par LOI n°2011-1862 du 13 décembre 2011 - art. 2

Le service des greffes du tribunal de première instance est assuré par des fonctionnaires de l'Etat ou, lorsque des dispositions législatives ou réglementaires l'autorisent, par des fonctionnaires des cadres territoriaux ou des agents territoriaux.

NOTA :
L'article unique de la loi n° 2012-1441 du 24 décembre 2012 a modifié la date d'entrée en vigueur des articles 1 et 2 de la loi n° 2011-1862 du 13 décembre 2011 prévue à l'article 70 de ladite loi en la reportant du 1er janvier 2013 au 1er janvier 2015.L'article 99 de la loi n° 2014-1654 du 29 décembre 2014 a modifié cette date en la reportant du 1er janvier 2015 au 1er janvier 2017.Le 3° du IV de l'article 15 de la loi n° 2016-1547 du 18 novembre 2016 a modifié cette date en la reportant du 1er janvier 2017 au 1er juillet 2017.

TITRE IV : DISPOSITIONS APPLICABLES AUX TERRES AUSTRALES ET ANTARCTIQUES FRANÇAISES (Article L541-1)

Article L541-1

Modifié par LOI n°2021-1729 du 22 décembre 2021 - art. 57

Sont applicables dans les Terres australes et antarctiques françaises les articles L. 212-5-1 et L. 212-5-2 du présent code, dans leur rédaction résultant de la loi n° 2019-222 du 23 mars 2019 de programmation 2018-2022 et de réforme pour la justice.

TITRE V : DISPOSITIONS APPLICABLES À LA POLYNÉSIE FRANÇAISE (Articles L551-1 à L553-1)

Chapitre Ier : Dispositions générales (Articles L551-1 à L551-2)

Article L551-1

Modifié par LOI n°2021-1729 du 22 décembre 2021 - art. 57
Modifié par LOI n°2021-1729 du 22 décembre 2021 - art. 60

Sont applicables en Polynésie française le livre Ier, les articles L. 211-19, L. 211-20, L. 212-6-1, L. 213-13 et le 3° de l'article L. 261-1 ainsi que l'article L. 312-8 du présent code dans leur rédaction résultant de la loi n° 2021-1729 du 22 décembre 2021 pour la confiance dans l'institution judiciaire.

Article L551-2

Modifié par Ordonnance n°2019-964 du 18 septembre 2019 - art. 34

Pour l'application des dispositions étendues par le présent titre à la Polynésie française, il y a lieu de lire : " tribunal de première instance " à la place de : " tribunal judiciaire ".

NOTA :
Conformément à l'article 36 de l'ordonnance n° 2019-964 du 18 septembre 2019, ces dispositions entrent en vigueur au 1er janvier 2020.

Chapitre II : Des juridictions (Articles L552-1 à L552-21)

Section 1 : Le tribunal de première instance (Articles L552-1 à L552-9-11)

Sous-section 1 : Dispositions générales (Articles L552-1 à L552-9)

Article L552-1

En Polynésie française, la juridiction du premier degré est dénommée tribunal de première instance.

Article L552-2

Modifié par Ordonnance n°2019-964 du 18 septembre 2019 - art. 34

Les articles L. 211-9-2, L. 211-10 , L. 211-12 et L. 217-6 sont applicables en Polynésie française dans leur rédaction résultant de la loi n° 2019-222 du 23 mars 2019 de programmation 2018-2022 et de réforme pour la justice.

NOTA :
Conformément à l'article 36 de l'ordonnance n° 2019-964 du 18 septembre 2019, ces dispositions entrent en vigueur au 1er janvier 2020.

Article L552-3

Les règles relatives à la compétence, l'organisation et au fonctionnement du tribunal correctionnel et du tribunal de police ainsi que celles relatives au ministère public près ces juridictions sont fixées par les dispositions du présent titre et par les dispositions de procédure pénale applicables en Polynésie française.

Article L552-4

Le tribunal de première instance connaît de toutes les affaires pour lesquelles compétence n'est pas attribuée, en raison de la nature de la demande, à une autre juridiction.

Article L552-5

Le tribunal de première instance a compétence exclusive dans les matières déterminées par les lois et règlements.

Article L552-6

En matière civile, le tribunal de première instance statue à juge unique.

Toutefois, le juge saisi peut ordonner le renvoi devant la formation collégiale du tribunal.

Article L552-7

La formation collégiale prévue à l'article L. 552-6 est composée d'un président et de magistrats du siège.

Article L552-8

Modifié par LOI n°2016-1547 du 18 novembre 2016 - art. 112 (V)

Les avocats peuvent être appelés, dans l'ordre du tableau, à suppléer les juges pour compléter le tribunal de première instance.

La formation de jugement du tribunal de première instance ne peut comprendre une majorité de juges non professionnels.

Article L552-8-1

Modifié par Ordonnance n°2019-964 du 18 septembre 2019 - art. 34

Les articles L. 213-3, L. 213-3-1 et L. 213-4 sont applicables en Polynésie française dans leur rédaction résultant de la loi n° 2019-222 du 23 mars 2019 de programmation 2018-2022 et de réforme pour la justice.

NOTA :
Conformément à l'article 14-IV de la loi n° 2009-526 du 12 mai 2009, les I et II sont applicables aux demandes en justice formées à compter du 1er janvier 2010.Conformément à l'article 36 de l'ordonnance n° 2019-964 du 18 septembre 2019, ces dispositions entrent en vigueur au 1er janvier 2020.

Article L552-9

Il y a au tribunal de première instance un ou plusieurs juges d'instruction. Les règles concernant les conditions de nomination et les attributions du juge d'instruction sont fixées par les dispositions de procédure pénale applicables en Polynésie française.

Sous-section 2 : Dispositions spécifiques au tribunal foncier (Articles L552-9-1 à L552-9-11)

Article L552-9-1

Modifié par LOI n°2017-256 du 28 février 2017 - art. 111

Lorsque le tribunal de première instance statue en matière foncière, il est dénommé tribunal foncier.

Il statue dans une formation présidée par un magistrat du siège et comprenant, en outre, deux assesseurs.

Article L552-9-2

Création LOI n°2015-177 du 16 février 2015 - art. 23

En matière foncière, les assesseurs titulaires et suppléants sont agréés dans les conditions prévues à l'article 58 de la loi organique n° 2004-192 du 27 février 2004 portant statut d'autonomie de la Polynésie française.

Article L552-9-3

Création LOI n°2015-177 du 16 février 2015 - art. 23

Les assesseurs titulaires et suppléants sont choisis, pour une durée de trois ans renouvelable, parmi les personnes de nationalité française, âgées de plus de vingt-trois ans, jouissant des droits civiques, civils et de famille et présentant des garanties de compétence et d'impartialité.

Article L552-9-4

Création LOI n°2015-177 du 16 février 2015 - art. 23

Si le nombre des candidats remplissant les conditions fixées à l'article L. 552-9-3 n'est pas suffisant pour établir la liste des assesseurs titulaires et suppléants, le tribunal statue sans assesseur.

Article L552-9-5

Création LOI n°2015-177 du 16 février 2015 - art. 23

Avant d'entrer en fonctions, les assesseurs titulaires et suppléants prêtent, devant la cour d'appel, le serment prévu à l'article 6 de l'ordonnance n° 58-1270 du 22 décembre 1958 portant loi organique relative au statut de la magistrature.

Article L552-9-6

Création LOI n°2015-177 du 16 février 2015 - art. 23

Sous réserve de l'application de l'article L. 552-9-4, les assesseurs restent en fonctions jusqu'à l'installation de leurs successeurs. Toutefois, la prorogation des fonctions d'un assesseur ne peut excéder une période de deux mois.

Article L552-9-7

Création LOI n°2015-177 du 16 février 2015 - art. 23

Les employeurs sont tenus d'accorder aux salariés de leur entreprise assesseurs au tribunal foncier, sur leur demande, des autorisations d'absence.

Article L552-9-8

Création LOI n°2015-177 du 16 février 2015 - art. 23

Tout assesseur qui, sans motif légitime et après mise en demeure, refuse de remplir le service auquel il est appelé peut être déclaré démissionnaire.

Le président du tribunal constate le refus de service par un procès-verbal contenant l'avis motivé du tribunal foncier, l'assesseur préalablement entendu ou dûment appelé.

Au vu du procès-verbal, la cour d'appel statue en audience non publique après avoir appelé l'intéressé.

Article L552-9-9

Création LOI n°2015-177 du 16 février 2015 - art. 23

Tout assesseur qui manque gravement à ses devoirs dans l'exercice de ses fonctions est appelé devant le tribunal foncier pour s'expliquer sur les faits qui lui sont reprochés.

L'initiative de cet appel appartient au président du tribunal et au procureur de la République.

Dans le délai d'un mois à compter de la convocation, le procès-verbal de la séance de comparution est adressé par le président du tribunal au procureur de la République, qui le transmet avec son avis à l'assemblée générale des magistrats du siège de la cour d'appel.

Sur décision de l'assemblée générale des magistrats du siège de la cour d'appel, les peines applicables aux assesseurs sont :

1° La censure ;

2° La suspension, pour une durée qui ne peut excéder six mois ;

3° La déchéance.

Article L552-9-10

Modifié par LOI n°2019-222 du 23 mars 2019 - art. 11

L'assesseur qui a été privé du droit de vote ou du droit d'élection dans le cas mentionné à l'article L. 6 du code électoral est déchu de plein droit de ses fonctions à compter de la date où le jugement est devenu définitif.

L'assesseur déclaré déchu ne peut plus être nommé aux mêmes fonctions.

NOTA :
Conformément à l'article 109 IV de la loi n° 2019-222 du 23 mars 2019, les présentes dispositions s'appliquent aux personnes qui bénéficient d'une mesure de tutelle à la date de publication de la présente loi ainsi qu'aux instances en cours à cette même date. Les autres dispositions du jugement prononçant ou renouvelant la mesure de tutelle continuent de s'appliquer.

Article L552-9-11

Création LOI n°2015-177 du 16 février 2015 - art. 23

Sur proposition du premier président de la cour d'appel et du procureur général près ladite cour, l'assemblée générale des magistrats du siège de la cour d'appel, saisie d'une plainte ou informée de faits de nature à entraîner des poursuites pénales contre un assesseur, peut suspendre l'intéressé de ses fonctions, pour une durée qui ne peut excéder six mois. Il est fait application de la procédure prévue à l'article L. 552-9-9.

Section 2 : La cour d'appel (Articles L552-10 à L552-12)

Article L552-10

Modifié par Ordonnance n° 2019-950 du 11 septembre 2019 - art. 8 (VD)

Les dispositions des articles L. 311-1, L. 311-3, L. 312-2 et L. 312-7 relatives à la cour d'appel sont applicables en Polynésie française.

Les dispositions des articles L. 311-9 et L. 312-6 relatives à la protection de l'enfance sont applicables en Polynésie française.

L'article L. 312-6 est applicable en Polynésie française dans sa rédaction résultant de l'ordonnance n° 2019-950 du 11 septembre 2019 portant partie législative du code de la justice pénale des mineurs.

NOTA :
Se reporter aux conditions d'application prévues à l'article 10 de l'ordonnance n° 2019-950 du 11 septembre 2019.Conformément à l'article 25 de la loi n°2020-734, l'ordonnance n°2019-950 entre en vigueur le 31 mars 2021. Cette date a été reportée au 30 septembre 2021 par l'article 2 de la loi n° 2021-218 du 26 février 2021

Article L552-11

Création Ordonnance n°2006-673 du 8 juin 2006 - art. 1 (V) JORF 9 juin 2006

Les avocats peuvent être appelés, dans l'ordre du tableau, à suppléer les conseillers pour compléter la cour d'appel.

La formation de jugement de la cour d'appel ne peut comprendre, en matière pénale, une majorité de juges non professionnels.

Article L552-12

Création Ordonnance n°2006-673 du 8 juin 2006 - art. 1 (V) JORF 9 juin 2006

Les règles relatives à la compétence, l'organisation et au fonctionnement de la chambre des appels correctionnels et de la chambre de l'instruction ainsi que celles relatives au ministère public près ces juridictions sont fixées par les dispositions du présent titre et par les dispositions de procédure pénale applicables en Polynésie française.

Section 4 : Les juridictions des mineurs (Article L552-19)

Article L552-19

Modifié par LOI n°2022-52 du 24 janvier 2022 - art. 34 (V)

Les dispositions du titre V du livre II (partie Législative) relatives aux juridictions des mineurs sont applicables en Polynésie française, dans leur rédaction résultant de la loi n° 2022-52 du 24 janvier 2022 relative à la responsabilité pénale et à la sécurité intérieure.

Section 5 : La cour d'assises (Articles L552-20 à L552-21)

Article L552-20

Création Ordonnance n°2006-673 du 8 juin 2006 - art. 1 (V) JORF 9 juin 2006

Il est tenu des assises à Papeete.

Article L552-21

Création Ordonnance n°2006-673 du 8 juin 2006 - art. 1 (V) JORF 9 juin 2006

Les règles relatives à la compétence, l'organisation et au fonctionnement de la cour d'assises ainsi que celles relatives au ministère public près cette juridiction sont fixées par les dispositions de procédure pénale applicables en Polynésie française.

Chapitre III : Du greffe (Article L553-1)

Article L553-1

Modifié par LOI n°2011-1862 du 13 décembre 2011 - art. 2

Le service des greffes de la cour d'appel et du tribunal de première instance est assuré par des fonctionnaires de l'Etat ou, lorsque des dispositions législatives ou réglementaires l'autorisent, par des fonctionnaires des cadres territoriaux ou des agents territoriaux.

NOTA :
L'article unique de la loi n° 2012-1441 du 24 décembre 2012 a modifié la date d'entrée en vigueur des articles 1 et 2 de la loi n° 2011-1862 du 13 décembre 2011 prévue à l'article 70 de ladite loi en la reportant du 1er janvier 2013 au 1er janvier 2015.L'article 99 de la loi n° 2014-1654 du 29 décembre 2014 a modifié cette date en la reportant du 1er janvier 2015 au 1er janvier 2017.Le 3° du IV de l'article 15 de la loi n° 2016-1547 du 18 novembre 2016 a modifié cette date en la reportant du 1er janvier 2017 au 1er juillet 2017.

TITRE VI : DISPOSITIONS APPLICABLES À LA NOUVELLE-CALÉDONIE (Articles L561-1 à L563-1)

Chapitre Ier : Dispositions générales (Articles L561-1 à L561-2)

Article L561-1

Modifié par LOI n°2021-1729 du 22 décembre 2021 - art. 57
Modifié par LOI n°2021-1729 du 22 décembre 2021 - art. 60

Sont applicables en Nouvelle-Calédonie le livre Ier, les articles L. 211-19, L. 211-20, L. 212-6-1, L. 213-13, le 3° de l'article L. 261-1 et l'article L. 312-8 ainsi que l'article L. 532-17 du présent code dans leur rédaction résultant de la loi n° 2021-1729 du 22 décembre 2021 pour la confiance dans l'institution judiciaire.

Article L561-2

Modifié par Ordonnance n°2019-964 du 18 septembre 2019 - art. 34

Pour l'application des dispositions étendues par le présent titre à la Nouvelle-Calédonie, il y a lieu de lire : " tribunal de première instance " à la place de : " tribunal judiciaire ".

NOTA :
Conformément à l'article 36 de l'ordonnance n° 2019-964 du 18 septembre 2019, ces dispositions entrent en vigueur au 1er janvier 2020.

Chapitre II : Des juridictions (Articles L562-1 à L562-37)

Section 1 : Le tribunal de première instance (Articles L562-1 à L562-24-1)

Article L562-1

Création Ordonnance n°2006-673 du 8 juin 2006 - art. 1 (V) JORF 9 juin 2006

En Nouvelle-Calédonie, la juridiction du premier degré est dénommée tribunal de première instance.

Article L562-2

Modifié par Ordonnance n°2019-964 du 18 septembre 2019 - art. 34

Les articles L. 211-9-2, L. 211-10 et L. 211-12, L. 217-6 sont applicables en Nouvelle-Calédonie dans leur rédaction résultant de la loi n° 2019-222 du 23 mars 2019 de programmation 2018-2022 et de réforme pour la justice.

NOTA :
Conformément à l'article 36 de l'ordonnance n° 2019-964 du 18 septembre 2019, ces dispositions entrent en vigueur au 1er janvier 2020.

Article L562-3

Création Ordonnance n°2006-673 du 8 juin 2006 - art. 1 (V) JORF 9 juin 2006

Les règles relatives à la compétence, l'organisation et au fonctionnement du tribunal correctionnel et du tribunal de police ainsi que celles relatives au ministère public près ces juridictions sont fixées par les dispositions du présent titre et par les dispositions de procédure pénale applicables en Nouvelle-Calédonie.

Article L562-4

Création Ordonnance n°2006-673 du 8 juin 2006 - art. 1 (V) JORF 9 juin 2006

Le tribunal de première instance connaît de toutes les affaires pour lesquelles compétence n'est pas attribuée, en raison de la nature de la demande, à une autre juridiction.

Article L562-5

Création Ordonnance n°2006-673 du 8 juin 2006 - art. 1 (V) JORF 9 juin 2006

Le tribunal de première instance a compétence exclusive dans les matières déterminées par les lois et règlements.

Article L562-6

Création Ordonnance n°2006-673 du 8 juin 2006 - art. 1 (V) JORF 9 juin 2006

En matière civile, le tribunal de première instance statue à juge unique.

Toutefois, le juge saisi peut ordonner le renvoi devant la formation collégiale du tribunal.

Article L562-6-1

Création LOI n°2017-256 du 28 février 2017 - art. 89

Sans préjudice de l'article L. 121-4, en cas de surcharge d'activité et d'impossibilité manifeste pour la juridiction d'y faire face dans les délais prescrits par la loi ou le règlement, et à la demande du premier président de la cour d'appel de Nouméa, un ou plusieurs magistrats du siège désignés par le premier président de la cour d'appel de Paris sur une liste arrêtée par lui pour chaque année civile peuvent compléter les effectifs de la juridiction pendant une période ne pouvant excéder trois mois.

Lorsque la venue du ou des magistrats ainsi désignés n'est pas matériellement possible soit dans les délais prescrits par la loi ou le règlement, soit dans les délais exigés par la nature de l'affaire, les magistrats participent à l'audience et au délibéré du tribunal depuis un point du territoire de la République relié, en direct, à la salle d'audience, par un moyen de communication audiovisuelle.

Les modalités d'application du deuxième alinéa du présent article sont fixées par décret en Conseil d'Etat.

Article L562-7

Création Ordonnance n°2006-673 du 8 juin 2006 - art. 1 (V) JORF 9 juin 2006

La formation collégiale prévue à l'article L. 562-6 est composée d'un président et de magistrats du siège.

Article L562-8

Modifié par LOI n°2016-1547 du 18 novembre 2016 - art. 112 (V)
Création Ordonnance n°2006-673 du 8 juin 2006 - art. 1 (V) JORF 9 juin 2006

Les avocats peuvent être appelés, dans l'ordre du tableau, à suppléer les juges pour compléter le tribunal de première instance.

La formation de jugement du tribunal de première instance ne peut comprendre une majorité de juges non professionnels.

Article L562-9

Création Ordonnance n°2006-673 du 8 juin 2006 - art. 1 (V) JORF 9 juin 2006

En matière délictuelle, la formation collégiale est complétée par des assesseurs ayant voix délibérative.

Article L562-10

Création Ordonnance n°2006-673 du 8 juin 2006 - art. 1 (V) JORF 9 juin 2006

Les assesseurs titulaires et suppléants sont choisis, pour une durée de deux ans, parmi les personnes de nationalité française, âgées de plus de vingt-trois ans, jouissant des droits civiques, civils et de famille et présentant des garanties de compétence et d'impartialité.

Article L562-11

Création Ordonnance n°2006-673 du 8 juin 2006 - art. 1 (V) JORF 9 juin 2006

Avant l'expiration des fonctions des assesseurs en exercice, le garde des sceaux, ministre de la justice, arrête la liste des assesseurs titulaires et suppléants.

Les assesseurs sont choisis sur proposition du premier président de la cour d'appel après avis du procureur général et de l'assemblée générale de la cour d'appel. Un décret en Conseil d'Etat fixe les modalités d'application du présent article.

Article L562-12

Création Ordonnance n°2006-673 du 8 juin 2006 - art. 1 (V) JORF 9 juin 2006

Si le nombre des candidats remplissant les conditions fixées à l'article L. 562-10 n'est pas suffisant pour établir la liste des assesseurs titulaires et suppléants, le tribunal statue sans assesseur.

Article L562-13

Création Ordonnance n°2006-673 du 8 juin 2006 - art. 1 (V) JORF 9 juin 2006

Lorsqu'un assesseur titulaire est absent ou empêché, il est remplacé par l'un de ses suppléants appelés dans l'ordre de la liste d'assesseurs prévue à l'article L. 562-11.

Article L562-14

Création Ordonnance n°2006-673 du 8 juin 2006 - art. 1 (V) JORF 9 juin 2006

Avant d'entrer en fonctions, les assesseurs titulaires et suppléants prêtent devant la cour d'appel le serment prévu à l'article 6 de l'ordonnance n° 58-1270 du 22 décembre 1958 portant loi organique relative au statut de la magistrature.

Article L562-15

Création Ordonnance n°2006-673 du 8 juin 2006 - art. 1 (V) JORF 9 juin 2006

Sous réserve de l'application de l'article L. 562-12, les assesseurs restent en fonctions jusqu'à l'installation de leurs successeurs. Toutefois, la prorogation des fonctions d'un assesseur ne peut en aucun cas excéder une période de deux mois.

Article L562-16

Création Ordonnance n°2006-673 du 8 juin 2006 - art. 1 (V) JORF 9 juin 2006

Les assesseurs titulaires ou suppléants qui, sans motif légitime, se sont abstenus de déférer à plusieurs convocations successives peuvent, à la demande du président du tribunal de première instance ou du ministère public, après avoir été convoqués et mis en mesure de présenter leurs observations, être déclarés démissionnaires par la cour d'appel statuant en chambre du conseil.

En cas de faute grave entachant l'honneur ou la probité, leur déchéance est prononcée dans les mêmes formes.

Article L562-17

Création Ordonnance n°2006-673 du 8 juin 2006 - art. 1 (V) JORF 9 juin 2006

Lorsque, du fait de l'absence ou de l'empêchement d'un assesseur titulaire et de ses suppléants, la formation normalement compétente ne peut être légalement composée et que le cours de la justice s'en trouve interrompu, la cour d'appel, sur requête présentée par le procureur général, constate l'impossibilité pour la formation de se réunir dans la composition prévue à l'article L. 562-9 et renvoie la connaissance de l'affaire à la formation statuant sans assesseur.

Article L562-18

Création Ordonnance n°2006-673 du 8 juin 2006 - art. 1 (V) JORF 9 juin 2006

Il y a au tribunal de première instance un ou plusieurs juges d'instruction. Les règles concernant les conditions de nomination et les attributions du juge d'instruction sont fixées par les dispositions de procédure pénale applicables en Polynésie française.

Article L562-19

Création Ordonnance n°2006-673 du 8 juin 2006 - art. 1 (V) JORF 9 juin 2006

Les contestations entre citoyens de statut civil particulier sur des matières régies par ce statut peuvent être directement portées, à l'initiative de l'une quelconque des parties, devant le tribunal de première instance.

Article L562-20

Création Ordonnance n°2006-673 du 8 juin 2006 - art. 1 (V) JORF 9 juin 2006

Lorsque le tribunal de première instance est saisi des litiges mentionnés à l'article L. 562-19, il est complété par des assesseurs coutumiers, en nombre pair.

Les assesseurs ont voix délibérative.

Article L562-21

Création Ordonnance n°2006-673 du 8 juin 2006 - art. 1 (V) JORF 9 juin 2006

Les assesseurs sont choisis parmi les personnes de nationalité française, de statut civil particulier, âgées de plus de vingt-cinq ans, présentant des garanties de compétence et d'impartialité.

Une liste comprenant des assesseurs de chaque coutume est établie tous les deux ans, par l'assemblée générale de la cour d'appel, sur proposition du procureur général.

Article L562-22

Création Ordonnance n°2006-673 du 8 juin 2006 - art. 1 (V) JORF 9 juin 2006

Les assesseurs appelés à compléter la formation de jugement sont désignés par ordonnance du président de la juridiction de telle sorte que la coutume de chacune des parties soit représentée par un assesseur au moins.

Sous cette réserve, les assesseurs d'une même coutume sont appelés dans l'ordre de leur inscription sur la liste prévue à l'article L. 562-21.

Article L562-23

Création Ordonnance n°2006-673 du 8 juin 2006 - art. 1 (V) JORF 9 juin 2006

Avant d'entrer en fonctions, les assesseurs coutumiers prêtent devant la cour d'appel le serment prévu à l'article 6 de l'ordonnance n° 58-1270 du 22 décembre 1958 portant loi organique relative au statut de la magistrature.

Article L562-24

Création Ordonnance n°2006-673 du 8 juin 2006 - art. 1 (V) JORF 9 juin 2006

Les citoyens de statut particulier peuvent d'un commun accord réclamer devant le tribunal de première instance l'application à leur différend des règles de droit commun relatives à la composition de la juridiction.

Article L562-24-1

Modifié par Ordonnance n°2019-964 du 18 septembre 2019 - art. 34

Les articles L. 213-3, L. 213-3-1 et L. 213-4 sont applicables en Nouvelle-Calédonie dans leur rédaction résultant de la loi n° 2019-222 du 23 mars 2019 de programmation 2018-2022 et de réforme pour la justice.

NOTA :
Conformément à l'article 14-IV de la loi n° 2009-526 du 12 mai 2009, les I et II sont applicables aux demandes en justice formées à compter du 1er janvier 2010.Conformément à l'article 36 de l'ordonnance n° 2019-964 du 18 septembre 2019, ces dispositions entrent en vigueur au 1er janvier 2020.

Section 2 : La cour d'appel (Articles L562-25 à L562-28)

Article L562-25

Modifié par Ordonnance n° 2019-950 du 11 septembre 2019 - art. 8 (VD)

Les dispositions des articles L. 311-1, L. 311-3, L. 312-2 et L. 312-7 relatives à la cour d'appel sont applicables en Nouvelle-Calédonie.

Les dispositions des articles L. 311-9 et L. 312-6 relatives à la protection de l'enfance sont applicables en Nouvelle-Calédonie.

L'article L. 312-6 est applicable en Nouvelle-Calédonie dans sa rédaction résultant de l'ordonnance n° 2019-950 du 11 septembre 2019 portant partie législative du code de la justice pénale des mineurs.

NOTA :
Se reporter aux conditions d'application prévues à l'article 10 de l'ordonnance n° 2019-950 du 11 septembre 2019.Conformément à l'article 25 de la loi n°2020-734, l'ordonnance n°2019-950 entre en vigueur le 31 mars 2021. Cette date a été reportée au 30 septembre 2021 par l'article 2 de la loi n° 2021-218 du 26 février 2021

Article L562-26

Création Ordonnance n°2006-673 du 8 juin 2006 - art. 1 (V) JORF 9 juin 2006

Les avocats peuvent être appelés, dans l'ordre du tableau, à suppléer les conseillers pour compléter la cour d'appel.

La formation de jugement de la cour d'appel ne peut comprendre, en matière pénale, une majorité d'avocats.

Article L562-27

Création Ordonnance n°2006-673 du 8 juin 2006 - art. 1 (V) JORF 9 juin 2006

Les règles relatives à la compétence, l'organisation et au fonctionnement de la chambre des appels correctionnels et de la chambre de l'instruction ainsi que celles relatives au ministère public près ces juridictions sont fixées par les dispositions du présent titre et par les dispositions de procédure pénale applicables en Nouvelle-Calédonie.

Article L562-28

Création Ordonnance n°2006-673 du 8 juin 2006 - art. 1 (V) JORF 9 juin 2006

Lorsque la cour d'appel est saisie des contestations entre citoyens de statut civil particulier sur des matières régies par ledit statut, elle est complétée, conformément aux articles L. 562-20 à L. 562-23 par des assesseurs de statut civil particulier, en nombre pair, qui n'ont pas connu de l'affaire en première instance.

Les assesseurs ont voix délibérative.

Section 4 : Les juridictions des mineurs (Article L562-35)

Article L562-35

Modifié par LOI n°2022-52 du 24 janvier 2022 - art. 34 (V)

Les dispositions du titre V du livre II (partie Législative) relatives aux juridictions des mineurs sont applicables en Nouvelle-Calédonie, dans leur rédaction résultant de la loi n° 2022-52 du 24 janvier 2022 relative à la responsabilité pénale et à la sécurité intérieure.

Section 5 : La cour d'assises (Articles L562-36 à L562-37)

Article L562-36

Création Ordonnance n°2006-673 du 8 juin 2006 - art. 1 (V) JORF 9 juin 2006

Il est tenu des assises à Nouméa.

Article L562-37

Création Ordonnance n°2006-673 du 8 juin 2006 - art. 1 (V) JORF 9 juin 2006

Les règles relatives à la compétence, l'organisation et au fonctionnement de la cour d'assises ainsi que celles relatives au ministère public près cette juridiction sont fixées par les dispositions de procédure pénale applicables en Nouvelle-Calédonie.

Chapitre III : Du greffe (Article L563-1)

Article L563-1

Modifié par LOI n°2011-1862 du 13 décembre 2011 - art. 2

Le service des greffes de la cour d'appel et du tribunal de première instance est assuré par des fonctionnaires de l'Etat ou, lorsque des dispositions législatives ou réglementaires l'autorisent, par des fonctionnaires des cadres territoriaux ou des agents territoriaux.

NOTA :
L'article unique de la loi n° 2012-1441 du 24 décembre 2012 a modifié la date d'entrée en vigueur des articles 1 et 2 de la loi n° 2011-1862 du 13 décembre 2011 prévue à l'article 70 de ladite loi en la reportant du 1er janvier 2013 au 1er janvier 2015.L'article 99 de la loi n° 2014-1654 du 29 décembre 2014 a modifié cette date en la reportant du 1er janvier 2015 au 1er janvier 2017.Le 3° du IV de l'article 15 de la loi n° 2016-1547 du 18 novembre 2016 a modifié cette date en la reportant du 1er janvier 2017 au 1er juillet 2017.

Partie réglementaire (Articles R111-1 à Annexe Tableau XVII)

LIVRE IER : DISPOSITIONS COMMUNES AUX JURIDICTIONS JUDICIAIRES (Articles R111-1 à R131-12)

TITRE IER : PRINCIPES GENERAUX (Articles R111-1 à R111-13)

Chapitre Ier : Dispositions générales (Articles R111-1 à R111-8)

Article R111-1

Création Décret n°2008-522 du 2 juin 2008 - art. (V)

L'année judiciaire commence le 1er janvier et se termine le 31 décembre.

Article R111-2

Une audience solennelle est tenue chaque année pendant la première quinzaine du mois de janvier. Toutefois, l'audience solennelle est tenue à la cour d'appel de Saint-Denis-de-la-Réunion et dans les tribunaux judiciaires du ressort de cette cour pendant la première quinzaine du mois de février. Au cours de l'audience solennelle, il est fait un exposé de l'activité de la juridiction durant l'année écoulée.
Dans les cours d'appel, cet exposé peut être précédé d'un discours portant sur un sujet d'actualité ou sur un sujet d'intérêt juridique ou judiciaire.

NOTA :
Conformément au I de l'article 40 du décret n° 2019-912 du 30 août 2019, ces dispositions entrent en vigueur le 1er janvier 2020. Se reporter aux conditions d'application prévues aux IV à VIII du même article 40.

Article R111-3

Création Décret n°2008-522 du 2 juin 2008 - art. (V)

La dispense prévue à l'article L. 111-10 est accordée par décret.

Toutefois, pour les conseillers prud'hommes, elle est accordée par ordonnance du premier président de la cour d'appel.

Article R111-4

Création Décret n°2008-522 du 2 juin 2008 - art. (V)

Ne peut faire partie d'une formation de jugement tout juge dont le conjoint, un parent ou allié jusqu'au troisième degré inclus est partie au procès ou représente ou assiste l'une des parties.
La personne liée au juge par un pacte civil de solidarité est assimilée au conjoint.

Article R111-5

Modifié par Décret n°2019-912 du 30 août 2019 - art. 22

Lorsque la participation à une commission administrative ou à un jury de concours ou d'examen d'un magistrat en fonction dans les cours et les tribunaux judiciaires est prévue par une disposition législative ou réglementaire, l'autorité chargée de sa désignation peut porter son choix sur un magistrat honoraire du même rang acceptant cette mission.

NOTA :
Conformément au I de l'article 40 du décret n° 2019-912 du 30 août 2019, ces dispositions entrent en vigueur le 1er janvier 2020. Se reporter aux conditions d'application prévues aux IV à VIII du même article 40.

Article R111-6

Modifié par Décret n°2019-912 du 30 août 2019 - art. 22

Les costumes des magistrats de la Cour de cassation, de la cour d'appel, du tribunal judiciaire, des auditeurs de justice, des directeurs des services de greffe judiciaires et greffiers de ces juridictions ainsi que les insignes portés par les assesseurs des tribunaux judiciaires et de la cour d'appel spécialement désignés en application des articles L. 211-16 et L. 311-16 sont fixés par décret conformément au tableau I annexé au présent code.

NOTA :
Conformément au I de l'article 40 du décret n° 2019-912 du 30 août 2019, ces dispositions entrent en vigueur le 1er janvier 2020. Se reporter aux conditions d'application prévues aux IV à VIII du même article 40.

Article R111-7

Création Décret n°2008-522 du 2 juin 2008 - art. (V)

La décision du président de la formation de jugement prise en application de l'article L. 111-12 est une mesure d'administration judiciaire.

Les caractéristiques techniques des moyens de télécommunication audiovisuelle utilisés doivent assurer une transmission fidèle, loyale et confidentielle à l'égard des tiers. Elles sont définies par arrêté du garde des sceaux, ministre de la justice.

Il est dressé procès-verbal de tout incident technique ayant perturbé une transmission.

Les prises de vue et de son sont assurées par des fonctionnaires du ministère de la justice ou, à défaut et sauf lorsque l'audience se tient en chambre du conseil, par tous autres agents titulaires et contractuels.

Article R111-7-1

Création Décret n°2022-79 du 27 janvier 2022 - art. 1

Lorsqu'une personne demande expressément à être entendue par un moyen de communication audiovisuelle en application de l'article L. 111-12-1, le président de la formation de jugement l'y autorise s'il estime que son audition à distance est compatible avec la nature des débats et le respect du principe du contradictoire.

Cette décision constitue une mesure d'administration judiciaire.

Les caractéristiques techniques des moyens de télécommunication audiovisuelle utilisés en application de l'article L. 111-12-1 doivent permettre de s'assurer de l'identité des personnes y participant. Elles doivent également assurer la qualité de la transmission et, lorsque l'audience ou l'audition n'est pas publique, la confidentialité des échanges. Elles sont précisées par arrêté du garde des sceaux, ministre de la justice.

Le président dirige les débats depuis la salle d'audience où se trouvent également, le cas échéant, les autres membres de la formation de jugement, le ministère public et le greffier. Il contrôle, lors de l'audience, que les conditions dans lesquelles la personne se connecte sont compatibles avec le respect de la dignité et de la sérénité des débats. Ces conditions sont présumées réunies lorsque la personne se connecte depuis le local professionnel d'un avocat sur le territoire national ou à l'étranger.

NOTA :
Conformément à l'article 3 du décret n° 2022-79 du 27 janvier 2022, les présentes dispositions sont applicables aux instances en cours.

Article R111-8

Création Décret n°2010-1234 du 20 octobre 2010 - art. 2

Lorsqu'il est procédé à l'installation d'un magistrat par écrit, le procès-verbal d'installation fait mention des réquisitions du ministère public.

Chapitre II : Le règlement des conflits de compétence entre les ordres de juridiction (Article R111-9)

Article R111-9

Création DÉCRET n°2015-233 du 27 février 2015 - art. 46

Les difficultés de compétence entre la juridiction administrative et la juridiction judiciaire sont réglées par le Tribunal des conflits conformément aux dispositions de la loi du 24 mai 1872 relative au Tribunal des conflits et du décret n° 2015-233 du 27 février 2015.

Chapitre III : La mise à disposition du public des décisions de justice sous forme électronique (Articles R111-10 à R111-13)

Article R111-10

Création Décret n°2020-797 du 29 juin 2020 - art. 4

La Cour de cassation est responsable de la mise à la disposition du public, sous forme électronique, des décisions de justice rendues par les juridictions judiciaires, dans les conditions définies à l'article L. 111-13 ainsi qu'au présent chapitre et à l'article R. 433-3.

Les décisions sont mises à la disposition du public dans un délai de six mois à compter de leur mise à disposition au greffe de la juridiction.

Article R111-11

Création Décret n°2020-797 du 29 juin 2020 - art. 4

Les décisions mentionnées à l'article R. 111-10 sont les décisions rendues publiquement et accessibles à toute personne sans autorisation préalable.

Toutefois, une décision dont la communication à des tiers est soumise à autorisation préalable peut être mise à la disposition du public lorsqu'elle présente un intérêt particulier. Lorsqu'elle est rendue par une juridiction du fond, la décision est communiquée à la Cour de cassation par le président de la juridiction dans les conditions fixées par un arrêté du ministre de la justice.

Lorsque la loi ou le règlement prévoit que la délivrance d'une copie peut n'être accordée qu'après occultation de tout ou partie des motifs de la décision, celle-ci est mise à la disposition du public dans les mêmes conditions.

Lorsque la loi ou le règlement prévoit que seul un extrait de la décision est public ou accessible à toute personne sans autorisation préalable, seul cet extrait est mis à la disposition du public.

Article R111-12

Création Décret n°2020-797 du 29 juin 2020 - art. 4

Dans le cas où, malgré l'occultation des nom et prénoms prévue par le deuxième alinéa de l'article L. 111-13, la mise à disposition de la décision est de nature à porter atteinte à la sécurité ou au respect de la vie privée des personnes physiques mentionnées au jugement ou de leur entourage, la décision d'occulter tout autre élément d'identification est prise par le président de la formation de jugement ou le magistrat ayant rendu la décision en cause lorsque l'occultation concerne une partie ou un tiers.

Lorsque l'occultation concerne un magistrat ou un membre du greffe, la décision est prise par le président de la juridiction concernée.

Article R111-13

Création Décret n°2020-797 du 29 juin 2020 - art. 4

Toute personne intéressée peut introduire, à tout moment, devant un magistrat de la Cour de cassation désigné par le premier président, une demande d'occultation ou de levée d'occultation des éléments d'identification ayant fait l'objet de la décision mentionnée à l'article R. 111-12.

Il n'est pas fait droit aux demandes abusives, notamment par leur nombre ou leur caractère répétitif ou systématique.

La décision prise en application du premier alinéa peut faire l'objet d'un recours devant le premier président de la Cour de cassation dans les deux mois suivant sa notification. Le premier président ou le président de chambre qui le supplée statue par ordonnance.

TITRE II : REGLES GENERALES D'ORGANISATION ET DE FONCTIONNEMENT (Articles R121-1 à R124-3)

Chapitre Ier : Les juges (Articles R121-1 à R121-5)

Section 2 : Le service juridictionnel (Articles R121-1 à R121-5)

Article R121-1

Modifié par Décret n°2016-514 du 26 avril 2016 - art. 4

La répartition des juges dans les différents pôles, chambres et services de la juridiction est faite par ordonnance prise, conformément aux dispositions de l'article L. 121-3, avant le début de l'année judiciaire.

Cette ordonnance peut être modifiée en cours d'année, pour prendre en compte un changement dans la composition de la juridiction ou pour prévoir un service allégé pendant la période au cours de laquelle les magistrats, les fonctionnaires et les auxiliaires de justice bénéficient de leurs congés annuels.

Les mesures prises en application des dispositions du présent article sont des mesures d'administration judiciaire.

Article R121-2

Modifié par Décret n°2019-912 du 30 août 2019 - art. 23 (V)

Le premier président de la Cour de cassation, le premier président de la cour d'appel et le président du tribunal judiciaire peuvent présider toute formation de jugement au sein de leur juridiction.

NOTA :
Conformément au 1 de l'article 40 du décret n° 2019-912 du 30 août 2019, ces dispositions entrent en vigueur le 1er janvier 2020. Se reporter aux conditions d'application prévues aux IV à VIII du même article 40.

Article R121-3

Création Décret n°2008-522 du 2 juin 2008 - art. (V)

L'assemblée générale de la cour d'appel est informée chaque année du nombre et de la nature des délégations ordonnées conformément à l'article L. 121-4, de l'identité des magistrats délégués et de l'incidence des délégations sur le fonctionnement des juridictions.

Article R121-4

Création Décret n°2008-522 du 2 juin 2008 - art. (V)

Dans chaque juridiction, il est tenu une liste de rang des juges.

Sauf dispositions particulières contraires, le rang des juges est déterminé, à égalité de grade, par l'ancienneté de leur nomination dans la juridiction.

Cette liste établit le rang des juges dans les cérémonies publiques, les assemblées générales et les formations de la juridiction.

Le magistrat qui, après avoir été appelé à d'autres fonctions de l'ordre judiciaire, est nommé de nouveau dans la même juridiction aux fonctions qu'il exerçait antérieurement, prend rang au jour de sa première nomination, à moins que sa seconde nomination ne soit la conséquence d'une mesure disciplinaire.

Article R121-5

Création Décret n°2008-522 du 2 juin 2008 - art. (V)

Lorsque la loi ou le règlement prévoit que le président d'une juridiction siège dans une commission administrative, il peut se faire remplacer au sein de cette commission par un membre de la juridiction qu'il préside.

Chapitre II : Le ministère public (Articles R122-1 à R122-5)

Section 1 : Organisation (Article R122-1)

Article R122-1

Création Décret n°2008-522 du 2 juin 2008 - art. (V)

Les magistrats du ministère public n'assistent pas aux délibérations des juges.

Section 2 : Fonctionnement (Articles R122-2 à R122-5)

Article R122-2

Modifié par Décret n°2019-912 du 30 août 2019 - art. 23 (V)

En cas de vacance d'emploi ou d'empêchement d'un ou plusieurs magistrats ou lorsque le renforcement temporaire et immédiat des juridictions du premier degré apparaît indispensable pour assurer le traitement du contentieux dans un délai raisonnable, le procureur général peut déléguer, pour remplir les fonctions du ministère public près les tribunaux du ressort de la cour d'appel, un magistrat du parquet général ou un magistrat du parquet d'un tribunal judiciaire du ressort de cette cour. Cette délégation ne peut excéder une durée de trois mois.

La décision mentionnée au premier alinéa précise le motif et la durée de la délégation ainsi que la nature des fonctions qui seront exercées par le magistrat délégué.

NOTA :
Conformément au I de l'article 40 du décret n° 2019-912 du 30 août 2019, ces dispositions entrent en vigueur le 1er janvier 2020. Se reporter aux conditions d'application prévues aux IV à VIII du même article 40.

Article R122-3

Modifié par Décret n°2019-912 du 30 août 2019 - art. 23 (V)

En cas de vacance d'emploi ou d'empêchement d'un ou plusieurs magistrats ou lorsque le renforcement temporaire et immédiat de la cour d'appel apparaît indispensable pour assurer le traitement du contentieux dans un délai raisonnable, le procureur général peut déléguer, pour remplir les fonctions du ministère public près la cour d'appel, un procureur de la République adjoint ou un vice-procureur du parquet d'un tribunal judiciaire du ressort de cette cour. Cette délégation ne peut excéder une durée de trois mois.

La décision mentionnée au premier alinéa précise le motif et la durée de la délégation ainsi que la nature des fonctions qui seront exercées par le magistrat délégué.

NOTA :
Conformément au I de l'article 40 du décret n° 2019-912 du 30 août 2019, ces dispositions entrent en vigueur le 1er janvier 2020. Se reporter aux conditions d'application prévues aux IV à VIII du même article 40.

Article R122-4

Modifié par Décret n°2019-912 du 30 août 2019 - art. 23 (V)

Pour l'organisation du service de fin de semaine ou du service allégé pendant la période au cours de laquelle les magistrats bénéficient de leurs congés annuels, le procureur général peut désigner, après avis des procureurs de la République concernés, un magistrat du parquet d'un tribunal judiciaire de son ressort pour exercer également les compétences du ministère public près d'au plus deux autres tribunaux judiciaires du ressort de la cour d'appel.

La décision portant désignation en précise le motif et la durée ainsi que les tribunaux pour lesquels elle s'applique.

NOTA :
Conformément au I de l'article 40 du décret n° 2019-912 du 30 août 2019, ces dispositions entrent en vigueur le 1er janvier 2020. Se reporter aux conditions d'application prévues aux IV à VIII du même article 40.

Article R122-5

Création Décret n°2008-522 du 2 juin 2008 - art. (V)

Dans les juridictions comportant un parquet, il est tenu une liste de rang des membres du parquet.

Sauf dispositions particulières contraires, le rang des membres du parquet est déterminé, à égalité de grade, par l'ancienneté de leur nomination au parquet près la juridiction.

Cette liste établit le rang des membres du parquet dans les cérémonies publiques, les assemblées générales et les formations de la juridiction.

Le magistrat qui, après avoir été appelé à d'autres fonctions de l'ordre judiciaire, est nommé de nouveau dans le même parquet aux fonctions qu'il exerçait antérieurement, prend rang au jour de sa première nomination à moins que sa seconde nomination ne soit la conséquence d'une mesure disciplinaire.

Chapitre III : Le greffe (Articles R123-1 à R123-29)

Section 1 : Organisation (Articles R123-1 à R123-2)

Article R123-1

Modifié par Décret n°2019-912 du 30 août 2019 - art. 22
Modifié par Décret n°2019-912 du 30 août 2019 - art. 7

Le greffe des cours d'appel et des tribunaux judiciaires comprend l'ensemble des services administratifs du siège et du parquet.

Toutefois, le tribunal judiciaire de Paris est doté d'un secrétariat des parquets autonome ; d'autres juridictions sont dotées d'un secrétariat de parquet autonome. La liste de ces juridictions est fixée par arrêté du garde des sceaux, ministre de la justice, conformément au tableau II annexé au présent code.

La Cour de cassation est dotée d'un secrétariat de parquet autonome.

En application des dispositions de l'article L. 123-1, lorsqu'un conseil de prud'hommes a son siège dans la même commune que le siège d'un tribunal judiciaire ou de l'une de ses chambres de proximité, le greffe du tribunal judiciaire ou le greffe détaché de la chambre de proximité comprend également les services administratifs du conseil de prud'hommes.

NOTA :
Conformément au I de l'article 40 du décret n° 2019-912 du 30 août 2019, ces dispositions entrent en vigueur le 1er janvier 2020.

Article R123-2

Modifié par Décret n°2019-912 du 30 août 2019 - art. 7

Sans préjudice du deuxième alinéa de l'article L. 123-1, les greffes et les greffes détachés font partie de la juridiction dont ils dépendent.

NOTA :
Conformément au I de l'article 40 du décret n° 2019-912 du 30 août 2019, ces dispositions entrent en vigueur le 1er janvier 2020.

Section 2 : Fonctionnement (Articles R123-3 à R123-19)

Article R123-3

Modifié par DÉCRET n°2015-1273 du 13 octobre 2015 - art. 42

Les services du greffe sont dirigés par un directeur de greffe.

Dans les secrétariats de parquet autonomes, le secrétaire en chef du parquet est directeur de greffe.

Le directeur de greffe est un directeur des services de greffe judiciaires.

Les chefs de juridiction exercent leur autorité et un contrôle hiérarchique sur le directeur de greffe, dans les conditions définies à la présente section. Ils ne peuvent toutefois se substituer à lui dans l'exercice de ses fonctions.

Le directeur de greffe définit et met en œuvre les mesures d'application des directives générales qui lui sont données par les chefs de juridiction. Il tient ces derniers informés de ses diligences.

Article R123-4

Création Décret n°2008-522 du 2 juin 2008 - art. (V)

Sous le contrôle des chefs de juridiction, le directeur de greffe :

1° Exprime les besoins nécessaires au fonctionnement de la juridiction ;

2° Alloue les moyens octroyés à la juridiction ;

3° Participe à l'exécution de la dépense et à son suivi.

Dans le respect des dispositions d'ordre statutaire propres à chacune des catégories de personnel intéressées et en se conformant aux dispositions en vigueur, le directeur de greffe assure la gestion du personnel du greffe et l'organisation générale du service de celui-ci.

Article R123-5

Création Décret n°2008-522 du 2 juin 2008 - art. (V)

Le directeur de greffe est chargé de tenir les documents et les différents registres prévus par les textes en vigueur et celui des délibérations de la juridiction.

Il est dépositaire, sous le contrôle des chefs de juridiction, des minutes et archives dont il assure la conservation ; il délivre les expéditions et copies et a la garde des scellés et de toutes sommes et pièces déposées au greffe.

L'établissement et la délivrance des reproductions de toute pièce conservée dans les services de la juridiction ne peuvent être assurés que par le directeur de greffe.

Article R123-6

Création Décret n°2008-522 du 2 juin 2008 - art. (V)

Le directeur de greffe tient la comptabilité administrative des opérations de recettes et de dépenses relatives aux opérations mentionnées à la présente section.

Article R123-7

Modifié par DÉCRET n°2015-1273 du 13 octobre 2015 - art. 42

Pour l'exercice des attributions qui lui sont dévolues, le directeur de greffe de la juridiction peut donner délégation à un directeur des services de greffe judiciaires de la même juridiction.

Selon les besoins du service, le directeur de greffe peut désigner sous sa responsabilité un ou plusieurs agents du greffe pour exercer partie des fonctions qui lui sont attribuées aux articles R. 123-4 et R. 123-5.

Article R123-8

Modifié par DÉCRET n°2015-1273 du 13 octobre 2015 - art. 42

Lorsque le directeur de greffe est absent ou empêché, sa suppléance est assurée par son adjoint. S'il existe plusieurs adjoints, le directeur de greffe désigne, dans la première quinzaine du mois de décembre, celui ayant vocation à le suppléer. A défaut d'adjoint, ou en cas d'absence ou d'empêchement de celui-ci, le directeur de greffe désigne un chef de service ou un autre agent du greffe.

Lorsque l'emploi du directeur de greffe est vacant, les chefs de juridiction désignent un fonctionnaire chargé de l'intérim, selon les distinctions prévues au premier alinéa.

Article R123-9

Modifié par DÉCRET n°2015-1273 du 13 octobre 2015 - art. 42

Dans les tâches prévues aux articles R. 123-4 et R. 123-5, le directeur de greffe peut être assisté par un ou plusieurs adjoints.

Ces derniers peuvent diriger plusieurs services du greffe ou contrôler l'activité de tout ou partie du personnel.

Article R123-10

Modifié par DÉCRET n°2015-1273 du 13 octobre 2015 - art. 42

Les chefs de service de greffe sont placés à la tête d'un ou plusieurs services. Ils assistent le directeur de greffe en l'absence d'adjoint au directeur de greffe.

Article R123-11

Modifié par DÉCRET n°2015-1273 du 13 octobre 2015 - art. 42

Les greffiers sont chargés de coordonner l'exécution des diverses tâches confiées à tout ou partie du personnel du greffe.

Ils peuvent être placés à la tête d'un service lorsque l'importance de celui-ci ne justifie pas que ces fonctions soient confiées à un fonctionnaire appartenant au corps des directeurs des services de greffe judiciaires.

Article R123-12

Modifié par DÉCRET n°2015-1273 du 13 octobre 2015 - art. 42

Prennent rang après les magistrats de la juridiction :

– le directeur de greffe de la juridiction ;

– les directeurs des services de greffe judiciaires ;

– les greffiers.

Article R123-13

Modifié par Décret n°2019-912 du 30 août 2019 - art. 26

A la Cour de cassation, et au tribunal judiciaire, le directeur de greffe assiste aux audiences solennelles, aux audiences des chambres lorsque le service de la juridiction l'exige ainsi qu'aux assemblées générales.

Le directeur de greffe, ses adjoints, les greffiers de chambre, les chefs de services de greffe et les greffiers assistent les magistrats à l'audience et dans les cas prévus par les lois et règlements.

Ils dressent les actes de greffe, notes et procès-verbaux dans les cas prévus par les lois et règlements.

Les greffiers exercent, dans les conditions prévues à l'article 4 du décret n° 2015-1275 du 13 octobre 2015 portant statut particulier des greffiers des services judiciaires, des fonctions d'assistance des magistrats du siège et du parquet.

Article R123-14

Modifié par Décret n°2016-1359 du 11 octobre 2016 - art. 7

Des personnels appartenant à la catégorie C de la fonction publique, et, le cas échéant, des auxiliaires et des vacataires concourent au fonctionnement des différents services du greffe.

Ces personnels peuvent, à titre exceptionnel et temporaire, et après avoir prêté le serment prévu à l'article 24 du décret n° 2015-1275 du 13 octobre 2015 portant statut particulier des greffiers des services judiciaires, être chargés des fonctions énumérées à l'article R. 123-13 et d'une partie des fonctions énumérées à l'article R. 123-5. Au-delà d'un délai de quatre mois, ils sont, sur leur demande, déchargés de ces fonctions.

Article R123-15

Modifié par Décret n°2019-912 du 30 août 2019 - art. 22
Modifié par Décret n°2019-912 du 30 août 2019 - art. 7

Les chefs de juridiction décident de la répartition de l'effectif des fonctionnaires entre les services du siège et du parquet à la préparation de laquelle participe le directeur de greffe. Lorsque le greffe comprend les services administratifs d'un conseil de prud'hommes, le président du conseil de prud'hommes est consulté sur la répartition de l'effectif entre les différents services du greffe. Dans les cours d'appel et les tribunaux judiciaires, la décision est prise, après avis de l'assemblée des magistrats du siège et du parquet et de l'assemblée des fonctionnaires.

Les dispositions du premier alinéa ne sont pas applicables aux juridictions dotées d'un secrétariat de parquet autonome.

NOTA :
Conformément au I de l'article 40 du décret n° 2019-912 du 30 août 2019, ces dispositions entrent en vigueur le 1er janvier 2020.

Article R123-16

Modifié par Décret n°2019-912 du 30 août 2019 - art. 7

L'affectation à l'intérieur des divers services du siège ou du parquet est fixée par le directeur de greffe, sous le contrôle des chefs de juridiction, et, le cas échéant, après consultation du président du conseil de prud'hommes.

Lorsque le directeur de greffe envisage de modifier l'affectation d'un agent exerçant ses fonctions auprès d'un magistrat spécialisé, il recueille au préalable l'avis de ce magistrat.

NOTA :
Conformément au I de l'article 40 du décret n° 2019-912 du 30 août 2019, ces dispositions entrent en vigueur le 1er janvier 2020.

Article R123-17

Modifié par Décret n°2019-912 du 30 août 2019 - art. 22
Modifié par Décret n°2019-912 du 30 août 2019 - art. 7

Pour des raisons impérieuses de service, les agents des greffes peuvent être délégués dans les services d'une autre juridiction du ressort de la même cour d'appel.

Cette délégation est prononcée par décision du premier président de la cour d'appel et du procureur général près cette cour après consultation, selon le cas, du président du tribunal judiciaire, du procureur de la République et du directeur de greffe de la juridiction d'affectation de l'agent. Elle ne peut excéder une durée de quatre mois.

Lorsque l'agent est délégué dans les services d'une autre juridiction ayant son siège dans le ressort du même tribunal judiciaire, les chefs de cour peuvent renouveler la délégation pour des durées qui ne peuvent excéder quatre mois, sans que la durée totale de la délégation n'excède douze mois.

Lorsque l'agent est délégué dans les services d'une juridiction ayant son siège dans le ressort d'un autre tribunal judiciaire, les chefs de cour peuvent renouveler la délégation pour une durée qui ne peut excéder deux mois. La délégation peut être de nouveau renouvelée, pour des durées qui ne peuvent excéder deux mois, par décision du garde des sceaux, ministre de la justice, sans que la durée totale de la délégation n'excède douze mois.

Un bilan annuel écrit des délégations prononcées au sein du ressort de la cour d'appel est présenté au comité technique de service déconcentré placé auprès du premier président de cette cour.

Les agents délégués dans une autre juridiction perçoivent les indemnités dans les mêmes conditions que les fonctionnaires de leur catégorie et suivant les mêmes taux.

NOTA :
Conformément au I de l'article 40 du décret n° 2019-912 du 30 août 2019, ces dispositions entrent en vigueur le 1er janvier 2020.

Article R123-18

Création Décret n°2008-522 du 2 juin 2008 - art. (V)

Les heures d'ouverture et de fermeture au public des greffes sont fixées par le premier président de la cour d'appel, après avis de l'assemblée des magistrats du siège et du parquet et de l'assemblée des fonctionnaires. La détermination de ces horaires tient compte, le cas échéant, des particularités locales.

Article R123-19

Création Décret n°2008-522 du 2 juin 2008 - art. (V)

Dans les juridictions dotées d'un secrétariat de parquet autonome, les attributions des chefs de juridiction mentionnées à la présente section sont exercées par le chef du parquet pour ce qui concerne le secrétariat de parquet autonome et par le président de la juridiction pour ce qui concerne les autres services du greffe.

Section 3 : Régies (Articles R123-20 à R123-25)

Article R123-20

Modifié par Décret n°2019-912 du 30 août 2019 - art. 8

Il est institué auprès de chaque greffe pour les opérations dont celui-ci est chargé autres que celles mentionnées à la section 2 une ou plusieurs régies de recettes et une ou plusieurs régies d'avances fonctionnant dans les conditions prévues pour les régies de recettes et d'avances des organismes publics.

Lorsque le tribunal judiciaire comprend, en dehors de son siège, une chambre de proximité, il peut être institué en son sein une régie de recettes et une régie d'avances fonctionnant dans les conditions prévues pour les régies de recettes et d'avances des organismes publics.

NOTA :
Conformément au I de l'article 40 du décret n° 2019-912 du 30 août 2019, ces dispositions entrent en vigueur le 1er janvier 2020.

Article R123-21

Création Décret n°2008-522 du 2 juin 2008 - art. (V)

Les attributions des régisseurs définies aux articles suivants sont confiées à un fonctionnaire du greffe autre que le directeur de greffe. Toutefois, elles peuvent être confiées à ce dernier par arrêté du garde des sceaux, ministre de la justice.

Article R123-22

Modifié par Décret n°2014-551 du 27 mai 2014 - art. 17

Les opérations d'encaissement ou de paiement incombant aux régisseurs sont exécutées par ceux-ci pour le compte des comptables de la direction générale des finances publiques.

Article R123-23

Modifié par Décret n°2016-479 du 18 avril 2016 - art. 14

Les régisseurs sont habilités à payer les frais de justice énumérés au 4° de l'article R. 92 du code de procédure pénale .

Article R123-24

Modifié par Décret n°2019-912 du 30 août 2019 - art. 22

Les régisseurs encaissent les recettes suivantes :

1° Les redevances de copies de pièces pénales ;

2° Les cautionnements prévus aux articles R. 19 à R. 23-4 du code de procédure pénale ;

3° Les sommes provenant des saisies des rémunérations prévues aux articles R. 145-1 à R. 145-39 et R. 145-43 du code du travail ;

4° Les consignations de parties civiles prévues aux articles 88,88-1,392-1 et R. 15-41 du code de procédure pénale ;

5° Les provisions pour expertise ou pour médiation prévue à l'article 131-6 du code de procédure civile ;

6° Les provisions sur redevances et droits ;

7° Le produit des ventes d'ouvrages et publications vendus dans les greffes ;

8° Les sommes dues au titre des publicités au Bulletin des annonces civiles et commerciales prévues aux articles 788,790 et 794 du code civil et à l'article 1337 du code de procédure civile ;

9° Les consignations prévues à l'article 132-70-3 du code pénal.

NOTA :
Conformément au I de l'article 40 du décret n° 2019-912 du 30 août 2019, ces dispositions entrent en vigueur le 1er janvier 2020. Se reporter aux conditions d'application prévues aux IV à VIII du même article 40.

Article R123-25

Création Décret n°2008-522 du 2 juin 2008 - art. (V)

Pour l'ensemble des opérations mentionnées aux articles R. 123-23 et R. 123-24, les régisseurs d'avances et les régisseurs de recettes sont tenus aux garanties et encourent les responsabilités définies par la réglementation des régies. Ils perçoivent une indemnité de responsabilité.

Section 4 : Le service d'accueil unique du justiciable (Articles R123-26 à R123-29)

Article R123-26

Modifié par Décret n°2019-912 du 30 août 2019 - art. 9

Un service d'accueil unique du justiciable est implanté au siège de chaque tribunal judiciaire et de chaque chambre de proximité.

La liste des conseils de prud'hommes et des maisons de justice et du droit dans lesquels est implanté un service d'accueil unique du justiciable est fixée par arrêté du garde des sceaux, ministre de la justice, conformément au tableau IV-I annexé au présent code.

NOTA :
Conformément au I de l'article 40 du décret n° 2019-912 du 30 août 2019, ces dispositions entrent en vigueur le 1er janvier 2020.

Article R123-27

Création Décret n°2017-897 du 9 mai 2017 - art. 1

Les agents de greffe affectés dans un service d'accueil unique du justiciable sont désignés par le directeur de greffe conformément aux dispositions de l'article R. 123-16.

Article R123-28

Modifié par Décret n°2020-1717 du 28 décembre 2020 - art. 180

Les agents de greffe affectés dans un service d'accueil unique du justiciable peuvent assurer la réception et la transmission :

1° De tous les actes en matière civile, lorsque la représentation n'est pas obligatoire ;

2° En matière prud'homale :

a) Des requêtes ;

b) Des demandes de délivrance de copie certifiée conforme, d'un extrait et d'une copie certifiée conforme revêtue de la formule exécutoire ;

3° En matière pénale :

a) Des plaintes déposées auprès du procureur de la République ;

b) Des demandes en consultation ou en exclusion du bulletin n° 2 du casier judiciaire ;

c) Des requêtes en confusion de peines, en relèvement ou en rectification d'erreur matérielle ;

d) Des demandes de copie de décision pénale ;

e) Des oppositions à ordonnance pénale ;

f) Des demandes de permis de visite ;

4° En matière d'aide juridictionnelle, des demandes d'aide juridictionnelle dans les conditions prévues aux articles 32 et 37 du décret n° 2020-1717 du 28 décembre 2020 portant application de la loi n° 91-647 du 10 juillet 1991 relative à l'aide juridique et relatif à l'aide juridictionnelle et à l'aide à l'intervention de l'avocat dans les procédures non juridictionnelles.

NOTA :
Conformément à l'article 190 du décret n° 2020-1717 du 28 décembre 2020, les présentes dispositions entrent en vigueur le 1er janvier 2021.

Article R123-29

Modifié par Décret n°2019-912 du 30 août 2019 - art. 22

Les agents de greffe affectés dans un service d'accueil unique du justiciable reçoivent les actes de procédure et accomplissent les diligences mentionnés à l'article R. 123-28 pour le compte du tribunal judiciaire dans le ressort duquel le service d'accueil unique du justiciable est implanté ou de tout conseil des prud'hommes situé dans le même ressort.

NOTA :
Conformément au I de l'article 40 du décret n° 2019-912 du 30 août 2019, ces dispositions entrent en vigueur le 1er janvier 2020. Se reporter aux conditions d'application prévues aux IV à VIII du même article 40.

Chapitre III bis : Les juristes assistants (Articles R123-30 à R123-39)

Article R123-30

Création Décret n°2017-1618 du 28 novembre 2017 - art. 1

Les juristes assistants recrutés en application de l'article L. 123-4 contribuent par leur expertise, en matière civile et en matière pénale, à l'analyse juridique des dossiers techniques ou comportant des éléments de complexité qui leur sont soumis par les magistrats sous la direction desquels ils sont placés. Ils ne participent ni à la procédure ni aux audiences. Ils ne peuvent assister aux délibérés.

Ils sont recrutés en qualité d'agent contractuel de l'Etat relevant de la catégorie A.

Article R123-31

Création Décret n°2017-1618 du 28 novembre 2017 - art. 1

Peut être nommée juriste assistant toute personne qui remplit les conditions prévues à l'article 5 de la loi n° 83-634 du 13 juillet 1983 modifiée portant droits et obligations des fonctionnaires et qui satisfait aux conditions de l'article 3 du décret n° 86-83 du 17 janvier 1986 modifié relatif aux dispositions générales applicables aux agents contractuels de l'Etat pris pour l'application de l'article 7 de la loi n° 84-16 du 11 janvier 1984, applicables aux personnes de nationalité française.

Article R123-32

Modifié par Décret n°2021-867 du 29 juin 2021 - art. 2

Les juristes assistants ne peuvent être recrutés dans le ressort d'une juridiction où ils auront exercé depuis moins de deux ans les professions d'avocat, de notaire, d'huissier de justice, de greffier de tribunal de commerce, d'administrateur judiciaire ou de mandataire-liquidateur.

Les dispositions du premier alinéa ne sont pas applicables aux juristes assistants affectés à la Cour de cassation.

Les fonctions de juriste assistant ne peuvent être exercées concomitamment à une activité professionnelle qu'avec l'accord, selon le cas, des chefs de la Cour de cassation, ou des chefs de la cour d'appel ou du tribunal supérieur d'appel dans le ressort duquel ils sont affectés. Les professions mentionnées au premier alinéa ne peuvent être exercées dans le ressort de la cour d'appel ou du tribunal supérieur d'appel de leur affectation.

Article R123-33

Création Décret n°2017-1618 du 28 novembre 2017 - art. 1

Les candidatures aux fonctions de juriste assistant à la Cour de cassation sont adressées aux chefs de la Cour. Les autres candidatures sont adressées aux chefs de la cour d'appel ou du tribunal supérieur d'appel dans le ressort duquel l'agent souhaite exercer ses fonctions.

Le recrutement des juristes assistants à la Cour de cassation est décidé, après instruction de la demande, par les chefs de la Cour.

Le recrutement des juristes assistants auprès des autres juridictions est décidé, après instruction de la demande, par les chefs de la cour d'appel ou le cas échéant ceux du tribunal supérieur d'appel.

Article R123-34

Création Décret n°2017-1618 du 28 novembre 2017 - art. 1

Les juristes assistants sont recrutés par contrat précisant notamment sa date d'effet et sa durée, la nature des fonctions exercées, les conditions de rémunération, la ou les juridictions d'affectation ainsi que les modalités d'organisation du temps de travail. Si l'intérêt du service l'exige, ces dernières peuvent être modifiées au cours de l'exécution du contrat.

Le contrat débute par une période d'essai dont la durée est définie dans les conditions prévues à l'article 9 du décret n° 86-83 du 17 janvier 1986. Il peut être mis fin au contrat au cours ou à l'expiration de la période d'essai sans préavis ni indemnité.

Article R123-35

Création Décret n°2017-1618 du 28 novembre 2017 - art. 1

Avant l'arrivée du terme, il peut être mis fin au contrat, par les chefs de la Cour de cassation, de la cour d'appel ou du tribunal supérieur d'appel :

1° En cas de faute grave du juriste assistant sans préavis ni indemnité de licenciement, après information qu'il peut obtenir communication de son dossier individuel et de tous documents annexes et se faire assister par tous défenseurs de son choix ;

2° Pour un motif autre que disciplinaire ; en ce cas, une indemnité de licenciement est versée au juriste assistant dans les conditions prévues par le titre XII du décret n° 86-83 du 17 janvier 1986.

Le juriste assistant peut également mettre fin à son contrat avant l'arrivée du terme en adressant sa démission par lettre recommandée ; en ce cas, l'intéressé est tenu de respecter un préavis dont la durée est fixée, en application de l'article 48 du décret n° 86-83 du 17 janvier 1986, conformément aux dispositions de l'article 46, alinéa 1er, de ce même décret.

Avant l'échéance du premier contrat, selon les cas, les chefs de la Cour de cassation, de la cour d'appel ou du tribunal supérieur d'appel informent le juriste assistant de leur intention de renouveler ou non ce contrat, en respectant un délai de prévenance dont la durée est déterminée conformément aux dispositions de l'article 45 du décret n° 86-83 du 17 janvier 1986. Le juriste assistant dispose alors d'un délai de huit jours pour faire connaître, le cas échéant, son acceptation. En l'absence de réponse dans ce délai, il est présumé renoncer à l'emploi.

Article R123-36

Création Décret n°2017-1618 du 28 novembre 2017 - art. 1

Les juristes assistants bénéficient de congés annuels d'une durée égale à cinq fois leurs obligations hebdomadaires de service effectuées et, le cas échéant, de journées de réduction de temps de travail.

Article R123-37

Modifié par Décret n°2019-912 du 30 août 2019 - art. 22

Les juristes assistants relèvent selon les cas, soit de l'autorité des chefs de la Cour de cassation, soit de celle des chefs de la cour d'appel ou du tribunal supérieur d'appel dans le ressort duquel ils exercent.

A la Cour de cassation, l'affectation du juriste assistant est prononcée par les chefs de la Cour.

A la cour d'appel et au tribunal supérieur d'appel, l'affectation du juriste assistant est prononcée par les chefs de la cour ou du tribunal.

Dans les autres juridictions, le juriste assistant est placé par les chefs de la cour d'appel auprès d'un chef de juridiction, qui prononce son affectation.

Dans l'exercice de ses fonctions, le juriste assistant ne peut recevoir ni solliciter d'autres instructions que celles du ou des magistrats sous la direction desquels il est placé.

NOTA :
Conformément au I de l'article 40 du décret n° 2019-912 du 30 août 2019, ces dispositions entrent en vigueur le 1er janvier 2020. Se reporter aux conditions d'application prévues aux IV à VIII du même article 40.

Article R123-38

Création Décret n°2017-1618 du 28 novembre 2017 - art. 1

Les juristes assistants suivent une formation organisée, selon les cas, soit par la Cour de cassation, soit le tribunal supérieur d'appel ou le service administratif régional de la cour d'appel dans le ressort duquel ils se trouvent affectés.

Article R123-39

Création Décret n°2017-1618 du 28 novembre 2017 - art. 1

Préalablement à leur prise d'activité, les juristes assistants prêtent serment, selon les cas, devant la Cour de cassation, devant la cour d'appel ou devant le tribunal supérieur d'appel, en ces termes :

" Je jure de conserver le secret des informations sur les affaires judiciaires ainsi que sur les actes du parquet et des juridictions d'instruction et de jugement, dont j'aurai eu connaissance à l'occasion de mes travaux au sein des juridictions. "

Ils ne peuvent en aucun cas être relevés de ce serment.

Chapitre IV : Siège et ressort des juridictions (Articles R124-1 à R124-3)

Article R124-1

Modifié par Décret n°2020-900 du 22 juillet 2020 - art. 2

Pour l'application de l'article L. 124-1, lorsque l'ensemble des services de la juridiction est transféré, le siège de la juridiction est le lieu dans lequel elle est transférée. Lorsque certains services sont transférés, le siège de la juridiction est, pour chaque service, le lieu dans lequel son activité se déroule.

La commune dans laquelle est transféré tout ou partie des services de la juridiction est située dans le ressort de cette juridiction et, à défaut, dans le ressort de la même cour d'appel.

L'ordonnance mentionnée à l'article L. 124-1 indique le motif du transfert, la date à laquelle il sera effectif, la durée prévisible, l'adresse du ou des services transférés.

Elle fait l'objet d'une publication dans deux journaux diffusés dans le ressort et de toute autre mesure de publicité dans tout lieu jugé utile.

La durée du transfert ne peut excéder deux ans. Cependant, si la situation l'exige, elle peut, dans les mêmes conditions, faire l'objet d'une prorogation pour une durée égale par ordonnance du premier président de la cour d'appel après avis du procureur général près cette cour. Le transfert peut être une seconde fois prorogé dans les mêmes conditions, portant la durée maximale et continue de transfert à six ans.

Un bilan annuel écrit des transferts ordonnés par le premier président de la cour d'appel est présenté au comité technique de service déconcentré placé auprès de ce dernier.

Article R124-2

Création Décret n°2008-522 du 2 juin 2008 - art. (V)

En fonction des nécessités locales, les juridictions judiciaires peuvent tenir des audiences foraines en des communes de leur propre ressort autres que celle où est fixé leur siège.

Le premier président de la cour d'appel, après avis du procureur général près cette cour, fixe, par ordonnance, le lieu, le jour et la nature de ces audiences.

Article R124-3

Création Décret n°2019-912 du 30 août 2019 - art. 25

Dans les cas prévus aux articles L. 124-1, L. 124-2, L. 124-3 et R. 124-2, la dénomination de la juridiction demeure celle du siège fixé par décret.

TITRE III : MAISONS DE JUSTICE ET DU DROIT (Articles R131-1 à R131-11)

Chapitre unique (Articles R131-1 à R131-11)

Article R131-1

Modifié par Décret n°2019-912 du 30 août 2019 - art. 23 (V)

Il peut être institué des maisons de justice et du droit, placées sous l'autorité du président du tribunal judiciaire et du procureur de la République près ce tribunal, dans le ressort duquel elles sont situées.

Elles assurent une présence judiciaire de proximité et concourent à la prévention de la délinquance, à l'aide aux victimes et à l'accès au droit.

Les mesures alternatives de traitement pénal et les actions tendant à la résolution amiable des litiges peuvent s'y exercer.

NOTA :
Conformément au I de l'article 40 du décret n° 2019-912 du 30 août 2019, ces dispositions entrent en vigueur le 1er janvier 2020. Se reporter aux conditions d'application prévues aux IV à VIII du même article 40.

Article R131-2

Modifié par Décret n°2019-912 du 30 août 2019 - art. 23 (V)

Le projet de convention constitutive d'une maison de justice et du droit est soumis pour avis par le président du tribunal judiciaire et le procureur de la République près ce tribunal, dans le ressort duquel celle-ci est située, à l'assemblée des magistrats du siège et du parquet, à l'assemblée des fonctionnaires et à l'assemblée plénière des magistrats et des fonctionnaires.

Le président du tribunal judiciaire et le procureur de la République soumettent le projet de convention au premier président de la cour d'appel et au procureur général près cette cour, qui, après avoir recueilli l'avis des directeurs régionaux des services déconcentrés de l'administration pénitentiaire et de la protection judiciaire de la jeunesse, le transmettent avec leurs observations au garde des sceaux, ministre de la justice.

Lorsqu'il approuve les termes du projet, le garde des sceaux, ministre de la justice, autorise le président du tribunal judiciaire et le procureur de la République à signer la convention.

NOTA :
Conformément au I de l'article 40 du décret n° 2019-912 du 30 août 2019, ces dispositions entrent en vigueur le 1er janvier 2020. Se reporter aux conditions d'application prévues aux IV à VIII du même article 40.

Article R131-3

Modifié par Décret n°2019-912 du 30 août 2019 - art. 23 (V)

La convention constitutive est signée entre :

a) Le préfet et, à Paris, le préfet de Paris et le préfet de police ;

b) Le président du tribunal judiciaire dans le ressort duquel est située la maison de justice et du droit ;

c) Le procureur de la République près ce tribunal ;

d) Le maire de la commune où est située la maison de justice et du droit ou le président de l'établissement public de coopération intercommunale incluant cette commune ;

e) Le bâtonnier de l'ordre des avocats ;

f) Une ou plusieurs associations œuvrant dans le domaine de la prévention de la délinquance, de l'aide aux victimes ou de l'accès au droit ;

g) Le cas échéant, le président du conseil départemental de l'accès au droit ou en cas d'absence ou d'empêchement du président, le vice-président du conseil départemental de l'accès au droit.

D'autres collectivités territoriales et d'autres personnes morales intéressées par les missions de la maison de justice et du droit peuvent également être signataires de cette convention.

NOTA :
Conformément au I de l'article 40 du décret n° 2019-912 du 30 août 2019, ces dispositions entrent en vigueur le 1er janvier 2020. Se reporter aux conditions d'application prévues aux IV à VIII du même article 40.

Article R131-4

Création Décret n°2008-522 du 2 juin 2008 - art. (V)

La convention constitutive détermine les missions qui sont exercées par la maison de justice et du droit et les conditions de fonctionnement de celle-ci.

La convention fixe les modalités selon lesquelles les collectivités territoriales mettent à la disposition de la maison de justice et du droit un local adapté à ses missions et fixe la répartition entre les signataires des charges inhérentes à son fonctionnement.

Article R131-5

Création Décret n°2008-522 du 2 juin 2008 - art. (V)

La maison de justice et du droit est créée par arrêté du garde des sceaux, ministre de la justice.

Article R131-6

Modifié par Décret n°2019-912 du 30 août 2019 - art. 23 (V)

La convention constitutive est conclue pour une durée de trois ans renouvelable par tacite reconduction.

Elle peut être dénoncée par chacune des parties signataires avec un préavis d'un an. Ce préavis est réduit à un mois lorsque la dénonciation émane du président du tribunal judiciaire et du procureur de la République près ce tribunal.

La dénonciation est adressée au président du tribunal judiciaire et au procureur de la République lorsqu'ils n'en sont pas les auteurs ainsi que, dans tous les cas, au garde des sceaux, ministre de la justice.

Lorsque la dénonciation émane d'une des parties mentionnées aux a) à e) de l'article R. 131-3, la convention est résiliée à l'expiration du préavis.

La maison de justice et du droit dont la convention est dénoncée est supprimée par arrêté du garde des sceaux, ministre de la justice.

NOTA :
Conformément au I de l'article 40 du décret n° 2019-912 du 30 août 2019, ces dispositions entrent en vigueur le 1er janvier 2020. Se reporter aux conditions d'application prévues aux IV à VIII du même article 40.

Article R131-7

Modifié par Décret n°2019-912 du 30 août 2019 - art. 23 (V)

Le président du tribunal judiciaire et le procureur de la République près ce tribunal désignent, après avis de l'assemblée générale des magistrats du siège et du parquet, un magistrat qui, sous leur autorité, a pour mission :

– de veiller, sans préjudice des attributions du directeur de greffe, à la coordination des actions conduites au sein de la ou des maisons de justice et du droit situées dans le ressort du tribunal et au bon emploi des moyens qui concourent à leur réalisation ;

– d'assurer l'information régulière des membres du conseil de la maison de justice et du droit sur l'activité de celle-ci ;

– de représenter la maison de justice et du droit lorsque cette représentation ne peut être assurée directement par le président du tribunal judiciaire et le procureur de la République.

NOTA :
Conformément au I de l'article 40 du décret n° 2019-912 du 30 août 2019, ces dispositions entrent en vigueur le 1er janvier 2020. Se reporter aux conditions d'application prévues aux IV à VIII du même article 40.

Article R131-8

Modifié par Décret n°2019-912 du 30 août 2019 - art. 23 (V)

Il est constitué un conseil de la maison de justice et du droit composé des signataires de la convention ou de leurs représentants et du directeur de greffe et présidé par le président du tribunal judiciaire et le procureur de la République près ce tribunal, dans le ressort duquel la maison de justice et du droit est située.

Le conseil de la maison de justice et du droit définit les orientations de l'action de celle-ci et met en place une procédure d'évaluation de cette action. Il autorise les interventions des associations.

Le conseil, s'agissant des mesures exercées sous mandat judiciaire, est tenu informé, par le président du tribunal judiciaire et le procureur de la République, des orientations et des résultats généraux obtenus.

Le conseil examine les conditions financières de fonctionnement de la maison de justice et du droit et établit le règlement intérieur de celle-ci.

Le conseil se réunit au moins une fois par an. Il peut entendre toute personne dont il juge l'audition utile.

Il élabore annuellement un rapport général d'activité adressé au conseil départemental de l'accès au droit dans le ressort duquel est située la maison de justice et du droit, ainsi qu'au premier président de la cour d'appel et au procureur général près cette cour, qui en assurent la transmission au garde des sceaux, ministre de la justice.

NOTA :
Conformément au I de l'article 40 du décret n° 2019-912 du 30 août 2019, ces dispositions entrent en vigueur le 1er janvier 2020. Se reporter aux conditions d'application prévues aux IV à VIII du même article 40.

Article R131-9

Création Décret n°2008-522 du 2 juin 2008 - art. (V)

Sans préjudice des dispositions prévues par leur statut ou les règles régissant leur activité, les personnes qui participent au fonctionnement de la maison de justice et du droit sont tenues à l'obligation de confidentialité, notamment à l'égard des informations nominatives qu'elles recueillent dans l'exercice de leurs missions.

Article R131-10

Modifié par Décret n°2019-912 du 30 août 2019 - art. 22
Modifié par Décret n°2019-912 du 30 août 2019 - art. 27

Sous l'autorité du président du tribunal judiciaire et du procureur de la République près ce tribunal, le directeur de greffe du tribunal judiciaire dans le ressort duquel la maison de justice et du droit est située veille au bon fonctionnement administratif de celle-ci et en prépare le projet de budget.

Pour l'assister dans ses tâches, il affecte à la maison de justice et du droit, selon les modalités définies au premier alinéa de l'article R. 123-16, des greffiers de ce tribunal.

Ces greffiers assurent l'accueil et l'information du public, la réception, la préparation et le suivi des procédures alternatives aux poursuites ; ils prêtent leur concours au bon déroulement des actions tendant à la résolution amiable des litiges ; ils assistent le magistrat désigné en application de l'article R. 131-7 dans l'exercice de ses missions. Ils participent à l'élaboration et la rédaction du rapport général d'activité

NOTA :
Conformément au I de l'article 40 du décret n° 2019-912 du 30 août 2019, ces dispositions entrent en vigueur le 1er janvier 2020. Se reporter aux conditions d'application prévues aux IV à VIII du même article 40.

Article R131-11

Modifié par Décret n°2019-912 du 30 août 2019 - art. 27

La liste des maisons de justice et du droit est fixée par arrêté du garde des sceaux, ministre de la justice, conformément au tableau III annexé au présent code.

TITRE V : CONCILIATEURS DE JUSTICE (Article R131-12)

Article R131-12

Création Décret n°2016-514 du 26 avril 2016 - art. 21

Les conciliateurs de justice ont pour mission, à titre bénévole, de rechercher le règlement amiable d'un différend.

LIVRE II : JURIDICTIONS DU PREMIER DEGRE (Articles D211-1 à R253-1)

TITRE IER : LE TRIBUNAL JUDICIAIRE (Articles D211-1 à R218-17)

Chapitre Ier : Institution et compétence (Articles D211-1 à R211-18)

Article D211-1

Modifié par Décret n°2019-912 du 30 août 2019 - art. 23 (V)

Le siège et le ressort des tribunaux judiciaires sont fixés conformément au tableau IV annexé au présent code.

NOTA :
Conformément au I de l'article 40 du décret n° 2019-912 du 30 août 2019, ces dispositions entrent en vigueur le 1er janvier 2020. Se reporter aux conditions d'application prévues aux IV à VIII du même article 40.

Article R211-2

Modifié par Décret n°2019-912 du 30 août 2019 - art. 23 (V)

Lorsqu'un tribunal judiciaire est créé ou lorsque le ressort d'un tribunal judiciaire est modifié par suite d'une nouvelle délimitation des circonscriptions administratives ou judiciaires, le tribunal primitivement saisi demeure compétent pour statuer sur les procédures introduites antérieurement à la date de création du tribunal ou de modification du ressort.

Lorsqu'un tribunal judiciaire est supprimé, toutes les procédures en cours devant cette juridiction à la date d'entrée en vigueur du décret de suppression sont transférées en l'état au tribunal judiciaire dans le ressort duquel est situé le siège du tribunal supprimé sans qu'il y ait lieu de renouveler les actes, formalités et jugements régulièrement intervenus antérieurement à cette date, à l'exception des convocations, citations et assignations données aux parties et aux témoins qui n'auraient pas été suivies d'une comparution devant la juridiction supprimée.

Avant l'entrée en vigueur du décret de suppression du tribunal judiciaire, les convocations, citations et assignations données aux parties et aux témoins peuvent être délivrées pour une comparution à une date postérieure à cette date d'entrée en vigueur devant la juridiction à laquelle les procédures seront transférées.

Lorsque le ressort du tribunal judiciaire supprimé est réparti entre plusieurs tribunaux judiciaires, les mesures de protection des mineurs sont directement transférées, par dérogation au deuxième alinéa, au tribunal judiciaire dans le ressort duquel le mineur a son domicile.

Les parties ayant comparu devant le tribunal judiciaire supprimé sont informées, par l'une ou l'autre des juridictions, qu'il leur appartient d'accomplir les actes de la procédure devant le tribunal judiciaire auquel la procédure a été transférée.

Les archives et les minutes du greffe du tribunal judiciaire supprimé sont transférées au greffe du tribunal judiciaire dans le ressort duquel est situé le siège du tribunal supprimé. Les frais de transfert de ces archives et minutes sont pris sur le crédit ouvert à cet effet au budget du ministère de la justice.

NOTA :
Conformément au I de l'article 40 du décret n° 2019-912 du 30 août 2019, ces dispositions entrent en vigueur le 1er janvier 2020. Se reporter aux conditions d'application prévues aux IV à VIII du même article 40.

Section 1 : Compétence matérielle (Articles R211-3 à R211-10-5)

Sous-section 1 : Compétence commune à tous les tribunaux judiciaires (Articles R211-3 à R211-3-27)

Paragraphe 1 : Compétence à charge d'appel (Articles R211-3 à R211-3-11)

Article R211-3

Modifié par Décret n°2019-912 du 30 août 2019 - art. 2

Sous réserve des dispositions de l'article R. 211-3-24, le tribunal judiciaire statue à charge d'appel dans les matières pour lesquelles compétence n'est pas attribuée expressément à une autre juridiction en raison de la nature de la demande.

NOTA :
Conformément au I de l'article 40 du décret n° 2019-912 du 30 août 2019, ces dispositions entrent en vigueur le 1er janvier 2020. Se reporter aux conditions d'application prévues aux IV à VIII du même article 40.

Article R211-3-1

Création Décret n°2019-912 du 30 août 2019 - art. 2

Le tribunal judiciaire connaît, à charge d'appel, des matières énumérées au présent paragraphe.

NOTA :
Conformément au I de l'article 40 du décret n° 2019-912 du 30 août 2019, ces dispositions entrent en vigueur le 1er janvier 2020. Se reporter aux conditions d'application prévues aux IV à VIII du même article 40.

Article R211-3-2

Création Décret n°2019-912 du 30 août 2019 - art. 2

Le tribunal judiciaire connaît des demandes de mainlevée de l'opposition frappant les titres perdus ou volés dans les conditions prévues par les articles 19 et 20 du décret n° 56-27 du 11 janvier 1956 relatif à la procédure à suivre en cas de dépossession de titres au porteur ou de coupons.

NOTA :
Conformément au I de l'article 40 du décret n° 2019-912 du 30 août 2019, ces dispositions entrent en vigueur le 1er janvier 2020. Se reporter aux conditions d'application prévues aux IV à VIII du même article 40.

Article R211-3-3

Création Décret n°2019-912 du 30 août 2019 - art. 2

Le tribunal judiciaire connaît des contestations sur les conditions des funérailles.

NOTA :
Conformément au I de l'article 40 du décret n° 2019-912 du 30 août 2019, ces dispositions entrent en vigueur le 1er janvier 2020. Se reporter aux conditions d'application prévues aux IV à VIII du même article 40.

Article R211-3-4

Création Décret n°2019-912 du 30 août 2019 - art. 2

Le tribunal judiciaire connaît des actions en bornage.

NOTA :
Conformément au I de l'article 40 du décret n° 2019-912 du 30 août 2019, ces dispositions entrent en vigueur le 1er janvier 2020. Se reporter aux conditions d'application prévues aux IV à VIII du même article 40.

Article R211-3-5

Modifié par Décret n°2021-456 du 15 avril 2021 - art. 2

Le tribunal judiciaire connaît des contestations relatives à la formation, à l'exécution ou à la rupture du contrat d'engagement maritime entre l'employeur et le marin, dans les conditions prévues aux articles L. 5542-48 et L. 5621-18 du code des transports.

Article R211-3-6

Création Décret n°2019-912 du 30 août 2019 - art. 2

Le tribunal judiciaire connaît :

1° Des actions pour dommages causés aux champs et cultures, aux fruits et récoltes, aux arbres, aux clôtures et aux bâtiments agricoles, que ces dommages résultent du fait de l'homme, des animaux domestiques ou des instruments et machines de culture ;

2° Des actions pour dommages causés aux cultures et récoltes par le gibier ;

3° Des demandes relatives aux vices rédhibitoires et aux maladies contagieuses des animaux domestiques, fondées sur les dispositions du code rural et de la pêche maritime ou sur la convention des parties, quel qu'ait été le mode d'acquisition des animaux ;

4° Des actions en rescision, réduction de prix ou dommages-intérêts pour lésion dans les ventes d'engrais, amendements, semences et plants destinés à l'agriculture, et de substances destinées à l'alimentation du bétail ;

5° Des contestations relatives aux warrants agricoles ;

6° Des contestations relatives aux travaux nécessaires à l'entretien et à la mise en état de viabilité des chemins d'exploitation.

NOTA :
Conformément au I de l'article 40 du décret n° 2019-912 du 30 août 2019, ces dispositions entrent en vigueur le 1er janvier 2020. Se reporter aux conditions d'application prévues aux IV à VIII du même article 40.

Article R211-3-7

Création Décret n°2019-912 du 30 août 2019 - art. 2

Le tribunal judiciaire connaît :

1° Des litiges relatifs à la vente des objets abandonnés dans les garde-meubles ou chez tout dépositaire, des objets confiés à des ouvriers, industriels ou artisans pour être travaillés, réparés ou mis en garde et des objets confiés à des entrepreneurs de transport et non réclamés, ainsi qu'au paiement des sommes dues à ces différents détenteurs ;

2° Des actions entre les transporteurs et les expéditeurs ou les destinataires relatives aux indemnités pour perte, avarie, détournement des colis et bagages, y compris les colis postaux, ou pour retard dans la livraison ; ces indemnités ne pourront excéder les tarifs prévus aux conventions intervenues entre les transporteurs concessionnaires et l'Etat.

NOTA :
Conformément au I de l'article 40 du décret n° 2019-912 du 30 août 2019, ces dispositions entrent en vigueur le 1er janvier 2020. Se reporter aux conditions d'application prévues aux IV à VIII du même article 40.

Article R211-3-8

Création Décret n°2019-912 du 30 août 2019 - art. 2

Le tribunal judiciaire connaît :

1° Des actions relatives à la distance prescrite par la loi, les règlements particuliers et l'usage des lieux pour les plantations ou l'élagage d'arbres ou de haies ;

2° Des actions relatives aux constructions et travaux mentionnés à l'article 674 du code civil ;

3° Des actions relatives au curage des fossés et canaux servant à l'irrigation des propriétés ou au mouvement des usines et moulins ;

4° Des contestations relatives à l'établissement et à l'exercice des servitudes instituées par les articles L. 152-14 à L. 152-23 du code rural et de la pêche maritime, 640 et 641 du code civil ainsi qu'aux indemnités dues à raison de ces servitudes ;

5° Des contestations relatives aux servitudes établies au profit des associations syndicales prévues par l'ordonnance n° 2004-632 du 1er juillet 2004 relative aux associations syndicales de propriétaires.

NOTA :
Conformément au I de l'article 40 du décret n° 2019-912 du 30 août 2019, ces dispositions entrent en vigueur le 1er janvier 2020. Se reporter aux conditions d'application prévues aux IV à VIII du même article 40.

Article R211-3-9

Création Décret n°2019-912 du 30 août 2019 - art. 2

Le tribunal judiciaire connaît :

1° Des contestations relatives aux indemnités auxquelles peuvent donner lieu, conformément à l'article L. 215-5 du code de l'environnement, l'élargissement ou l'ouverture du nouveau lit des cours d'eau non domaniaux ;

2° Des contestations relatives aux indemnités dues à raison des servitudes aéronautiques de balisage prévues aux articles D. 243-1 et suivants du code de l'aviation civile ;

3° Des contestations relatives aux indemnités dues à raison des servitudes prévues par l'article L. 171-10 du code de la voirie routière ;

4° Des actions mentionnées aux articles L. 211-1 et L. 211-20 du code rural et de la pêche maritime.

NOTA :
Conformément au I de l'article 40 du décret n° 2019-912 du 30 août 2019, ces dispositions entrent en vigueur le 1er janvier 2020. Se reporter aux conditions d'application prévues aux IV à VIII du même article 40.

Article R211-3-10

Création Décret n°2019-912 du 30 août 2019 - art. 2

Le tribunal judiciaire connaît en matière de contrat de fourniture de produits des demandes présentées par les organisations professionnelles agricoles en application de l'article L. 632-7 du code rural et de la pêche maritime.

NOTA :
Conformément au I de l'article 40 du décret n° 2019-912 du 30 août 2019, ces dispositions entrent en vigueur le 1er janvier 2020. Se reporter aux conditions d'application prévues aux IV à VIII du même article 40.

Article R211-3-11

Création Décret n°2019-912 du 30 août 2019 - art. 2

Le tribunal judiciaire connaît des contestations relatives à l'application des I et II de l'article 1er de la loi n° 66-457 du 2 juillet 1966 relative à l'installation d'antennes réceptrices de radiodiffusion et des décrets n° 67-1171 du 28 décembre 1967 et n° 2009-53 du 15 janvier 2009 pris en application de cette loi.

NOTA :
Conformément au I de l'article 40 du décret n° 2019-912 du 30 août 2019, ces dispositions entrent en vigueur le 1er janvier 2020. Se reporter aux conditions d'application prévues aux IV à VIII du même article 40.

Paragraphe 2 : Compétence en dernier ressort (Articles R211-3-12 à R211-3-23)

Article R211-3-12

Création Décret n°2019-912 du 30 août 2019 - art. 2

Le tribunal judiciaire connaît, en dernier ressort, des matières énumérées au présent paragraphe.

NOTA :
Conformément au I de l'article 40 du décret n° 2019-912 du 30 août 2019, ces dispositions entrent en vigueur le 1er janvier 2020. Se reporter aux conditions d'application prévues aux IV à VIII du même article 40.

Article R211-3-13

Création Décret n°2019-912 du 30 août 2019 - art. 2

Le tribunal judiciaire connaît des contestations relatives à l'électorat, à l'éligibilité et à la régularité des opérations électorales en ce qui concerne l'élection des juges des tribunaux de commerce.

NOTA :
Conformément au I de l'article 40 du décret n° 2019-912 du 30 août 2019, ces dispositions entrent en vigueur le 1er janvier 2020. Se reporter aux conditions d'application prévues aux IV à VIII du même article 40.

Article R211-3-14

Création Décret n°2019-912 du 30 août 2019 - art. 2

Le tribunal judiciaire connaît des contestations des décisions prises par la commission d'établissement des listes électorales et relatives à l'électorat :

1° Des délégués consulaires ;

2° Des membres des chambres de commerce et d'industrie territoriales.

NOTA :
Conformément au I de l'article 40 du décret n° 2019-912 du 30 août 2019, ces dispositions entrent en vigueur le 1er janvier 2020. Se reporter aux conditions d'application prévues aux IV à VIII du même article 40.

Article R211-3-15

Modifié par Décret n°2021-456 du 15 avril 2021 - art. 2

Le tribunal judiciaire connaît des contestations relatives à l'électorat, à l'éligibilité et à la régularité des opérations électorales en ce qui concerne l'élection :

1° Des membres de la délégation du personnel aux comités sociaux et économiques d'entreprise, aux comités sociaux et économiques d'établissement et aux comités sociaux et économiques centraux d'entreprise ;

2° (Abrogé) ;

3° Des représentants des salariés au conseil d'administration ou au conseil de surveillance des sociétés anonymes ;

4° Des représentants des salariés au conseil d'administration ou au conseil de surveillance des entreprises mentionnées à l'article 1er de la loi n° 83-675 du 26 juillet 1983 relative à la démocratisation du secteur public ;

5° Des représentants des salariés au conseil d'administration de la Société nationale des chemins de fer français ;

6° Des délégués de bord ;

7° Des représentants du personnel aux conseils d'administration des caisses primaires d'assurance maladie, des caisses générales de sécurité sociale et des caisses d'allocations familiales ;

8° Des représentants des assujettis aux assemblées générales des caisses de mutualité sociale agricole ;

9° Des représentants des professionnels de la santé exerçant à titre libéral sous le régime des conventions nationales mentionnées au titre VI du livre Ier du code de la sécurité sociale, dans les unions régionales des professionnels de santé.

Article R211-3-16

Modifié par Décret n°2020-1214 du 2 octobre 2020 - art. 4

Le tribunal judiciaire connaît des contestations relatives à la désignation des délégués syndicaux et des représentants syndicaux aux comités sociaux et économiques d'entreprise, aux comités sociaux et économiques d'établissement, aux comités sociaux et économiques centraux d'entreprise et aux comités de groupe.

Article R211-3-17

Création Décret n°2019-912 du 30 août 2019 - art. 2

Le tribunal judiciaire connaît des contestations relatives :

1° Aux modalités d'organisation, à la liste des salariés devant être consultés et à la régularité des procédures de consultation sur les accords d'entreprise prévues par les articles L. 2232-12, L. 2232-23-1, L. 2232-24 et L. 2232-26 du code du travail ;

2° A la liste des salariés devant être consultés et à la régularité des procédures de consultation prévues par les articles L. 2232-21 et L. 2232-23 du code du travail.

NOTA :
Conformément au I de l'article 40 du décret n° 2019-912 du 30 août 2019, ces dispositions entrent en vigueur le 1er janvier 2020. Se reporter aux conditions d'application prévues aux IV à VIII du même article 40.

Article R211-3-18

Création Décret n°2019-912 du 30 août 2019 - art. 2

Le tribunal judiciaire connaît des contestations relatives à la désignation ou à l'élection du représentant des salariés dans les cas prévus par les articles L. 621-4, L. 631-9 et L. 641-1 du code de commerce.

NOTA :
Conformément au I de l'article 40 du décret n° 2019-912 du 30 août 2019, ces dispositions entrent en vigueur le 1er janvier 2020. Se reporter aux conditions d'application prévues aux IV à VIII du même article 40.

Article R211-3-19

Création Décret n°2019-912 du 30 août 2019 - art. 2

Le tribunal judiciaire connaît des contestations relatives aux inscriptions et radiations sur les listes destinées aux élections des délégués mineurs.

NOTA :
Conformément au I de l'article 40 du décret n° 2019-912 du 30 août 2019, ces dispositions entrent en vigueur le 1er janvier 2020. Se reporter aux conditions d'application prévues aux IV à VIII du même article 40.

Article R211-3-20

Création Décret n°2019-912 du 30 août 2019 - art. 2

Le tribunal judiciaire connaît des contestations relatives à l'électorat des conseillers des centres régionaux de la propriété forestière.

NOTA :
Conformément au I de l'article 40 du décret n° 2019-912 du 30 août 2019, ces dispositions entrent en vigueur le 1er janvier 2020. Se reporter aux conditions d'application prévues aux IV à VIII du même article 40.

Article R211-3-21

Création Décret n°2019-912 du 30 août 2019 - art. 2

Le tribunal judiciaire connaît des contestations relatives à la régularité des opérations électorales en ce qui concerne l'élection :

1° Des membres du conseil d'administration des mutuelles, des membres de l'Autorité de contrôle prudentiel et de résolution, des représentants des salariés au conseil d'administration et des délégués des sections locales de vote dans les conditions prévues à l'article R. 125-3 du code de la mutualité ;

2° Des représentants des locataires au conseil d'administration ou de surveillance des sociétés anonymes d'habitations à loyer modéré dans les conditions prévues à l'article R. 422-2-1 du code de la construction et de l'habitation.

NOTA :
Conformément au I de l'article 40 du décret n° 2019-912 du 30 août 2019, ces dispositions entrent en vigueur le 1er janvier 2020. Se reporter aux conditions d'application prévues aux IV à VIII du même article 40.

Article R211-3-22

Création Décret n°2019-912 du 30 août 2019 - art. 2

Le tribunal judiciaire connaît des contestations des décisions du maire et de la commission de contrôle relatives à l'établissement et à la révision des listes électorales dans les conditions prévues par le I de l'article L. 20 du code électoral ainsi que des réclamations présentées devant lui en application du II de l'article L. 20 du même code.

NOTA :
Conformément au I de l'article 40 du décret n° 2019-912 du 30 août 2019, ces dispositions entrent en vigueur le 1er janvier 2020. Se reporter aux conditions d'application prévues aux IV à VIII du même article 40.

Article R211-3-23

Création Décret n°2019-912 du 30 août 2019 - art. 2

Le tribunal judiciaire connaît :

1° Des contestations des décisions de la commission départementale et des réclamations relatives à la formation de la liste pour l'élection des membres des chambres d'agriculture dans les conditions prévues à l'article R. 511-23 du code rural et de la pêche maritime ;

2° Des contestations des décisions du président de la chambre de métiers relatives à la formation et à la révision des listes pour l'élection des membres des chambres de métiers dans les conditions prévues à l'article 14 du décret n° 99-433 du 27 mai 1999 relatif à la composition des chambres des métiers et à leur élection.

NOTA :
Conformément au I de l'article 40 du décret n° 2019-912 du 30 août 2019, ces dispositions entrent en vigueur le 1er janvier 2020. Se reporter aux conditions d'application prévues aux IV à VIII du même article 40.

Paragraphe 3 : Compétence à charge d'appel ou en dernier ressort en fonction du montant de la demande (Articles R211-3-24 à R211-3-27)

Article R211-3-24

Création Décret n°2019-912 du 30 août 2019 - art. 2

Lorsque le tribunal judiciaire est appelé à connaître, en matière civile, d'une action personnelle ou mobilière portant sur une demande dont le montant est inférieur ou égal à la somme de 5 000 euros, le tribunal judiciaire statue en dernier ressort.

NOTA :
Conformément au I de l'article 40 du décret n° 2019-912 du 30 août 2019, ces dispositions entrent en vigueur le 1er janvier 2020. Se reporter aux conditions d'application prévues aux IV à VIII du même article 40.

Article R211-3-25

Création Décret n°2019-912 du 30 août 2019 - art. 2

Dans les matières pour lesquelles il a compétence exclusive, et sauf disposition contraire, le tribunal judiciaire statue en dernier ressort lorsque le montant de la demande est inférieur ou égal à la somme de 5 000 euros.

NOTA :
Conformément au I de l'article 40 du décret n° 2019-912 du 30 août 2019, ces dispositions entrent en vigueur le 1er janvier 2020. Se reporter aux conditions d'application prévues aux IV à VIII du même article 40.

Article R211-3-26

Création Décret n°2019-912 du 30 août 2019 - art. 2

Le tribunal judiciaire a compétence exclusive dans les matières déterminées par les lois et règlements, au nombre desquelles figurent les matières suivantes :

1° Etat des personnes : mariage, filiation, adoption, déclaration d'absence ;

2° Annulation des actes d'état civil, les actes irrégulièrement dressés pouvant également être annulés par le procureur de la République ;

3° Successions ;

4° Amendes civiles encourues par les officiers de l'état civil ;

5° Actions immobilières pétitoires ;

6° Récompenses industrielles ;

7° Dissolution des associations ;

8° Sauvegarde, redressement judiciaire et liquidation judiciaire lorsque le débiteur n'exerce ni une activité commerciale ni une activité artisanale ;

9° Assurance contre les accidents et les maladies professionnelles des personnes non salariées en agriculture ;

10° Droits d'enregistrement, taxe de publicité foncière, droits de timbre et contributions indirectes et taxes assimilées à ces droits, taxes ou contributions ;

11° Baux commerciaux à l'exception des contestations relatives à la fixation du prix du bail révisé ou renouvelé, baux professionnels et conventions d'occupation précaire en matière commerciale ;

12° Inscription de faux contre les actes authentiques ;

13° Actions civiles pour diffamation ou pour injures publiques ou non publiques, verbales ou écrites ;

14° Contestations concernant le paiement, la garantie ou le remboursement des créances de toute nature recouvrées par l'administration des douanes et les autres affaires de douanes, dans les cas et conditions prévus au code des douanes.

NOTA :
Conformément au I de l'article 40 du décret n° 2019-912 du 30 août 2019, ces dispositions entrent en vigueur le 1er janvier 2020. Se reporter aux conditions d'application prévues aux IV à VIII du même article 40.

Article R211-3-27

Création Décret n°2019-912 du 30 août 2019 - art. 2

Le tribunal judiciaire connaît des oppositions à contrainte dans les conditions prévues par les articles R. 1235-4 à R. 1235-9 du code du travail.

NOTA :
Conformément au I de l'article 40 du décret n° 2019-912 du 30 août 2019, ces dispositions entrent en vigueur le 1er janvier 2020. Se reporter aux conditions d'application prévues aux IV à VIII du même article 40.

Sous-section 2 : Compétence particulière à certains tribunaux judiciaires (Articles R211-4 à D211-10-4-1)

Article R211-4

Modifié par Décret n°2021-867 du 29 juin 2021 - art. 3

I. – En matière civile, les tribunaux judiciaires spécialement désignés sur le fondement de l'article L. 211-9-3 connaissent seuls, dans l'ensemble des ressorts des tribunaux judiciaires d'un même département ou, dans les conditions prévues au III de l'article L. 211-9-3, dans deux départements, de l'une ou plusieurs des compétences suivantes :

1° Des actions relatives aux droits d'enregistrement et assimilés ;

2° Des actions relatives aux baux commerciaux fondées sur les articles L. 145-1 à L. 145-60 du code de commerce ;

3° Des actions relatives à la cession ou au nantissement de créance professionnelle fondées sur les articles L. 313-23 à L. 313-29-2 du code monétaire et financier ;

4° Des actions relatives au billet à ordre fondées sur les articles L. 512-1 à L. 512-8 du code de commerce ;

5° (Abrogé) ;

6° Des actions fondées sur les dispositions du livre VI du code de commerce et des actions fondées sur les dispositions du chapitre premier du titre V du livre III du code rural et de la pêche maritime ;

7° Des litiges relevant de l'exécution d'un contrat de transport de marchandises ;

8° Des actions en responsabilité médicale ;

9° Des demandes en réparation des dommages causés par un véhicule aérien, maritime ou fluvial ;

10° Sauf stipulation contraire des parties et sous réserve de la compétence du tribunal judiciaire de Paris ou de son président en matière d'arbitrage international ainsi que de la compétence de la cour d'appel ou de son premier président en matière de voies de recours, des demandes fondées sur le Livre IV du code de procédure civile ;

11° Des actions en paiement, en garantie et en responsabilité liées à une opération de construction immobilière ;

12° Les actions en contestation des décisions des assemblées générales et celles relatives aux copropriétés en difficulté relevant de la loi n° 65-557 du 10 juillet 1965 fixant le statut de la copropriété des immeubles bâtis.

Les tribunaux judiciaires spécialement désignés pour connaître des actions mentionnées au 6° le sont conformément à l'article L. 610-1 du code de commerce.

II. – En matière pénale, les tribunaux judiciaires spécialement désignés sur le fondement de l'article L. 211-9-3 connaissent seuls, dans l'ensemble des ressorts des tribunaux judiciaires d'un même département ou, dans les conditions prévues au III de l'article L. 211-9-3, dans deux départements d'une ou plusieurs des compétences suivantes :

1° Des délits et contraventions prévus et réprimés par le code du travail ;

2° Des délits et contraventions prévus et réprimés par le code de l'action sociale et des familles ;

3° Des délits et contraventions prévus et réprimés par le code de la sécurité sociale ;

4° (Abrogé) ;

5° (Abrogé) ;

6° (Abrogé) ;

7° (Abrogé) ;

8° Des délits et contraventions prévus et réprimés par le code de l'urbanisme ;

9° Des délits et contraventions prévus et réprimés par le code de la consommation ;

10° Des délits et contraventions prévus et réprimés par le code de la propriété intellectuelle ;

11° Des délits prévus et réprimés par les articles 1741 et 1743 du code général des impôts ;

12° Des délits prévus par les articles L. 183-15, L. 184-4 à L. 184-6, L. 511-22 et L. 521-4 du code de la construction et de l'habitation.

Article D211-4-1

Création Décret n°2021-1103 du 20 août 2021 - art. 1

Le siège, le ressort et les compétences matérielles des tribunaux judiciaires spécialement désignés sur le fondement de l'article L. 211-9-3 sont fixés conformément au tableau IV-IV annexé au présent code.

NOTA :
Conformément à l'article 3 du décret n° 2021-1103 du 20 août 2021, ces dispositions entrent en vigueur le 1er septembre 2021. Se reporter aux dispositions d'application.

Article D211-5

Modifié par Décret n°2019-912 du 30 août 2019 - art. 23 (V)

Le siège et le ressort des tribunaux judiciaires compétents pour connaître des actions en matière d'obtentions végétales, dans les cas et conditions prévus par le code de la propriété intellectuelle, sont fixés conformément au tableau V annexé au présent code.

NOTA :
Conformément au I de l'article 40 du décret n° 2019-912 du 30 août 2019, ces dispositions entrent en vigueur le 1er janvier 2020. Se reporter aux conditions d'application prévues aux IV à VIII du même article 40.

Article D211-6

Modifié par Décret n°2019-912 du 30 août 2019 - art. 23 (V)

Le tribunal judiciaire ayant compétence exclusive pour connaître des actions en matière de brevets d'invention, de certificats d'utilité, de certificats complémentaires de protection et de topographies de produits semi-conducteurs, dans les cas et conditions prévus par le code de la propriété intellectuelle, est celui de Paris.

NOTA :
Conformément au I de l'article 40 du décret n° 2019-912 du 30 août 2019, ces dispositions entrent en vigueur le 1er janvier 2020. Se reporter aux conditions d'application prévues aux IV à VIII du même article 40.

Article D211-6-1

Modifié par Décret n°2019-912 du 30 août 2019 - art. 23 (V)

Le siège et le ressort des tribunaux judiciaires ayant compétence exclusive pour connaître des actions en matière de propriété littéraire et artistique, de dessins et modèles, de marques et d'indications géographiques, dans les cas et conditions prévus par le code de la propriété intellectuelle, sont fixés conformément au tableau VI annexé au présent code.

NOTA :
Conformément au I de l'article 40 du décret n° 2019-912 du 30 août 2019, ces dispositions entrent en vigueur le 1er janvier 2020. Se reporter aux conditions d'application prévues aux IV à VIII du même article 40.

Article R211-7

Modifié par Décret n°2019-1316 du 9 décembre 2019 - art. 14
Modifié par Décret n°2019-912 du 30 août 2019 - art. 23 (V)

Le tribunal judiciaire compétent pour connaître des actions en matière de marques de l'Union européenne, dessins et modèles communautaires, dans les cas et conditions prévus par le code de la propriété intellectuelle, est celui de Paris.

NOTA :
Conformément au I de l'article 40 du décret n° 2019-912 du 30 août 2019, ces dispositions entrent en vigueur le 1er janvier 2020. Se reporter aux conditions d'application prévues aux IV à VIII du même article 40.

Article R211-7-1

Modifié par Ordonnance n°2021-1192 du 15 septembre 2021 - art. 33 (V)

Le tribunal judiciaire de Paris est seul compétent pour connaître des actions prévues au II de l'article 2444 du code civil.

NOTA :
Conformément à l'article 37 de l'ordonnance n° 2021-1192 du 15 septembre 2021, ces dispositions entrent en vigueur le 1er janvier 2022.

Article D211-7-2

Modifié par Décret n°2019-912 du 30 août 2019 - art. 23 (V)

Le tribunal judiciaire de Paris est seul compétent pour connaître des actions fondées sur l'article L. 163-2 du code électoral.

Article D211-7-3

Création Décret n°2020-1284 du 22 octobre 2020 - art. 2

Le tribunal judiciaire de Paris est seul compétent pour connaître des litiges prévus à l'article L. 7342-10 du code du travail.

Article D211-9

Modifié par Décret n°2019-912 du 30 août 2019 - art. 23 (V)

Le siège et le ressort des tribunaux judiciaires compétents pour connaître des actions engagées sur le fondement des dispositions des instruments internationaux et communautaires relatives au déplacement illicite international d'enfants sont fixés conformément au tableau VII annexé au présent code.

Il n'existe qu'un tribunal compétent par cour d'appel.

NOTA :
Conformément au I de l'article 40 du décret n° 2019-912 du 30 août 2019, ces dispositions entrent en vigueur le 1er janvier 2020. Se reporter aux conditions d'application prévues aux IV à VIII du même article 40.

Article D211-10

Modifié par Décret n°2019-912 du 30 août 2019 - art. 23 (V)

Le siège et le ressort des tribunaux judiciaires compétents pour connaître des contestations sur la nationalité des personnes physiques, dans les cas et conditions prévus par le code civil, sont fixés conformément au tableau VIII annexé au présent code.

NOTA :
Conformément au I de l'article 40 du décret n° 2019-912 du 30 août 2019, ces dispositions entrent en vigueur le 1er janvier 2020. Se reporter aux conditions d'application prévues aux IV à VIII du même article 40.

Article D211-10-1

Modifié par Décret n°2019-912 du 30 août 2019 - art. 23 (V)

Le siège et le ressort des tribunaux judiciaires compétents pour connaître des actions aux fins d'adoption ainsi que des actions aux fins de reconnaissance des jugements d'adoption rendus à l'étranger, lorsque l'enfant résidant habituellement à l'étranger a été, est ou doit être déplacé vers la France, sont fixés conformément au tableau VIII-I annexé au présent code.

Il n'existe qu'un tribunal compétent par cour d'appel.

NOTA :
Conformément au I de l'article 40 du décret n° 2019-912 du 30 août 2019, ces dispositions entrent en vigueur le 1er janvier 2020. Se reporter aux conditions d'application prévues aux IV à VIII du même article 40.

Article D211-10-2

Modifié par Décret n°2019-912 du 30 août 2019 - art. 23 (V)

Le siège et le ressort des tribunaux judiciaires compétents pour connaître des contestations relatives aux obligations de publicité et de mise en concurrence auxquelles est soumise la passation des contrats de droit privé relevant de la commande publique dans les cas et conditions prévus par les articles 2 à 18 de l'ordonnance n° 2009-515 du 7 mai 2009 relative aux procédures de recours applicables aux contrats de la commande publique sont fixés conformément au tableau VIII-II annexé au présent code

NOTA :
Conformément au I de l'article 40 du décret n° 2019-912 du 30 août 2019, ces dispositions entrent en vigueur le 1er janvier 2020. Se reporter aux conditions d'application prévues aux IV à VIII du même article 40.

Article D211-10-3

Modifié par Décret n°2019-912 du 30 août 2019 - art. 23 (V)

Le siège et le ressort des tribunaux judiciaires compétents pour connaître des litiges mentionnés à l'article L. 211-16 sont fixés conformément au tableau VIII-III annexé au présent code.

NOTA :
Conformément au I de l'article 40 du décret n° 2019-912 du 30 août 2019, ces dispositions entrent en vigueur le 1er janvier 2020. Se reporter aux conditions d'application prévues aux IV à VIII du même article 40.

Article D211-10-3-1

Création Décret n°2019-914 du 30 août 2019 - art. 2

Le siège et le ressort des tribunaux judiciaires appelés à recevoir et à enregistrer les déclarations de la nationalité française et à délivrer les certificats de nationalité française, dans les cas et conditions prévus par le code civil, sont fixés conformément au tableau IX annexé au présent code.

NOTA :
Conformément aux I et III de l'article 13 du décret n° 2019-914 du 30 août 2019, ces dispositions entrent en vigueur le 1er janvier 2020 et sont applicables aux procédures en cours à leur date d'entrée en vigueur, dans les conditions déterminées par les IV à VIII de l'article 40 du décret n° 2019-912 du 30 août 2019.

Article R211-10-4

Création Décret n°2019-912 du 30 août 2019 - art. 4

Le tribunal judiciaire de Paris connaît en dernier ressort des contestations des décisions de la commission administrative relatives à l'établissement et à la révision des listes électorales consulaires, dans les cas et conditions du décret n° 2005-1613 du 22 décembre 2005 portant application de la loi organique n° 76-97 du 31 janvier 1976 relative aux listes électorales consulaires et au vote des Français établis hors de France pour l'élection du Président de la République.

NOTA :
Conformément au I de l'article 40 du décret n° 2019-912 du 30 août 2019, ces dispositions entrent en vigueur le 1er janvier 2020. Se reporter aux conditions d'application prévues aux IV à VIII du même article 40.

Article D211-10-4-1

Création Décret n°2021-286 du 16 mars 2021 - art. 2

Le siège et le ressort des tribunaux judiciaires compétents pour connaître des actions mentionnées à l'article L. 211-20 sont fixés conformément au tableau VIII-IV annexé au présent code.

NOTA :
Conformément à l'article 4 du décret n° 2021-286 du 16 mars 2021, ces dispositions entrent en vigueur le 1er avril 2021. La juridiction saisie demeure compétente pour statuer sur les procédures introduites antérieurement à la date d'entrée en vigueur des articles 2 et 3 dudit décret.

Sous-section 3 : Compétence du juge du tribunal judiciaire (Article R211-10-5)

Article R211-10-5

Création Décret n°2019-912 du 30 août 2019 - art. 5

Le juge du tribunal judiciaire cote et paraphe les livres, registres et répertoires des notaires, des huissiers de justice, des commissaires-priseurs judiciaires et des courtiers établis ou exerçant leurs fonctions dans le ressort du tribunal judiciaire.

NOTA :
Conformément au I de l'article 40 du décret n° 2019-912 du 30 août 2019, ces dispositions entrent en vigueur le 1er janvier 2020. Se reporter aux conditions d'application prévues aux IV à VIII du même article 40.

Section 2 : Compétence territoriale (Articles R211-11 à R211-18)

Article R211-11

Modifié par Décret n°2019-912 du 30 août 2019 - art. 23 (V)

Les règles relatives à la compétence territoriale du tribunal judiciaire statuant en matière civile sont déterminées par le code de procédure civile et les dispositions ci-après ainsi que par les autres lois et règlements.

NOTA :
Conformément au I de l'article 40 du décret n° 2019-912 du 30 août 2019, ces dispositions entrent en vigueur le 1er janvier 2020. Se reporter aux conditions d'application prévues aux IV à VIII du même article 40.

Article R211-12

Création Décret n°2009-1693 du 29 décembre 2009 - art. 2

Les contestations relatives à l'application de la loi n° 49-420 du 25 mars 1949 révisant certaines rentes viagères constituées entre particuliers sont portées devant le tribunal dans le ressort duquel est situé le bien lorsqu'il s'agit d'un immeuble ou d'un fonds de commerce et devant le tribunal dans le ressort duquel est situé le domicile du crédirentier lorsqu'il s'agit d'un meuble.

Les contestations relatives à l'application de la loi n° 49-1098 du 2 août 1949 portant révision de certaines rentes viagères constituées par les compagnies d'assurances, par la Caisse nationale des retraites pour la vieillesse ou par des particuliers moyennant l'aliénation de capitaux en espèces, à l'exception du titre II de cette loi, et de la loi n° 51-695 du 24 mai 1951 portant majoration de certaines rentes viagères et pensions sont portées devant le tribunal dans le ressort duquel est situé le domicile du crédirentier.

Article R211-13

Modifié par Décret n°2019-912 du 30 août 2019 - art. 6

Les actions relatives au 2° de l'article R. 211-3-7 et celles relatives aux correspondances et objets recommandés et aux envois de valeur déclarée, grevés ou non de remboursement, sont portées devant le tribunal dans le ressort duquel est situé le domicile de l'expéditeur ou devant celui dans le ressort duquel est situé le domicile du destinataire.

NOTA :
Conformément au I de l'article 40 du décret n° 2019-912 du 30 août 2019, ces dispositions entrent en vigueur le 1er janvier 2020. Se reporter aux conditions d'application prévues aux IV à VIII du même article 40.

Article R211-14

Création Décret n°2019-912 du 30 août 2019 - art. 6

Dans le cas prévu à l'article R. 211-3-3, la demande est portée devant le tribunal dans le ressort duquel s'est produit le décès ou, si le décès est survenu à l'étranger, devant le tribunal dans le ressort duquel est situé le dernier domicile du défunt en France.

NOTA :
Conformément au I de l'article 40 du décret n° 2019-912 du 30 août 2019, ces dispositions entrent en vigueur le 1er janvier 2020. Se reporter aux conditions d'application prévues aux IV à VIII du même article 40.

Article R211-15

Création Décret n°2019-912 du 30 août 2019 - art. 6

Dans les cas prévus à l'article R. 211-3-4, aux 1°, 2° et 6° de l'article R. 211-3-6, aux 1° à 4° de l'article R. 211-3-8, aux 1° à 3° de l'article R. 211-3-9 et à l'article R. 211-3-11, la demande est portée devant le tribunal dans le ressort duquel sont situés les biens.

NOTA :
Conformément au I de l'article 40 du décret n° 2019-912 du 30 août 2019, ces dispositions entrent en vigueur le 1er janvier 2020. Se reporter aux conditions d'application prévues aux IV à VIII du même article 40.

Article R211-16

Création Décret n°2019-912 du 30 août 2019 - art. 6

Dans les cas prévus à l'article R. 211-3-5, le tribunal judiciaire compétent est celui dans le ressort duquel se situe :

1° Soit le domicile du marin ;

2° Soit le port d'embarquement ou de débarquement du marin.

Le marin peut également saisir le tribunal judiciaire dans le ressort duquel est situé le port où l'employeur a son principal établissement ou une agence ou, à défaut, le port d'immatriculation du navire.

Dans les cas prévus aux 3° et 4° de l'article R. 211-3-6, la demande est portée devant le tribunal compétent en application de l'article R. 211-11 ou devant le tribunal dans le ressort duquel la convention a été passée ou exécutée, lorsqu'une des parties est domiciliée en ce ressort.

NOTA :
Conformément au I de l'article 40 du décret n° 2019-912 du 30 août 2019, ces dispositions entrent en vigueur le 1er janvier 2020. Se reporter aux conditions d'application prévues aux IV à VIII du même article 40.

Article R211-17

Création Décret n°2019-912 du 30 août 2019 - art. 6

Dans les cas prévus au 5° de l'article R. 211-3-6, la demande est portée devant le tribunal dans le ressort duquel sont situés les objets warrantés.

NOTA :
Conformément au I de l'article 40 du décret n° 2019-912 du 30 août 2019, ces dispositions entrent en vigueur le 1er janvier 2020. Se reporter aux conditions d'application prévues aux IV à VIII du même article 40.

Article R211-18

Création Décret n°2019-912 du 30 août 2019 - art. 6

Dans le cas prévu à l'article 31-1 du code civil, la demande est portée devant :

1° Le tribunal dans le ressort duquel est situé le domicile du demandeur, si celui-ci réside en France ;

2° Le tribunal dans le ressort duquel est situé le lieu de naissance du demandeur, si celui-ci est né en France et réside à l'étranger ;

3° Le tribunal judiciaire de Paris, si le demandeur est né et réside à l'étranger.

NOTA :
Conformément au I de l'article 40 du décret n° 2019-912 du 30 août 2019, ces dispositions entrent en vigueur le 1er janvier 2020. Se reporter aux conditions d'application prévues aux IV à VIII du même article 40.

Chapitre II : Organisation et fonctionnement (Articles R212-1 à R212-64)

Article R212-1

Modifié par Décret n°2019-912 du 30 août 2019 - art. 23 (V)

L'installation des magistrats du siège et du parquet a lieu, en audience solennelle, devant une ou deux chambres du tribunal judiciaire.

Toutefois, le président et le procureur de la République sont installés devant toutes les chambres du tribunal judiciaire.

NOTA :
Conformément au I de l'article 40 du décret n° 2019-912 du 30 août 2019, ces dispositions entrent en vigueur le 1er janvier 2020. Se reporter aux conditions d'application prévues aux IV à VIII du même article 40.

Article R212-2

Modifié par Décret n°2019-912 du 30 août 2019 - art. 29

Sous réserve des dispositions législatives ou réglementaires fixant la compétence d'une autre juridiction, le tribunal judiciaire peut recevoir le serment de toute personne dont l'assermentation est exigée par des textes particuliers.

Les prestations de serment sont reçues à l'audience d'une des chambres du tribunal judiciaire.

NOTA :
Conformément au I de l'article 40 du décret n° 2019-912 du 30 août 2019, ces dispositions entrent en vigueur le 1er janvier 2020.

Section 1 : Le service juridictionnel (Articles R212-3 à R212-11)

Article R212-3

Modifié par Décret n°2019-912 du 30 août 2019 - art. 23 (V)

Le tribunal judiciaire est organisé en une ou plusieurs chambres et en différents services. Certains services peuvent regrouper des chambres.

Chacune des chambres est présidée par le président du tribunal judiciaire, un premier vice-président ou un vice-président, ou à défaut, par le magistrat du siège dont le rang est le plus élevé.

Le service, lorsqu'il est composé de plusieurs magistrats, est coordonné par l'un d'entre eux.

Le nombre et le contenu des services sont fixés par l'ordonnance prévue à l'article R. 121-1.

Le président du tribunal judiciaire procède à la désignation du magistrat coordonnateur d'un service, après concertation avec les magistrats du service, par la même ordonnance que celle, prise après avis de l'assemblée des magistrats du siège, qui est mentionnée à l'alinéa précédent.

Ce magistrat est notamment chargé de l'animation du service. Il est l'interlocuteur des personnes, organismes et autorités avec lesquels ce service est en relation. L'administration du service est exercée par un directeur des services de greffe judiciaires, conformément aux dispositions des articles R. 123-3 et R. 123-4.

NOTA :
Conformément au I de l'article 40 du décret n° 2019-912 du 30 août 2019, ces dispositions entrent en vigueur le 1er janvier 2020. Se reporter aux conditions d'application prévues aux IV à VIII du même article 40.

Article R212-4

Modifié par Décret n°2019-912 du 30 août 2019 - art. 23 (V)

Lorsque le tribunal judiciaire comprend plusieurs premiers vice-présidents, le président, en cas d'absence ou d'empêchement, est suppléé dans les fonctions qui lui sont spécialement attribuées, par le premier vice-président qu'il aura désigné ou, à défaut, par le premier vice-président dont le rang est le plus élevé et, en cas d'absence ou d'empêchement de ce dernier, par le vice-président dont le rang est le plus élevé.

Lorsque le tribunal ne comprend qu'un seul premier vice-président, le président est suppléé par ce magistrat et, en cas d'absence ou d'empêchement de ce dernier, par le vice-président dont le rang est le plus élevé.

Lorsque le tribunal ne comprend pas de premier vice-président, le président est suppléé par le vice-président qu'il aura désigné ou, à défaut, par le vice-président dont le rang est le plus élevé.

Lorsque le tribunal ne comprend qu'un seul vice-président, le président est suppléé par ce magistrat et, en cas d'absence ou d'empêchement de ce dernier, par le juge dont le rang est le plus élevé.

Lorsque le tribunal ne comprend pas de vice-président, le président est suppléé par le juge qu'il aura désigné ou, à défaut, par le juge dont le rang est le plus élevé.

L'ordonnance de désignation, prise conformément aux dispositions de l'article L. 121-3, peut être modifiée en cours d'année judiciaire par une nouvelle ordonnance du président en cas de cessation ou interruption des fonctions du suppléant initialement désigné.

NOTA :
Conformément au I de l'article 40 du décret n° 2019-912 du 30 août 2019, ces dispositions entrent en vigueur le 1er janvier 2020. Se reporter aux conditions d'application prévues aux IV à VIII du même article 40.

Article R212-5

Modifié par Décret n°2019-912 du 30 août 2019 - art. 23 (V)

Le président, les premiers vice-présidents et les vice-présidents du tribunal judiciaire sont, en cas d'absence ou d'empêchement, remplacés pour le service de l'audience par un magistrat du siège désigné conformément aux dispositions de l'article L. 121-3 ou, à défaut, par le magistrat du siège présent dont le rang est le plus élevé.

En cas d'absence ou d'empêchement d'un juge, celui-ci est remplacé par un autre juge du tribunal, dans l'ordre du rang.

NOTA :
Conformément au I de l'article 40 du décret n° 2019-912 du 30 août 2019, ces dispositions entrent en vigueur le 1er janvier 2020. Se reporter aux conditions d'application prévues aux IV à VIII du même article 40.

Article R212-6

Modifié par Décret n°2019-912 du 30 août 2019 - art. 22

L'ordonnance prise par le président du tribunal judiciaire en application de l'article L. 121-3 intervient dans la première quinzaine du mois de décembre après avis de l'assemblée générale des magistrats du siège. Elle précise le nombre, le jour et la nature des audiences. Une expédition est transmise au premier président de la cour d'appel et au procureur général près cette cour.

Les magistrats des chambres civiles peuvent, en cas de changement d'affectation dans le tribunal, siéger aux audiences de la chambre à laquelle ils appartenaient pour rapporter les affaires dont ils avaient été chargés avant leur changement d'affectation.

Chaque chambre connaît des affaires qui lui ont été distribuées. Toutefois, si les besoins du fonctionnement d'une chambre le nécessitent, le président du tribunal, sur demande ou après avis du procureur de la République, peut attribuer une partie des affaires qui ont été distribuées à cette chambre à une autre chambre du tribunal.

NOTA :
Conformément au I de l'article 40 du décret n° 2019-912 du 30 août 2019, ces dispositions entrent en vigueur le 1er janvier 2020. Se reporter aux conditions d'application prévues aux IV à VIII du même article 40.

Article R212-7

Modifié par Décret n°2019-912 du 30 août 2019 - art. 23 (V)

Les assesseurs de la formation collégiale du tribunal judiciaire sont au nombre de deux.

NOTA :
Conformément au I de l'article 40 du décret n° 2019-912 du 30 août 2019, ces dispositions entrent en vigueur le 1er janvier 2020. Se reporter aux conditions d'application prévues aux IV à VIII du même article 40.

Article R212-8

Modifié par Décret n°2019-912 du 30 août 2019 - art. 10

Le tribunal judiciaire connaît à juge unique :

1° Des litiges auxquels peuvent donner lieu les accidents de la circulation terrestre ;

2° Des demandes en reconnaissance et en exequatur des décisions judiciaires et actes publics étrangers ainsi que des sentences arbitrales françaises ou étrangères ;

3° Des ventes de biens de mineurs et de celles qui leur sont assimilées.

4° Des contestations relatives à l'électorat, à l'éligibilité et à la régularité des opérations électorales en ce qui concerne l'élection des juges des tribunaux de commerce ;

5° Des contestations des décisions prises par la commission d'établissement des listes électorales mentionnées à l'article R. 211-3-14 du présent code ;

6° Des contestations relatives à l'électorat, à l'éligibilité et à la régularité des opérations électorales mentionnées à l'article R. 211-3-15 du présent code ;

7° Des contestations mentionnées aux articles R. 211-3-16, R. 211-3-17, R. 211-3-18, R. 211-3-19, R. 211-3-20 et R. 211-3-23 du présent code ;

8° Des contestations relatives à la régularité des opérations électorales en ce qui concerne l'élection des membres du conseil d'administration des mutuelles, des membres de l'Autorité de contrôle prudentiel et de résolution, des représentants des salariés au conseil d'administration et des délégués des sections locales de vote dans les conditions prévues à l'article R. 125-3 du code de la mutualité ;

9° Des contestations des décisions de la commission administrative relatives à l'établissement et à la révision des listes électorales consulaires mentionnées à l'article R. 211-10-4 du présent code ;

10° Des contestations relatives à la qualité d'électeur, à l'éligibilité et à la régularité des opérations électorales mentionnées à l'article R. 144-5 du code de l'énergie ;

11° Des demandes formées en application du règlement (CE) n° 1896/2006 du Parlement européen et du Conseil du 12 décembre 2006 instituant une procédure européenne d'injonction de payer ;

12° Des actions patrimoniales, en matière civile et commerciale, jusqu'à la valeur de 10.000 euros et des demandes indéterminées qui ont pour origine l'exécution d'une obligation dont le montant n'excède pas 10.000 euros ;

13° Des matières de la compétence du tribunal pour la navigation du Rhin ;

14° Des matières de la compétence du tribunal de première instance pour la navigation de la Moselle ;

15° Des fonctions de juge du livre foncier ;

16° Des matières mentionnées à l'article L. 215-6 du présent code ;

17° De la saisie-conservatoire mentionnée à l'article L. 215-7 du présent code ;

18° Des mesures de traitement des situations de surendettement des particuliers et de la procédure de rétablissement personnel mentionnées à l'article L. 213-4-7 ;

19° Des matières, dont la liste est fixée par décret, relevant de la compétence des chambres de proximité ;

20° Des fonctions de tribunal de l'exécution.

Le juge peut toujours, d'office ou à la demande des parties, renvoyer une affaire en l'état à la formation collégiale. Cette décision est une mesure d'administration judiciaire.

NOTA :
Conformément au I de l'article 40 du décret n° 2019-912 du 30 août 2019, ces dispositions entrent en vigueur le 1er janvier 2020. Se reporter aux conditions d'application prévues aux IV à VIII du même article 40.

Article R212-9

Modifié par Décret n°2019-912 du 30 août 2019 - art. 23 (V)

En toute matière, le président du tribunal judiciaire ou le magistrat délégué par lui à cet effet peut décider qu'une affaire sera jugée par le tribunal judiciaire statuant à juge unique.

Le renvoi à la formation collégiale peut être décidé par le président ou son délégué soit à la demande du juge saisi, soit d'office. Cette décision est une mesure d'administration judiciaire.

NOTA :
Conformément au I de l'article 40 du décret n° 2019-912 du 30 août 2019, ces dispositions entrent en vigueur le 1er janvier 2020. Se reporter aux conditions d'application prévues aux IV à VIII du même article 40.

Article R212-9-1

Création DÉCRET n°2014-1458 du 8 décembre 2014 - art. 2

Dans les tribunaux composés d'au moins deux chambres, les jugements peuvent être rendus par une formation de deux chambres réunies présidée par le président du tribunal et comprenant, outre les présidents de ces chambres, deux magistrats assesseurs affectés dans chacune de ces chambres. Elle siège au nombre de sept.

La formation de chambres réunies peut être saisie lorsqu'une affaire est d'une particulière complexité ou est susceptible de recevoir devant les chambres des solutions divergentes.

Lorsque l'affaire n'est pas distribuée, le président du tribunal peut saisir cette formation après avoir recueilli l'avis du président de la chambre à laquelle l'affaire doit être distribuée selon les dispositions de l'ordonnance portant sur le service de la juridiction.

Une fois l'affaire distribuée, le président du tribunal ne peut saisir cette formation qu'avec l'accord du président de la chambre à laquelle l'affaire a été distribuée ou à la demande de celui-ci, de la chambre, du ministère public ou de l'une des parties.

La décision de saisine de cette formation est une mesure d'administration judiciaire.

Article R212-10

Modifié par Décret n°2019-912 du 30 août 2019 - art. 23 (V)

Il est tenu, dans chaque tribunal judiciaire, une liste de rang des magistrats du siège.

Les magistrats sont inscrits sur cette liste, conformément à l'article R. 121-4, dans l'ordre suivant :

1° Le président ;

2° Les premiers vice-présidents ;

3° Les vice-présidents ;

4° Les juges.

NOTA :
Conformément au I de l'article 40 du décret n° 2019-912 du 30 août 2019, ces dispositions entrent en vigueur le 1er janvier 2020. Se reporter aux conditions d'application prévues aux IV à VIII du même article 40.

Article R212-11

Modifié par Décret n°2019-912 du 30 août 2019 - art. 10

Lorsqu'une disposition réglementaire attribue à un magistrat du siège du tribunal judiciaire les fonctions de président ou membre d'une commission juridictionnelle ou administrative, le premier président de la cour d'appel peut désigner un magistrat du siège exerçant au sein d'une chambre de proximité pour exercer ces fonctions.

NOTA :
Conformément au I de l'article 40 du décret n° 2019-912 du 30 août 2019, ces dispositions entrent en vigueur le 1er janvier 2020. Se reporter aux conditions d'application prévues aux IV à VIII du même article 40.

Section 2 : Le parquet (Articles R212-12 à R212-15)

Article R212-12

Création Décret n°2008-522 du 2 juin 2008 - art. (V)

Le procureur de la République répartit les substituts entre les chambres du tribunal et les divers services du parquet.

Il peut modifier à tout moment cette répartition.

Il peut exercer lui-même les fonctions qu'il a spécialement déléguées à ses substituts.

Article R212-13

Modifié par Décret n°2019-912 du 30 août 2019 - art. 23 (V)

Au sein de chaque tribunal judiciaire dans le ressort duquel un tribunal pour enfant a son siège, un ou plusieurs magistrats du parquet désignés par le procureur général sont chargés spécialement des affaires concernant les mineurs.

NOTA :
Conformément au I de l'article 40 du décret n° 2019-912 du 30 août 2019, ces dispositions entrent en vigueur le 1er janvier 2020. Se reporter aux conditions d'application prévues aux IV à VIII du même article 40.

Article R212-14

Création Décret n°2008-522 du 2 juin 2008 - art. (V)

En cas d'absence ou d'empêchement, le procureur de la République est suppléé par le magistrat du parquet qu'il aura désigné.

En cas d'absence ou d'empêchement de ce magistrat, le procureur de la République est suppléé par le magistrat du parquet dont le rang est le plus élevé et, à défaut, par un magistrat délégué dans les conditions prévues à l'article R. 122-2.

Article R212-15

Modifié par Décret n°2019-912 du 30 août 2019 - art. 23 (V)

Il est tenu, dans chaque tribunal judiciaire, une liste de rang des magistrats du parquet.

Les magistrats sont inscrits sur cette liste, conformément à l'article R. 122-5, dans l'ordre suivant :

1° Le procureur de la République ;

2° Les procureurs de la République adjoints ;

3° Les vice-procureurs de la République ;

4° Les substituts du procureur de la République.

NOTA :
Conformément au I de l'article 40 du décret n° 2019-912 du 30 août 2019, ces dispositions entrent en vigueur le 1er janvier 2020. Se reporter aux conditions d'application prévues aux IV à VIII du même article 40.

Section 3 : Le greffe (Articles R212-16 à R212-17-4)

Article R212-16

Modifié par Décret n°2019-912 du 30 août 2019 - art. 23 (V)

Le directeur de greffe du tribunal judiciaire établit et certifie, aux dates prévues par les règlements et instructions en vigueur, un état de l'activité de la juridiction au cours de la période écoulée, conformément aux modèles fixés par arrêté du garde des sceaux, ministre de la justice.
Le procureur de la République complète cet état en ce qui concerne l'activité du parquet.
Cet état est transmis, aux dates prescrites, par le président du tribunal judiciaire et le procureur de la République puis par le premier président de la cour d'appel et le procureur général près cette cour, avec leurs observations respectives, au ministère de la justice.

NOTA :
Conformémment au I de l'article 40 du décret n° 2019-912 du 30 août 2019, ces dispositions entrent en vigueur le 1er janvier 2020. Se reporter aux conditions d'application prévues aux IV à VIII du même article 40.

Article R212-17

Modifié par Décret n°2019-912 du 30 août 2019 - art. 11

Sous réserve de l'article R. 212-17-1, le greffe du juge de l'exécution est le greffe du tribunal judiciaire.

NOTA :
Conformémment au I de l'article 40 du décret n° 2019-912 du 30 août 2019, ces dispositions entrent en vigueur le 1er janvier 2020.

Article R212-17-1

Modifié par Décret n°2019-912 du 30 août 2019 - art. 11

Un tribunal judiciaire peut comporter un ou plusieurs greffes détachés.

Il y a un greffe détaché auprès de chaque chambre de proximité.

NOTA :
Conformémment au I de l'article 40 du décret n° 2019-912 du 30 août 2019, ces dispositions entrent en vigueur le 1er janvier 2020.

Article R212-17-1-1

Création Décret n°2019-912 du 30 août 2019 - art. 11

Les agents des greffes affectés au siège d'un tribunal judiciaire qui comporte une ou plusieurs chambres de proximité accomplissent les diligences propres à leurs fonctions pour le compte du siège du tribunal judiciaire. Ils reçoivent les actes de procédure pour le compte des chambres de proximité du ressort du tribunal judiciaire dans les conditions prévues aux articles R. 123-26 à R. 123-29.

Les agents des greffes affectés dans un greffe détaché ayant son siège dans une chambre de proximité accomplissent les diligences propres à leurs fonctions pour le compte de cette chambre. Ils reçoivent les actes de procédure pour le compte du siège du tribunal judiciaire dans les conditions prévues aux articles R. 123-26 à R. 123-29.

Les agents des greffes affectés dans un greffe détaché n'ayant pas son siège dans une chambre de proximité accomplissent les diligences propres à leurs fonctions pour le compte du siège du tribunal judiciaire. Si le tribunal judiciaire comporte une ou plusieurs chambres de proximité, ils reçoivent les actes de procédure pour le compte des chambres de proximité du ressort du tribunal judiciaire dans les conditions prévues aux articles R. 123-26 à R. 123-29

NOTA :
Conformémment au I de l'article 40 du décret n° 2019-912 du 30 août 2019, ces dispositions entrent en vigueur le 1er janvier 2020.

Article D212-17-2

Modifié par Décret n°2019-914 du 30 août 2019 - art. 3

I.-Le siège et le ressort des greffes détachés implantés au siège d'une chambre de proximité sont les mêmes que ceux de cette chambre.

II.-Le siège et le ressort des greffes détachés implantés hors du siège d'une chambre de proximité sont fixés conformément au tableau XI annexé au présent code.

NOTA :
Conformément aux I et III de l'article 13 du décret n° 2019-914 du 30 août 2019, ces dispositions entrent en vigueur le 1er janvier 2020 et sont applicables aux procédures en cours à leur date d'entrée en vigueur, dans les conditions déterminées par les IV à VIII de l'article 40 du décret n° 2019-912 du 30 août 2019.

Article R212-17-3

Modifié par Décret n°2019-912 du 30 août 2019 - art. 11

Selon les besoins du service, les agents du greffe du tribunal judiciaire peuvent être délégués dans les services d'un greffe détaché de ce tribunal.

Cette délégation est prononcée par décision du directeur de greffe du tribunal judiciaire qui s'assure préalablement qu'elle est compatible avec la situation personnelle de l'agent de greffe. Elle ne peut excéder une durée de quatre mois, renouvelable une fois. Les agents délégués dans les services du greffe détaché du tribunal judiciaire perçoivent les indemnités dans les mêmes conditions que les fonctionnaires de leur catégorie et suivant les mêmes taux.

Les agents du greffe détaché peuvent, dans les mêmes conditions, être délégués dans les services du greffe du tribunal judiciaire ou d'un autre greffe détaché de ce tribunal, qui lui est limitrophe.

NOTA :
Conformément au I de l'article 40 du décret n° 2019-912 du 30 août 2019, ces dispositions entrent en vigueur le 1er janvier 2020.

Article R212-17-4

Création Décret n°2019-912 du 30 août 2019 - art. 11

Pour l'application de l'article R. 123-7 du présent code, le directeur de greffe du tribunal judiciaire peut donner délégation à un directeur des services de greffe judiciaires du greffe détaché de ce tribunal. Il peut, selon les besoins du service, désigner sous sa responsabilité un ou plusieurs agents du greffe détaché du tribunal judiciaire pour exercer partie des fonctions qui lui sont attribuées aux articles R. 123-4 et R. 123-5.

NOTA :
Conformément au I de l'article 40 du décret n° 2019-912 du 30 août 2019, ces dispositions entrent en vigueur le 1er janvier 2020.

Section 4 : Les chambres de proximité (Articles R212-18 à R212-21)

Article R212-18

Modifié par Décret n°2019-912 du 30 août 2019 - art. 12

En cas de création d'une chambre de proximité, les procédures en cours devant le tribunal judiciaire à la date fixée pour l'entrée en activité de la nouvelle chambre sont transférées en l'état à cette dernière, dans la mesure où elles relèvent désormais de sa compétence, sans qu'il y ait lieu de renouveler les actes, formalités et jugements intervenus antérieurement à cette date, à l'exception des convocations, citations et assignations données aux parties et aux témoins qui n'auraient pas été suivies d'une comparution devant le tribunal judiciaire.

Les citations et assignations produisent cependant leurs effets ordinaires interruptifs de prescription.

Les parties ayant comparu devant le tribunal judiciaire sont informées, par ce dernier ou par la chambre de proximité, qu'il leur appartient, sous réserve des dispositions des deuxième et troisième alinéas de l'article R. 212-17-1-1, d'accomplir les actes de la procédure devant la chambre de proximité à laquelle la procédure a été transférée.

NOTA :
Conformément au I de l'article 40 du décret n° 2019-912 du 30 août 2019, ces dispositions entrent en vigueur le 1er janvier 2020. Se reporter aux conditions d'application prévues aux IV à VIII du même article 40.

Article D212-19

Modifié par Décret n°2019-914 du 30 août 2019 - art. 4

Le siège et le ressort des chambres de proximité sont fixés conformément au tableau IV annexé au présent code.

Le siège et le ressort des chambres de proximité appelées à recevoir et à enregistrer les déclarations de la nationalité française et à délivrer les certificats de nationalité française, dans les cas et conditions prévus par le code civil, sont fixés conformément au tableau IX annexé au présent code.

NOTA :
Conformément aux I et III de l'article 13 du décret n° 2019-914 du 30 août 2019, ces dispositions entrent en vigueur le 1er janvier 2020 et sont applicables aux procédures en cours à leur date d'entrée en vigueur, dans les conditions déterminées par les IV à VIII de l'article 40 du décret n° 2019-912 du 30 août 2019.

Article D212-19-1

Création Décret n°2019-914 du 30 août 2019 - art. 4

Les compétences matérielles des chambres de proximité sont fixées conformément aux tableaux IV-II et IV-III annexés au présent code.

NOTA :
Conformément aux I et III de l'article 13 du décret n° 2019-914 du 30 août 2019, ces dispositions entrent en vigueur le 1er janvier 2020 et sont applicables aux procédures en cours à leur date d'entrée en vigueur, dans les conditions déterminées par les IV à VIII de l'article 40 du décret n° 2019-912 du 30 août 2019.

Article D212-19-2

Création Décret n°2019-914 du 30 août 2019 - art. 4

La décision prise en application du deuxième alinéa de l'article L. 212-8 portant attribution de compétences matérielles supplémentaires aux chambres de proximité entre en vigueur à la date qu'elle fixe. Elle n'est applicable qu'aux instances introduites postérieurement à cette date.

La décision portant attribution de compétences supplémentaires aux chambres de proximité est publiée au Bulletin officiel du ministère de la justice et sur le site internet www.justice.fr.

NOTA :
Conformément aux I et III de l'article 13 du décret n° 2019-914 du 30 août 2019, ces dispositions entrent en vigueur le 1er janvier 2020 et sont applicables aux procédures en cours à leur date d'entrée en vigueur, dans les conditions déterminées par les IV à VIII de l'article 40 du décret n° 2019-912 du 30 août 2019.

Article R212-19-3

Création Décret n°2019-912 du 30 août 2019 - art. 12 (VD)

Les chambres de proximité connaissent seules, dans leur ressort, des compétences qui leur sont attribuées par décret ou en application du dernier alinéa de l'article L. 212-8.

NOTA :
Conformément au I de l'article 40 du décret n° 2019-912 du 30 août 2019, ces dispositions entrent en vigueur le 1er janvier 2020. Se reporter aux conditions d'application prévues aux IV à VIII du même article 40.

Article R212-19-4

Création Décret n°2019-912 du 30 août 2019 - art. 12 (VD)

I. – Lorsque le service d'une chambre de proximité est assuré par un seul magistrat du siège du tribunal judiciaire, celui-ci administre la chambre de proximité.

Lorsque le service d'une chambre de proximité est assuré par plusieurs magistrats du siège du tribunal judiciaire, le magistrat dont le grade est le plus élevé administre la chambre de proximité. Lorsque plusieurs magistrats du siège exerçant au sein de la chambre de proximité ont le même grade, le président du tribunal judiciaire désigne parmi eux le magistrat chargé de l'administration de la chambre de proximité ; à défaut, le magistrat du siège exerçant au sein de la chambre de proximité dont le rang est le plus élevé administre la chambre de proximité.

En cas d'absence ou d'empêchement, le magistrat chargé de l'administration de la chambre de proximité est suppléé par un magistrat du siège exerçant au sein de la chambre de proximité désigné conformément à l'alinéa précédent.

II. – Pendant la première quinzaine du mois de décembre, sur proposition du magistrat chargé de l'administration de la chambre de proximité, le président du tribunal judiciaire, par ordonnance prise après avis de l'assemblée générale des magistrats de cette juridiction, répartit, conformément aux dispositions de l'article L. 121-3, le service entre les magistrats de la chambre de proximité. Cette ordonnance précise le nombre, le jour et la nature des audiences de la chambre de proximité.

En cas d'absence ou d'empêchement d'un magistrat du siège exerçant au sein de la chambre de proximité, après avis de l'assemblée générale des magistrats du siège, le président du tribunal judiciaire désigne pour suppléer ce magistrat :

1° Un autre magistrat du siège exerçant au sein de la chambre de proximité ;

2° A défaut, un magistrat du siège exerçant au sein d'une chambre de proximité limitrophe ayant son siège dans le ressort du même tribunal judiciaire ;

3° A défaut, un magistrat du siège du tribunal judiciaire.

NOTA :
Conformément au I de l'article 40 du décret n° 2019-912 du 30 août 2019, ces dispositions entrent en vigueur le 1er janvier 2020. Se reporter aux conditions d'application prévues aux IV à VIII du même article 40.

Article R212-20

Modifié par Décret n°2019-912 du 30 août 2019 - art. 12

Les magistrats du siège exerçant au sein d'une chambre de proximité peuvent, s'il y a lieu, être appelés, dans les conditions fixées par l'article L. 121-3, à siéger, pour une part limitée de leur activité, au tribunal judiciaire dont ils sont membres.

Dans les mêmes conditions, ces magistrats peuvent, en cas de nécessité, être affectés en même temps dans des chambres de proximité limitrophes ayant leur siège dans le ressort du même tribunal judiciaire.

Les magistrats du siège du tribunal judiciaire peuvent, s'il y a lieu, être appelés dans les conditions fixées par l'article L. 121-3, à siéger, pour une part limitée de leur activité, dans une chambre de proximité ayant son siège dans le ressort de ce tribunal judiciaire. L'ordonnance du président du tribunal judiciaire intervient sur proposition du magistrat chargé de l'administration de la chambre de proximité après avis de l'assemblée générale des magistrats du siège.

NOTA :
Conformément au I de l'article 40 du décret n° 2019-912 du 30 août 2019, ces dispositions entrent en vigueur le 1er janvier 2020. Se reporter aux conditions d'application prévues aux IV à VIII du même article 40

Article R212-21

Modifié par Décret n°2019-912 du 30 août 2019 - art. 12

En fonction des nécessités locales, une chambre de proximité du tribunal judiciaire peut tenir des audiences foraines dans des communes de son ressort autres que celle où est situé son siège.

Le premier président de la cour d'appel, après avis du procureur général près cette cour, fixe par ordonnance, le lieu, le jour et la nature de ces audiences.

NOTA :
Conformément au I de l'article 40 du décret n° 2019-912 du 30 août 2019, ces dispositions entrent en vigueur le 1er janvier 2020. Se reporter aux conditions d'application prévues aux IV à VIII du même article 40.

Section 5 : Les assemblées générales (Articles R212-22 à R212-57)

Article R212-22

Modifié par Décret n°2019-912 du 30 août 2019 - art. 23 (V)

Le tribunal judiciaire se réunit en assemblée générale dans les conditions prévues à la présente section selon l'une des formations suivantes :

1° L'assemblée des magistrats du siège ;

2° L'assemblée des magistrats du parquet ;

3° L'assemblée des magistrats du siège et du parquet ;

4° Les assemblées des fonctionnaires du greffe et du secrétariat de parquet autonome ;

5° L'assemblée plénière des magistrats et des fonctionnaires.

L'assemblée plénière des magistrats et des fonctionnaires comporte une commission plénière.

Dans les tribunaux judiciaires comportant un effectif d'au moins vingt magistrats, l'assemblée des magistrats du siège, l'assemblée des magistrats du parquet, l'assemblée des magistrats du siège et du parquet et les assemblées des fonctionnaires du greffe et du secrétariat de parquet autonome comportent une commission restreinte.

NOTA :
Conformément au I de l'article 40 du décret n° 2019-912 du 30 août 2019, ces dispositions entrent en vigueur le 1er janvier 2020. Se reporter aux conditions d'application prévues aux IV à VIII du même article 40.

Sous-section 1 : Dispositions communes aux différentes formations de l'assemblée générale (Articles R212-23 à R212-33)

Article R212-23

Modifié par DÉCRET n°2014-1458 du 8 décembre 2014 - art. 15

Les différentes formations de l'assemblée générale sont réunies au moins une fois par an, au cours du mois de novembre.

Elles sont, en outre, convoquées par leur président :

1° Soit à son initiative ;

2° Soit à la demande de la majorité de leurs membres ;

3° Soit à la demande des deux tiers des membres de la commission plénière pour la réunion de l'assemblée plénière ;

4° Soit à la demande des deux tiers des membres d'une commission restreinte pour la réunion de la formation de l'assemblée générale correspondante.

Les réunions de l'assemblée générale se tiennent pendant les heures ouvrables, dans les conditions prévues par le règlement intérieur de l'assemblée plénière.

Article R212-24

Modifié par Décret n°2019-912 du 30 août 2019 - art. 23 (V)

Lorsque le garde des sceaux, ministre de la justice, consulte les tribunaux judiciaires sur les projets de loi ou sur d'autres questions d'intérêt public, le président du tribunal judiciaire convoque celle-ci en assemblée générale. Le président détermine, selon l'objet de la consultation, après avis du procureur de la République et de la commission plénière, la formation de l'assemblée générale qui doit être réunie.

NOTA :
Conformément au I de l'article 40 du décret n° 2019-912 du 30 août 2019, ces dispositions entrent en vigueur le 1er janvier 2020. Se reporter aux conditions d'application prévues aux IV à VIII du même article 40.

Article R212-25

Modifié par Décret n°2019-912 du 30 août 2019 - art. 23 (V)

L'ordre du jour de l'assemblée générale est établi par son président. Toutefois, le président du tribunal judiciaire et le procureur de la République, lorsqu'ils n'assurent pas cette présidence, peuvent ajouter d'autres questions à l'ordre du jour.

Les questions relatives à l'organisation et au fonctionnement de la juridiction, proposées par le tiers des membres de l'assemblée ou par la majorité des membres de la commission qu'elle comporte, sont inscrites d'office à l'ordre du jour.

NOTA :
Conformément au I de l'article 40 du décret n° 2019-912 du 30 août 2019, ces dispositions entrent en vigueur le 1er janvier 2020. Se reporter aux conditions d'application prévues aux IV à VIII du même article 40.

Article R212-26

Création Décret n°2008-522 du 2 juin 2008 - art. (V)

Un bureau est constitué pour chaque réunion de l'assemblée. Il est composé du président et de deux membres désignés selon des modalités fixées par le règlement intérieur de l'assemblée plénière.

Le bureau veille au bon fonctionnement de l'assemblée, règle les difficultés relatives aux procurations, tient les feuilles de présence et de vote, statue sur les quorums, fait procéder au vote et surveille le déroulement du scrutin. Les résultats sont proclamés par le président de l'assemblée.

Article R212-27

Modifié par DÉCRET n°2014-1458 du 8 décembre 2014 - art. 8

Chaque formation de l'assemblée générale ne peut valablement se réunir que si la moitié au moins de ses membres est présente ou représentée.

Si le quorum prévu à l'alinéa précédent n'est pas atteint, l'assemblée est à nouveau convoquée dans un délai minimum de huit jours, ne pouvant excéder un mois, sur le même ordre du jour. Elle peut alors valablement délibérer si un tiers au moins de ses membres est présent ou représenté.

Article R212-28

Création Décret n°2008-522 du 2 juin 2008 - art. (V)

Seuls les membres bénéficiant d'un congé, d'un congé de maladie ou de maternité, ou assurant un service de permanence, ou se trouvant en mission officielle, ou étant en dehors de leurs heures de service, s'ils exercent un travail à temps partiel, peuvent se faire représenter par un mandataire.

Le mandataire doit être membre de l'assemblée à laquelle appartient son mandant.

Chaque mandataire ne peut disposer de plus de deux procurations.

Les membres de l'assemblée générale qui remplissent les conditions pour voter par procuration et qui souhaitent utiliser cette procédure, doivent en informer le président de l'assemblée générale avant la tenue de la réunion.

La procuration doit être donnée par écrit ; elle est annexée au procès-verbal.

Article R212-29

Création Décret n°2008-522 du 2 juin 2008 - art. (V)

Il ne peut être délibéré que sur les questions inscrites à l'ordre du jour, dans les conditions prévues par le règlement intérieur de chaque formation de l'assemblée générale.

Article R212-30

Création Décret n°2008-522 du 2 juin 2008 - art. (V)

Après la délibération sur chaque question inscrite à l'ordre du jour, il est procédé au vote.

Le vote à bulletin secret peut être demandé par tout membre de l'assemblée.

Le vote a lieu à la majorité des membres présents ou représentés.

Article R212-31

Modifié par Décret n°2019-912 du 30 août 2019 - art. 23 (V)

En cas d'urgence, le président du tribunal judiciaire peut, dans les matières entrant dans la compétence de l'assemblée générale, prendre, après avis du procureur de la République, du directeur de greffe et de la commission compétente, les mesures propres à assurer la continuité du service jusqu'à la réunion de l'assemblée compétente.

NOTA :
Conformément au 1 de l'article 40 du décret n° 2019-912 du 30 août 2019, ces dispositions entrent en vigueur le 1er janvier 2020. Se reporter aux conditions d'application prévues aux IV à VIII du même article 40.

Article R212-32

Modifié par DÉCRET n°2014-1458 du 8 décembre 2014 - art. 7

Les modalités de convocation, de dépouillement des votes, de désignation du secrétaire, d'établissement et de dépôt des procès-verbaux des délibérations des différentes formations de l'assemblée générale sont déterminées par le règlement intérieur de chacune de ces formations.

Le garde des sceaux, ministre de la justice, fixe par arrêté un règlement intérieur type pour chacune des assemblées. Ces dernières peuvent adapter ce règlement type pour tenir compte de spécificités locales ou pour améliorer la concertation interne.

Les règlements intérieurs et les modifications qui leur sont apportées sont transmis au premier président de la cour d'appel et au procureur général près cette cour.

Article R212-33

Modifié par Décret n°2019-912 du 30 août 2019 - art. 23 (V)

Le directeur de greffe assiste aux assemblées générales et consigne sur le registre des délibérations de la juridiction les décisions prises et les avis émis.

Le président du tribunal judiciaire transmet au premier président de la cour d'appel les procès-verbaux des délibérations des assemblées générales à l'exception de celles de l'assemblée des magistrats du parquet qui sont transmises par le procureur de la République au procureur général près cette cour.

NOTA :
Conformément au I de l'article 40 du décret n° 2019-912 du 30 août 2019, ces dispositions entrent en vigueur le 1er janvier 2020. Se reporter aux conditions d'application prévues aux IV à VIII du même article 40.

Sous-section 2 : L'assemblée des magistrats du siège (Articles R212-34 à R212-37-1)

Article R212-34

Modifié par Décret n°2019-912 du 30 août 2019 - art. 13

Le président du tribunal judiciaire préside l'assemblée des magistrats du siège.

Cette assemblée comprend :

1° Les magistrats du siège du tribunal judiciaire, y compris les magistrats du siège exerçant au sein d'une chambre de proximité de ce tribunal ;

2° Les magistrats placés auprès du premier président exerçant leurs fonctions au tribunal judiciaire.

Assistent à l'assemblée des magistrats du siège :

1° Les magistrats honoraires exerçant au sein du tribunal judiciaire les fonctions de magistrat du siège mentionnées à l'article 41-25 de l'ordonnance n° 58-1270 du 22 décembre 1958 portant loi organique relative au statut de la magistrature ;

2° Les magistrats exerçant à titre temporaire du tribunal judiciaire ;

3° Les auditeurs de justice en stage au sein du tribunal judiciaire.

NOTA :
Conformément au I de l'article 40 du décret n° 2019-912 du 30 août 2019, ces dispositions entrent en vigueur le 1er janvier 2020.

Article R212-34-1

Création Décret n°2019-912 du 30 août 2019 - art. 13

La participation des magistrats du siège exerçant au sein d'une chambre de proximité du tribunal judiciaire à l'assemblée des magistrats du siège peut, le cas échéant, avoir lieu par l'utilisation d'un moyen de télécommunication audiovisuelle.

NOTA :
Conformément au I de l'article 40 du décret n° 2019-912 du 30 août 2019, ces dispositions entrent en vigueur le 1er janvier 2020.

Article R212-35

Création Décret n°2008-522 du 2 juin 2008 - art. (V)

L'assemblée des magistrats du siège peut entendre le procureur de la République à l'initiative de son président, à la demande de la majorité de ses membres ou à celle du procureur lui-même.

Article R212-36

Modifié par Décret n°2020-1734 du 16 décembre 2020 - art. 8

L'assemblée des magistrats du siège du tribunal judiciaire désigne :

1° Un magistrat du siège pour exercer les fonctions de juge d'instruction, conformément à l'article 50 du code de procédure pénale ;

2° Les membres titulaires et suppléants de la commission d'indemnisation des victimes d'infractions ;

3° Un magistrat du siège pour siéger à la commission prévue par l'article L. 632-1 du code de l'entrée et du séjour des étrangers et du droit d'asile.

NOTA :
Conformément à l'article 18 du décret n° 2020-1734 du 16 décembre 2020, ces dispositions entrent en vigueur le 1er mai 2021.

Article R212-37

Modifié par Décret n°2019-912 du 30 août 2019 - art. 13

L'assemblée des magistrats du siège du tribunal judiciaire émet un avis sur :

1° Le projet de décision fixant le nombre et le jour des audiences correctionnelles, conformément au code de procédure pénale ;

2° Les critères généraux de répartition des dossiers entre les chambres et de distribution des affaires entre les magistrats spécialisés du tribunal ;

3° Le projet d'ordonnance, préparé par le président du tribunal, de répartition dans les chambres, services et pôles des magistrats du siège dont le tribunal est composé et de désignation du magistrat chargé de la coordination d'un service ou d'un pôle conformément aux articles R. 212-3 et R. 212-62 ;

4° L'affectation des magistrats dans les formations de jugement spécialisées en matière militaire en temps de paix et en matière d'intérêts fondamentaux de la nation, conformément au code de procédure pénale ;

5° La désignation, en cas de pluralité de juges de l'application des peines, par le président du tribunal, de celui qui exercera les attributions mentionnées au titre XI du livre V du code de procédure pénale (troisième partie : Décrets) ;

6° La désignation, en cas de pluralité de magistrats chargés des fonctions de juge pour enfants, par le président du tribunal, de celui qui exercera les attributions mentionnées à l'article R. 251-3 ;

7° (Abrogé)

8° Le projet d'ordonnance préparé par le président du tribunal désignant un magistrat pour exercer les fonctions de juge des libertés et de la détention conformément à l'article 137-1 du code de procédure pénale ;

9° Le projet d'ordonnance préparé par le président du tribunal désignant le magistrat coordonnateur en matière de droit de la famille et des personnes qui exercera les attributions mentionnées à l'article R. 213-9-1 ;

10° Le projet d'ordonnance préparé par le président du tribunal désignant le magistrat chargé de contrôler l'exécution des mesures d'instruction conformément à l'article 155-1 du code de procédure civile ;

11° La désignation du président du tribunal maritime et de ses deux assesseurs magistrats par le président du tribunal auprès duquel est institué un tribunal maritime ;

12° Le projet d'ordonnance préparé par le président du tribunal désignant le magistrat coordonnateur de la protection et de la conciliation de justice qui exercera les attributions mentionnées à l'article R. 213-9-8 ;

13° Le projet d'ordonnance préparé par le président du tribunal désignant un magistrat du tribunal judiciaire pour exercer les fonctions prévues à l'article L. 1454-2 du code du travail.

NOTA :
Conformément au I de l'article 40 du décret n° 2019-912 du 30 août 2019, ces dispositions entrent en vigueur le 1er janvier 2020.

Article R212-37-1

Création DÉCRET n°2014-1458 du 8 décembre 2014 - art. 9

L'avis ne peut être émis sur le projet d'ordonnance mentionné au 3° de l'article R. 212-37 que lorsque les magistrats qui se sont prononcés représentent au moins 50 % des magistrats présents ou représentés lors de la constatation du quorum.

Si l'avis est défavorable ou si le quorum mentionné au premier alinéa n'est pas atteint, l'assemblée est de nouveau convoquée dans un délai minimum de huit jours ne pouvant excéder un mois et le projet d'ordonnance, éventuellement modifié selon les observations qui auraient été formulées par l'assemblée, lui est de nouveau soumis. L'assemblée est alors réputée avoir valablement émis son avis.

Sous-section 3 : L'assemblée des magistrats du parquet (Articles R212-38 à R212-40)

Article R212-38

Modifié par Décret n°2019-912 du 30 août 2019 - art. 13

Le procureur de la République préside l'assemblée des magistrats du parquet.

Cette assemblée comprend :

1° Les magistrats du parquet près le tribunal judiciaire ;

2° Les magistrats placés auprès du procureur général exerçant leurs fonctions au parquet près ce tribunal.

Assistent à l'assemblée des magistrats du parquet :

1° Les magistrats honoraires exerçant près le tribunal judiciaire les fonctions de magistrat du parquet mentionnées à l'article 41-25 de l'ordonnance n° 58-1270 du 22 décembre 1958 portant loi organique relative au statut de la magistrature ;

2° Les auditeurs de justice en stage au parquet près le tribunal judiciaire.

NOTA :
Conformément au I de l'article 40 du décret n° 2019-912 du 30 août 2019, ces dispositions entrent en vigueur le 1er janvier 2020.

Article R212-39

Modifié par Décret n°2019-912 du 30 août 2019 - art. 23 (V)

L'assemblée des magistrats du parquet peut entendre le président du tribunal judiciaire à l'initiative de son président, à la demande de la majorité de ses membres ou à celle du président lui-même.

NOTA :
Conformément au I de l'article 40 du décret n° 2019-912 du 30 août 2019, ces dispositions entrent en vigueur le 1er janvier 2020. Se reporter aux conditions d'application prévues aux IV à VIII du même article 40.

Article R212-40

Création Décret n°2008-522 du 2 juin 2008 - art. (V)

L'assemblée des magistrats du parquet émet un avis sur :

1° L'organisation des services du parquet ;

2° Les relations avec les services de police judiciaire ;

3° Les conditions dans lesquelles le ministère public exerce ses attributions ;

4° Le projet de décision fixant le nombre et le jour des audiences correctionnelles, conformément au code de procédure pénale ;

5° Les critères généraux de répartition des dossiers entre les chambres et de distribution des affaires entre les magistrats spécialisés du tribunal.

Sous-section 4 : L'assemblée des magistrats du siège et du parquet (Articles R212-41 à R212-44)

Article R212-41

Modifié par Décret n°2019-912 du 30 août 2019 - art. 13

Le président du tribunal judiciaire préside l'assemblée des magistrats du siège et du parquet.

Cette assemblée comprend :

1° Les membres de l'assemblée des magistrats du siège ;

2° Les membres de l'assemblée des magistrats du parquet.

Assistent à l'assemblée des magistrats du siège et du parquet :

1° Les magistrats honoraires mentionnés aux articles R. 212-34 et R. 212-38 ;

2° Les magistrats exerçant à titre temporaire du tribunal judiciaire ;

3° Les auditeurs de justice mentionnés aux articles R. 212-34 et R. 212-38.

NOTA :
Conformément au I de l'article 40 du décret n° 2019-912 du 30 août 2019, ces dispositions entrent en vigueur le 1er janvier 2020.

Article R212-41-1

Création Décret n°2019-912 du 30 août 2019 - art. 13

La participation des magistrats du siège exerçant au sein d'une chambre de proximité du tribunal judiciaire à l'assemblée des magistrats du siège et du parquet peut, le cas échéant, avoir lieu par l'utilisation d'un moyen de télécommunication audiovisuelle.

NOTA :
Conformément au I de l'article 40 du décret n° 2019-912 du 30 août 2019, ces dispositions entrent en vigueur le 1er janvier 2020.

Article R212-42

Modifié par Décret n°2019-912 du 30 août 2019 - art. 23 (V)

L'assemblée des magistrats du siège et du parquet émet un avis sur :

1° Le nombre, le jour et la nature des audiences ;

2° Le projet de répartition des emplois de fonctionnaires entre les services du siège et du parquet, préparé par le président du tribunal judiciaire et le procureur de la République, en liaison avec le ou les directeurs de greffe ;

3° Le projet de répartition de l'effectif des fonctionnaires à l'intérieur des services du siège et du parquet ;

4° Les heures d'ouverture et de fermeture au public du greffe ;

5° Les besoins nécessaires au fonctionnement de la juridiction exprimés par le président du tribunal judiciaire et le procureur de la République avec le concours du directeur de greffe ;

6° L'affectation des moyens alloués à la juridiction ;

7° Les mesures relatives à l'entretien des locaux, à la bibliothèque et au mobilier ;

8° Les conditions de travail du personnel et les problèmes de sécurité ;

9° Les questions intéressant le fonctionnement interne de la juridiction ;

10° Les projets de convention constitutive des maisons de justice et du droit relevant du ressort de la juridiction ;

11° La désignation, par le président du tribunal judiciaire et le procureur de la République, du ou des magistrats chargés d'animer et de coordonner les actions conduites au sein des maisons de justice et du droit relevant du ressort de la juridiction.

NOTA :
Conformément au I de l'article 40 du décret n° 2019-912 du 30 août 2019, ces dispositions entrent en vigueur le 1er janvier 2020. Se reporter aux conditions d'application prévues aux IV à VIII du même article 40.

Article R212-43

Modifié par Décret n°2010-671 du 18 juin 2010 - art. 3

L'assemblée des magistrats du siège et du parquet habilite les enquêteurs de personnalité et les contrôleurs judiciaires, conformément aux dispositions du code de procédure pénale.

L'assemblée des magistrats du siège et du parquet émet un avis sur les projets d'habilitation des médiateurs et des délégués du procureur de la République, conformément aux dispositions du code de procédure pénale.

Elle est informée conformément aux dispositions du code pénal des décisions du juge de l'application des peines habilitant les personnes morales qui contribuent à la mise en œuvre du travail d'intérêt général. Elle retire l'habilitation accordée à ces personnes morales dans les conditions prévues par le même code.

La commission restreinte, dans les juridictions où sa constitution est obligatoire, exerce les attributions mentionnées au présent article.

Article R212-44

Modifié par Décret n°2014-64 du 29 janvier 2014 - art. 1

L'assemblée des magistrats du siège et du parquet procède à des échanges de vues sur l'activité de la juridiction et sur le rapport annuel de politique pénale présenté par le parquet.

Elle étudie l'évolution de la jurisprudence.

Elle examine toutes les questions intéressant le fonctionnement de la juridiction et concernant l'ensemble des magistrats.

Elle prépare les réunions de l'assemblée plénière.

Elle examine le rapport annuel d'activité des maisons de justice et du droit situées dans le ressort de la juridiction.

Elle entend le rapport du juge de l'application des peines.

Sous-section 5 : Les assemblées des fonctionnaires du greffe et du secrétariat de parquet autonome (Articles R212-45 à R212-48)

Article R212-45

Modifié par Décret n°2019-912 du 30 août 2019 - art. 13

Le directeur de greffe préside l'assemblée des fonctionnaires du greffe.

Le secrétaire en chef du parquet préside l'assemblée des fonctionnaires du secrétariat de parquet autonome.

Chacune de ces assemblées comprend :

1° Les directeurs des services de greffe judiciaires du tribunal, y compris ceux qui exercent leurs fonctions au sein d'un greffe détaché ;

2° Les greffiers du tribunal, y compris ceux qui exercent leurs fonctions au sein d'un greffe détaché ;

3° Les autres fonctionnaires et les agents contractuels du tribunal, y compris ceux qui exercent leurs fonctions au sein d'un greffe détaché.

Les fonctionnaires en stage rémunérés à titre permanent, les autres stagiaires ainsi que les fonctionnaires et les agents qui, placés sous l'autorité des magistrats, concourent au fonctionnement de la juridiction mais ne relèvent pas de la direction des services judiciaires, assistent aux réunions de l'assemblée des fonctionnaires.

Le président du tribunal judiciaire et le procureur de la République peuvent assister à l'assemblée des fonctionnaires.

NOTA :
Conformément au I de l'article 40 du décret n° 2019-912 du 30 août 2019, ces dispositions entrent en vigueur le 1er janvier 2020.

Article R212-45-1

Création Décret n°2019-912 du 30 août 2019 - art. 13

La participation à cette assemblée des directeurs des services de greffe judiciaires, des greffiers, des autres fonctionnaires et des agents contractuels affectés dans un greffe détaché peut, le cas échéant, avoir lieu par l'utilisation d'un moyen de télécommunication audiovisuelle.

NOTA :
Conformément au I de l'article 40 du décret n° 2019-912 du 30 août 2019, ces dispositions entrent en vigueur le 1er janvier 2020.

Article R212-46

Création Décret n°2008-522 du 2 juin 2008 - art. (V)

L'assemblée des fonctionnaires émet un avis sur les questions mentionnées à l'article R. 212-42 à l'exception du 11°.

Article R212-47

Création Décret n°2008-522 du 2 juin 2008 - art. (V)

L'assemblée des fonctionnaires est consultée en outre sur :

1° Le projet d'affectation du personnel dans les services du greffe, préparé par le ou les directeurs de greffe ;

2° La formation permanente du personnel ;

3° Les problèmes de gestion et d'organisation du greffe.

Article R212-48

Modifié par Décret n°2019-912 du 30 août 2019 - art. 23 (V)

L'assemblée des fonctionnaires prépare les réunions de l'assemblée plénière.

Le ou les directeurs de greffe et, le cas échéant, le secrétaire en chef de parquet transmettent au président du tribunal judiciaire les procès-verbaux des délibérations de l'assemblée des fonctionnaires.

NOTA :
Conformément au I de l'article 40 du décret n° 2019-912 du 30 août 2019, ces dispositions entrent en vigueur le 1er janvier 2020. Se reporter aux conditions d'application prévues aux IV à VIII du même article 40.

Sous-section 6 : L'assemblée plénière des magistrats et des fonctionnaires (Articles R212-49 à R212-50)

Article R212-49

Modifié par Décret n°2019-912 du 30 août 2019 - art. 13

Le président du tribunal judiciaire préside l'assemblée plénière des magistrats et des fonctionnaires.

Cette assemblée comprend :

1° Les membres de l'assemblée des magistrats du siège et du parquet ;

2° Les membres des assemblées des fonctionnaires du greffe et, le cas échéant, du secrétariat de parquet autonome.

Assistent aux réunions de l'assemblée plénière des magistrats et des fonctionnaires :

1° Les magistrats honoraires mentionnés aux articles R. 212-34 et R. 212-38 ;

2° Les magistrats exerçant à titre temporaire du tribunal judiciaire ;

3° Les auditeurs de justice, les fonctionnaires en stage rémunérés à titre permanent, les autres stagiaires ainsi que les fonctionnaires et les agents qui, placés sous l'autorité des magistrats, concourent au fonctionnement de la juridiction mais ne relèvent pas de la direction des services judiciaires.

NOTA :
Conformément au I de l'article 40 du décret n° 2019-912 du 30 août 2019, ces dispositions entrent en vigueur le 1er janvier 2020.

Article R212-49-1

Création Décret n°2019-912 du 30 août 2019 - art. 13

La participation à cette assemblée des magistrats du siège exerçant au sein d'une chambre de proximité du tribunal judiciaire ainsi que des directeurs des services de greffe judiciaires, des greffiers, des autres fonctionnaires et des agents contractuels affectés dans un greffe détaché peut, le cas échéant, avoir lieu par l'utilisation d'un moyen de télécommunication audiovisuelle.

NOTA :
Conformément au I de l'article 40 du décret n° 2019-912 du 30 août 2019, ces dispositions entrent en vigueur le 1er janvier 2020.

Article R212-50

Modifié par Décret n°2016-514 du 26 avril 2016 - art. 10

L'assemblée plénière procède à un échange de vues sur les questions qui ont été soumises à l'avis de l'assemblée des magistrats du siège et du parquet, de l'assemblée des fonctionnaires du greffe et, le cas échéant, de celle du secrétariat de parquet autonome et qui ont fait préalablement l'objet d'un vote de celles-ci.

Elle émet un avis sur le projet de convention constitutive d'une maison de justice et du droit.

Elle émet également un avis sur le projet de juridiction et sur l'ordre du jour du conseil de juridiction.

L'assemblée plénière procède à un échange de vues sur les orientations adoptées par le comité de gestion et sur la situation et les perspectives budgétaires de la juridiction dans le cadre du dialogue de gestion.

L'assemblée plénière élabore et arrête son règlement intérieur selon le règlement intérieur type arrêté par le garde des sceaux, ministre de la justice, en l'adaptant, le cas échéant, dans les conditions prévues au deuxième alinéa de l'article R. 212-32.

Sous-section 7 : La commission plénière (Articles R212-51 à R212-54-1)

Article R212-51

Modifié par Décret n°2019-912 du 30 août 2019 - art. 23 (V)

I. – Le président du tribunal judiciaire préside la commission plénière.

La commission plénière comprend en qualité de membres de droit :

1° Le procureur de la République ;

2° Le ou les directeurs de greffe.

II. – Cette commission comprend, en outre, les membres des commissions restreintes de l'assemblée des magistrats du siège et du parquet et de l'assemblée des fonctionnaires des juridictions dans des conditions fixées par le règlement intérieur de l'assemblée plénière.

III. – Dans les juridictions qui ne comportent pas de commissions restreintes, les membres de la commission plénière sont élus par l'assemblée des magistrats du siège et du parquet et par l'assemblée des fonctionnaires, au scrutin de liste proportionnel avec panachage et vote préférentiel, dans des conditions fixées par le règlement intérieur de l'assemblée plénière.

Les modalités de dépôt des candidatures et de l'élection sont alors déterminées par le président du tribunal judiciaire.

Seuls peuvent être élus les membres de l'assemblée plénière qui ont fait acte de candidature. Chaque candidat se présente avec son suppléant. Les membres sont élus pour deux ans. Le mandat des membres titulaires est renouvelable deux fois.

Les magistrats et les fonctionnaires élus doivent être en nombre égal.

NOTA :
Conformément au I de l'article 40 du décret n° 2019-912 du 30 août 2019, ces dispositions entrent en vigueur le 1er janvier 2020. Se reporter aux conditions d'application prévues aux IV à VIII du même article 40.

Article R212-52

Modifié par DÉCRET n°2014-1458 du 8 décembre 2014 - art. 15

La commission plénière ne peut valablement siéger que si plus de la moitié de ses membres sont présents.

Article R212-53

Création Décret n°2008-522 du 2 juin 2008 - art. (V)

Le vote a lieu à la majorité des membres présents.

En cas de partage des voix, celle du président est prépondérante.

Article R212-54

Modifié par Décret n°2019-912 du 30 août 2019 - art. 23 (V)

La commission plénière :

1° Prépare les réunions de l'assemblée plénière ; à cet effet, le président du tribunal judiciaire lui communique, quinze jours au moins avant la date de la réunion, après délibération des assemblées concernées, les projets de décisions qui feront l'objet d'échanges de vues à l'assemblée plénière ; la commission fait connaître au président ses avis et propositions ;

2° (Abrogé) ;

3° Donne son avis sur les demandes d'attribution de mobilier, matériel technique et autres équipements spéciaux non financés sur les moyens propres de la juridiction ;

4° Propose les mesures tendant à faciliter l'accueil et les démarches au public ;

5° Assure les liaisons avec les organismes sociaux ou professionnels dont l'activité est liée au fonctionnement de la justice, ainsi qu'avec les autorités locales.

NOTA :
Conformément au I de l'article 40 du décret n° 2019-912 du 30 août 2019, ces dispositions entrent en vigueur le 1er janvier 2020. Se reporter aux conditions d'application prévues aux IV à VIII du même article 40.

Article R212-54-1

Création DÉCRET n°2014-1458 du 8 décembre 2014 - art. 18

La commission plénière peut saisir le comité de gestion mentionné aux articles R. 212-60 et R. 212-61 de toute question relative à ses compétences.

Sous-section 8 : La commission restreinte (Articles R212-55 à R212-57)

Article R212-55

Création Décret n°2008-522 du 2 juin 2008 - art. (V)

Le président d'une assemblée préside la commission restreinte de celle-ci.

La commission est composée de membres de l'assemblée élus au scrutin proportionnel avec panachage et vote préférentiel. Le mandat de ces membres est de deux ans, renouvelable une fois.

Le procureur de la République est membre de droit de la commission restreinte de l'assemblée des magistrats du siège et du parquet.

Le nombre et les modalités de l'élection des membres de la commission restreinte ainsi que les règles de fonctionnement de celle-ci sont déterminés par le règlement intérieur de chaque assemblée.

Article R212-56

Création Décret n°2008-522 du 2 juin 2008 - art. (V)

Le vote a lieu à la majorité des membres présents.

En cas de partage des voix, celle du président est prépondérante.

Article R212-57

Création Décret n°2008-522 du 2 juin 2008 - art. (V)

La commission restreinte prépare les réunions de l'assemblée ; à cet effet, le président de cette assemblée communique aux membres de la commission, quinze jours au moins avant la date de la réunion, les propositions et les projets qu'il envisage de soumettre à l'assemblée générale sur les questions inscrites à l'ordre du jour ; la commission fait connaître au président ses avis et propositions.

La commission restreinte de l'assemblée des fonctionnaires peut être consultée, par délégation de cette assemblée, par le directeur de greffe, sur les problèmes de gestion et d'organisation du greffe.

Section 6 : Administration du tribunal judiciaire (Articles R212-58 à R212-61)

Article R212-58

Modifié par Décret n°2019-912 du 30 août 2019 - art. 22
Modifié par Décret n°2019-912 du 30 août 2019 - art. 30

Le président du tribunal judiciaire et le procureur de la République près ce tribunal s'assurent, chacun en ce qui le concerne, de la bonne administration des services judiciaires et de l'expédition normale des affaires ; ils sont assistés, le cas échéant, par le magistrat chargé du secrétariat général ; ils peuvent déléguer ces pouvoirs, pour des actes déterminés, à des magistrats du siège ou du parquet placés sous leur autorité ; ils rendent compte de leurs constatations ou de celles qui ont été faites par les magistrats qu'ils ont délégués au premier président de la cour d'appel et au procureur général près cette cour.

NOTA :
Conformément au I de l'article 40 du décret n° 2019-912 du 30 août 2019, ces dispositions entrent en vigueur le 1er janvier 2020. Se reporter aux conditions d'application prévues aux IV à VIII du même article 40.

Article R212-59

Modifié par Décret n°2019-912 du 30 août 2019 - art. 23 (V)

Le président du tribunal judiciaire, en cas d'absence ou d'empêchement, est suppléé dans ses fonctions administratives par le magistrat du siège qu'il aura désigné ou, à défaut, par le magistrat du siège dont le rang est le plus élevé.

L'ordonnance de désignation, prise conformément aux dispositions de l'article L. 121-3, peut être modifiée en cours d'année judiciaire par une nouvelle ordonnance du président en cas de cessation ou interruption des fonctions du suppléant initialement désigné.

NOTA :
Conformément au I de l'article 40 du décret n° 2019-912 du 30 août 2019, ces dispositions entrent en vigueur le 1er janvier 2020. Se reporter aux conditions d'application prévues aux IV à VIII du même article 40.

Article R212-60

Modifié par Décret n°2019-912 du 30 août 2019 - art. 23 (V)

Le comité de gestion est composé du président du tribunal judiciaire, du procureur de la République et du directeur de greffe.

NOTA :
Conformément au I de l'article 40 du décret n° 2019-912 du 30 août 2019, ces dispositions entrent en vigueur le 1er janvier 2020. Se reporter aux conditions d'application prévues aux IV à VIII du même article 40.

Article R212-61

Création DÉCRET n°2014-1458 du 8 décembre 2014 - art. 4

Le comité de gestion se réunit aux dates arrêtées conjointement par ses membres en début de semestre, selon une fréquence au moins mensuelle.

L'ordre du jour, arrêté par le président, est composé des questions proposées par ses membres.

Le comité débat des questions de gestion et de fonctionnement de la juridiction et, éventuellement, d'autres questions proposées par ses membres.

Les orientations arrêtées lors des réunions du comité sont consignées par le président sur un registre de délibérations et sont communiquées aux membres de la commission plénière.

Section 7 : Les pôles (Article R212-62)

Article R212-62

Modifié par Décret n°2019-912 du 30 août 2019 - art. 23 (V)

Lorsque le tribunal judiciaire est composé de plusieurs chambres et services, ceux-ci peuvent être regroupés en pôles dont le nombre et le contenu sont fixés par l'ordonnance prévue à l'article R. 121-1.

Chaque pôle est coordonné par l'un des magistrats qui le composent choisi parmi les magistrats nommés dans l'une des fonctions de premier vice-président ou de premier vice-président adjoint ou, à défaut, parmi les autres magistrats du pôle. Le président du tribunal judiciaire procède à sa désignation, après concertation avec les magistrats du pôle, par la même ordonnance que celle, prise après avis de l'assemblée des magistrats du siège, qui est mentionnée à l'alinéa précédent.

Il est notamment chargé de l'animation du pôle. Il est l'interlocuteur des personnes, organismes et autorités avec lesquels ce pôle est en relation. L'administration du pôle est exercée par un directeur des services de greffe judiciaires, conformément aux dispositions des articles R. 123-3 et R. 123-4.

NOTA :
Conformément au I de l'article 40 du décret n° 2019-912 du 30 août 2019, ces dispositions entrent en vigueur le 1er janvier 2020. Se reporter aux conditions d'application prévues aux IV à VIII du même article 40.

Section 8 : Le projet de juridiction (Article R212-63)

Article R212-63

Création Décret n°2016-514 du 26 avril 2016 - art. 8

Le projet de juridiction est élaboré à l'initiative des chefs de juridiction, en concertation avec l'ensemble des magistrats du siège et du parquet et l'ensemble des personnels de la juridiction. Il est soumis à l'avis de l'assemblée plénière des magistrats et des fonctionnaires avant d'être arrêté par les chefs de juridiction. Il définit, en prenant en compte les spécificités du ressort, des objectifs à moyen terme visant à améliorer le service rendu au justiciable et les conditions de travail, dans le respect de l'indépendance juridictionnelle. Il est présenté en tout ou partie, au sein du conseil de juridiction, aux personnes, organismes et autorités avec lesquels la juridiction est en relation.

Section 9 : Le conseil de juridiction (Article R212-64)

Article R212-64

Modifié par Décret n°2019-912 du 30 août 2019 - art. 40 (V)

I. - Le conseil de juridiction, coprésidé par le président du tribunal judiciaire et le procureur de la République, est un lieu d'échanges et de communication entre la juridiction et la cité. Il se réunit au moins une fois par an.

L'ordre du jour est arrêté par les chefs de juridiction après avis du directeur de greffe en comité de gestion et de l'assemblée plénière des magistrats et des fonctionnaires, qui peuvent également faire des propositions d'ordre du jour.

Le conseil de juridiction se compose de magistrats et fonctionnaires de la juridiction désignés par la commission restreinte ou l'assemblée plénière en fonction de la taille de la juridiction et, en fonction de son ordre du jour, notamment :

1° De représentants de l'administration pénitentiaire et de la protection judiciaire de la jeunesse ;

2° De représentants locaux de l'Etat ;

3° De représentants des collectivités territoriales ;

4° De personnes exerçant une mission de service public auprès des juridictions ;

5° Du bâtonnier de l'ordre des avocats du ressort et de représentants des autres professions du droit ;

6° De représentants d'associations ;

7° De représentants des conciliateurs de justice désignés par le magistrat coordonnateur de la protection et de la conciliation de justice pour le ressort de la juridiction.

Cet organe n'exerce aucun contrôle sur l'activité juridictionnelle ou sur l'organisation de la juridiction ni n'évoque les affaires individuelles dont la juridiction est saisie.

II. – Lorsque sa consultation est requise par des dispositions législatives ou réglementaires, le conseil de juridiction, coprésidé par le président du tribunal judiciaire et le procureur de la République près ce tribunal, est composé :

1° Du directeur de greffe ;

2° D'au moins un magistrat du siège désigné par l'assemblée des magistrats du siège ou son suppléant ;

3° D'au moins un magistrat du parquet désigné par l'assemblée des magistrats du parquet ou son suppléant ;

4° D'au moins un fonctionnaire désigné par l'assemblée des fonctionnaires du greffe et, le cas échéant, du secrétariat de parquet autonome, ou son suppléant ;

5° Du maire de la commune siège du tribunal judiciaire ;

6° Du président du conseil départemental ou du président de l'assemblée délibérante de la collectivité territoriale exerçant les compétences du département ou, en Guyane, du président de l'Assemblée de Guyane ;

7° Du bâtonnier de l'ordre des avocats du ressort.

Les personnes mentionnées aux 1°, 5°, 6° et 7° peuvent se faire représenter.

Le président du tribunal judiciaire et le procureur de la République près ce tribunal recueillent l'ensemble des observations présentées lors de la réunion du conseil de juridiction. Ils rédigent, dans un délai de huit jours suivant la réunion, une synthèse de ces observations.

Chapitre III : Fonctions particulières (Articles R213-1 à R213-14)

Section 1 : Fonctions particulières exercées en matière civile (Articles R213-1 à R213-12-1)

Sous-section 1 : Le président du tribunal judiciaire (Articles R213-1 à R213-6)

Article R213-1

Modifié par Décret n°2019-912 du 30 août 2019 - art. 23 (V)

Le président du tribunal judiciaire a compétence dans les matières déterminées par les lois et règlements au nombre desquelles figurent les matières mentionnées à la présente sous-section.

NOTA :
Conformément au I de l'article 40 du décret n° 2019-912 du 30 août 2019, ces dispositions entrent en vigueur le 1er janvier 2020. Se reporter aux conditions d'application prévues aux IV à VIII du même article 40.

Article R213-1-1

Modifié par Décret n°2019-912 du 30 août 2019 - art. 23 (V)

Le président du tribunal judiciaire connaît de la rectification des actes de l'état civil.

NOTA :
Conformément au I de l'article 40 du décret n° 2019-912 du 30 août 2019, ces dispositions entrent en vigueur le 1er janvier 2020. Se reporter aux conditions d'application prévues aux IV à VIII du même article 40.

Article R213-2

Modifié par Décret n°2019-912 du 30 août 2019 - art. 23 (V)

Le président du tribunal judiciaire connaît :

1° Des contestations relatives à la fixation du prix des baux commerciaux dans les cas et conditions prévus par l'article R. 145-23 du code de commerce ;

2° Des contestations relatives au prix du bail à construction dans les cas et conditions prévus par l'article L. 251-5 du code de la construction et de l'habitation.

NOTA :
Conformément au I de l'article 40 du décret n° 2019-912 du 30 août 2019, ces dispositions entrent en vigueur le 1er janvier 2020. Se reporter aux conditions d'application prévues aux IV à VIII du même article 40.

Article R213-3

Modifié par Décret n°2019-912 du 30 août 2019 - art. 23 (V)

Le président du tribunal judiciaire connaît du règlement amiable, du redressement et de la liquidation judiciaires des exploitations agricoles dans les cas et conditions prévus par les articles L. 351-2 à L. 351-8 du code rural et de la pêche maritime.

NOTA :
Conformément au I de l'article 40 du décret n° 2019-912 du 30 août 2019, ces dispositions entrent en vigueur le 1er janvier 2020. Se reporter aux conditions d'application prévues aux IV à VIII du même article 40.

Article R213-4

Modifié par Décret n°2019-912 du 30 août 2019 - art. 23 (V)

Le président du tribunal judiciaire connaît des contestations relatives aux honoraires du bâtonnier de l'ordre des avocats, dans les cas et conditions prévus par l'article 179 du décret n° 91-1197 du 27 novembre 1991 organisant la profession d'avocat.

NOTA :
Conformément au I de l'article 40 du décret n° 2019-912 du 30 août 2019, ces dispositions entrent en vigueur le 1er janvier 2020. Se reporter aux conditions d'application prévues aux IV à VIII du même article 40.

Article R213-5

Modifié par Décret n°2019-912 du 30 août 2019 - art. 23 (V)

Le président du tribunal judiciaire connaît de la demande formée, sur le fondement du IV de l'article 21 de la loi n° 78-17 du 6 janvier 1978 relative à l'informatique, aux fichiers et aux libertés, à l'encontre des personnes ou des organismes autres que ceux mentionnés à l'article R. 555-1 du code de justice administrative.

NOTA :
Conformément au I de l'article 40 du décret n° 2019-912 du 30 août 2019, ces dispositions entrent en vigueur le 1er janvier 2020. Se reporter aux conditions d'application prévues aux IV à VIII du même article 40.

Article R213-5-1

Modifié par Décret n°2019-912 du 30 août 2019 - art. 23 (V)

Le président du tribunal judiciaire compétent en application de l'article L. 211-14 connaît des contestations relatives aux obligations de publicité et de mise en concurrence auxquelles est soumise la passation des contrats de droit privé relevant de la commande publique dans les cas et conditions prévus par les articles 2 à 20 de l'ordonnance n° 2009-515 du 7 mai 2009 relative aux procédures de recours applicables aux contrats de la commande publique.

NOTA :
Conformément au I de l'article 40 du décret n° 2019-912 du 30 août 2019, ces dispositions entrent en vigueur le 1er janvier 2020. Se reporter aux conditions d'application prévues aux IV à VIII du même article 40.

Article R213-5-2

Modifié par Décret n°2019-912 du 30 août 2019 - art. 23 (V)

Le président du tribunal judiciaire connaît des actions et requêtes dans les cas et conditions prévus au code des douanes.

NOTA :
Conformément au I de l'article 40 du décret n° 2019-912 du 30 août 2019, ces dispositions entrent en vigueur le 1er janvier 2020. Se reporter aux conditions d'application prévues aux IV à VIII du même article 40.

Article R213-5-3

Création Décret n°2019-912 du 30 août 2019 - art. 15

Lorsqu'il statue sur requête, en référé ou selon la procédure accélérée au fond, la compétence du président du tribunal judiciaire s'exerce dans le ressort du tribunal judiciaire et, s'il y a lieu, dans celui de chacune des chambres de proximité.

NOTA :
Conformément au I de l'article 40 du décret n° 2019-912 du 30 août 2019, ces dispositions entrent en vigueur le 1er janvier 2020. Se reporter aux conditions d'application prévues aux IV à VIII du même article 40.

Article R213-6

Modifié par Décret n°2019-912 du 30 août 2019 - art. 16

Le président du tribunal judiciaire peut déléguer les fonctions juridictionnelles qui lui sont spécialement attribuées à un ou plusieurs juges du tribunal, y compris aux magistrats du siège exerçant au sein d'une chambre de proximité. La délégation est effectuée conformément aux dispositions de l'article L. 121-3.

Sous-section 2 : Le juge de la mise en état (Article R213-7)

Article R213-7

Modifié par Décret n°2019-912 du 30 août 2019 - art. 23 (V)

Le président du tribunal judiciaire désigne un ou plusieurs juges de la mise en état conformément aux dispositions de l'article L. 121-3.

Lorsque plusieurs juges sont chargés de la mise en état dans une même chambre, les affaires sont réparties entre eux par le président de la chambre.

NOTA :
Conformément au I de l'article 40 du décret n° 2019-912 du 30 août 2019, ces dispositions entrent en vigueur le 1er janvier 2020. Se reporter aux conditions d'application prévues aux IV à VIII du même article 40.

Sous-section 3 : Le juge aux affaires familiales (Articles R213-8 à R213-9)

Article R213-8

Modifié par Décret n°2019-912 du 30 août 2019 - art. 23 (V)

Le président du tribunal judiciaire désigne un ou plusieurs juges aux affaires familiales conformément aux dispositions de l'article L. 121-3.

NOTA :
Conformément au I de l'article 40 du décret n° 2019-912 du 30 août 2019, ces dispositions entrent en vigueur le 1er janvier 2020. Se reporter aux conditions d'application prévues aux IV à VIII du même article 40.

Article R213-9

Création Décret n°2008-522 du 2 juin 2008 - art. (V)

Les décisions relatives au renvoi à la formation collégiale sont des mesures d'administration judiciaire.

Sous-section 3-1 : Le magistrat coordonnateur de l'activité en matière de droit de la famille et des personnes (Article R213-9-1)

Article R213-9-1

Modifié par Décret n°2019-912 du 30 août 2019 - art. 23 (V)

Le président du tribunal judiciaire désigne, après avis de l'assemblée générale des magistrats du siège, un magistrat qui assure la coordination de l'activité des magistrats du siège du ressort du tribunal en matière de droit de la famille et des personnes.

Il est mis fin à ses fonctions et pourvu à son remplacement dans les mêmes formes.

Le magistrat désigné établit un rapport annuel sur l'activité des magistrats du siège en matière de droit de la famille et des personnes, qu'il transmet au président. Ce dernier communique ce rapport au premier président de la cour d'appel ainsi qu'au procureur de la République et à toute personne à laquelle il estime cette communication utile.

NOTA :
Conformément au I de l'article 40 du décret n° 2019-912 du 30 août 2019, ces dispositions entrent en vigueur le 1er janvier 2020. Se reporter aux conditions d'application prévues aux IV à VIII du même article 40.

Sous-section 3-2 : Le juge des contentieux de la protection (Articles R213-9-2 à R213-9-9)

Paragraphe 1 : Compétence matérielle (Articles R213-9-2 à R213-9-4)

Article R213-9-2

Création Décret n°2019-912 du 30 août 2019 - art. 17

Les règles relatives à la compétence matérielle du juge des contentieux de la protection sont déterminées par le code de procédure civile, le code de la consommation et les dispositions ci-après ainsi que par les autres lois et règlements.

NOTA :
Conformément au I de l'article 40 du décret n° 2019-912 du 30 août 2019, ces dispositions entrent en vigueur le 1er janvier 2020. Se reporter aux conditions d'application prévues aux IV à VIII du même article 40.

Article R213-9-3

Création Décret n°2019-912 du 30 août 2019 - art. 17

Le juge des contentieux de la protection connaît à charge d'appel des actions mentionnées à l'article L. 213-4-3.

NOTA :
Conformément au I de l'article 40 du décret n° 2019-912 du 30 août 2019, ces dispositions entrent en vigueur le 1er janvier 2020. Se reporter aux conditions d'application prévues aux IV à VIII du même article 40.

Article R213-9-4

Création Décret n°2019-912 du 30 août 2019 - art. 17

Le juge des contentieux de la protection connaît, en dernier ressort jusqu'à la valeur de 5 000 euros, et à charge d'appel lorsque la demande excède cette somme ou est indéterminée, des actions énumérées aux articles L. 213-4-4, L. 213-4-5 et L. 213-4-6.

NOTA :
Conformément au I de l'article 40 du décret n° 2019-912 du 30 août 2019, ces dispositions entrent en vigueur le 1er janvier 2020. Se reporter aux conditions d'application prévues aux IV à VIII du même article 40.

Paragraphe 2 : Compétence territoriale (Articles R213-9-5 à R213-9-8)

Article R213-9-5

Création Décret n°2019-912 du 30 août 2019 - art. 17

Les règles relatives à la compétence territoriale du juge des contentieux de la protection sont déterminées par le code de procédure civile, le code de la consommation et les dispositions ci-après ainsi que par les autres lois et règlements.

NOTA :
Conformément au I de l'article 40 du décret n° 2019-912 du 30 août 2019, ces dispositions entrent en vigueur le 1er janvier 2020. Se reporter aux conditions d'application prévues aux IV à VIII du même article 40.

Article R213-9-6

Création Décret n°2019-912 du 30 août 2019 - art. 17

Les juges des contentieux de la protection exercent leurs compétences dans le ressort des tribunaux judiciaires ou, le cas échéant, des chambres de proximité dont ils relèvent.

Le siège et le ressort des tribunaux judiciaires et des chambres de proximité dont les juges des contentieux de la protection sont seuls compétents, dans le ressort de certains tribunaux judiciaires, pour connaître des mesures de traitement des situations de surendettement des particuliers et des procédures de rétablissement personnel, sont fixés par décret conformément au tableau IX-I annexé au présent code.

NOTA :
Conformément au I de l'article 40 du décret n° 2019-912 du 30 août 2019, ces dispositions entrent en vigueur le 1er janvier 2020. Se reporter aux conditions d'application prévues aux IV à VIII du même article 40.

Article R213-9-7

Création Décret n°2019-912 du 30 août 2019 - art. 17

Dans les cas prévus aux articles L. 213-4-3 et L. 213-4-4, le juge des contentieux de la protection territorialement compétent est celui du lieu où sont situés les biens.

NOTA :
Conformémement au I de l'article 40 du décret n° 2019-912 du 30 août 2019, ces dispositions entrent en vigueur le 1er janvier 2020. Se reporter aux conditions d'application prévues aux IV à VIII du même article 40.

Article R213-9-8

Création Décret n°2019-912 du 30 août 2019 - art. 17

Dans le cas prévu à l'article L. 213-4-6, le juge des contentieux de la protection territorialement compétent est celui du lieu où est situé le domicile du débiteur.

NOTA :
Conformémement au I de l'article 40 du décret n° 2019-912 du 30 août 2019, ces dispositions entrent en vigueur le 1er janvier 2020. Se reporter aux conditions d'application prévues aux IV à VIII du même article 40.

Paragraphe 3 : Le service juridictionnel (Article R213-9-9)

Article R213-9-9

Création Décret n°2019-912 du 30 août 2019 - art. 17

Les décisions relatives au renvoi à la formation collégiale sont des mesures d'administration judiciaire.

NOTA :
Conformémement au I de l'article 40 du décret n° 2019-912 du 30 août 2019, ces dispositions entrent en vigueur le 1er janvier 2020. Se reporter aux conditions d'application prévues aux IV à VIII du même article 40.

Sous-section 3-3 : Le magistrat coordonnateur de la protection et de la conciliation de justice (Articles R213-9-10 à R213-9-11)

Article R213-9-10

Création Décret n°2019-912 du 30 août 2019 - art. 18

Le président du tribunal judiciaire désigne, après concertation avec les juges des contentieux de la protection du ressort et avis de l'assemblée des magistrats du siège du tribunal judiciaire, parmi les magistrats nommés dans des fonctions de premier vice-président ou à défaut parmi les autres magistrats, un juge des contentieux de la protection, dénommé magistrat coordonnateur de la protection et de la conciliation de justice, pour assurer la coordination et l'animation de l'activité des juges des contentieux de la protection et des conciliateurs de justice pour le ressort de ce tribunal judiciaire.

NOTA :
Conformémement au I de l'article 40 du décret n° 2019-912 du 30 août 2019, ces dispositions entrent en vigueur le 1er janvier 2020. Se reporter aux conditions d'application prévues aux IV à VIII du même article 40.

Article R213-9-11

Création Décret n°2019-912 du 30 août 2019 - art. 18

Le magistrat coordonnateur de la protection et de la conciliation de justice instruit les dossiers de candidature des conciliateurs de justice et les transmet au premier président de la cour d'appel.

Il réunit, chaque fois qu'il l'estime nécessaire et au moins une fois par an, les conciliateurs de justice de son ressort à des réunions d'information portant notamment sur les problématiques locales.

Le magistrat désigné établit un rapport annuel sur l'activité des juges des contentieux de la protection du ressort et sur la conciliation de justice du ressort, qu'il transmet au président du tribunal judiciaire. Ce dernier communique ce rapport au premier président de la cour d'appel. Il le communique également au procureur de la République, aux juges des contentieux de la protection ainsi qu'au directeur de greffe du tribunal judiciaire et à toute personne à laquelle il estime cette communication utile.

NOTA :
Conformément au I de l'article 40 du décret n° 2019-912 du 30 août 2019, ces dispositions entrent en vigueur le 1er janvier 2020. Se reporter aux conditions d'application prévues aux IV à VIII du même article 40.

Sous-section 4 : Le juge de l'exécution (Articles R213-10 à R213-12)

Article R213-10

Modifié par Décret n°2019-912 du 30 août 2019 - art. 19

Le président du tribunal judiciaire exerce les fonctions de juge de l'exécution dans le ressort du tribunal et, s'il y a lieu, dans celui de chacune des chambres de proximité.

Lorsque le président du tribunal judiciaire délègue les fonctions de juge de l'exécution à un ou plusieurs juges du tribunal, la délégation est effectuée conformément aux dispositions de l'article L. 121-3.

L'ordonnance de délégation est adressée au bâtonnier de l'ordre des avocats et au président de la chambre départementale des huissiers de justice. Elle est affichée au greffe des juridictions comprises dans le ressort du tribunal judiciaire ainsi que dans les mairies des communes comprises dans ce ressort.

En cas de modification de l'étendue territoriale de la délégation par le président du tribunal judiciaire, le dossier est transmis au greffe de la nouvelle juridiction. Les actes et formalités liés au déroulement des mesures d'exécution et des mesures conservatoires déjà engagées continuent à être effectués au greffe de la juridiction initialement désignée qui en assure la transmission.

NOTA :
Conformément au I de l'article 40 du décret n° 2019-912 du 30 août 2019, ces dispositions entrent en vigueur le 1er janvier 2020. Se reporter aux conditions d'application prévues aux IV à VIII du même article 40.

Article R213-11

Modifié par Décret n°2019-912 du 30 août 2019 - art. 23 (V)

Le président du tribunal judiciaire tranche les incidents relatifs à la répartition des affaires entre les juges auxquels il a délégué les fonctions de juge de l'exécution.

Les décisions relatives aux incidents sont des mesures d'administration judiciaire.

NOTA :
Conformémement au I de l'article 40 du décret n° 2019-912 du 30 août 2019, ces dispositions entrent en vigueur le 1er janvier 2020. Se reporter aux conditions d'application prévues aux IV à VIII du même article 40.

Article R213-12

Création Décret n°2008-522 du 2 juin 2008 - art. (V)

Les décisions relatives au renvoi à la formation collégiale sont des mesures d'administration judiciaire.

Sous-Section 5 : Le juge chargé de contrôler l'exécution des mesures d'instruction et des commissions rogatoires en provenance de l'étranger (Article R213-12-1)

Article R213-12-1

Modifié par Décret n°2019-912 du 30 août 2019 - art. 23 (V)

Le président du tribunal judiciaire désigne un ou plusieurs juges chargés de contrôler l'exécution des mesures d'instruction et l'exécution des commissions rogatoires en provenance de l'étranger conformément aux dispositions de l'article L. 121-3.

NOTA :
Conformémement au I de l'article 40 du décret n° 2019-912 du 30 août 2019, ces dispositions entrent en vigueur le 1er janvier 2020. Se reporter aux conditions d'application prévues aux IV à VIII du même article 40.

Section 2 : Fonctions particulières exercées en matière pénale (Articles R213-13 à R213-14)

Article R213-13

Modifié par Décret n°2019-912 du 30 août 2019 - art. 23 (V)

Au sein de chaque tribunal judiciaire dans le ressort duquel un tribunal pour enfant a son siège, un ou plusieurs juges d'instruction désignés par le premier président sont chargés spécialement des affaires concernant les mineurs.

NOTA :
Conformémement au I de l'article 40 du décret n° 2019-912 du 30 août 2019, ces dispositions entrent en vigueur le 1er janvier 2020. Se reporter aux conditions d'application prévues aux IV à VIII du même article 40.

Article R213-14

Création Décret n°2021-682 du 27 mai 2021 - art. 3

Au sein de chaque tribunal judiciaire dans le ressort duquel un tribunal pour enfant a son siège, un ou plusieurs juges des libertés et de la détention désignés par le premier président sont chargés spécialement des affaires concernant les mineurs.

NOTA :
Conformément à l'article 8 du décret n° 2021-682 du 27 mai 2021, ces dispositions entrent en vigueur à la date fixée par l'article 9 de l'ordonnance n° 2019-950 du 11 septembre 2019, soit le 30 septembre 2021.

Chapitre IV : La commission d'indemnisation des victimes d'infractions (Articles R214-1 à R214-6)

Article R214-1

Modifié par Décret n°2019-912 du 30 août 2019 - art. 23 (V)

La commission d'indemnisation des victimes d'infractions est composée de deux magistrats du siège du tribunal judiciaire et d'une personne remplissant les conditions fixées par l'article L. 214-2.

NOTA :
Conformément au I de l'article 40 du décret n° 2019-912 du 30 août 2019, ces dispositions entrent en vigueur le 1er janvier 2020. Se reporter aux conditions d'application prévues aux IV à VIII du même article 40.

Article R214-2

Modifié par Décret n°2019-912 du 30 août 2019 - art. 23 (V)

Tous les trois ans, au cours du dernier trimestre, l'assemblée générale des magistrats du siège du tribunal judiciaire désigne les membres titulaires de la commission ainsi que, parmi ceux-ci, le magistrat qui en assure la présidence. Elle désigne également deux magistrats du siège suppléants ainsi que la personne susceptible de suppléer le troisième membre de la commission.

Elle peut décider que la commission comportera plusieurs formations composées comme il est dit au premier alinéa.

En cas d'empêchement ou de cessation de fonctions du président, la présidence de la commission est assurée par l'autre magistrat.

En cas d'empêchement ou de cessation de fonctions d'un des autres membres, la commission est complétée en faisant appel aux suppléants dans les conditions prévues par le présent article. Les fonctions du nouveau membre expirent à la date du renouvellement normal de la commission. Il est procédé au remplacement du membre suppléant par l'assemblée générale des magistrats du siège.

En cas d'urgence, s'il ne peut être fait immédiatement application des dispositions qui précèdent, le président du tribunal pourvoit provisoirement, par ordonnance, au remplacement du membre de la commission. Cette ordonnance ne peut produire effet au-delà de la prochaine assemblée générale.

NOTA :
Conformément au I de l'article 40 du décret n° 2019-912 du 30 août 2019, ces dispositions entrent en vigueur le 1er janvier 2020. Se reporter aux conditions d'application prévues aux IV à VIII du même article 40.

Article R214-3

Modifié par Décret n°2019-912 du 30 août 2019 - art. 23 (V)

Les personnes, autres que les magistrats en activité, qui souhaitent faire acte de candidature en qualité d'assesseurs à la commission d'indemnisation doivent demeurer dans le ressort du tribunal judiciaire dont la commission fait partie. Elles adressent leur demande au président de ce tribunal avant le 30 avril de l'année au cours de laquelle doit être renouvelée la commission.

Le président du tribunal procède ou fait procéder à toutes diligences utiles pour l'instruction de la demande. L'assemblée générale statue sur son rapport.

Avant de prendre leurs fonctions, les assesseurs désignés, titulaires et suppléants, prêtent serment devant le tribunal de bien et fidèlement remplir leur mission et de garder le secret des délibérations. Une indemnité horaire est allouée aux assesseurs qui siègent à la commission ; le montant et les modalités de versement de cette indemnité sont fixés par arrêté conjoint du garde des sceaux, ministre de la justice, et du ministre chargé du budget.

Lorsqu'ils se sont abstenus, sans motif légitime, de déférer à trois convocations successives, les assesseurs peuvent être déclarés démissionnaires. En cas de faute grave entachant l'honneur ou la probité, ils sont déchus de leurs fonctions.

Les décisions prévues par l'alinéa précédent sont prises, à la demande du président de la commission ou du procureur de la République, par l'assemblée générale des magistrats du siège du tribunal ; en cas d'urgence, le président du tribunal peut, par ordonnance, prononcer une suspension provisoire. Cette ordonnance ne peut produire effet au-delà de la prochaine assemblée générale.

NOTA :
Conformément au I de l'article 40 du décret n° 2019-912 du 30 août 2019, ces dispositions entrent en vigueur le 1er janvier 2020. Se reporter aux conditions d'application prévues aux IV à VIII du même article 40.

Article R214-4

Modifié par Décret n°2019-912 du 30 août 2019 - art. 23 (V)

Le greffe du tribunal judiciaire assure le secrétariat de la commission.

NOTA :
Conformément au I de l'article 40 du décret n° 2019-912 du 30 août 2019, ces dispositions entrent en vigueur le 1er janvier 2020. Se reporter aux conditions d'application prévues aux IV à VIII du même article 40.

Article D214-5

Modifié par Décret n°2019-912 du 30 août 2019 - art. 23 (V)

Le siège et le ressort de la commission sont les mêmes que ceux du tribunal judiciaire.

NOTA :
Conformément au I de l'article 40 du décret n° 2019-912 du 30 août 2019, ces dispositions entrent en vigueur le 1er janvier 2020. Se reporter aux conditions d'application prévues aux IV à VIII du même article 40.

Article R214-6

Modifié par Décret n°2019-912 du 30 août 2019 - art. 23 (V)

La commission territorialement compétente est, au choix du demandeur :

Soit celle dans le ressort de laquelle il demeure, s'il réside en France métropolitaine, dans un département d'outre-mer, à Mayotte, à Saint-Barthélemy, à Saint-Martin, à Saint-Pierre-et-Miquelon, à Wallis-et-Futuna, en Polynésic française ou en Nouvelle-Calédonie ;

Soit, si une juridiction pénale a été saisie en France métropolitaine, dans un département d'outremer, à Mayotte, à Saint-Barthélemy, à Saint-Martin, à Saint-Pierre-et-Miquelon, à Wallis-et-Futuna, en Polynésie française ou en Nouvelle-Calédonie, celle dans le ressort de laquelle cette juridiction à son siège.

A défaut, la commission territorialement compétente est celle du tribunal judiciaire de Paris.

En cas de pluralité de demandeurs victimes d'une même infraction, la commission saisie par l'un d'entre eux peut être également saisie par les autres quel que soit leur lieu de résidence.

NOTA :
Conformément au I de l'article 40 du décret n° 2019-912 du 30 août 2019, ces dispositions entrent en vigueur le 1er janvier 2020. Se reporter aux conditions d'application prévues aux IV à VIII du même article 40.

Chapitre V : Dispositions particulières aux départements du Bas-Rhin, du Haut-Rhin et de la Moselle (Articles R215-1 à R215-14)

Section 1 : Institution et compétence (Articles R215-1 à D215-2)

Article R215-1

Modifié par Décret n°2019-912 du 30 août 2019 - art. 20

Lorsque le tribunal judiciaire est appelé à connaître, en matière civile et commerciale, d'une action patrimoniale, il statue en dernier ressort jusqu'à la valeur de 5 000 euros.

Lorsqu'il est appelé à connaître d'une demande qui excède la somme de 5 000 euros ou qui est indéterminée, il statue à charge d'appel.

NOTA :
Conformément au I de l'article 40 du décret n° 2019-912 du 30 août 2019, ces dispositions entrent en vigueur le 1er janvier 2020. Se reporter aux conditions d'application prévues aux IV à VIII du même article 40.

Article D215-2

Création Décret n°2019-914 du 30 août 2019 - art. 5

Le siège et le ressort du tribunal pour la navigation du Rhin et du tribunal de première instance pour la navigation de la Moselle sont fixés conformément au tableau XII annexé au présent code.

NOTA :
Conformément aux I et III de l'article 13 du décret n° 2019-914 du 30 août 2019, ces dispositions entrent en vigueur le 1er janvier 2020 et sont applicables aux procédures en cours à leur date d'entrée en vigueur, dans les conditions déterminées par les IV à VIII de l'article 40 du décret n° 2019-912 du 30 août 2019.

Section 2 : Organisation et fonctionnement (Articles D215-3 à R215-14)

Sous-section 1 : Le livre foncier (Articles D215-3 à D215-9)

Article D215-3

Création Décret n°2019-914 du 30 août 2019 - art. 5

Le bureau foncier est chargé de la tenue du livre foncier.

NOTA :
Conformément aux I et III de l'article 13 du décret n° 2019-914 du 30 août 2019, ces dispositions entrent en vigueur le 1er janvier 2020 et sont applicables aux procédures en cours à leur date d'entrée en vigueur, dans les conditions déterminées par les IV à VIII de l'article 40 du décret n° 2019-912 du 30 août 2019.

Article D215-4

Création Décret n°2019-914 du 30 août 2019 - art. 5

La liste des bureaux fonciers est fixée par arrêté du garde des sceaux, ministre de la justice, conformément au tableau XIII annexé au présent code.

Le garde des sceaux, ministre de la justice, peut modifier cette liste par arrêté pris après avis du premier président de la cour d'appel et du procureur général près cette cour.

NOTA :
Conformément aux I et III de l'article 13 du décret n° 2019-914 du 30 août 2019, ces dispositions entrent en vigueur le 1er janvier 2020 et sont applicables aux procédures en cours à leur date d'entrée en vigueur, dans les conditions déterminées par les IV à VIII de l'article 40 du décret n° 2019-912 du 30 août 2019.

Article R215-5

Création Décret n°2019-912 du 30 août 2019 - art. 20

Le juge du livre foncier statue en premier ressort.

NOTA :
Conformément au I de l'article 40 du décret n° 2019-912 du 30 août 2019, ces dispositions entrent en vigueur le 1er janvier 2020. Se reporter aux conditions d'application prévues aux IV à VIII du même article 40.

Article D215-6

Création Décret n°2019-914 du 30 août 2019 - art. 5

Le bureau foncier est tenu par un juge du livre foncier.

Les tribunaux judiciaires et les chambres de proximité au siège desquels est situé un bureau foncier disposent d'un effectif propre de juges du livre foncier.

Si plusieurs juges sont chargés du service du livre foncier, le premier président de la cour d'appel assigne, par ordonnance, à chaque juge des circonscriptions déterminées. Il est statué par un même juge sur l'ensemble d'une requête concernant des immeubles situés dans des circonscriptions différentes.

En cas d'absence ou d'empêchement du juge du livre foncier, son remplacement est assuré par ordonnance du premier président de la cour d'appel.

Les ordonnances du premier président mentionnées aux troisième et quatrième alinéa du présent article sont des mesures d'administration judiciaire.

NOTA :
Conformément aux I et III de l'article 13 du décret n° 2019-914 du 30 août 2019, ces dispositions entrent en vigueur le 1er janvier 2020 et sont applicables aux procédures en cours à leur date d'entrée en vigueur, dans les conditions déterminées par les IV à VIII de l'article 40 du décret n° 2019-912 du 30 août 2019.

Article R215-7

Création Décret n°2019-912 du 30 août 2019 - art. 20

Le garde des sceaux, ministre de la justice, peut, par arrêté pris après avis du premier président de la cour d'appel et du procureur général près cette cour, décider qu'un même magistrat est chargé de plusieurs livres fonciers.

NOTA :
Conformément au I de l'article 40 du décret n° 2019-912 du 30 août 2019, ces dispositions entrent en vigueur le 1er janvier 2020. Se reporter aux conditions d'application prévues aux IV à VIII du même article 40.

Article D215-8

Création Décret n°2019-914 du 30 août 2019 - art. 5

Le secrétariat du bureau foncier est assuré par le greffe du tribunal judiciaire ou le greffe détaché de la chambre de proximité au siège desquels est situé le bureau foncier.

Le juge chargé du livre foncier surveille l'instruction des affaires par le secrétariat du bureau.

NOTA :
Conformément aux I et III de l'article 13 du décret n° 2019-914 du 30 août 2019, ces dispositions entrent en vigueur le 1er janvier 2020 et sont applicables aux procédures en cours à leur date d'entrée en vigueur, dans les conditions déterminées par les IV à VIII de l'article 40 du décret n° 2019-912 du 30 août 2019.

Article D215-9

Création Décret n°2019-914 du 30 août 2019 - art. 5

La vérification de la tenue du livre foncier est faite par un magistrat de la cour d'appel désigné à cette fin par le premier président. Ce magistrat est assisté du directeur des services de greffe judiciaires vérificateur. Il peut faire procéder, par celui-ci, à des investigations déterminées.

Le résultat des vérifications et investigations est consigné dans un procès-verbal qui est porté à la connaissance des magistrats et greffiers intéressés.

Le magistrat vérificateur notifie aux juges intéressés ses observations et suggestions. Le premier président se prononce sur les désaccords que ces derniers pourraient manifester.

Le directeur des services de greffe judiciaires vérificateur procède pareillement en ce qui concerne les opérations de la compétence exclusive des greffiers du livre foncier. Il demande, en cas de nécessité, au procureur général de se prononcer.

NOTA :
Conformément aux I et III de l'article 13 du décret n° 2019-914 du 30 août 2019, ces dispositions entrent en vigueur le 1er janvier 2020 et sont applicables aux procédures en cours à leur date d'entrée en vigueur, dans les conditions déterminées par les IV à VIII de l'article 40 du décret n° 2019-912 du 30 août 2019.

Sous-section 2 : Le greffe (Articles R215-10 à R215-14)

Article R215-10

Création Décret n°2019-912 du 30 août 2019 - art. 20

Les dispositions des articles R. 123-20 à R. 123-24 sont applicables dans les greffes des tribunaux judiciaires des départements du Bas-Rhin, du Haut-Rhin et de la Moselle, pour les opérations de recettes qui y sont effectuées et sous réserve du maintien en vigueur des règles du droit local concernant l'enrôlement, la liquidation et le mode de recouvrement des frais de justice.

NOTA :
Conformément au I de l'article 40 du décret n° 2019-912 du 30 août 2019, ces dispositions entrent en vigueur le 1er janvier 2020. Se reporter aux conditions d'application prévues aux IV à VIII du même article 40.

Article R215-11

Création Décret n°2019-912 du 30 août 2019 - art. 20

Les formalités dont les textes en vigueur prescrivent l'accomplissement au greffe du tribunal de commerce sont effectuées au greffe du tribunal judiciaire.

NOTA :
Conformément au I de l'article 40 du décret n° 2019-912 du 30 août 2019, ces dispositions entrent en vigueur le 1er janvier 2020. Se reporter aux conditions d'application prévues aux IV à VIII du même article 40.

Article R215-12

Création Décret n°2019-912 du 30 août 2019 - art. 20

Sont tenus au greffe du tribunal judiciaire sous le contrôle du juge :

1° Le registre des associations ;

2° Le registre des associations coopératives de droit local.

NOTA :
Conformément au I de l'article 40 du décret n° 2019-912 du 30 août 2019, ces dispositions entrent en vigueur le 1er janvier 2020. Se reporter aux conditions d'application prévues aux IV à VIII du même article 40.

Article R215-13

Création Décret n°2019-912 du 30 août 2019 - art. 20

Sont tenus au greffe du tribunal judiciaire, sous le contrôle du juge :

1° Le registre du commerce et des sociétés ;

2° Le registre des warrants hôteliers prévu par les articles L. 523-1 et suivants du code de commerce ;

3° Le registre des agents commerciaux prévu par l'article R. 134-6 du code de commerce.

Le registre mentionné au 3° est tenu au greffe du tribunal judiciaire dépositaire du registre du commerce.

NOTA :
Conformément au I de l'article 40 du décret n° 2019-912 du 30 août 2019, ces dispositions entrent en vigueur le 1er janvier 2020. Se reporter aux conditions d'application prévues aux IV à VIII du même article 40.

Article R215-14

Création Décret n°2019-912 du 30 août 2019 - art. 20

La tenue des registres couvrant plusieurs ressorts de tribunaux judiciaires peut être confiée à un seul de ces tribunaux par arrêté du garde des sceaux, ministre de la justice

NOTA :
Conformément au I de l'article 40 du décret n° 2019-912 du 30 août 2019, ces dispositions entrent en vigueur le 1er janvier 2020. Se reporter aux conditions d'application prévues aux IV à VIII du même article 40.

Chapitre VII : Dispositions particulières au tribunal judiciaire de Paris (Articles R217-1 à R217-8)

Article R217-1

Modifié par Décret n°2019-626 du 24 juin 2019 - art. 4

Les articles R. 111-6, R. 122-2, R. 122-3, R. 122-4, R. 122-5, R. 212-1, R. 212-6, R. 212-12, R. 212-14, R. 212-15, R. 212-16, R. 212-24, R. 212-25, R. 212-31, R. 212-35, R. 212-42, R. 212-44, R. 212-45, R. 212-51 et R. 212-55 sont applicables selon les cas au parquet financier, au parquet antiterroriste ou aux membres intéressés de ces parquets, dans la limite de leurs attributions.

Les autres dispositions réglementaires du présent code faisant mention du parquet ou de membres du parquet ne sont applicables au parquet financier, au parquet antiterroriste ou à leurs membres que si elles le prévoient expressément.

Article R217-2

Création Décret n°2014-64 du 29 janvier 2014 - art. 2

Les attributions des chefs de juridiction mentionnées à la section 2 du chapitre III du titre II du livre Ier sont exercées par les chefs des parquets pour ce qui concerne le secrétariat des parquets autonome mentionné au deuxième alinéa de l'article R. 123-1.

Article R217-3

Modifié par Décret n°2019-912 du 30 août 2019 - art. 13

L'assemblée des magistrats du parquet financier et l'assemblée des magistrats du parquet antiterroriste sont des formations de l'assemblée générale du tribunal judiciaire de Paris. Ces assemblées comprennent respectivement :

1° Les magistrats du parquet financier ou du parquet antiterroriste ;

2° Les magistrats placés auprès du procureur général exerçant leurs fonctions au parquet financier ou au parquet antiterroriste.

Assistent à l'assemblée des magistrats du parquet financier ou à l'assemblée des magistrats du parquet antiterroriste :

1° Les magistrats honoraires exerçant au sein du parquet financier ou au sein du parquet antiterroriste les fonctions de magistrat du parquet mentionnées à l'article 41-25 de l'ordonnance n° 58-1270 du 22 décembre 1958 portant loi organique relative au statut de la magistrature ;

2° Les auditeurs de justice en stage au parquet financier ou au parquet antiterroriste.

NOTA :
Conformément au I de l'article 40 du décret n° 2019-912 du 30 août 2019, ces dispositions entrent en vigueur le 1er janvier 2020.

Article R217-4

Modifié par Décret n°2019-912 du 30 août 2019 - art. 23 (V)

Le procureur de la République financier et le procureur de la République antiterroriste président chacun l'assemblée des magistrats du parquet qu'ils dirigent. Celles-ci peuvent entendre le président du tribunal judiciaire à l'initiative de son président, à la demande de la majorité de leurs membres ou à celle du président lui-même.

NOTA :
Conformément au I de l'article 40 du décret n° 2019-912 du 30 août 2019, ces dispositions entrent en vigueur le 1er janvier 2020. Se reporter aux conditions d'application prévues aux IV à VIII du même article 40.

Article R217-5

Modifié par Décret n°2019-626 du 24 juin 2019 - art. 4

L'assemblée des magistrats du parquet financier et l'assemblée des magistrats du parquet antiterroriste émettent respectivement un avis sur :

1° L'organisation de leurs services ;

2° Leurs relations avec les services de police judiciaire ;

3° Les conditions dans lesquelles le ministère public exerce ses attributions ;

4° Le projet de décision fixant le nombre et le jour des audiences correctionnelles relevant de leurs attributions, conformément au code de procédure pénale ;

5° Les critères généraux de répartition des dossiers entre les chambres et de distribution des affaires entre les magistrats spécialisés du tribunal.

Article R217-6

Modifié par Décret n°2019-912 du 30 août 2019 - art. 23 (V)

Pour l'application des dispositions de la section 5 du chapitre II du titre Ier du livre II au tribunal judiciaire de Paris :

1° Il y a lieu de lire : " assemblée des magistrats du siège et des parquets " ;

2° Il y a lieu de lire : " secrétariat des parquets autonome " à la place de : " secrétariat de parquet autonome " ;

3° L'assemblée des magistrats du siège et des parquets comprend les membres de l'assemblée des magistrats du siège, de l'assemblée des magistrats du parquet de l'assemblée des magistrats du parquet financier et de l'assemblée des magistrats du parquet antiterroriste.

NOTA :
Conformément au I de l'article 40 du décret n° 2019-912 du 30 août 2019, ces dispositions entrent en vigueur le 1er janvier 2020. Se reporter aux conditions d'application prévues aux IV à VIII du même article 40.

Article R217-7

Création Décret n°2019-626 du 24 juin 2019 - art. 5

Lorsque le procureur de la République antiterroriste requiert un ou plusieurs magistrats du parquet de Paris en application de l'article L. 217-5, il précise le motif et la durée des réquisitions auxquelles il procède.

NOTA :
Conformément aux dispositions de l'article 6 du décret n° 2019-626 du 24 juin 2019, ces dispositions entrent en vigueur à la date fixée par le décret prévu au XVIII de l'article 109 de la loi n° 2019-222 du 23 mars 2019. Le décret n° 2019-628 du 24 juin 2019 a fixé cette date au 1er juillet 2019.

Article R217-8

Création Décret n°2019-626 du 24 juin 2019 - art. 5

La liste arrêtée par le procureur général en application de l'article L. 217-5 peut être modifiée en cours d'année, pour prendre en compte un changement dans la composition du parquet de Paris.

NOTA :
Conformément aux dispositions de l'article 6 du décret n° 2019-626 du 24 juin 2019, ces dispositions entrent en vigueur à la date fixée par le décret prévu au XVIII de l'article 109 de la loi n° 2019-222 du 23 mars 2019. Le décret n° 2019-628 du 24 juin 2019 a fixé cette date au 1er juillet 2019.

Chapitre VIII : Dispositions particulières au tribunal judiciaire spécialement désigné au titre de l'article L. 211-16 (Articles R218-1 à R218-17)

Section 1 : De la désignation et du mandat des assesseurs (Articles R218-1 à R218-12)

Article R218-1

Le premier président de la cour d'appel fixe, pour les tribunaux ayant compétence sur son ressort, le nombre d'assesseurs titulaires et d'assesseurs suppléants qui doivent figurer sur la liste prévue à l'article L. 218-3.

La liste comporte un nombre égal d'assesseurs représentant les salariés et d'assesseurs représentant les employeurs et travailleurs indépendants.

Article R218-2

L'autorité administrative chargée d'établir la liste mentionnée à l'article L. 218-3 est le préfet du département du lieu du siège du tribunal spécialement désigné.

Article R218-3

Dans les professions non agricoles, en vue de la désignation des assesseurs représentant respectivement les salariés et les non-salariés, le directeur régional des entreprises, de la concurrence, de la consommation, du travail et de l'emploi détermine, à la demande du préfet, les organisations professionnelles les plus représentatives dans le ressort de chaque tribunal.

Il fixe également le nombre des personnes qui doivent être présentées par chaque organisation.

Chaque organisation dépose le nombre de candidatures qui lui est attribué auprès du préfet.

Article R218-4

Dans les professions agricoles, en vue de la désignation des assesseurs représentant respectivement les salariés et les non-salariés, le directeur régional de l'alimentation, de l'agriculture et de la forêt détermine, à la demande du préfet, les organisations professionnelles les plus représentatives dans le ressort de chaque tribunal.

Il fixe également le nombre des personnes qui doivent être présentées par chaque organisation.

Chaque organisation dépose le nombre de candidatures qui lui est attribué auprès du préfet.

Article R218-5

Modifié par Décret n°2019-912 du 30 août 2019 - art. 23 (V)

Après s'être assuré de la recevabilité des candidatures, le préfet transmet la liste au premier président de la cour d'appel. Ce dernier recueille l'avis du président du tribunal judiciaire spécialement désigné compétent avant de procéder à la désignation des assesseurs.

NOTA :
Conformément au I de l'article 40 du décret n° 2019-912 du 30 août 2019, ces dispositions entrent en vigueur le 1er janvier 2020. Se reporter aux conditions d'application prévues aux IV à VIII du même article 40.

Article R218-6

Modifié par Décret n°2019-912 du 30 août 2019 - art. 23 (V)

Dans les quinze jours suivant leur désignation, les assesseurs sont invités, par le procureur de la République, à se présenter pour prêter serment devant le tribunal judiciaire.

Le président du tribunal ou le magistrat délégué par lui, siégeant en audience publique et en présence du procureur de la République, reçoit les prestations de serment.

Au cours de leur réception, les assesseurs prêtent individuellement le serment mentionné à l'article L. 218-6.

Il est dressé procès-verbal de la réception de serment.

La prestation de serment donne droit aux indemnités prévues aux articles R. 218-11 et R. 218-12.

Article R218-7

Modifié par Décret n°2019-912 du 30 août 2019 - art. 23 (V)

L'installation des assesseurs a lieu, en audience publique, au siège du tribunal, sous la présidence du président du tribunal judiciaire, ou du magistrat délégué par lui en présence du procureur de la République.

Il est dressé procès-verbal de cette installation.

En cas de nécessité, les assesseurs peuvent être installés par écrit.

L'installation en audience publique donne droit aux indemnités prévues aux articles R. 218-11 et R. 218-12.

Article R218-8

En cas de vacance des fonctions d'un assesseur, par suite de décès, démission, déchéance ou pour toute autre cause, il peut être procédé à son remplacement à la demande du président de la juridiction dans les conditions fixées à l'article L. 218-3.

Les fonctions de l'assesseur ainsi désigné expirent à l'époque où auraient cessé celles de l'assesseur qu'il remplace.

Article R218-9

L'ordonnance prévue à l'article R. 212-6 fixe le nombre et le jour des audiences de la formation collégiale.

Le greffe convoque les assesseurs par tous moyens conférant date certaine quinze jours au moins avant la date de l'audience.

Les assesseurs présents peuvent également être convoqués aux audiences suivantes par la remise d'un bulletin après signature de la feuille de répartition des assesseurs aux audiences.

En cas d'empêchement d'un assesseur, il est immédiatement pourvu à son remplacement par un assesseur titulaire ou suppléant de la même catégorie.

Article R218-9-1

Création Décret n°2019-912 du 30 août 2019 - art. 31

Lorsque l'audience est reportée à une date ultérieure en application de l'article L. 218-1, les parties présentes en sont avisées verbalement par mention au dossier et les parties absentes sont convoquées à nouveau selon les modalités prévues à l'article R. 142-10-3 du code de la sécurité sociale.

Article R218-10

Les assesseurs peuvent être récusés dans les conditions prévues au chapitre II du titre X du livre Ier du code de procédure civile.

Article R218-11

Les assesseurs perçoivent, pour chaque audience à laquelle ils participent, l'indemnité prévue à l'article R. 140 du code de procédure pénale.

Ils perçoivent également une indemnité pour perte de salaire ou de gain.

L'indemnité pour perte de salaire des assesseurs représentant les travailleurs salariés est égale à la perte de salaire effectivement subie, justifiée par une attestation de l'employeur, qu'il appartient à l'assesseur de fournir.

L'indemnité pour perte de gain des assesseurs représentant les employeurs et travailleurs indépendants est fixée forfaitairement à six fois le montant brut horaire du salaire minimum interprofessionnel de croissance par audience.

Article R218-12

Les assesseurs sont indemnisés de leurs frais de déplacement et de séjour dans les conditions fixées par le décret n° 2006-781 du 3 juillet 2006.

Section 2 : De l'obligation de formation initiale (Articles D218-13 à R218-17)

Article D218-13

Modifié par Décret n°2019-912 du 30 août 2019 - art. 23 (V)

Sont soumis à l'obligation de formation initiale prévue à l'article L. 218-12 les assesseurs désignés par le premier président de la cour d'appel et n'ayant jamais exercé de mandat dans la formation collégiale du tribunal judiciaire.

Article D218-14

Création Décret n°2019-185 du 12 mars 2019 - art. 1

La formation initiale, d'une durée d'une journée, est organisée par l'Ecole nationale de la magistrature. Elle porte notamment sur des enseignements relatifs à l'organisation judiciaire, au statut et à la déontologie, aux principes de la procédure devant les juridictions désignées ainsi qu'aux grands principes de la protection sociale.

Elle est commune aux assesseurs représentant les travailleurs salariés et à ceux représentant les employeurs et les travailleurs indépendants.

Article D218-15

Création Décret n°2019-185 du 12 mars 2019 - art. 1

A l'issue de la formation, et sous réserve d'assiduité, l'Ecole nationale de la magistrature remet à l'assesseur une attestation individuelle de formation, justificative de la réalisation de son obligation de formation.

Article R218-16

Création Décret n°2019-185 du 12 mars 2019 - art. 1

L'exercice des fonctions mentionné aux articles L. 218-3 et L. 218-7 comprend le suivi de la formation initiale.

Article R218-17

Création Décret n°2019-185 du 12 mars 2019 - art. 1

Le suivi de la formation initiale donne droit aux indemnités mentionnées à l'article R. 218-11 et au remboursement des frais de déplacement et de séjour selon la réglementation en vigueur applicable aux agents de l'Etat en mission à l'exclusion de toute autre indemnité.

TITRE V : LES JURIDICTIONS DES MINEURS (Articles D251-1 à R253-1)

Chapitre Ier : Le tribunal pour enfants (Articles D251-1 à R251-13)

Section 1 : Institution et compétence (Article D251-1)

Article D251-1

Création Décret n°2008-522 du 2 juin 2008 - art. (V)

Le siège et le ressort des tribunaux pour enfants sont fixés conformément au tableau XIV annexé au présent code.

Section 2 : Organisation et fonctionnement (Articles D251-2 à R251-13)

Article D251-2

Modifié par Décret n°2019-912 du 30 août 2019 - art. 23 (V)

Les tribunaux pour enfants dans lesquels les fonctions de président et, le cas échéant, celles de vice-président peuvent être confiées à un vice-président du tribunal judiciaire chargé des fonctions de juge des enfants sont déterminés conformément au tableau XV annexé au présent code.

NOTA :
Conformément au I de l'article 40 du décret n° 2019-912 du 30 août 2019, ces dispositions entrent en vigueur le 1er janvier 2020. Se reporter aux conditions d'application prévues aux IV à VIII du même article 40.

Article R251-3

Modifié par Décret n°2019-912 du 30 août 2019 - art. 23 (V)

Lorsque dans un tribunal judiciaire plusieurs magistrats du siège sont chargés des fonctions de juge des enfants, le président du tribunal, après avis de l'assemblée générale des magistrats du siège, désigne l'un d'entre eux pour organiser le service de la juridiction des mineurs et coordonner les relations de cette juridiction avec les services chargés de la mise en œuvre des mesures prises par celle-ci.

Le juge des enfants désigné adresse, au moins une fois par an, un rapport sur l'activité du tribunal pour enfants au président du tribunal judiciaire, qui le transmet au premier président de la cour d'appel.

Les attributions mentionnées au premier alinéa sont exercées sous l'autorité du président du tribunal judiciaire.

En cas d'absence ou d'empêchement du magistrat désigné, le juge des enfants dont le rang est le plus élevé exerce ces attributions.

NOTA :
Conformément au I de l'article 40 du décret n° 2019-912 du 30 août 2019, ces dispositions entrent en vigueur le 1er janvier 2020. Se reporter aux conditions d'application prévues aux IV à VIII du même article 40.

Article R251-4

Création Décret n°2008-522 du 2 juin 2008 - art. (V)

Dans les tribunaux mentionnés à l'article D. 251-2, le magistrat chargé des fonctions de président du tribunal pour enfants exerce les attributions prévues aux deux premiers alinéas de l'article R. 251-3.

En cas d'absence ou d'empêchement, ces attributions sont exercées par le vice-président du tribunal pour enfants ou, à défaut, par le juge des enfants dont le rang est le plus élevé.

Article R251-5

Création Décret n°2008-522 du 2 juin 2008 - art. (V)

Les assesseurs de la formation de jugement du tribunal pour enfants sont au nombre de deux.

Article R251-6

Création Décret n°2008-522 du 2 juin 2008 - art. (V)

L'effectif des assesseurs des tribunaux pour enfants est fixé, dans chaque juridiction, à raison de deux assesseurs titulaires et quatre assesseurs suppléants par juge des enfants.

Toutefois, cet effectif est fixé à deux assesseurs titulaires et à deux assesseurs suppléants par juge des enfants, dans les juridictions pour enfants comprenant au moins cinq magistrats, qui sont désignées par arrêté du garde des sceaux, ministre de la justice.

Article R251-7

Modifié par Décret n°2019-912 du 30 août 2019 - art. 23 (V)

Les assesseurs titulaires et les assesseurs suppléants sont choisis sur une liste de candidats présentée par le premier président de la cour d'appel.

Figurent sur cette liste, classées par ordre de présentation, les personnes qui ont fait acte de candidature auprès du président du tribunal judiciaire ou qui sont proposées par ce magistrat.

Les assesseurs du tribunal pour enfants doivent résider dans le ressort de ce tribunal.

Afin de permettre le renouvellement par moitié des assesseurs conformément au deuxième alinéa de l'article L. 251-4 et sous réserve des dispositions des articles R. 251-8 à R. 251-11, les intéressés sont répartis en deux listes d'égale importance pour chaque tribunal pour enfants.

NOTA :
Conformément au I de l'article 40 du décret n° 2019-912 du 30 août 2019, ces dispositions entrent en vigueur le 1er janvier 2020. Se reporter aux conditions d'application prévues aux IV à VIII du même article 40.

Article R251-8

Création Décret n°2008-522 du 2 juin 2008 - art. (V)

En cas de cessation des fonctions d'un assesseur titulaire ou suppléant, par suite de décès, démission, déchéance ou pour toute autre cause, il peut être procédé à son remplacement dans les conditions prévues aux deux premiers alinéas de l'article R. 251-7.

Dans ce cas, les fonctions du nouvel assesseur désigné expirent à l'époque où auraient cessé celles de l'assesseur qu'il remplace.

Article R251-9

Création Décret n°2008-522 du 2 juin 2008 - art. (V)

Lorsque, pour quelque cause que ce soit, le remplacement d'assesseurs titulaires ou suppléants n'a pas été assuré à l'époque prévue pour un renouvellement, il peut y être procédé ultérieurement dans les conditions et suivant les modalités fixées à l'article R. 251-8.

Les fonctions des assesseurs ainsi désignés expirent comme s'ils avaient été nommés lors du renouvellement prévu au premier alinéa.

Article R251-10

Création Décret n°2008-522 du 2 juin 2008 - art. (V)

En cas de création d'un tribunal pour enfants, il est procédé sans délai à la désignation des assesseurs titulaires et suppléants qui entrent en fonctions à compter de la date de leur désignation, après avoir prêté serment.

Ces assesseurs sont répartis dans les conditions prévues par le quatrième alinéa de l'article R. 251-7 en deux listes dont le renouvellement intervient à la date du renouvellement général des listes correspondantes dressées dans les autres juridictions pour enfants.

Article R251-11

Création Décret n°2008-522 du 2 juin 2008 - art. (V)

Les dispositions de l'article précédent sont applicables en cas d'augmentation de l'effectif des assesseurs d'un tribunal pour enfants.

Article R251-12

Création Décret n°2008-522 du 2 juin 2008 - art. (V)

En cas de diminution de l'effectif des assesseurs d'un tribunal pour enfants, les assesseurs restent en fonctions jusqu'à l'expiration de leur mandat respectif. La réduction correspondante du nombre de ces assesseurs intervient par moitié dans l'ordre inverse de leur inscription sur chacune des deux listes prévues au quatrième alinéa de l'article R. 251-7.

Article R251-13

Modifié par Décret n°2019-912 du 30 août 2019 - art. 23 (V)

Dans la limite des crédits ouverts à cet effet au budget du ministère de la justice, il est attribué aux assesseurs titulaires et suppléants, les jours où ils assurent le service de l'audience, une indemnité calculée sur le traitement budgétaire moyen, net de tout prélèvement, des juges du tribunal judiciaire dans le ressort duquel le tribunal pour enfants a son siège.

Les assesseurs titulaires et suppléants perçoivent en outre, s'il y a lieu, les frais et indemnités prévus par les articles R. 141 et R. 142 du code de procédure pénale.

NOTA :
Conformément au I de l'article 40 du décret n° 2019-912 du 30 août 2019, ces dispositions entrent en vigueur le 1er janvier 2020. Se reporter aux conditions d'application prévues aux IV à VIII du même article 40.

Chapitre II : Le juge des enfants (Articles R252-1 à R252-2)

Section 1 : Institution et compétence (Articles R252-1 à R252-2)

Article R252-1

Modifié par Décret n°2019-912 du 30 août 2019 - art. 32

En matière d'assistance éducative, le juge des enfants peut tenir audience au siège de chacune des chambres de proximité situées dans le ressort du tribunal pour enfants.

NOTA :
Conformément au I de l'article 40 du décret n° 2019-912 du 30 août 2019, ces dispositions entrent en vigueur le 1er janvier 2020.

Article R252-2

Création Décret n°2008-522 du 2 juin 2008 - art. (V)

La compétence territoriale du juge des enfants est la même que celle du tribunal pour enfants auprès duquel il exerce ses fonctions.

Chapitre III : Dispositions communes au tribunal pour enfant et au juge des enfants (Article R253-1)

Article R253-1

Modifié par Décret n°2019-912 du 30 août 2019 - art. 23 (V)

Le greffe du tribunal pour enfants et du juge des enfants est le greffe du tribunal judiciaire dans le ressort duquel le tribunal pour enfants a son siège.

NOTA :
Conformément au I de l'article 40 du décret n° 2019-912 du 30 août 2019, ces dispositions entrent en vigueur le 1er janvier 2020. Se reporter aux conditions d'application prévues aux IV à VIII du même article 40.

LIVRE III : JURIDICTIONS DU SECOND DEGRE (Articles D311-1 à R314-7)

TITRE IER : LA COUR D'APPEL (Articles D311-1 à R314-7)

Chapitre Ier : Compétence (Articles D311-1 à D311-13)

Section 1 : Dispositions générales (Articles D311-1 à R311-3)

Article D311-1

Création Décret n°2008-522 du 2 juin 2008 - art. (V)

Le siège et le ressort des cours d'appel sont fixés conformément au tableau IV annexé au présent code.

Article R311-2

Modifié par Décret n°2010-1234 du 20 octobre 2010 - art. 7

Lorsqu'une cour d'appel est créée ou lorsque le ressort d'une cour d'appel est modifié par suite d'une nouvelle délimitation des circonscriptions administratives ou judiciaires, la cour primitivement saisie demeure compétente pour statuer sur les procédures introduites antérieurement à la date de création de la cour ou de modification du ressort.

Lorsqu'une cour d'appel est supprimée, toutes les procédures en cours devant cette juridiction à la date d'entrée en vigueur du décret de suppression sont transférées en l'état à la cour d'appel dans le ressort de laquelle est situé le siège de la juridiction supprimée sans qu'il y ait lieu de renouveler les actes, formalités et jugements régulièrement intervenus antérieurement à cette date, à l'exception des convocations, citations et assignations données aux parties et aux témoins qui n'auraient pas été suivies d'une comparution devant la juridiction supprimée.

Avant l'entrée en vigueur du décret de suppression de la cour d'appel, les convocations, citations et assignations données aux parties et aux témoins peuvent être délivrées pour une comparution à une date postérieure à cette date d'entrée en vigueur devant la juridiction à laquelle les procédures seront transférées.

Les parties ayant comparu devant la cour d'appel supprimée sont informées par l'une ou l'autre des juridictions qu'il leur appartient d'accomplir les actes de la procédure devant la cour d'appel à laquelle la procédure a été transférée.

Les archives et les minutes du greffe de la cour d'appel supprimée sont transférées au greffe de la cour d'appel dans le ressort de laquelle est situé le siège de la cour d'appel supprimée. Les frais de transfert de ces archives et minutes sont pris sur le crédit ouvert à cet effet au budget du ministère de la justice.

Article R311-3

Création Décret n°2008-522 du 2 juin 2008 - art. (V)

Sauf disposition particulière, la cour d'appel connaît de l'appel des jugements des juridictions situées dans son ressort.

Section 3 : Dispositions relatives au premier président (Articles R311-4 à R311-5)

Article R311-4

Création Décret n°2008-522 du 2 juin 2008 - art. (V)

En matière civile, le premier président statue en référé ou sur requête.

Article R311-5

Création Décret n°2008-522 du 2 juin 2008 - art. (V)

Le premier président de la cour d'appel statue dans les conditions prévues par l'article 23 de la loi n° 91-647 du 10 juillet 1991 relative à l'aide juridique.

Section 4 : Dispositions particulières à certaines chambres de la cour d'appel (Articles R311-6 à R311-7)

Article R311-6

Création Décret n°2008-522 du 2 juin 2008 - art. (V)

La chambre sociale connaît de l'appel des jugements rendus en matière de sécurité sociale, de contrat de travail et en application des lois sociales.

Article R311-7

Modifié par Décret n°2019-912 du 30 août 2019 - art. 32

La chambre spéciale des mineurs connaît de l'appel des décisions du juge des enfants et du tribunal pour enfants.

Elle statue dans les mêmes conditions qu'en première instance.

NOTA :
Conformément au I de l'article 40 du décret n° 2019-912 du 30 août 2019, ces dispositions entrent en vigueur le 1er janvier 2020.

Section 5 : Dispositions particulières à certaines cours d'appel (Articles D311-8 à D311-12-1)

Article D311-8

Modifié par Décret n°2019-1316 du 9 décembre 2019 - art. 14

Le siège et le ressort des cours d'appel mentionnées à l'article R. 411-19 du code de la propriété intellectuelle compétentes pour connaître directement des recours formés contre les décisions du directeur général de l'Institut national de la propriété industrielle en matière de délivrance, rejet ou maintien des dessins et modèles et des marques, de nullité ou de déchéance des marques, en matière d'homologation, de rejet et de retrait d'homologation du cahier des charges des indications géographiques définies à l'article L. 721-2 du code de la propriété intellectuelle, ainsi qu'en matière d'homologation et de rejet des modifications de ce cahier des charges sont fixés conformément au tableau XVI annexé au présent code.

NOTA :
Conformément aux dispositions du 3° du I de l'article 16 du décret n° 2019-1316 du 9 décembre 2019, ces dispositions entrent en vigueur le 1er avril 2020.

Article D311-9

Modifié par Décret n°2017-924 du 6 mai 2017 - art. 7

La cour d'appel de Paris est compétente pour connaître des recours contre :

1° Les décisions de l'Autorité de la concurrence, dans les cas et conditions prévus par le code de commerce ;

2° Les décisions de portée individuelle de l'Autorité des marchés financiers, dans les cas et conditions prévus par le code monétaire et financier ;

3° Les décisions du Comité de la protection des obtentions végétales, dans les cas et conditions prévus par le code de la propriété intellectuelle ;

4° Les décisions prises par l'Autorité de régulation des communications électroniques et des postes, dans les cas et conditions prévus par le code des postes et des communications électroniques ;

5° Les décisions prises par l'Autorité de régulation de la distribution de la presse et le Conseil supérieur des messageries de presse au titre des articles 18-12, 18-12-1 et 18-13 de la loi n° 47-585 du 2 avril 1947 ;

6° Les décisions prononcées par le collège des sanctions de la commission de contrôle des organismes de gestion des droits d'auteur et des droits voisins dans les cas et conditions prévues par le code de la propriété intellectuelle.

Article D311-10

Création Décret n°2008-522 du 2 juin 2008 - art. (V)

La cour d'appel de Paris est compétente pour connaître des actions engagées en matière d'indemnisation des victimes de préjudices résultant de la contamination par le virus d'immunodéficience humaine contre l'Office national d'indemnisation des accidents médicaux, des affections iatrogènes et des infections nosocomiales, dans les cas et conditions prévus par le code de la santé publique.

Article D311-11

Création Décret n°2008-522 du 2 juin 2008 - art. (V)

La cour d'appel de Paris est compétente pour connaître :

1° Des contestations relatives à l'élection des membres du Conseil national des barreaux et des membres du bureau de ce conseil ;

2° Des recours contre les décisions individuelles prises par le Conseil national des barreaux ;

3° Des recours contre les décisions prises par les commissions nationales en matière d'inscription, de retrait ou de discipline des administrateurs judiciaires, des mandataires judiciaires au redressement et à la liquidation des entreprises et des experts en diagnostic d'entreprise.

Article D311-12

Modifié par Décret n°2021-36 du 18 janvier 2021 - art. 1

La cour d'appel d'Amiens est compétente pour connaître des litiges mentionnés au 7° de l'article L. 142-1 du code de la sécurité sociale.

Article D311-12-1

Modifié par Décret n°2019-912 du 30 août 2019 - art. 23 (V)

Le siège et le ressort des cours d'appel mentionnées à l'article L. 311-15 compétentes pour connaître des décisions rendues par les tribunaux judiciaires mentionnés à l'article L. 211-16 sont fixés conformément au tableau VIII-III annexé au présent code.

NOTA :
Conformément au I de l'article 40 du décret n° 2019-912 du 30 août 2019, ces dispositions entrent en vigueur le 1er janvier 2020. Se reporter aux conditions d'application prévues aux IV à VIII du même article 40.

Section 6 : Dispositions particulières au premier président de certaines cours d'appel (Article D311-13)

Article D311-13

Création Décret n°2017-305 du 9 mars 2017 - art. 5

Le premier président de la cour d'appel de Paris connaît des recours contre les décisions relatives à la protection du secret des affaires dans les cas et conditions prévus par le code de commerce.

NOTA :
Conformément à l'article 6 du décret n° 2017-305 du 9 mars 2017, ces dispositions sont applicables aux instances introduites à compter du 26 décembre 2014.

Chapitre II : Organisation et fonctionnement (Articles R312-1 à R312-85)

Section 1 : Les formations de la cour d'appel (Articles R312-1 à R312-13-4)

Sous-Section 1 : Dispositions générales (Articles R312-1 à R312-8)

Article R312-1

Création Décret n°2008-522 du 2 juin 2008 - art. (V)

La cour d'appel comprend plusieurs chambres.

Lorsque le premier président préside une chambre, le président de cette chambre siège comme assesseur.

Article R312-2

Création Décret n°2008-522 du 2 juin 2008 - art. (V)

Le premier président, en cas d'absence ou d'empêchement, est suppléé dans les fonctions qui lui sont spécialement attribuées, par le président de chambre qu'il aura désigné et, en cas d'absence ou d'empêchement de ce dernier, par le président de chambre dont le rang est le plus élevé.

L'ordonnance de désignation, prise conformément aux dispositions de l'article L. 121-3, peut être modifiée en cours d'année judiciaire par une nouvelle ordonnance du premier président en cas de cessation ou interruption des fonctions du suppléant initialement désigné.

Article R312-3

Création Décret n°2008-522 du 2 juin 2008 - art. (V)

Le premier président et les présidents de chambre sont, en cas d'absence ou d'empêchement, remplacés pour le service de l'audience par un magistrat du siège désigné conformément aux dispositions de l'article L. 121-3 ou, à défaut, par le magistrat du siège présent dont le rang est le plus élevé.

En cas d'absence ou d'empêchement d'un conseiller, celui-ci est remplacé par un autre conseiller de la cour.

Article R312-4

Modifié par Décret n°2019-912 du 30 août 2019 - art. 23 (V)

Dans les départements d'outre-mer, selon les besoins du service, le premier président de la cour d'appel peut, par ordonnance, déléguer les magistrats du siège des tribunaux judiciaires du ressort de cette cour pour exercer des fonctions judiciaires à la cour d'appel.

Les magistrats du siège de la cour d'appel doivent être en majorité.

NOTA :
Conformément au I de l'article 40 du décret n° 2019-912 du 30 août 2019, ces dispositions entrent en vigueur le 1er janvier 2020. Se reporter aux conditions d'application prévues aux IV à VIII du même article 40.

Article R312-5

Création Décret n°2008-522 du 2 juin 2008 - art. (V)

L'ordonnance prise par le premier président en application de l'article L. 121-3 intervient dans la première quinzaine du mois de décembre, après avis de l'assemblée générale des magistrats du siège. Elle précise le nombre, le jour et la nature des audiences.

Les magistrats des chambres civiles peuvent, en cas de changement d'affectation dans la cour, siéger aux audiences de la chambre à laquelle ils appartenaient pour rapporter les affaires dont ils avaient été chargés avant leur changement d'affectation.

Article R312-6

Création Décret n°2008-522 du 2 juin 2008 - art. (V)

Le premier président de la cour d'appel désigne un ou plusieurs conseillers de la mise en état conformément aux dispositions de l'article L. 121-3.

Lorsque plusieurs conseillers sont chargés de la mise en état dans une même chambre, les affaires sont réparties entre eux par le président de la chambre.

Article R312-7

Création Décret n°2008-522 du 2 juin 2008 - art. (V)

Les assesseurs de la formation collégiale de la cour d'appel sont au nombre de deux.

Article R312-8

Création Décret n°2008-522 du 2 juin 2008 - art. (V)

Il est tenu, dans chaque cour d'appel, une liste de rang des magistrats du siège.

Les magistrats sont inscrits sur cette liste, conformément à l'article R. 121-4, dans l'ordre suivant :

1° Le premier président ;

2° Les présidents de chambre ;

3° Les conseillers.

Sous-Section 2 : Dispositions particulières à certaines formations (Articles R312-9 à R312-13-4)

Article R312-9

Création Décret n°2008-522 du 2 juin 2008 - art. (V)

Les audiences solennelles se tiennent devant deux chambres de la cour d'appel sous la présidence du premier président. Les assesseurs sont au nombre de quatre.

Après cassation d'un arrêt en matière civile, le premier président, d'office ou à la demande des parties, renvoie l'affaire à l'audience solennelle si la nature ou la complexité de celle-ci le justifie. Cette décision est une mesure d'administration judiciaire.

Le contentieux des élections au Conseil national des barreaux et aux conseils de l'ordre et des élections des bâtonniers ainsi que les recours dirigés contre les décisions ou les délibérations de ces conseils sont portés aux audiences solennelles.

Article R312-10

Création Décret n°2008-522 du 2 juin 2008 - art. (V)

L'assemblée des chambres réunit les deux premières chambres de la cour d'appel sous la présidence du premier président. Toutefois, l'assemblée des chambres de la cour d'appel de Paris réunit les trois premières chambres.

L'assemblée des chambres reçoit le serment des magistrats et procède à l'installation des membres de la cour et du parquet général, ainsi que du directeur de greffe.

Dans toutes les cours d'appel, l'installation du premier président et du procureur général a lieu devant l'ensemble des chambres.

Article R312-11

Création Décret n°2008-522 du 2 juin 2008 - art. (V)

Plusieurs chambres de la cour d'appel peuvent se réunir sous la présidence du premier président dans les cas et conditions prévus par les lois et règlements.

Article R312-11-1

Création DÉCRET n°2014-1458 du 8 décembre 2014 - art. 3

Les arrêts peuvent être rendus par une formation de deux chambres réunies présidée par le premier président et comprenant, outre les présidents de ces chambres, deux conseillers assesseurs affectés dans chacune de ces chambres. Elle siège au nombre de sept.

La formation de chambres réunies peut être saisie lorsqu'une affaire est d'une particulière complexité ou est susceptible de recevoir devant les chambres des solutions divergentes.

Lorsque l'affaire n'est pas distribuée, le premier président peut saisir cette formation après avoir recueilli l'avis du président de la chambre à laquelle l'affaire doit être distribuée selon les dispositions de l'ordonnance portant sur le service de la juridiction.

Une fois l'affaire distribuée, le premier président ne peut prendre cette décision qu'avec l'accord du président de la chambre à laquelle l'affaire a été distribuée ou à la demande de celui-ci, de la chambre, du ministère public ou de l'une des parties.

La décision de saisine de cette formation est une mesure d'administration judiciaire.

Article R312-12

Modifié par Décret n°2019-912 du 30 août 2019 - art. 33

Les recours formés contre les décisions prises par la commission de discipline ou le premier président, dans les cas et conditions prévus par les articles 29 et 31 du décret n° 2004-1463 du 23 décembre 2004 relatif aux experts judiciaires, sont portés devant la première chambre de la cour d'appel.

NOTA :
Conformément au 1 de l'article 40 du décret n° 2019-912 du 30 août 2019, ces dispositions entrent en vigueur le 1er janvier 2020.

Article R312-13

Modifié par Décret n°2019-912 du 30 août 2019 - art. 23 (V)

Le conseiller délégué à la protection de l'enfance est suppléé, en cas d'absence ou d'empêchement, par un magistrat du siège désigné par le premier président de la cour d'appel.

Il établit, chaque fois qu'il le juge nécessaire et au moins une fois par an, un rapport sur le fonctionnement des tribunaux pour enfants du ressort de la cour d'appel qu'il transmet au premier président de celle-ci ainsi qu'aux présidents des tribunaux judiciaires dans lesquels il existe un tribunal pour enfants.

Le premier président de la cour d'appel communique ce rapport et celui mentionné à l'article R. 251-3 au garde des sceaux, ministre de la justice, avec ses observations.

Le premier président de la cour d'appel et le procureur général près cette cour organisent et président, avec les présidents des tribunaux judiciaires et les procureurs de la République du ressort de la cour d'appel, une conférence annuelle portant sur la justice des mineurs.

Elle réunit les magistrats du siège et du parquet, des juridictions de la cour d'appel et des juridictions de première instance, en charge des mineurs.

Y participent également les directeurs interrégionaux de la protection judiciaire de la jeunesse, ou leurs représentants, et les personnels des services placés sous leur autorité.

Peuvent être invités à participer à cette conférence les directeurs interrégionaux des services pénitentiaires, des responsables du service de l'aide sociale à l'enfance du ressort, des représentants des personnes morales de droit public ou de droit privé mettant en œuvre des mesures judiciaires dans le cadre de l'assistance éducative ou de la délinquance des mineurs, des représentants du barreau du ressort ayant un intérêt particulier pour les questions relatives aux mineurs.

Cette conférence a pour objet :

1° L'amélioration des échanges d'informations entre les juridictions, les services de la protection judiciaire de la jeunesse et les autres acteurs de la protection de l'enfance du ressort ;

2° La définition et la mise en œuvre d'actions à mener dans le domaine de la protection judiciaire de l'enfance, en matière pénale comme en matière civile.

La conclusion de la conférence annuelle est intégrée dans le rapport prévu au deuxième alinéa du présent article.

NOTA :
Conformément au I de l'article 40 du décret n° 2019-912 du 30 août 2019, ces dispositions entrent en vigueur le 1er janvier 2020. Se reporter aux conditions d'application prévues aux IV à VIII du même article 40.

Article R312-13-1

Modifié par Décret n°2019-912 du 30 août 2019 - art. 33

Le premier président désigne un conseiller chargé de suivre l'activité des conciliateurs de justice et des médiateurs et de coordonner leur action dans le ressort de la cour d'appel.

Ce magistrat établit un rapport annuel sur l'activité des conciliateurs de justice et des médiateurs du ressort de la cour d'appel qu'il transmet au premier président de celle-ci ainsi qu'aux présidents des tribunaux judiciaires.

Le premier président de la cour d'appel communique ce rapport au garde des sceaux, ministre de la justice.

Le conseiller mentionné au premier alinéa invite, chaque fois qu'il l'estime nécessaire et au moins une fois par an, les conciliateurs de justice de son ressort à des réunions d'information portant notamment sur les problématiques locales.

Il réunit également, dans les mêmes conditions, les médiateurs personnes physiques et au moins un représentant de chaque personne morale inscrits sur la liste des médiateurs prévue à l'article 22-1 A de la loi n° 95-125 du 8 février 1995 relative à l'organisation des juridictions et à la procédure civile, pénale et administrative.

NOTA :
Conformément au I de l'article 40 du décret n° 2019-912 du 30 août 2019, ces dispositions entrent en vigueur le 1er janvier 2020.

Article R312-13-2

Modifié par Décret n°2019-912 du 30 août 2019 - art. 23 (V)

Le premier président désigne, après avis de l'assemblée générale des magistrats du siège, un conseiller qui assure la coordination de l'activité des magistrats du siège du ressort de la cour en matière de droit de la famille et des personnes.

Il est mis fin à ses fonctions et pourvu à son remplacement dans les mêmes formes.

Le conseiller désigné établit un rapport annuel sur l'activité des magistrats du siège en matière de droit de la famille et des personnes, qu'il transmet au premier président. Ce dernier communique ce rapport, avec ses observations, au garde des sceaux, ministre de la justice. Il le communique également aux présidents des tribunaux judiciaires du ressort de la cour d'appel ainsi qu'au procureur général et à toute personne à laquelle il estime cette communication utile.

NOTA :
Conformément au I de l'article 40 du décret n° 2019-912 du 30 août 2019, ces dispositions entrent en vigueur le 1er janvier 2020. Se reporter aux conditions d'application prévues aux IV à VIII du même article 40.

Article R312-13-3

Modifié par Décret n°2019-912 du 30 août 2019 - art. 23 (V)

Pour l'application de l'article L. 312-6-2 :

1° Aux articles L. 218-6 et L. 218-7, la référence au tribunal judiciaire est remplacée par la référence à la cour d'appel ;
2° La procédure d'avertissement prévue à l'article L. 218-10 et la procédure disciplinaire prévue à l'article L. 218-11 s'appliquent aux assesseurs qui siègent à la cour d'appel à l'exception des dispositions mentionnant l'intervention du président du tribunal judiciaire.

Article R312-13-4

Modifié par Décret n°2019-912 du 30 août 2019 - art. 23 (V)

Les dispositions des articles R. 218-1 à R. 218-17 sont applicables aux assesseurs qui siègent à la cour d'appel mentionnée à l'article L. 311-16 à l'exception des dispositions mentionnant l'avis ou la demande du président du tribunal judiciaire. Pour ces mêmes dispositions, il y a lieu de lire :

-" cour d'appel " ou " cour " à la place de : " tribunal judiciaire " ou " tribunal " ;

-" premier président de la cour d'appel " ou " premier président de la cour " à la place de : " président du tribunal judiciaire " ou " président du tribunal " ;

-" procureur général " à la place de : " procureur de la République " ;

-" ordonnance prévue à l'article R. 312-5 " à la place de : " ordonnance prévue à l'article R. 212-6 ".

Section 2 : Le parquet général (Articles R312-14 à R312-18)

Article R312-14

Création Décret n°2008-522 du 2 juin 2008 - art. (V)

Le procureur général répartit les substituts entre les chambres de la cour d'appel et les divers services du parquet.

Il peut modifier à tout moment cette répartition.

Il peut exercer lui-même les fonctions qu'il leur a spécialement déléguées.

Article R312-15

Création Décret n°2008-522 du 2 juin 2008 - art. (V)

Au sein de chaque cour d'appel, un ou plusieurs magistrats du parquet général désignés par le procureur général sont chargés spécialement des affaires concernant les mineurs.

Article R312-16

Création Décret n°2008-522 du 2 juin 2008 - art. (V)

En cas d'absence ou d'empêchement, le procureur général est suppléé par l'avocat général qu'il aura désigné.

En cas d'absence ou d'empêchement de cet avocat général, le procureur général est suppléé par le magistrat du parquet dont le rang est le plus élevé et, à défaut, par un magistrat délégué dans les conditions prévues à l'article R. 122-3.

Article R312-17

Modifié par Décret n°2019-912 du 30 août 2019 - art. 23 (V)

Dans les départements d'outre-mer, selon les besoins du service, le procureur général près la cour d'appel peut déléguer les magistrats du parquet près les tribunaux judiciaires du ressort de cette cour pour remplir les fonctions du ministère public près la cour d'appel.

NOTA :
Conformément au I de l'article 40 du décret n° 2019-912 du 30 août 2019, ces dispositions entrent en vigueur le 1er janvier 2020. Se reporter aux conditions d'application prévues aux IV à VIII du même article 40.

Article R312-18

Création Décret n°2008-522 du 2 juin 2008 - art. (V)

Il est tenu, dans chaque cour d'appel, une liste de rang des magistrats du parquet.

Les magistrats sont inscrits sur cette liste, conformément à l'article R. 122-5, dans l'ordre suivant :

1° Le procureur général ;

2° Les avocats généraux ;

3° Les substituts généraux.

Section 3 : Le greffe (Article R312-19)

Article R312-19

Création Décret n°2008-522 du 2 juin 2008 - art. (V)

Le directeur de greffe de la cour d'appel établit et certifie, aux dates prévues par les règlements et instructions en vigueur, un état de l'activité de la juridiction au cours de la période écoulée, conformément aux modèles fixés par arrêté du garde des sceaux, ministre de la justice.

Le procureur général près la cour d'appel complète cet état en ce qui concerne l'activité du parquet.

Cet état est transmis, aux dates prescrites, par le premier président de la cour d'appel et le procureur général près cette cour, avec leurs observations respectives, au ministère de la justice.

Section 5 : Les assemblées générales (Articles R312-27 à R312-64)

Article R312-27

Modifié par DÉCRET n°2014-1458 du 8 décembre 2014 - art. 11
Modifié par DÉCRET n°2014-1458 du 8 décembre 2014 - art. 15

La cour d'appel se réunit en assemblée générale dans les conditions prévues à la présente section selon l'une des formations suivantes :

1° L'assemblée des magistrats du siège ;

2° L'assemblée des magistrats du parquet ;

3° L'assemblée des magistrats du siège et du parquet ;

4° L'assemblée des fonctionnaires du greffe ;

5° L'assemblée plénière des magistrats et des fonctionnaires.

L'assemblée plénière des magistrats et des fonctionnaires comporte une commission plénière.

L'assemblée des magistrats du siège, l'assemblée des magistrats du parquet, l'assemblée des magistrats du siège et du parquet et l'assemblée des fonctionnaires du greffe comportent une commission restreinte.

Sous-Section 1 : Dispositions communes aux différentes formations de l'assemblée générale (Articles R312-28 à R312-38)

Article R312-28

Modifié par DÉCRET n°2014-1458 du 8 décembre 2014 - art. 15

Les différentes formations de l'assemblée générale sont réunies au moins une fois par an, au cours du mois de novembre.

Elles sont, en outre, convoquées par leur président :

1° Soit à son initiative ;

2° Soit à la demande de la majorité de leurs membres ;

3° Soit à la demande des deux tiers des membres de la commission plénière pour la réunion de l'assemblée plénière ;

4° Soit à la demande des deux tiers des membres d'une commission restreinte pour la réunion de la formation de l'assemblée générale correspondante.

Les réunions de l'assemblée générale se tiennent pendant les heures ouvrables dans les conditions prévues par le règlement intérieur de l'assemblée plénière.

Article R312-29

Modifié par DÉCRET n°2014-1458 du 8 décembre 2014 - art. 15

Lorsque le garde des sceaux, ministre de la justice, consulte les cours d'appel sur les projets de loi ou sur d'autres questions d'intérêt public, le premier président de la cour d'appel convoque celle-ci en assemblée générale. Le premier président détermine, selon l'objet de la consultation, après avis du procureur général et de la commission plénière, la formation de l'assemblée générale qui doit être réunie.

Article R312-30

Création Décret n°2008-522 du 2 juin 2008 - art. (V)

L'ordre du jour de l'assemblée générale est établi par son président. Toutefois, le premier président de la cour d'appel et le procureur général près cette cour, lorsqu'ils n'assurent pas cette présidence, peuvent ajouter d'autres questions à l'ordre du jour.

Les questions relatives à l'organisation et au fonctionnement de la juridiction, proposées par le tiers des membres de l'assemblée ou par la majorité des membres de la commission qu'elle a constituée, sont inscrites d'office à l'ordre du jour.

Article R312-31

Création Décret n°2008-522 du 2 juin 2008 - art. (V)

Un bureau est constitué pour chaque réunion de l'assemblée. Il est composé du président et de deux membres désignés selon des modalités fixées par le règlement intérieur de l'assemblée plénière.

Le bureau veille au bon fonctionnement de l'assemblée, règle les difficultés relatives aux procurations, tient les feuilles de présence et de vote, statue sur les quorums, fait procéder au vote et surveille le déroulement du scrutin. Les résultats sont proclamés par le président de l'assemblée.

Article R312-32

Modifié par DÉCRET n°2014-1458 du 8 décembre 2014 - art. 8

Chaque formation de l'assemblée générale ne peut valablement se réunir que si la moitié au moins de ses membres est présente ou représentée.

Si le quorum prévu à l'alinéa précédent n'est pas atteint, l'assemblée est à nouveau convoquée dans un délai minimum de huit jours, ne pouvant excéder un mois, sur le même ordre du jour. Elle peut alors valablement délibérer si un tiers au moins de ses membres est présent ou représenté.

Article R312-33

Création Décret n°2008-522 du 2 juin 2008 - art. (V)

Seuls les membres bénéficiant d'un congé, d'un congé de maladie ou de maternité, ou assurant un service de permanence, ou se trouvant en mission officielle, ou étant en dehors de leurs heures de service, s'ils exercent un travail à temps partiel, peuvent se faire représenter par un mandataire.

Le mandataire doit être membre de l'assemblée à laquelle appartient son mandant.

Chaque mandataire ne peut disposer de plus de deux procurations.

Les membres de l'assemblée générale qui remplissent les conditions pour voter par procuration et qui souhaitent utiliser cette procédure doivent en informer le président de l'assemblée générale avant la tenue de la réunion.

La procuration doit être donnée par écrit ; elle est annexée au procès-verbal.

Article R312-34

Création Décret n°2008-522 du 2 juin 2008 - art. (V)

Il ne peut être délibéré que sur les questions inscrites à l'ordre du jour, dans les conditions prévues par le règlement intérieur de chaque formation de l'assemblée générale.

Article R312-35

Création Décret n°2008-522 du 2 juin 2008 - art. (V)

Après la délibération sur chaque question inscrite à l'ordre du jour, il est procédé au vote.

Le vote à bulletin secret peut être demandé par tout membre de l'assemblée.

Le vote a lieu à la majorité des membres présents ou représentés.

Article R312-36

Création Décret n°2008-522 du 2 juin 2008 - art. (V)

En cas d'urgence, le premier président de la cour d'appel peut, dans les matières entrant dans la compétence de l'assemblée générale, prendre, après avis du procureur général près cette cour, du directeur de greffe et de la commission compétente, les mesures propres à assurer la continuité du service jusqu'à la réunion de l'assemblée compétente.

Article R312-37

Modifié par DÉCRET n°2014-1458 du 8 décembre 2014 - art. 12

Les modalités de convocation, de dépouillement des votes, de désignation du secrétaire, d'établissement et de dépôt des procès-verbaux des délibérations des différentes formations de l'assemblée générale sont déterminées par le règlement intérieur de chacune de ces formations.

Le garde des sceaux, ministre de la justice, fixe par arrêté un règlement intérieur type pour chacune des assemblées. Ces dernières peuvent adapter ce règlement type pour tenir compte de spécificités locales ou pour améliorer la concertation interne.

Les règlements intérieurs et les modifications qui leur sont apportées sont transmis au premier président de la cour d'appel et au procureur général près cette cour.

Article R312-38

Création Décret n°2008-522 du 2 juin 2008 - art. (V)

Le directeur de greffe assiste aux assemblées générales et consigne sur le registre des délibérations de la juridiction les décisions prises et les avis émis.

Sous-Section 2 : L'assemblée des magistrats du siège (Articles R312-39 à R312-43)

Article R312-39

Modifié par Décret n°2019-912 du 30 août 2019 - art. 13

Le premier président de la cour d'appel préside l'assemblée des magistrats du siège.

Cette assemblée comprend :

1° Les magistrats du siège de la cour d'appel ;

2° Les magistrats placés auprès du premier président exerçant leurs fonctions à la cour d'appel.

Assistent à cette assemblée :

1° Les magistrats honoraires exerçant au sein de la cour d'appel les fonctions de magistrat du siège mentionnées à l'article 41-25 de l'ordonnance n° 58-1270 du 22 décembre 1958 portant loi organique relative au statut de la magistrature ;

2° Les auditeurs de justice en stage au sein de la cour d'appel.

NOTA :
Conformément au I de l'article 40 du décret n° 2019-912 du 30 août 2019, ces dispositions entrent en vigueur le 1er janvier 2020.

Article R312-40

Création Décret n°2008-522 du 2 juin 2008 - art. (V)

L'assemblée des magistrats du siège peut entendre le procureur général près la cour d'appel soit à l'initiative de son président, soit à la demande de la majorité de ses membres ou du procureur général.

Article R312-41

Création Décret n°2008-522 du 2 juin 2008 - art. (V)

L'assemblée des magistrats du siège de la cour d'appel désigne :

1° Le président de la chambre de l'instruction appelé à exercer des pouvoirs propres, conformément à l'article 219 du code de procédure pénale ;

2° Les conseillers composant la chambre de l'instruction en qualité d'assesseurs, conformément à l'article 191 du code de procédure pénale.

Article R312-42

Modifié par Décret n°2016-514 du 26 avril 2016 - art. 7

L'assemblée des magistrats du siège de la cour d'appel émet un avis sur :

1° Le projet de décision préparé par le premier président de la cour d'appel et le procureur général près cette cour fixant le nombre et le jour des audiences correctionnelles, conformément à l'article 511 du code de procédure pénale ;

2° Les critères généraux de répartition des dossiers entre les chambres ;

3° Le projet d'ordonnance, préparé par le premier président de la cour d'appel, de répartition dans les chambres et pôles des magistrats du siège dont la cour d'appel est composée et de désignation du magistrat chargé de la coordination d'un pôle conformément à l'article R. 312-83 ;

4° Le projet d'ordonnance préparé par le premier président désignant :

a) Les juges de l'application des peines du ressort de la cour composant un tribunal de l'application des peines, conformément à l'article 712-3 du code de procédure pénale ;

b) Le président de la chambre de l'application des peines et les conseillers la composant en qualité d'assesseurs, conformément à l'article 712-13 du code de procédure pénale ;

c) Le responsable d'une association de réinsertion des condamnés et le responsable d'une association d'aide aux victimes composant la chambre de l'application des peines, conformément à l'article 712-13 du code de procédure pénale ;

d) Le ou les conseillers chargés de suivre l'application des peines et de coordonner l'action des juges de l'application des peines dans le ressort de la cour d'appel ;

e) Le président de la juridiction régionale de la rétention de sûreté et les conseillers la composant en qualité d'assesseurs, conformément à l'article 706-53-15 du code de procédure pénale ;

f) Le conseiller chargé de suivre l'activité des conciliateurs de justice et des médiateurs et de coordonner leur action dans le ressort de la cour d'appel ;

g) Le conseiller qui assure la coordination de l'activité des magistrats du siège du ressort de la cour en matière de droit de la famille et des personnes.

Article R312-42-1

Création DÉCRET n°2014-1458 du 8 décembre 2014 - art. 13

L'avis ne peut être émis sur le projet d'ordonnance mentionné au 3° de l'article R. 312-42 que lorsque les magistrats qui se sont prononcés représentent au moins 50 % des magistrats présents ou représentés lors de la constatation du quorum.

Si l'avis est défavorable ou si le quorum mentionné au premier alinéa n'est pas atteint, l'assemblée est de nouveau convoquée, dans un délai minimum de huit jours ne pouvant excéder un mois, et le projet d'ordonnance, éventuellement modifié selon les observations qui auraient été formulées par l'assemblée, lui est de nouveau soumis. L'assemblée est alors réputée avoir valablement émis son avis.

Article R312-43

Modifié par Décret n°2017-1457 du 9 octobre 2017 - art. 6

L'assemblée des magistrats du siège de la cour d'appel dresse :

1° La liste des experts près la cour d'appel dans les conditions prévues par les articles 6 à 16 du décret n° 2004-1463 du 23 décembre 2004 relatif aux experts judiciaires ;

2° La liste des enquêteurs sociaux près la cour d'appel dans les conditions prévues par les articles 4 et 5 du décret n° 2009-285 du 12 mars 2009 ;

3° La liste des médiateurs en matière civile, commerciale et sociale près la cour d'appel dans les conditions fixées par l'article 5 du décret n° 2017-1457 du 9 octobre 2017.

Sous-Section 3 : L'assemblée des magistrats du parquet (Articles R312-45 à R312-47)

Article R312-45

Modifié par Décret n°2019-912 du 30 août 2019 - art. 13

Le procureur général près la cour d'appel préside l'assemblée des magistrats du parquet.

Cette assemblée comprend :

1° Les magistrats du parquet près la cour d'appel ;

2° Les magistrats placés auprès du procureur général exerçant leurs fonctions au parquet près cette cour.

Assistent à cette assemblée :

1° Les magistrats honoraires exerçant près la cour d'appel les fonctions de magistrat du parquet mentionnées à l'article 41-25 de l'ordonnance n° 58-1270 du 22 décembre 1958 portant loi organique relative au statut de la magistrature ;

2° Les auditeurs de justice en stage au parquet près la cour d'appel.

NOTA :
Conformément au I de l'article 40 du décret n° 2019-912 du 30 août 2019, ces dispositions entrent en vigueur le 1er janvier 2020.

Article R312-46

Création Décret n°2008-522 du 2 juin 2008 - art. (V)

L'assemblée des magistrats du parquet peut entendre le premier président de la cour d'appel soit à l'initiative de son président, soit à la demande de la majorité de ses membres ou du premier président.

Article R312-47

Création Décret n°2008-522 du 2 juin 2008 - art. (V)

L'assemblée des magistrats du parquet émet un avis sur :

1° L'organisation des services du parquet ;

2° Les relations avec les services de police judiciaire ;

3° Les conditions dans lesquelles le ministère public exerce ses attributions ;

4° Les critères généraux de répartition des dossiers entre les chambres et de distribution des affaires entre les magistrats spécialisés de la cour.

Sous-Section 4 : L'assemblée des magistrats du siège et du parquet (Articles R312-48 à R312-51)

Article R312-48

Modifié par Décret n°2019-912 du 30 août 2019 - art. 13

Le premier président de la cour d'appel préside l'assemblée des magistrats du siège et du parquet.

Cette assemblée comprend :

1° Les membres de l'assemblée des magistrats du siège ;

2° Les membres de l'assemblée des magistrats du parquet.

Assistent à cette assemblée :

1° Les magistrats honoraires mentionnés aux articles R. 312-39 et R. 312-45 ;

2° Les auditeurs de justice mentionnés aux articles R. 312-39 et R. 312-45.

NOTA :
Conformément au I de l'article 40 du décret n° 2019-912 du 30 août 2019, ces dispositions entrent en vigueur le 1er janvier 2020.

Article R312-49

Création Décret n°2008-522 du 2 juin 2008 - art. (V)

L'assemblée des magistrats du siège et du parquet émet un avis sur :

1° Le nombre, le jour et la nature des audiences ;

2° Le projet de répartition des emplois de fonctionnaires entre les services du siège et du parquet, préparé par le premier président de la cour d'appel et le procureur général près cette cour, en liaison avec le directeur de greffe ;

3° Le projet de répartition de l'effectif des fonctionnaires à l'intérieur des services du siège et du parquet ;

4° Les heures d'ouverture et de fermeture au public du greffe ;

5° Les besoins nécessaires au fonctionnement de la juridiction exprimés par le premier président de la cour d'appel et le procureur général près cette cour avec le concours du directeur de greffe ;

6° L'affectation des moyens alloués à la juridiction ;

7° Les mesures relatives à l'entretien des locaux, à la bibliothèque et au mobilier ;

8° Les conditions de travail du personnel, et les problèmes de sécurité ;

9° Les questions intéressant le fonctionnement interne de la juridiction.

Article R312-50

Création Décret n°2008-522 du 2 juin 2008 - art. (V)

L'assemblée des magistrats du siège et du parquet habilite les enquêteurs de personnalité et les contrôleurs judiciaires, conformément aux dispositions du code de procédure pénale.

L'assemblée des magistrats du siège et du parquet émet un avis sur les projets d'habilitation des médiateurs et des délégués du procureur de la République, conformément aux dispositions du code de procédure pénale.

La commission restreinte, dans les juridictions où sa constitution est obligatoire, exerce les attributions mentionnées au présent article.

Article R312-51

Création Décret n°2008-522 du 2 juin 2008 - art. (V)

L'assemblée des magistrats du siège et du parquet procède à des échanges de vues sur l'activité de la juridiction.

Elle étudie l'évolution de la jurisprudence.

Elle examine toutes les questions intéressant le fonctionnement de la juridiction et concernant l'ensemble des magistrats.

Elle prépare les réunions de l'assemblée plénière.

Elle examine le rapport annuel d'activité des maisons de justice et du droit situées dans le ressort de la juridiction.

Sous-Section 5 : L'assemblée des fonctionnaires du greffe (Articles R312-52 à R312-55)

Article R312-52

Modifié par Décret n°2019-912 du 30 août 2019 - art. 13

Le directeur de greffe préside l'assemblée des fonctionnaires du greffe.

Cette assemblée comprend :

1° Les directeurs des services de greffe judiciaires ;

2° Les greffiers ;

3° Les autres fonctionnaires et les agents contractuels de la cour.

Les fonctionnaires en stage rémunérés à titre permanent, les autres stagiaires ainsi que les fonctionnaires et les agents qui, placés sous l'autorité des magistrats, concourent au fonctionnement de la juridiction mais ne relèvent pas de la direction des services judiciaires assistent aux réunions de l'assemblée des fonctionnaires.

Le premier président de la cour d'appel et le procureur général près cette cour peuvent assister à l'assemblée des fonctionnaires.

NOTA :
Conformément au I de l'article 40 du décret n° 2019-912 du 30 août 2019, ces dispositions entrent en vigueur le 1er janvier 2020.

Article R312-53

Création Décret n°2008-522 du 2 juin 2008 - art. (V)

L'assemblée des fonctionnaires émet un avis sur les questions mentionnées à l'article R. 312-49.

Article R312-54

Création Décret n°2008-522 du 2 juin 2008 - art. (V)

L'assemblée des fonctionnaires est consultée en outre sur :

1° Le projet d'affectation du personnel dans les services du greffe préparé par le directeur de greffe ;

2° La formation permanente du personnel ;

3° Les problèmes de gestion et d'organisation du greffe.

Article R312-55

Création Décret n°2008-522 du 2 juin 2008 - art. (V)

L'assemblée des fonctionnaires prépare les réunions de l'assemblée plénière.

Le directeur de greffe transmet au premier président de la cour d'appel les procès-verbaux des délibérations de l'assemblée des fonctionnaires.

Sous-Section 6 : L'assemblée plénière des magistrats et des fonctionnaires (Articles R312-56 à R312-57)

Article R312-56

Modifié par Décret n°2019-912 du 30 août 2019 - art. 13

Le premier président de la cour d'appel préside l'assemblée plénière des magistrats et des fonctionnaires.

Cette assemblée comprend :

1° Les membres de l'assemblée des magistrats du siège et du parquet ;

2° Les membres de l'assemblée des fonctionnaires du greffe ;

3° Les membres de l'assemblée du service administratif régional.

Assistent à cette assemblée :

1° Les magistrats honoraires mentionnés aux articles R. 312-39 et R. 312-45 ;

2° Les auditeurs de justice mentionnés aux articles R. 312-39 et R. 312-45, les fonctionnaires en stage rémunérés à titre permanent, les autres stagiaires ainsi que les fonctionnaires et les agents qui, placés sous l'autorité des magistrats, concourent au fonctionnement de la juridiction mais ne relèvent pas de la direction des services judiciaires.

NOTA :
Conformément au I de l'article 40 du décret n° 2019-912 du 30 août 2019, ces dispositions entrent en vigueur le 1er janvier 2020.

Article R312-57

Modifié par Décret n°2016-514 du 26 avril 2016 - art. 10

L'assemblée plénière procède à un échange de vues sur les questions qui ont été soumises à l'avis de l'assemblée des magistrats du siège et du parquet et de l'assemblée des fonctionnaires du greffe et qui ont fait préalablement l'objet d'un vote de celles-ci.

Elle émet un avis sur le projet de juridiction et sur l'ordre du jour du conseil de juridiction.

L'assemblée plénière procède à un échange de vues sur les orientations adoptées par le comité de gestion et sur la situation et les perspectives budgétaires de la juridiction dans le cadre du dialogue de gestion.

L'assemblée plénière élabore et arrête son règlement intérieur selon le règlement intérieur type arrêté par le garde des sceaux, ministre de la justice, en l'adaptant, le cas échéant, dans les conditions prévues au deuxième alinéa de l'article R. 312-37.

Sous-Section 7 : La commission plénière (Articles R312-58 à R312-61-1)

Article R312-58

Modifié par DÉCRET n°2014-1458 du 8 décembre 2014 - art. 19

I. - Le premier président de la cour d'appel préside la commission plénière.

La commission plénière comprend en qualité de membres de droit :

1° Le procureur général ;

2° Le directeur de greffe.

II. - Cette commission comprend, en outre, les membres des commissions restreintes de l'assemblée des magistrats du siège et du parquet et de l'assemblée des fonctionnaires des juridictions dans des conditions fixées par le règlement intérieur de l'assemblée plénière.

III. - Dans les juridictions qui ne comportent pas de commissions restreintes, les membres de la commission plénière sont élus par l'assemblée des magistrats du siège et du parquet et par l'assemblée des fonctionnaires, au scrutin de liste proportionnel avec panachage et vote préférentiel, dans des conditions fixées par le règlement intérieur de l'assemblée plénière.

Les modalités de dépôt des candidatures et de l'élection sont alors déterminées par le premier président de la cour d'appel.

Seuls peuvent être élus les membres de l'assemblée plénière qui ont fait acte de candidature. Chaque candidat se présente avec son suppléant. Les membres sont élus pour deux ans. Le mandat des membres titulaires est renouvelable deux fois.

Les magistrats et les fonctionnaires élus doivent être en nombre égal.

Article R312-59

Modifié par DÉCRET n°2014-1458 du 8 décembre 2014 - art. 15

La commission plénière ne peut valablement siéger que si plus de la moitié de ses membres sont présents.

Article R312-60

Création Décret n°2008-522 du 2 juin 2008 - art. (V)

Le vote a lieu à la majorité des membres présents.

En cas de partage des voix, celle du président est prépondérante.

Article R312-61

Modifié par DÉCRET n°2014-1458 du 8 décembre 2014 - art. 15
Modifié par DÉCRET n°2014-1458 du 8 décembre 2014 - art. 17

La commission plénière :

1° Prépare les réunions de l'assemblée plénière ; à cet effet, le premier président de la cour d'appel lui communique, quinze jours au moins avant la date de la réunion, après délibération des assemblées concernées, les projets de décisions qui feront l'objet d'échanges de vues à l'assemblée plénière ; la commission fait connaître au président ses avis et propositions ;

2° (Abrogé) ;

3° Donne son avis sur les demandes d'attribution de mobilier, matériel technique et autres équipements spéciaux non financés sur les moyens propres de la juridiction ;

4° Propose les mesures tendant à faciliter l'accueil et les démarches au public ;

5° Assure les liaisons avec les organismes sociaux ou professionnels dont l'activité est liée au fonctionnement de la justice, ainsi qu'avec les autorités locales.

Article R312-61-1

Création DÉCRET n°2014-1458 du 8 décembre 2014 - art. 20

La commission plénière peut saisir le comité de gestion mentionné aux articles R. 312-69-1 et R. 312-69-2 de toute question relative à ses compétences.

Sous-Section 8 : La commission restreinte (Articles R312-62 à R312-64)

Article R312-62

Création Décret n°2008-522 du 2 juin 2008 - art. (V)

Le président d'une assemblée préside la commission restreinte de celle-ci.

La commission est composée de membres de l'assemblée élus au scrutin proportionnel avec panachage et vote préférentiel. Le mandat de ces membres est de deux ans, renouvelable une fois.

Le procureur général près la cour d'appel est membre de droit de la commission restreinte de l'assemblée des magistrats du siège et du parquet.

Le nombre et les modalités de l'élection des membres de la commission restreinte ainsi que les règles de fonctionnement de celle-ci sont déterminés par le règlement intérieur de chaque assemblée.

Article R312-63

Création Décret n°2008-522 du 2 juin 2008 - art. (V)

Le vote a lieu à la majorité des membres présents.

En cas de partage des voix, celle du président est prépondérante.

Article R312-64

Création Décret n°2008-522 du 2 juin 2008 - art. (V)

La commission restreinte prépare les réunions de l'assemblée générale ; à cet effet, le président de cette assemblée communique aux membres de la commission, quinze jours au moins avant la date de la réunion, les propositions et les projets qu'il envisage de soumettre à l'assemblée générale sur les questions inscrites à l'ordre du jour ; la commission fait connaître au président ses avis et propositions.

La commission restreinte de l'assemblée des fonctionnaires peut être consultée, par délégation de cette assemblée, par le directeur de greffe, sur les problèmes de gestion et d'organisation du greffe.

Section 6 : Administration et inspection des juridictions du ressort de la Cour d'appel (Articles R312-65 à R312-69-3)

Article R312-65

Création Décret n°2008-522 du 2 juin 2008 - art. (V)

Par délégation du garde des sceaux, ministre de la justice, le premier président de la cour d'appel et le procureur général près cette cour assurent conjointement l'administration des services judiciaires dans le ressort de la cour d'appel. Ils sont assistés dans cette mission par le service administratif régional, placé sous leur autorité.

Article D312-66

Modifié par Décret n°2011-107 du 27 janvier 2011 - art. 2

Le premier président de la cour d'appel et le procureur général près cette cour sont institués conjointement ordonnateurs secondaires des dépenses et des recettes des juridictions de leur ressort relatives au personnel, au fonctionnement et aux interventions.

S'agissant des investissements et des études qui leur sont afférentes, ils sont ordonnateurs secondaires :

1° Pour les dépenses et les recettes se rapportant aux opérations mobilières ;

2° En matière immobilière, pour les dépenses et les recettes se rapportant aux opérations d'investissement dont le montant est inférieur à un seuil fixé par arrêté conjoint du garde des sceaux, ministre de la justice, et du ministre chargé du budget.

Ils peuvent déléguer conjointement leur signature, sous leur responsabilité, aux magistrats ou agents en fonction dans le ressort de la cour d'appel.

Article R312-67

Création Décret n°2008-522 du 2 juin 2008 - art. (V)

Par délégation du garde des sceaux, ministre de la justice, le premier président de la cour d'appel et le procureur général près cette cour ont compétence conjointe pour passer les marchés répondant aux besoins des services judiciaires dans le ressort de la cour d'appel.

Ils peuvent déléguer conjointement leur signature, sous leur surveillance et leur responsabilité, au directeur délégué à l'administration régionale judiciaire. Ils peuvent également la déléguer, dans les mêmes conditions, à un magistrat ou aux agents en fonction à la cour d'appel, dans les juridictions du ressort ou au service administratif régional.

Article R312-68

Modifié par Décret n°2019-912 du 30 août 2019 - art. 35

Le premier président de la cour d'appel et le procureur général près cette cour procèdent à l'inspection des juridictions de leur ressort. Ils s'assurent, chacun en ce qui le concerne, de la bonne administration des services judiciaires et de l'expédition normale des affaires. Ils sont assistés par le magistrat chargé du secrétariat général. Ils rendent compte chaque année au garde des sceaux, ministre de la justice, des constatations qu'ils ont faites.

Article R312-69

Création Décret n°2008-522 du 2 juin 2008 - art. (V)

Le premier président de la cour d'appel, en cas d'absence ou d'empêchement, est suppléé dans ses fonctions administratives par le magistrat du siège qu'il aura désigné ou, à défaut, par le magistrat du siège dont le rang est le plus élevé.

L'ordonnance de désignation, prise conformément aux dispositions de l'article L. 121-3, peut être modifiée en cours d'année judiciaire par une nouvelle ordonnance du premier président en cas de cessation ou interruption des fonctions du suppléant initialement désigné.

Article R312-69-1

Création DÉCRET n°2014-1458 du 8 décembre 2014 - art. 5

Le comité de gestion est composé du premier président, du procureur général et du directeur de greffe.

Article R312-69-2

Création DÉCRET n°2014-1458 du 8 décembre 2014 - art. 5

Le comité de gestion se réunit aux dates arrêtées conjointement par ses membres en début de semestre, selon une fréquence au moins mensuelle.

L'ordre du jour, arrêté par le premier président, est composé des questions proposées par ses membres.

Le comité débat des questions de gestion et de fonctionnement de la juridiction et, éventuellement, d'autres questions proposées par ses membres.

Les orientations arrêtées lors des réunions du comité sont consignées par le premier président sur un registre de délibérations et sont communiquées aux membres de la commission plénière.

Article R312-69-3

Création Décret n°2016-514 du 26 avril 2016 - art. 13

Le premier président peut désigner, après avis de l'assemblée des magistrats du siège de la cour d'appel, un président de chambre ou un conseiller chargé, en concertation, le cas échéant, avec les magistrats coordonnateurs de première instance prévus aux articles R. 212-3 et R. 212-62, de coordonner certaines activités juridictionnelles dans le ressort de sa cour d'appel. Il est l'interlocuteur des personnes, organismes et autorités avec lesquels la cour, au titre de ces activités juridictionnelles, est en relation.

Section 7 : Le service administratif régional (Articles R312-70 à R312-82)

Sous-Section 1 : Missions (Article R312-70)

Article R312-70

Création Décret n°2008-522 du 2 juin 2008 - art. (V)

Le service administratif régional assiste le premier président de la cour d'appel et le procureur général près cette cour dans l'exercice de leurs attributions en matière d'administration des services judiciaires dans le ressort de la cour d'appel dans les domaines suivants :

1° La gestion administrative de l'ensemble du personnel ;

2° La formation du personnel, à l'exception de celle des magistrats ;

3° La préparation et l'exécution des budgets opérationnels de programme ainsi que de la passation des marchés ;

4° La gestion des équipements en matière de systèmes d'information ;

5° La gestion du patrimoine immobilier et le suivi des opérations d'investissement dans le ressort.

Sous-Section 2 : Organisation et fonctionnement (Articles R312-71 à R312-76)

Article R312-71

Modifié par DÉCRET n°2015-1273 du 13 octobre 2015 - art. 42

Le service administratif régional est dirigé, sous l'autorité conjointe du premier président de la cour d'appel et du procureur général près cette cour, par un directeur délégué à l'administration régionale judiciaire, magistrat ou directeur des services de greffe judiciaires, assisté le cas échéant d'un ou plusieurs adjoints.

Article R312-72

Modifié par Décret n°2019-912 du 30 août 2019 - art. 34

Le service administratif régional est organisé en bureaux, dirigés par des responsables de gestion, fonctionnaires de catégorie A.

Article R312-73

Modifié par Décret n°2021-867 du 29 juin 2021 - art. 4

Sous réserve des dispositions de l'article D. 312-66, le premier président de la cour d'appel et le procureur général près cette cour peuvent, conjointement, donner délégation de signature, pour les matières relevant des attributions du service administratif régional, au directeur délégué à l'administration régionale judiciaire et, en cas d'absence ou d'empêchement de celui-ci, à ses adjoints ou, à défaut, aux responsables de gestion placés sous son autorité, dans la limite de leurs attributions.

Article R312-74

Création Décret n°2008-522 du 2 juin 2008 - art. (V)

En cas d'absence ou d'empêchement du directeur délégué à l'administration régionale judiciaire sans que ce dernier ait désigné un des responsables de gestion en fonction au service administratif régional pour assurer sa suppléance, celle-ci est exercée de droit par ses adjoints ou, à défaut, par le responsable de gestion du rang le plus élevé et, à égalité de rang, le plus ancien, parmi les responsables de gestion effectivement présents dans le ressort au début de l'absence ou de l'empêchement.

Article R312-75

Modifié par DÉCRET n°2015-1273 du 13 octobre 2015 - art. 42

En cas de vacance du poste de directeur délégué à l'administration régionale judiciaire sans que le premier président de la cour d'appel et le procureur général près cette cour aient désigné, conjointement, un magistrat ou un directeur des services de greffe judiciaires en fonction dans le ressort pour assurer l'intérim, celui-ci est exercé de droit par ses adjoints ou, à défaut, par le responsable de gestion du rang le plus élevé et, à égalité de rang, le plus ancien, en fonction au service administratif régional.

Article R312-76

Création Décret n°2008-522 du 2 juin 2008 - art. (V)

Les moyens du service administratif régional sont rattachés au budget opérationnel de programme de la cour d'appel.

Sous-Section 3 : Assemblée des membres du service administratif régional (Articles R312-77 à R312-82)

Article R312-77

Création Décret n°2008-522 du 2 juin 2008 - art. (V)

Il est tenu au moins une fois par an dans chaque service administratif régional une assemblée des membres de ce service.

Article R312-78

Création Décret n°2008-522 du 2 juin 2008 - art. (V)

L'assemblée des membres du service administratif régional est composée des fonctionnaires et agents de l'Etat en poste au service administratif régional.

Elle est présidée par le directeur délégué à l'administration régionale judiciaire.

Les fonctionnaires en stage au service administratif régional assistent aux séances de l'assemblée.

Le premier président de la cour d'appel et le procureur général près cette cour peuvent y assister.

Article R312-79

Création Décret n°2008-522 du 2 juin 2008 - art. (V)

L'assemblée émet un avis sur :

1° Le projet de répartition des fonctionnaires entre les bureaux du service, préparé par le directeur délégué à l'administration régionale judiciaire ;

2° L'évaluation des besoins financiers du service administratif régional élaborée par le directeur délégué à l'administration régionale judiciaire ;

3° L'affectation des moyens du service administratif régional ;

4° Les questions relatives à l'entretien des locaux et au mobilier ;

5° Les questions relatives à l'hygiène, à la sécurité et aux conditions de travail au sein du service ;

6° Les questions intéressant le fonctionnement interne du service administratif régional ;

7° La charte des temps ;

8° Le programme de formation continue du personnel.

Article R312-80

Création Décret n°2008-522 du 2 juin 2008 - art. (V)

L'assemblée est également consultée par le directeur délégué à l'administration régionale judiciaire sur les problèmes de gestion et d'organisation du service administratif régional.

Article R312-81

Création Décret n°2008-522 du 2 juin 2008 - art. (V)

Les délibérations sont prises à la majorité des membres présents ou représentés.

Article R312-82

Création Décret n°2008-522 du 2 juin 2008 - art. (V)

Les avis émis sont consignés sur le registre des délibérations du service administratif régional.

Le directeur délégué à l'administration régionale judiciaire transmet au premier président de la cour d'appel et au procureur général près cette cour les procès-verbaux des délibérations.

Section 8 : Les pôles (Article R312-83)

Article R312-83

Création Décret n°2016-514 du 26 avril 2016 - art. 6

Les chambres de la cour d'appel peuvent être regroupées en pôles dont le nombre et le contenu sont fixés par l'ordonnance prévue à l'article R. 121-1.

Chaque pôle est coordonné par l'un des magistrats qui le composent, choisi parmi les magistrats nommés dans la fonction de président de chambre ou, à défaut, parmi les autres magistrats. Le premier président de la cour d'appel procède à sa désignation, après concertation avec les magistrats du pôle, par la même ordonnance que celle, prise après avis de l'assemblée des magistrats du siège, qui est mentionnée à l'alinéa précédent.

Il est notamment chargé de l'animation du pôle. Il est l'interlocuteur des personnes, organismes et autorités avec lesquels ce pôle est en relation. L'administration du pôle est exercée par un directeur des services de greffe judiciaires, conformément aux dispositions des articles R. 123-3 et R. 123-4.

Section 9 : Le projet de juridiction (Article R312-84)

Article R312-84

Création Décret n°2016-514 du 26 avril 2016 - art. 8

Le projet de juridiction est élaboré à l'initiative des chefs de cour, en concertation avec l'ensemble des magistrats du siège et du parquet et l'ensemble des personnels de la cour. Il est soumis à l'avis de l'assemblée plénière des magistrats et des fonctionnaires avant d'être arrêté par les chefs de cour. Il définit, en prenant en compte les spécificités du ressort, des objectifs à moyen terme visant à améliorer le service rendu au justiciable et les conditions de travail dans le respect de l'indépendance juridictionnelle. Il est présenté en tout ou partie, au sein du conseil de juridiction, aux personnes, organismes et autorités avec lesquels la juridiction est en relation.

Section 10 : Le conseil de juridiction (Article R312-85)

Article R312-85

Modifié par Décret n°2019-912 du 30 août 2019 - art. 14

I. - Le conseil de juridiction, coprésidé par le premier président de la cour d'appel et le procureur général, est un lieu d'échanges et de communication entre la juridiction et la cité. Il se réunit au moins une fois par an.

L'ordre du jour est arrêté par les chefs de cour après consultation du directeur de greffe en comité de gestion et avis de l'assemblée plénière des magistrats et des fonctionnaires, qui peuvent également faire des propositions d'ordre du jour.

Le conseil de juridiction se compose de magistrats et fonctionnaires de la juridiction désignés par la commission restreinte ou l'assemblée plénière en fonction de la taille de la juridiction et, en fonction de son ordre du jour, notamment :

1° De représentants de l'administration pénitentiaire et de la protection judiciaire de la jeunesse ;

2° De représentants locaux de l'Etat ;

3° De représentants des collectivités territoriales ;

4° De personnes exerçant une mission de service public auprès des juridictions ;

5° Des bâtonniers des ordres des avocats du ressort et de représentants des autres professions du droit ;

6° De représentants d'associations ;

7° De représentants des conciliateurs de justice désignés par le conseiller coordonnateur chargé de suivre l'activité des conciliateurs de justice et des médiateurs et de coordonner leur action dans le ressort de la cour d'appel.

Cet organe n'exerce aucun contrôle sur l'activité juridictionnelle ou sur l'organisation de la juridiction ni n'évoque les affaires individuelles dont la juridiction est saisie.

II. – Lorsque sa consultation est requise par des dispositions législatives ou réglementaires, le conseil de juridiction, coprésidé par le premier président de la cour d'appel et le procureur général près cette cour, est composé :

1° Du directeur de greffe ;

2° D'au moins un magistrat du siège désigné par l'assemblée des magistrats du siège ou son suppléant ;

3° D'au moins un magistrat du parquet désigné par l'assemblée des magistrats du parquet ou son suppléant ;

4° D'au moins un fonctionnaire désigné par l'assemblée des fonctionnaires du greffe ou son suppléant ;

5° Du maire de la commune siège de la cour d'appel ;

6° Du président du conseil régional ou du président de l'assemblée délibérante de la collectivité territoriale exerçant les compétences de la région ou, en Guyane, du président de l'Assemblée de Guyane ;

7° Des bâtonniers des ordres des avocats du ressort de la cour d'appel.

Les personnes mentionnées aux 1°, 5°, 6° et 7° peuvent se faire représenter.

Le premier président de la cour d'appel et le procureur général près cette cour recueillent l'ensemble des observations présentées lors de la réunion du conseil de juridiction. Ils rédigent, dans un délai de huit jours suivant la réunion, une synthèse de ces observations.

Chapitre III : Dispositions particulières aux départements du Bas-Rhin, du Haut-Rhin et de la Moselle (Articles D313-1 à R313-3)

Article D313-1

Création Décret n°2008-522 du 2 juin 2008 - art. (V)

La cour d'appel de Colmar exerce les fonctions de tribunal d'appel pour la navigation du Rhin et connaît des recours contre les décisions du tribunal pour la navigation du Rhin.

Article D313-2

Création Décret n°2008-522 du 2 juin 2008 - art. (V)

La cour d'appel de Colmar exerce les fonctions de tribunal d'appel pour la navigation de la Moselle et connaît des recours contre les décisions du tribunal de première instance pour la navigation de la Moselle.

Article R313-3

Création Décret n°2008-522 du 2 juin 2008 - art. (V)

Les dispositions des articles R. 123-20 à R. 123-24 sont applicables dans les greffes des cours d'appel des départements du Bas-Rhin, du Haut-Rhin et de la Moselle, pour les opérations de recettes qui y sont effectuées et sous réserve du maintien en vigueur des règles du droit local concernant l'enrôlement, la liquidation et le mode de recouvrement des frais de justice.

Chapitre IV : Dispositions particulières au département de Mayotte (Articles D314-1 à R314-7)

Article D314-1

Création Décret n°2011-338 du 29 mars 2011 - art. 2 (VD)

Une chambre d'appel de la cour d'appel de Saint-Denis de La Réunion siège à Mamoudzou pour connaître en appel des décisions rendues par les juridictions du premier degré du département de Mayotte.

Article R314-2

Création Décret n°2011-338 du 29 mars 2011 - art. 2 (VD)

La chambre d'appel exerce les compétences dévolues aux chambres spécialisées de la cour d'appel à l'exception de celles dévolues à la chambre de l'instruction qui siège à la cour d'appel de Saint-Denis de La Réunion.

Article R314-3

Création Décret n°2011-338 du 29 mars 2011 - art. 2 (VD)

La chambre d'appel est composée de magistrats du siège de la cour d'appel de Saint-Denis de La Réunion.

Article R314-4

Création Décret n°2011-338 du 29 mars 2011 - art. 2 (VD)

En cas d'absence ou d'empêchement, les magistrats appelés à composer la chambre d'appel sont suppléés, pour le service des audiences, par des magistrats du siège de la cour d'appel de Saint-Denis de La Réunion désignés à cet effet par ordonnance du premier président de la cour d'appel, après avis de l'assemblée générale des magistrats du siège de la cour.

Article R314-5

Modifié par Décret n°2019-912 du 30 août 2019 - art. 23 (V)

Le procureur général peut déléguer ses fonctions auprès de la chambre d'appel soit à un magistrat du parquet général près la cour d'appel de Saint-Denis de La Réunion, soit à un magistrat du parquet près le tribunal judiciaire de Mamoudzou.

NOTA :
Conformément au I de l'article 40 du décret n° 2019-912 du 30 août 2019, ces dispositions entrent en vigueur le 1er janvier 2020. Se reporter aux conditions d'application prévues aux IV à VIII du même article 40.

Article R314-6

Modifié par Décret n°2019-912 du 30 août 2019 - art. 23 (V)

Le pouvoir d'inspection des juridictions du premier degré comprises dans le ressort de la chambre d'appel peut être délégué par le premier président de la cour d'appel de Saint-Denis de La Réunion au président de la chambre d'appel ou à un magistrat du siège de cette cour et par le procureur général près cette cour au procureur de la République près le tribunal judiciaire de Mamoudzou ou à un magistrat du parquet près cette cour.

Ils peuvent déléguer, dans les mêmes conditions, leurs pouvoirs de gestion administrative de la chambre d'appel et des juridictions du premier degré comprises dans le ressort de celle-ci.

NOTA :
Conformément au I de l'article 40 du décret n° 2019-912 du 30 août 2019, ces dispositions entrent en vigueur le 1er janvier 2020. Se reporter aux conditions d'application prévues aux IV à VIII du même article 40.

Article R314-7

Création Décret n°2011-338 du 29 mars 2011 - art. 2 (VD)

La cour d'appel de Saint-Denis de La Réunion est pourvue d'un greffe à Mamoudzou.

LIVRE IV : LA COUR DE CASSATION (Articles R411-1 à R*461-1)

TITRE IER : INSTITUTION ET COMPETENCE (Articles R411-1 à R411-7)

Chapitre unique (Articles R411-1 à R411-7)

Article R411-1

Création Décret n°2008-522 du 2 juin 2008 - art. (V)

La Cour de cassation a son siège à Paris.

Article R411-2

Création Décret n°2008-522 du 2 juin 2008 - art. (V)

La Cour de cassation connaît des recours formés contre la décision refusant la procédure de prise à partie dans les conditions prévues à l'article 366-5 du code de procédure civile.

Article R411-3

Création Décret n°2008-522 du 2 juin 2008 - art. (V)

La Cour de cassation connaît des actions en responsabilité civile professionnelle engagées à l'encontre des avocats au Conseil d'Etat et à la Cour de cassation dans les conditions prévues à l'article 13 de l'ordonnance du 10 septembre 1817 qui réunit, sous la dénomination d'Ordre des avocats au Conseil d'Etat et à la Cour de cassation, l'ordre des avocats aux conseils et le collège des avocats à la Cour de cassation, fixe irrévocablement le nombre des titulaires et contient des dispositions pour la discipline intérieure de l'ordre.

Article R411-4

Modifié par Décret n°2022-900 du 17 juin 2022 - art. 82

La Cour de cassation connaît des recours formés contre les décisions prises en matière disciplinaire à l'encontre des avocats au Conseil d'Etat et à la Cour de cassation dans les conditions prévues au III de l'article 11 de l'ordonnance n° 2022-544 du 13 avril 2022 relative à la déontologie et à la discipline des officiers ministériels ainsi qu'au décret n° 2022-900 du 17 juin 2022 relatif à la déontologie et à la discipline des officiers ministériels.

NOTA :
Conformément au I de l'article 96 du décret n° 2022-900 du 17 juin 2022, ces dispositions entrent en vigueur le 1er juillet 2022 et s'appliquent aux procédures disciplinaires engagées et aux réclamations reçues à compter de cette date.

Article R411-4-1

Création Décret n°2016-651 du 20 mai 2016 - art. 26

La Cour de cassation connaît des recours formés contre les décisions prises en matière de règlement des litiges nés à l'occasion d'un contrat de travail d'un avocat au Conseil d'Etat et à la Cour de cassation salarié ou de la convention de rupture, de l'homologation ou du refus d'homologation de cette convention dans les conditions prévues aux articles 12,18 et 22 du décret n° 2016-652 du 20 mai 2016 relatif aux avocats au Conseil d'Etat et à la Cour de cassation salariés.

Article R411-5

Création Décret n°2008-522 du 2 juin 2008 - art. (V)

La Cour de cassation connaît des recours formés contre les décisions prises par les autorités chargées de l'établissement des listes d'experts dans les conditions prévues aux articles 20, 29 et 31 du décret n° 2004-1463 du 23 décembre 2004 relatif aux experts judiciaires.

Article R411-6

Création Décret n°2008-522 du 2 juin 2008 - art. (V)

Le premier président statue dans les conditions prévues par l'article 23 de la loi n° 91-647 du 10 juillet 1991 relative à l'aide juridique.

Article R411-7

Modifié par Décret n°2020-1717 du 28 décembre 2020 - art. 180

Le bureau de la Cour de cassation a compétence dans les matières déterminées par les lois et règlements.

Il désigne :

1° Les magistrats du siège de la Cour de cassation composant la commission d'instruction de la Haute Cour de justice dans les conditions prévues par l'ordonnance n° 59-1 du 2 janvier 1959 portant loi organique sur la Haute Cour de justice ;

2° Les magistrats du siège de la Cour de cassation composant la Commission nationale de réparation des détentions dans les conditions prévues par le code de procédure pénale ;

3° Les magistrats du siège de la Cour de cassation composant la commission d'examen des recours en matière de discipline des officiers de police judiciaire dans les conditions prévues par le code de procédure pénale.

Le bureau de la Cour de cassation procède au dépouillement du scrutin de l'élection des membres de la Commission nationale de discipline des juges des tribunaux de commerce et règle les difficultés et les contestations relatives à la préparation et au déroulement du scrutin dans les conditions prévues par le code de commerce.

Le bureau de la Cour de cassation émet un avis sur :

1° La désignation des membres ou membres honoraires de la Cour de cassation composant la Commission nationale des comptes de campagne et des financements politiques dans les conditions prévues par le code électoral ;

2° La désignation des membres ou membres honoraires de la Cour de cassation composant le bureau d'aide juridictionnelle établi près la Cour de cassation et, le cas échéant, le bureau d'aide juridictionnelle établi près le Conseil d'Etat, dans les conditions prévues par le décret n° 2020-1717 du 28 décembre 2020 portant application de la loi n° 91-647 du 10 juillet 1991 relative à l'aide juridique et relatif à l'aide juridictionnelle et à l'aide à l'intervention de l'avocat dans les procédures non juridictionnelles.

NOTA :
Conformément à l'article 190 du décret n° 2020-1717 du 28 décembre 2020, les présentes dispositions entrent en vigueur le 1er janvier 2021.

TITRE II : ORGANISATION (Articles R421-1 à R421-10)

Chapitre unique (Articles R421-1 à R421-10)

Article R421-1

Création Décret n°2008-522 du 2 juin 2008 - art. (V)

La Cour de cassation se compose :

1° Du premier président ;

2° Des présidents de chambre ;

3° Des conseillers ;

4° Des conseillers référendaires ;

5° Des auditeurs ;

6° Du procureur général ;

7° Des premiers avocats généraux ;

8° Des avocats généraux ;

9° Des avocats généraux référendaires ;

10° Des directeurs de greffe ;

11° Des greffiers de chambre.

Article R421-2

Création Décret n°2008-522 du 2 juin 2008 - art. (V)

Le bureau de la Cour de cassation est constitué par :

1° Le premier président ;

2° Les présidents de chambre ;

3° Le procureur général ;

4° Le premier avocat général dont le rang est le plus élevé ;

5° Deux premiers avocats généraux désignés par le procureur général.

Le bureau siège avec l'assistance du directeur du greffe de la cour.

Le bureau de la Cour de cassation règle par délibération les matières dans lesquelles compétence lui est donnée par les lois et règlements.

Article R421-3

Modifié par Décret n°2019-213 du 20 mars 2019 - art. 1

La Cour de cassation comprend cinq chambres civiles et une chambre criminelle.

Chaque chambre comprend une ou plusieurs sections.

Chaque chambre siège soit en formation plénière, soit en formation de section, soit en formation restreinte, en matière civile, conformément aux deux premiers alinéas de l'article L. 431-1 et, en matière pénale, conformément à l'article L. 431-2 et à l'article 567-1-1 du code de procédure pénale.

Article R421-4

Modifié par Décret n°2019-213 du 20 mars 2019 - art. 1

Chacune des chambres de la Cour de cassation se compose :

1° D'un président de chambre ;

2° De conseillers ;

3° De conseillers référendaires ;

4° D'un premier avocat général ;

5° D'un ou plusieurs avocats généraux ;

6° D'un ou plusieurs avocats généraux référendaires ;

7° D'un greffier de chambre.

Article R421-4-1

Modifié par Décret n°2021-1341 du 13 octobre 2021 - art. 2

Lorsqu'elle se réunit en formation plénière, la chambre comprend :

1° Le président, selon les modalités prévues au premier alinéa de l'article R. 431-1 ;

2° Le doyen de chambre, ou, à défaut, le doyen de section dont le rang est le plus élevé ;

3° Les doyens de section ;

4° Les conseillers de la chambre ;

5° Les conseillers référendaires de la chambre.

Le président peut décider que la formation plénière sera composée de la façon suivante :

1° Le président, selon les modalités prévues au premier alinéa de l'article R. 431-1 ;

2° Le doyen de chambre, ou, à défaut, le doyen de section dont le rang est le plus élevé ;

3° Les doyens de section ;

4° Les deux conseillers de chaque section dont le rang est le plus élevé ;

5° Le conseiller référendaire de chaque section dont le rang est le plus élevé ;

6° Le ou les rapporteurs ; si un rapporteur n'est pas l'un des deux conseillers de sa section dont le rang est le plus élevé, il se substitue à celui des conseillers mentionnés au 4° dont le rang est le moins élevé ; si un rapporteur n'est pas le conseiller référendaire de sa section dont le rang est le plus élevé, il se substitue au conseiller référendaire mentionné au 5°.

Article R421-4-2

Création Décret n°2019-213 du 20 mars 2019 - art. 1

Lorsqu'elle se réunit en formation de section la chambre comprend :

1° Le président, selon les modalités prévues au deuxième alinéa de l'article R. 431-1 ;

2° Le doyen de section, ou, à défaut, le conseiller de la section dont le rang est le plus élevé ;

3° Les conseillers de la section ;

4° Les conseillers référendaires de la section.

Lorsque la chambre comprend plus d'une section, la chambre siégeant en formation de section réunit une seule section ou, à la demande du président, deux ou plusieurs sections.

Article R421-4-3

Création Décret n°2019-213 du 20 mars 2019 - art. 1

Lorsqu'elle se réunit en formation restreinte la chambre comprend :

1° Le président, selon les modalités prévues au troisième alinéa de l'article R. 431-1 ;

2° Le doyen de section, ou, à défaut, un conseiller de la section pris dans l'ordre du rang, à défaut, un conseiller de la section ;

3° Le rapporteur.

Article R421-5

Création Décret n°2008-522 du 2 juin 2008 - art. (V)

Les chambres de la cour se réunissent en audience solennelle ou en assemblée générale dans les cas prévus par les lois et règlements.

Article R421-6

Modifié par Décret n°2019-213 du 20 mars 2019 - art. 1

Dans chaque section, le doyen est désigné, parmi les conseillers, par ordonnance du premier président, sur proposition du président de chambre concerné.

Dans chaque chambre, le doyen est le doyen de section dont le rang est le plus élevé.

Le doyen de chambre dont le rang est le plus élevé porte le titre de doyen de la Cour de cassation.

NOTA :
Conformément à l'article 2 du décret n° 2019-213 du 20 mars 2019, ces dispositions sont applicables aux doyens désignés postérieurement à l'entrée en vigueur dudit décret.

Article R421-7

Création Décret n°2008-522 du 2 juin 2008 - art. (V)

Les auditeurs à la Cour de cassation exercent des attributions administratives auprès de la Cour de cassation, notamment au sein du service de documentation et d'études.

Ils participent aux travaux d'aide à la décision tels que définis par le premier président, notamment en ce qui concerne le traitement automatisé de données jurisprudentielles.

Ils peuvent assister aux audiences des chambres.

Sur la demande du procureur général et avec leur accord, le premier président peut déléguer des auditeurs à la Cour de cassation au parquet général, pour y exercer des fonctions autres que celles du ministère public. Cette délégation est effectuée pour une durée d'un an renouvelable.

Article R421-8

Modifié par Décret n°2019-213 du 20 mars 2019 - art. 1

Il est tenu à la Cour de cassation une liste de rang des magistrats du siège.

Les magistrats sont inscrits sur cette liste, conformément à l'article R. 121-4, dans l'ordre suivant :

1° Le premier président ;

2° Les présidents de chambre ;

3° Le doyen de la Cour ;

4° Les doyens de chambre ;

5° Les doyens de section ;

6° Les conseillers ;

7° Les conseillers référendaires ;

8° Les auditeurs.

Toutefois, les avocats généraux nommés conseillers à la Cour de cassation prennent rang à ce titre du jour de leur nomination comme avocats généraux près cette Cour.

De même, les magistrats qui, après avoir exercé les fonctions de conseiller à la Cour de cassation ou d'avocat général près cette Cour et avoir été appelés ensuite à d'autres fonctions, sont nommés de nouveau à la Cour de cassation, en qualité de conseillers, prennent rang du jour de leur première nomination à la Cour.

Article R421-9

Création Décret n°2008-522 du 2 juin 2008 - art. (V)

La direction de la bibliothèque est assurée, sous le contrôle du premier président, par un conservateur, nommé dans les conditions prévues par le décret n° 92-26 du 9 janvier 1992 portant statut particulier du corps des conservateurs des bibliothèques et du corps des conservateurs généraux des bibliothèques.

Article R421-10

Modifié par Décret n°2020-797 du 29 juin 2020 - art. 4

Peuvent donner lieu à rémunération pour services rendus les prestations fournies par la Cour de cassation à des personnes privées ou publiques autres que l'Etat, dont la liste suit :

1° (Abrogé) ;

2° Vente d'ouvrages ou d'autres documents, quel que soit le support utilisé ;

3° Cession des droits de reproduction ou de diffusion des ouvrages et documents mentionnés au 2° ;

4° Mise à disposition de locaux pour l'organisation de manifestations.

Les tarifs des rémunérations dues au titre de ces prestations sont fixés par arrêté du garde des sceaux, ministre de la justice, ou par voie de contrat relatif à une prestation déterminée.

TITRE III : FONCTIONNEMENT (Articles R431-1 à R435-3)

Chapitre Ier : Les chambres de la Cour (Articles R431-1 à R431-14)

Section 1 : Dispositions générales (Articles R431-1 à R431-10)

Article R431-1

Modifié par Décret n°2019-213 du 20 mars 2019 - art. 1

A défaut de son président, chaque chambre est présidée par son doyen ou, à défaut, par le conseiller dont le rang est le plus élevé.

A défaut du président de la chambre, chaque section est présidée par son doyen ou, à défaut, par le conseiller de la section dont le rang est le plus élevé.

A défaut du président de la chambre, chaque formation restreinte est présidée par le doyen de section ou, à défaut, par le conseiller de la section dont le rang est le plus élevé.

Toute chambre siégeant en formation plénière, en formation de section ou en formation restreinte peut être présidée par le premier président

Article R431-2

Création Décret n°2008-522 du 2 juin 2008 - art. (V)

Le premier président fixe les attributions de chacune des chambres civiles par ordonnance après avis du procureur général.

Le président de chambre détermine, à l'intérieur de chaque chambre, le nombre de sections et les règles de répartition des affaires entre elles. Il affecte chaque affaire à la section compétente ou décide, le cas échéant, de son examen en formation plénière.

En cas de modification des attributions des chambres civiles ou des sections, les affaires distribuées antérieurement à cette modification sont transférées aux chambres ou aux sections désormais compétentes. Il est procédé, s'il y a lieu, à la désignation de nouveaux rapporteurs.

Article R431-3

Création Décret n°2008-522 du 2 juin 2008 - art. (V)

L'ordonnance prise par le premier président en application de l'article L. 121-3 intervient dans la première quinzaine du mois de décembre.

Article R431-4

Création Décret n°2008-522 du 2 juin 2008 - art. (V)

Le bureau de la Cour de cassation fixe le nombre des audiences.

Article R431-5

Modifié par Décret n°2019-213 du 20 mars 2019 - art. 1

A l'audience de la chambre siégeant en formation plénière ou en formation de section, au moins cinq de ses membres ayant voix délibérative sont présents.

Article R431-6

Modifié par Décret n°2019-213 du 20 mars 2019 - art. 1

A l'audience d'une chambre siégeant en formation plénière ou de section, si, par l'effet des absences ou des empêchements, le nombre des membres ayant voix délibérative est inférieur à cinq, il peut être fait appel, en suivant l'ordre du rang, à des conseillers appartenant à d'autres sections ou d'autres chambres.

Article R431-7

Création Décret n°2008-522 du 2 juin 2008 - art. (V)

Les conseillers référendaires désignés en application de l'article L. 431-3 sont au nombre d'un ou de deux.

Article R431-7-1

Création Décret n°2011-1173 du 23 septembre 2011 - art. 24

Peuvent être autorisées à assister au délibéré de la Cour de cassation les personnes qui participent à une session de formation en vue d'accéder à la profession d'avocat au Conseil d'Etat et à la Cour de cassation, les professeurs des universités, les maîtres de conférences, ainsi que les personnes admises, à titre exceptionnel, à suivre les travaux de la Cour de cassation, qu'elles soient de nationalité française ou étrangère.

Le premier président de la Cour de cassation, après avis du président de la formation de jugement, délivre l'autorisation.

Les personnes visées au premier alinéa sont astreintes au secret professionnel pour tous les faits et actes qu'elles ont à connaître au cours de la formation et des stages qu'elles accomplissent auprès de la Cour de cassation.

Article R431-8

Création Décret n°2008-522 du 2 juin 2008 - art. (V)

Le premier président peut, s'il y a lieu, désigner par ordonnance l'un des présidents de chambre pour le suppléer dans les fonctions qui lui sont attribuées par l'article L. 221-2 du code du patrimoine.

Article R431-9

Création Décret n°2008-522 du 2 juin 2008 - art. (V)

Il est fait rapport annuellement au président de la République et au garde des sceaux, ministre de la justice, de la marche des procédures et de leurs délais d'exécution.

Article R431-10

Création Décret n°2008-522 du 2 juin 2008 - art. (V)

Le premier président et le procureur général peuvent appeler l'attention du garde des sceaux, ministre de la justice, sur les constatations faites par la Cour à l'occasion de l'examen des pourvois et lui faire part des améliorations qui leur paraissent de nature à remédier aux difficultés constatées.

Section 2 : Dispositions particulières aux chambres mixtes et à l'assemblée plénière (Articles R431-11 à R431-14)

Article R431-11

Création Décret n°2008-522 du 2 juin 2008 - art. (V)

Le premier président désigne, conformément à l'article R. 431-3, sur proposition de chacun des présidents de chambre, parmi les conseillers de chaque chambre, celui qui sera appelé à siéger aux chambres mixtes au titre de cette chambre.

Dans l'ordonnance portant constitution d'une chambre mixte, le premier président indique les chambres qui doivent la composer et, dans chacune de celles-ci, désigne, sur proposition du président de chambre, pour siéger à la chambre mixte, un conseiller en sus de celui qui est désigné pour l'année judiciaire en cours. Lorsque la présidence de la chambre mixte est assurée par le président de l'une des chambres qui la composent, le premier président, ou, à défaut, le président de chambre qui le supplée, désigne un autre conseiller de cette chambre pour siéger à la chambre mixte.

Article R431-12

Création Décret n°2008-522 du 2 juin 2008 - art. (V)

Le premier président désigne, sur proposition de chacun des présidents de chambre, parmi les conseillers de chaque chambre, celui qui sera appelé à siéger à l'assemblée plénière au titre de cette chambre.

Article R431-13

Création Décret n°2008-522 du 2 juin 2008 - art. (V)

Le premier président, ou, à défaut, le président de chambre qui le supplée, désigne par ordonnance, en application de l'article L. 431-8, le conseiller appelé à remplacer un membre empêché d'une chambre mixte ou de l'assemblée plénière.

Ce conseiller doit appartenir à la même chambre que le magistrat qu'il remplace.

Article R431-14

Modifié par Décret n°2021-1341 du 13 octobre 2021 - art. 2

Un ou deux membres de la chambre mixte ou de l'assemblée plénière, selon le cas, sont chargés du rapport par le premier président.

Chapitre II : Le parquet général (Articles R432-1 à R432-4)

Article R432-1

Création Décret n°2008-522 du 2 juin 2008 - art. (V)

Les fonctions du ministère public sont confiées au procureur général.

Les premiers avocats généraux, les avocats généraux et les avocats généraux référendaires participent à l'exercice de ces fonctions sous la direction du procureur général.

Article R432-2

Création Décret n°2008-522 du 2 juin 2008 - art. (V)

Le procureur général répartit les premiers avocats généraux, les avocats généraux et les avocats généraux référendaires entre les chambres de la Cour de cassation et les divers services du parquet.

Il peut modifier à tout moment cette répartition.

Il peut exercer lui-même les fonctions qu'il leur a spécialement déléguées.

Article R432-3

Création Décret n°2008-522 du 2 juin 2008 - art. (V)

Dans les affaires importantes, les conclusions du premier avocat général, de l'avocat général ou de l'avocat général référendaire sont communiquées au procureur général.

Si le procureur général n'approuve pas les conclusions et que le premier avocat général, l'avocat général ou l'avocat général référendaire persiste, le procureur général délègue un autre magistrat du parquet général ou porte lui-même la parole à l'audience.

Article R432-4

Création Décret n°2008-522 du 2 juin 2008 - art. (V)

Il est tenu à la Cour de cassation une liste de rang des magistrats du parquet.

Les magistrats sont inscrits sur cette liste, conformément à l'article R. 122-5, dans l'ordre suivant :

1° Le procureur général ;

2° Les premiers avocats généraux ;

3° Les avocats généraux ;

4° Les avocats généraux référendaires.

Toutefois, les conseillers à la Cour de cassation nommés avocats généraux prennent rang à ce titre du jour de leur nomination comme conseiller à cette Cour.

De même, les magistrats qui, après avoir exercé les fonctions de conseiller à la Cour de cassation ou d'avocat général près cette Cour et avoir été appelés ensuite à d'autres fonctions sont nommés de nouveau à la Cour de cassation, en qualité d'avocat général, prennent rang du jour de leur première nomination à cette Cour.

Chapitre III : Le service de documentation et d'études (Articles R433-1 à R433-4)

Article R433-1

Modifié par Décret n°2009-216 du 23 février 2009 - art. 1

Le service de documentation et d'études de la Cour de cassation est placé sous l'autorité du premier président.

Le service est dirigé par un président de chambre qui exerce cette fonction à plein temps. Son fonctionnement est assuré par les auditeurs à la Cour de cassation.

Les conseillers référendaires affectés à une chambre peuvent également, sur décision du premier président, participer aux travaux de ce service.

Article R433-2

Création Décret n°2008-522 du 2 juin 2008 - art. (V)

Le service de documentation et d'études de la Cour de cassation rassemble les éléments d'information utiles aux travaux de la Cour et procède aux recherches nécessaires. Il assure le classement méthodique de tous les pourvois dès le dépôt du mémoire ampliatif. Il analyse et met en mémoire informatique les moyens de cassation aux fins, notamment, de faciliter les rapprochements entre les affaires en cours.

Le service participe à la conception des moyens de traitement automatisé de données jurisprudentielles mis en œuvre par la Cour de cassation.

Un arrêté du garde des sceaux, ministre de la justice, fixe les conditions dans lesquelles la documentation du service est mise à la disposition des juridictions de l'ordre judiciaire et de l'ordre administratif, ainsi que des services relevant du garde des sceaux, ministre de la justice.

Article R433-3

Modifié par Décret n°2020-797 du 29 juin 2020 - art. 4

Le service de documentation et d'études tient une base de données rassemblant les décisions et avis de la Cour de cassation et des juridictions ou commissions juridictionnelles placées auprès d'elle, publiés ou non publiés aux bulletins mensuels mentionnés à l'article R. 433-4, ainsi que les décisions présentant un intérêt particulier rendues par les autres juridictions de l'ordre judiciaire. Cette base de données a pour objet de mettre ces décisions à la disposition du public dans les conditions définies aux articles R. 111-10 et R. 111-11, ainsi que d'assurer la diffusion de la jurisprudence.

Aux mêmes fins et dans les mêmes conditions, le service de documentation et d'études tient une base de données rassemblant les décisions des premier et second degrés rendues par les juridictions de l'ordre judiciaire. Les conditions dans lesquelles ces décisions lui sont transmises sont fixées par les dispositions régissant les applications informatiques du ministère de la justice et du conseil national des greffiers des tribunaux de commerce.

Article R433-4

Création Décret n°2008-522 du 2 juin 2008 - art. (V)

Le service de documentation et d'études établit deux bulletins mensuels, l'un pour les chambres civiles, l'autre pour la chambre criminelle, dans lesquels sont mentionnés les décisions et avis dont la publication a été décidée par le président de la formation qui les a rendus. Le service établit des tables périodiques.

Chapitre IV : Le greffe (Articles R434-1 à R434-2)

Article R434-1

Création Décret n°2008-522 du 2 juin 2008 - art. (V)

Le premier président de la Cour de cassation fixe, sur proposition du directeur de greffe, la répartition des fonctionnaires du greffe dans les différents services de la juridiction par ordonnance dans la première quinzaine du mois de décembre.

Cette ordonnance peut être modifiée en cours d'année, en cas de cessation ou d'interruption des fonctions ou pour prévoir un service allégé pendant la période au cours de laquelle les magistrats, les fonctionnaires et les auxiliaires de justice bénéficient de leurs congés annuels.

Les mesures prises en application des dispositions du présent article sont des mesures d'administration judiciaire.

Article R434-2

Création Décret n°2008-522 du 2 juin 2008 - art. (V)

Le directeur de greffe de la Cour de cassation remet, au début de chaque année, au premier président et au procureur général un état de l'activité de la juridiction au cours de l'année précédente. Cet état est adressé au garde des sceaux, ministre de la justice.

Chapitre V : Les assemblées générales (Articles R435-1 à R435-3)

Article R435-1

Création Décret n°2008-522 du 2 juin 2008 - art. (V)

Le premier président préside les assemblées générales de la Cour de cassation.

En cas d'absence ou d'empêchement du premier président, ces assemblées sont présidées par le président de chambre dont le rang est le plus élevé.

Article R435-2

Création Décret n°2008-522 du 2 juin 2008 - art. (V)

Lorsque le garde des sceaux, ministre de la justice, consulte la Cour de cassation sur les projets de loi ou sur d'autres questions d'intérêt public, le premier président convoque celle-ci en assemblée générale. Le premier président détermine, selon l'objet de la consultation, après avis du procureur général et de la commission permanente, la formation de l'assemblée générale qui doit être réunie.

Article R435-3

Création Décret n°2008-522 du 2 juin 2008 - art. (V)

Il est dressé procès-verbal des assemblées générales de la Cour de cassation.

TITRE IV : DISPOSITIONS PARTICULIERES EN CAS DE SAISINE POUR AVIS DE LA COUR DE CASSATION (Article R441-1)

Chapitre unique (Article R441-1)

Article R441-1

Modifié par Décret n°2017-396 du 24 mars 2017 - art. 3

La formation mixte pour avis est composée de magistrats appartenant à deux chambres au moins de la Cour désignées par ordonnance du premier président. Elle comprend, outre le premier président, les présidents et doyens des chambres concernées, ainsi qu'un conseiller désigné par le premier président au sein de chacune de ces chambres. En cas d'absence ou d'empêchement de l'un des présidents de chambre, doyens ou conseillers, il est remplacé par un conseiller de la même chambre désigné par le premier président ou, en cas d'empêchement de celui-ci, par le président de chambre qui le remplace.

La formation plénière pour avis comprend, outre le premier président, les présidents et doyens des chambres et un conseiller par chambre désigné par le premier président. En cas d'absence ou d'empêchement de l'un des présidents de chambre, doyens ou conseillers, il est remplacé par un conseiller désigné par le premier président ou, en cas d'empêchement de celui-ci, par le président de chambre qui le remplace.

La formation plénière pour avis ne peut siéger que si tous les membres qui doivent la composer sont présents.

NOTA :
Conformément à l'article 6 du décret n° 2017-396 du 24 mars 2017, ces dispositions s'appliquent aux demandes d'avis sur lesquelles il n'a pas été statué au jour de la publication dudit décret.

TITRE VI : QUESTION PRIORITAIRE DE CONSTITUTIONNALITÉ (Article R*461-1)

Article R*461-1

Modifié par Décret n°2010-1216 du 15 octobre 2010 - art. 1

Dès réception d'une question prioritaire de constitutionnalité transmise par une juridiction, l'affaire est distribuée à la chambre qui connaît des pourvois dans la matière considérée.

La question peut être examinée par la formation prévue au premier alinéa de l'article L. 431-1 du présent code ou à l'article 567-1-1 du code de procédure pénale lorsque la solution paraît s'imposer.

LIVRE V : DISPOSITIONS PARTICULIERES A SAINT-PIERRE-ET-MIQUELON, A WALLIS ET FUTUNA, AUX TERRES AUSTRALES ET ANTARCTIQUES FRANCAISES, A LA POLYNESIE FRANCAISE ET A LA NOUVELLE CALEDONIE (Articles R511-1 à R563-4)

TITRE IER : DISPOSITIONS PARTICULIERES A SAINT-PIERRE-ET-MIQUELON (Articles R511-1 à R513-12)

Chapitre Ier : Dispositions générales (Article R511-1)

Article R511-1

Modifié par Décret n°2019-912 du 30 août 2019 - art. 36

Pour l'application à Saint-Pierre-et-Miquelon des dispositions du présent code (partie Réglementaire), il y a lieu de lire :

1° " tribunal supérieur d'appel " à la place de : " cour d'appel " ;

2° " tribunal de première instance " à la place de : "tribunal judiciaire" ;

3° " président du tribunal supérieur d'appel " à la place de : " premier président de la cour d'appel " ;

4° " procureur de la République près le tribunal supérieur d'appel " à la place de : " procureur général près la cour d'appel " et de " procureur de la République près le tribunal judiciaire ".

NOTA :
Conformément au I de l'article 40 du décret n° 2019-912 du 30 août 2019, ces dispositions entrent en vigueur le 1er janvier 2020.

Chapitre II : Des fonctions judiciaires (Articles R512-1 à R512-7)

Article R512-1

Création Décret n°2008-522 du 2 juin 2008 - art. (V)

Les candidatures aux fonctions d'assesseur au tribunal supérieur d'appel sont déclarées au président de cette juridiction.

Les déclarations de candidature sont déposées au plus tard deux mois avant l'expiration des fonctions des assesseurs en exercice. Ces déclarations doivent être individuelles, formulées par écrit et signées des candidats.

Chaque candidat fournit les renseignements et les pièces destinés à établir qu'il remplit les conditions prévues à l'article L. 512-2 et dont la détermination est fixée par arrêté du garde des sceaux, ministre de la justice.

Il est délivré récépissé par le président du tribunal supérieur d'appel des déclarations de candidature qu'il a reçues et qui sont immédiatement affichées au greffe du tribunal supérieur d'appel.

Article R512-2

Création Décret n°2008-522 du 2 juin 2008 - art. (V)

Le président du tribunal supérieur d'appel dresse une liste préparatoire des assesseurs titulaires et des assesseurs suppléants comprenant le nom des personnes ayant fait acte de candidature.

Article R512-3

Création Décret n°2008-522 du 2 juin 2008 - art. (V)

Au plus tard un mois avant l'expiration des fonctions des assesseurs en exercice, le président du tribunal supérieur d'appel transmet au garde des sceaux, ministre de la justice, la liste préparatoire, assortie de l'avis du procureur de la République près ce tribunal ; il y joint ses propositions parmi les candidats portés sur la liste préparatoire.

Article R512-4

Modifié par Décret n°2011-1042 du 31 août 2011 - art. 1

Le garde des sceaux, ministre de la justice, arrête une liste comprenant quatre assesseurs titulaires et six assesseurs suppléants au tribunal supérieur d'appel.

Article R512-5

Création Décret n°2008-522 du 2 juin 2008 - art. (V)

Dès sa publication au Journal officiel de la République française, l'arrêté du garde des sceaux, ministre de la justice, portant désignation des assesseurs est affiché au greffe du tribunal supérieur d'appel et publié au Recueil des actes administratifs de la collectivité territoriale. Il est, en outre, notifié à chacun des assesseurs désignés.

Article R512-6

Création Décret n°2008-522 du 2 juin 2008 - art. (V)

Le procureur de la République près le tribunal supérieur d'appel invite les assesseurs nouvellement désignés à se présenter devant cette juridiction pour prêter serment et être installés dans leurs fonctions judiciaires.

Le président du tribunal supérieur d'appel, siégeant en audience publique et en présence du procureur de la République, reçoit la prestation de serment des assesseurs, puis procède à leur installation.

Il est dressé procès-verbal de la réception du serment et de l'installation.

Article R512-7

Création Décret n°2008-522 du 2 juin 2008 - art. (V)

Il est attribué, pour l'exercice de leurs fonctions judiciaires, une indemnité de vacation aux assesseurs au tribunal supérieur d'appel. Cette indemnité, calculée par demi-journée, est fixée par arrêté conjoint du garde des sceaux, ministre de la justice, et du ministre chargé du budget.

La réalité du service fait par les assesseurs est attestée par le président du tribunal supérieur d'appel.

Les frais de déplacement que les assesseurs engagent pour se rendre à l'audience de prestation de serment et d'installation ainsi qu'aux audiences où ils siègent sont remboursés.

Chapitre III : Des juridictions (Articles R513-1 à R513-12)

Section 1 : Le tribunal de première instance (Articles R513-1 à R513-6)

Sous-Section 1 : Compétence (Articles R513-1 à R513-1-1)

Article R513-1

Modifié par Décret n°2019-912 du 30 août 2019 - art. 36

Le tribunal de première instance statue en dernier ressort jusqu'à la valeur de 5 000 euros et à charge d'appel lorsque la demande excède cette somme ou est indéterminée.

NOTA :
Conformément au I de l'article 40 du décret n° 2019-912 du 30 août 2019, ces dispositions entrent en vigueur le 1er janvier 2020.

Article R513-1-1

Création Décret n°2019-912 du 30 août 2019 - art. 36

Le juge du tribunal de première instance cote et paraphe les registres du service de la publicité foncière.

NOTA :
Conformément au I de l'article 40 du décret n° 2019-912 du 30 août 2019, ces dispositions entrent en vigueur le 1er janvier 2020.

Sous-section 2 : Organisation et fonctionnement (Articles R513-2 à R513-6)

Article R513-2

Création Décret n°2008-522 du 2 juin 2008 - art. (V)

La liste arrêtée par le premier président de la cour d'appel de Paris conformément aux dispositions du I de l'article L. 513-4 ne peut comprendre que des magistrats du siège ayant donné leur accord pour y figurer.

Article R513-3

Création Décret n°2008-522 du 2 juin 2008 - art. (V)

Lorsqu'en vertu d'une disposition de la loi ou du règlement, le magistrat désigné pour exercer les fonctions de magistrat du tribunal de première instance est appelé à statuer sans débat, sa décision peut être rendue au siège de la juridiction où il exerce ses autres fonctions.

Article R513-4

Création Décret n°2008-522 du 2 juin 2008 - art. (V)

Le service du greffe du tribunal de première instance est assuré par le greffe du tribunal supérieur d'appel.

Les fonctions de directeur de greffe sont assurées par un greffier.

Les articles R. 123-20 à R. 123-25 ne sont pas applicables.

Article R513-5

Création Décret n°2008-522 du 2 juin 2008 - art. (V)

Dans les cas où, en application des dispositions du II de l'article L. 513-4, sont mis en œuvre des moyens de communication audiovisuelle pour la tenue d'une audience, le service du greffe de la juridiction est assuré par le greffe de la cour d'appel de Paris.

Pour l'application des dispositions du II de l'article L. 513-11, le service du greffe est assuré par le greffe du tribunal supérieur d'appel, à l'exception du cas de la tenue de l'audience mentionnée à l'alinéa premier.

La disposition, à l'intérieur de la salle d'audience et à l'intérieur de l'enceinte accueillant la formation de jugement ou le représentant du ministère public, du matériel nécessaire à la transmission audiovisuelle est fixée par décision conjointe du premier président de la cour d'appel de Paris, du procureur général près cette cour, du président du tribunal supérieur d'appel et du procureur de la République près ce tribunal.

Les prises de vue et de son sont assurées par des agents des services du ministère de la justice ou, à défaut, par tous autres agents publics.

Lorsque l'audience se tient à huis clos ou en chambre du conseil, ces agents sont nécessairement des fonctionnaires des greffes.

Les caractéristiques techniques des moyens de communication audiovisuelle utilisés doivent assurer une transmission fidèle, loyale et confidentielle à l'égard des tiers. Ces caractéristiques sont définies par arrêté conjoint du garde des sceaux, ministre de la justice, du ministre de l'intérieur et du ministre de la défense.

Les prises de vue et les prises de son sont soumises aux règles mentionnées à l'article 38 ter de la loi du 29 juillet 1881 sur la liberté de la presse.

Article R513-6

Création Décret n°2008-522 du 2 juin 2008 - art. (V)

Les dispositions des articles R. 214-1 à R. 214-3 ne sont pas applicables à Saint-Pierre-et-Miquelon.

Section 2 : Le tribunal supérieur d'appel (Articles R513-7 à R513-12)

Article R513-7

Création Décret n°2008-522 du 2 juin 2008 - art. (V)

Les assesseurs de la formation collégiale du tribunal supérieur d'appel sont au nombre de deux.

Article R513-8

Création Décret n°2008-522 du 2 juin 2008 - art. (V)

En cas d'absence ou d'empêchement ou d'incompatibilité légale, les fonctions d'assesseur sont exercées par un assesseur suppléant désigné par ordonnance du président du tribunal supérieur d'appel.

Article R513-9

Création Décret n°2008-522 du 2 juin 2008 - art. (V)

La liste arrêtée par le premier président de la cour d'appel de Paris conformément aux dispositions du I de l'article L. 513-8 ne peut comprendre que des magistrats du siège ayant donné leur accord pour y figurer.

Article R513-10

Création Décret n°2008-522 du 2 juin 2008 - art. (V)

Lorsqu'en vertu d'une disposition de la loi ou du règlement, le magistrat désigné pour remplacer le président du tribunal supérieur d'appel est appelé à statuer seul et sans débat, sa décision peut être rendue au siège de la juridiction où il exerce ses autres fonctions.

Article R513-11

Création Décret n°2008-522 du 2 juin 2008 - art. (V)

Pour la mise en œuvre du II de l'article L. 513-8 et du II de l'article L. 513-11, il est fait application des dispositions de l'article R. 513-5.

Article R513-12

Création Décret n°2008-522 du 2 juin 2008 - art. (V)

Les dispositions relatives au service administratif régional ne sont pas applicables à Saint-Pierre-et-Miquelon.

TITRE III : DISPOSITIONS APPLICABLES A WALLIS ET FUTUNA (Articles R531-1 à R533-4)

Chapitre Ier : Dispositions générales (Articles R531-1 à R531-2)

Article R531-1

Modifié par Décret n°2022-79 du 27 janvier 2022 - art. 2

Le livre Ier du présent code (partie Réglementaire) est applicable à Wallis-et-Futuna, dans sa rédaction résultant du décret n° 2022-79 du 27 janvier 2022, à l'exception du second alinéa de l'article R. 111-3, du dernier alinéa de l'article R. 123-1, des articles R. 123-2, R. 123-9, R. 123-10, R. 123-15, R. 123-17, R. 123-19, du second alinéa de l'article R. 123-20 et de l'article R. 124-2. En outre, ne sont pas non plus applicables à Wallis-et-Futuna les dispositions de l'article R. 123-26 en ce qu'elles s'appliquent aux chambres de proximité

Les dispositions de l'article R. 121-1 sont applicables à Wallis-et-Futuna dans sa rédaction résultant du décret n° 2008-522 du 2 juin 2008.

NOTA :
Conformément à l'article 3 du décret n° 2022-79 du 27 janvier 2022, les présentes dispositions sont applicables aux instances en cours.

Article R531-2

Modifié par Décret n°2019-912 du 30 août 2019 - art. 37

Pour l'application des dispositions étendues par le présent titre à Wallis-et-Futuna, il y a lieu de lire :

1° " tribunal de première instance " à la place de " tribunal judiciaire " ;

2° " tribunal du travail " à la place de " conseil de prud'hommes " ;

3° " directeur de greffe de la cour d'appel ou fonctionnaire responsable du greffe du tribunal de première instance " à la place de " directeur de greffe " ;

4° " administrateur supérieur " à la place de " préfet ".

Pour l'application à Wallis-et-Futuna de l'article R. 123-28 dans sa rédaction résultant du décret n° 2019-912 du 30 août 2019, les mots : " prud'homale " sont remplacés par les mots : " de juridictions du travail ".

NOTA :
Conformément au I de l'article 40 du décret n° 2019-912 du 30 août 2019, ces dispositions entrent en vigueur le 1er janvier 2020.

Chapitre II : Des juridictions (Articles D532-1 à R532-24)

Article D532-1

Création Décret n°2008-522 du 2 juin 2008 - art. (V)

Les juridictions sises à Wallis-et-Futuna en application du présent titre sont comprises dans le ressort de la cour d'appel de Nouméa.

Section 1 : Le tribunal de première instance (Articles D532-2 à R532-23)

Sous-section 1 : Institution et compétence (Articles D532-2 à R532-6-1)

Article D532-2

Création Décret n°2008-522 du 2 juin 2008 - art. (V)

Le siège du tribunal de première instance est fixé conformément au tableau IV annexé au présent code.

Article R532-3

Création Décret n°2008-522 du 2 juin 2008 - art. (V)

En fonction des nécessités locales, pour le jugement des affaires civiles, correctionnelles et de police, le tribunal de première instance peut tenir des audiences foraines en tout lieu de la collectivité.

Le premier président de la cour d'appel, après avis du procureur général près cette cour, fixe par ordonnance le lieu, le jour et la nature de ces audiences.

Article R532-4

Création Décret n°2008-522 du 2 juin 2008 - art. (V)

Dans les matières pour lesquelles compétence n'est pas attribuée expressément à une autre juridiction en raison de la nature de l'affaire, le tribunal de première instance statue à charge d'appel.

Dans les matières pour lesquelles il a compétence exclusive, le tribunal de première instance statue en dernier ressort lorsque le montant de la demande est inférieur ou égal à la contrepartie en monnaie locale de la somme de 3 771 euros et à charge d'appel lorsque la demande excède cette somme ou est indéterminée.

Article D532-5

Modifié par Décret n°2021-286 du 16 mars 2021 - art. 2

Les dispositions des articles D. 211-9 à D. 211-10-1 et D. 211-10-4-1 sont applicables à Wallis-et-Futuna, dans leur rédaction résultant du décret n° 2021-286 du 16 mars 2021.

NOTA :
Conformément à l'article 4 du décret n° 2021-286 du 16 mars 2021, ces dispositions entrent en vigueur le 1er avril 2021.La juridiction saisie demeure compétente pour statuer sur les procédures introduites antérieurement à la date d'entrée en vigueur des articles 2 et 3 dudit décret.

Article R532-6

Création Décret n°2008-522 du 2 juin 2008 - art. (V)

En matière civile, le président du tribunal de première instance statue en référé ou sur requête.

Article R532-6-1

Création Décret n°2019-536 du 29 mai 2019 - art. 158

Le président du tribunal de première instance connaît de la demande formée sur le fondement du IV de l'article 21 de la loi n° 78-17 du 6 janvier 1978 relative à l'informatique, aux fichiers et aux libertés, à l'encontre des personnes ou des organismes autres que ceux mentionnés à l'article R. 555-1 du code de justice administrative.

Sous-section 2 : Organisation et fonctionnement (Articles R532-8 à R532-22-1)

Article R532-8

Création Décret n°2008-522 du 2 juin 2008 - art. (V)

L'installation des magistrats du tribunal de première instance a lieu en audience solennelle.

Article R532-9

Modifié par Décret n°2019-912 du 30 août 2019 - art. 37

Les dispositions de l'article R. 213-8 sont applicables à Wallis-et-Futuna dans leur rédaction résultant du décret n° 2019-912 du 30 août 2019.

NOTA :
Conformément au I de l'article 40 du décret n° 2019-912 du 30 août 2019, ces dispositions entrent en vigueur le 1er janvier 2020.

Article R532-10

Création Décret n°2008-522 du 2 juin 2008 - art. (V)

L'ordonnance prise par le président du tribunal de première instance en application de l'article L. 121-3 intervient dans la première quinzaine du mois de décembre après avis du procureur de la République. Elle précise le nombre, le jour et la nature des audiences. Cette ordonnance peut être modifiée en cours d'année judiciaire par une nouvelle ordonnance du président en cas d'absence ou de cessation ou interruption des fonctions des magistrats du siège initialement désignés. Une expédition est transmise au premier président de la cour d'appel et au procureur général près cette cour.

Article R532-11

Création Décret n°2008-522 du 2 juin 2008 - art. (V)

La décision de renvoi à la formation collégiale, prise en application des dispositions de l'article L. 532-7, est une mesure d'administration judiciaire.

Article R532-12

Création Décret n°2008-522 du 2 juin 2008 - art. (V)

Les assesseurs de la formation collégiale du tribunal de première instance sont au nombre de deux.

Article R532-13

Création Décret n°2008-522 du 2 juin 2008 - art. (V)

Les candidatures aux fonctions d'assesseur du tribunal de première instance de ce tribunal sont déclarées à l'administrateur supérieur.

Les déclarations de candidature doivent être effectuées au plus tard deux mois avant l'expiration des fonctions des assesseurs en exercice. Les déclarations sont faites par écrit et signées des candidats. Elles doivent être individuelles.

Chaque candidat fournit, à l'appui de sa candidature, les renseignements et les pièces destinés à établir qu'il remplit les conditions prévues à l'article L. 532-8 et dont la détermination est fixée par arrêté du garde des sceaux, ministre de la justice.

L'administrateur supérieur reçoit les déclarations des candidats et en donne récépissé ; il fait procéder immédiatement à l'affichage des candidatures dans les locaux de l'administration supérieure et transmet celles-ci au premier président de la cour d'appel.

Article R532-14

Création Décret n°2008-522 du 2 juin 2008 - art. (V)

En application de l'article L. 532-9, le premier président de la cour d'appel dresse une liste préparatoire des assesseurs titulaires et des assesseurs suppléants comprenant le nom des personnes ayant fait acte de candidature.

Article R532-15

Création Décret n°2008-522 du 2 juin 2008 - art. (V)

Au plus tard un mois avant l'expiration des fonctions des assesseurs en exercice, le premier président de la cour d'appel adresse au garde des sceaux, ministre de la justice, la liste préparatoire assortie des dossiers de chaque candidat, de l'avis du procureur général près cette cour et du procès-verbal de délibération de l'assemblée des magistrats de celle-ci. Il y joint ses propositions parmi les candidats portés sur la liste préparatoire pour chaque formation de jugement.

Article R532-16

Création Décret n°2008-522 du 2 juin 2008 - art. (V)

En application de l'article L. 532-9, le garde des sceaux, ministre de la justice, arrête une liste comprenant deux assesseurs titulaires et quatre assesseurs suppléants.

Article R532-17

Création Décret n°2008-522 du 2 juin 2008 - art. (V)

Lorsque le nombre des candidats remplissant les conditions fixées à l'article L. 532-8 n'est pas suffisant pour établir la liste des assesseurs titulaires et suppléants appelés à compléter le tribunal de première instance, le garde des sceaux, ministre de la justice, constate, par arrêté, l'impossibilité de constituer cette liste.

Article R532-18

Création Décret n°2008-522 du 2 juin 2008 - art. (V)

Dès sa publication au Journal officiel du territoire de Wallis-et-Futuna, l'arrêté portant désignation des assesseurs est affiché au greffe du tribunal de première instance. Il est en outre notifié à chacun des assesseurs désignés.

Article R532-19

Création Décret n°2008-522 du 2 juin 2008 - art. (V)

Le procureur de la République près le tribunal de première instance invite les assesseurs qui n'ont pas encore exercé de fonctions judiciaires au tribunal de première instance à se présenter à l'audience de cette juridiction pour prêter serment.

Le président du tribunal de première instance, siégeant en audience publique et en présence du procureur de la République près ce tribunal, reçoit la prestation de serment des assesseurs, puis procède à leur installation.

Il est dressé un procès-verbal de la réception du serment et de l'installation.

Article R532-20

Création Décret n°2008-522 du 2 juin 2008 - art. (V)

Lorsque, en cours d'année, il y a lieu, pour quelque cause que ce soit, de compléter la liste d'assesseurs, il est pourvu, pour la partie de l'année judiciaire restant à courir, au remplacement des assesseurs titulaires ou suppléants. Le nouvel assesseur est désigné dans les mêmes formes.

Article R532-21

Modifié par Décret n°2019-912 du 30 août 2019 - art. 37

Les dispositions de l'article R. 212-16 sont applicables à Wallis-et-Futuna dans leur rédaction résultant du décret n° 2019-912 du 30 août 2019.

NOTA :
Conformément au I de l'article 40 du décret n° 2019-912 du 30 août 2019, ces dispositions entrent en vigueur le 1er janvier 2020.

Article R532-22

Création Décret n°2008-522 du 2 juin 2008 - art. (V)

Dans les cas où, en application des dispositions du II de l'article L. 532-17, sont mis en œuvre des moyens de communication audiovisuelle pour la tenue d'une audience, le service du greffe de la juridiction est assuré par le greffe de la cour d'appel de Nouméa.

La disposition, à l'intérieur de la salle d'audience et à l'intérieur de l'enceinte accueillant la formation de jugement, du matériel nécessaire à la transmission audiovisuelle est fixée par décision conjointe du premier président de la cour d'appel de Nouméa et du président du tribunal de première instance de Mata-Utu.

Les prises de vue et de son sont assurées par des agents des services du ministère de la justice ou, à défaut, par tous autres agents publics.

Lorsque l'audience se tient à huis clos ou en chambre du conseil, ces agents sont nécessairement des fonctionnaires des greffes.

Les caractéristiques techniques des moyens de communication audiovisuelle utilisés doivent assurer une transmission fidèle, loyale et confidentielle à l'égard des tiers. Ces caractéristiques sont définies par arrêté conjoint du garde des sceaux, ministre de la justice, du ministre de l'intérieur et du ministre de la défense.

Article R532-22-1

Création Décret n°2021-682 du 27 mai 2021 - art. 7 (VD)

Les dispositions des articles R. 213-13 et R. 213-14 sont applicables à Wallis-et-Futuna.

NOTA :
Conformément à l'article 8 du décret n° 2021-682 du 27 mai 2021, ces dispositions entrent en vigueur à la date fixée par l'article 9 de l'ordonnance n° 2019-950 du 11 septembre 2019 (30 septembre 2021).

Sous-section 3 : La commission d'indemnisation des victimes d'infractions (Article R532-23)

Article R532-23

Modifié par Décret n°2019-912 du 30 août 2019 - art. 37

Les dispositions des articles R. 214-4 à R. 214-6 sont applicables à Wallis-et-Futuna dans leur rédaction résultant du décret n° 2019-912 du 30 août 2019.

NOTA :
Conformément au I de l'article 40 du décret n° 2019-912 du 30 août 2019, ces dispositions entrent en vigueur le 1er janvier 2020.

Article R532-24

Modifié par Décret n°2019-912 du 30 août 2019 - art. 37

Les dispositions du titre V du livre II du présent code (partie Réglementaire), relatives aux juridictions des mineurs, sont applicables à Wallis-et-Futuna dans leur rédaction résultant du décret n° 2019-912 du 30 août 2019.

NOTA :
Conformément au I de l'article 40 du décret n° 2019-912 du 30 août 2019, ces dispositions entrent en vigueur le 1er janvier 2020.

Article R533-1

Création Décret n°2008-522 du 2 juin 2008 - art. (V)

Le service du greffe du tribunal de première instance est assuré par des agents du greffe de la cour d'appel.
Le greffe fait partie de la juridiction dont il dépend.

Article R533-2

Création Décret n°2008-522 du 2 juin 2008 - art. (V)

Les fonctions de greffier du tribunal de première instance, du tribunal du travail, du tribunal mixte de commerce et du tribunal pour enfants sont exercées par le directeur de greffe de la cour d'appel ou par un greffier de cette cour.

Article R533-3

Création Décret n°2008-522 du 2 juin 2008 - art. (V)

Le premier président de la cour d'appel et le procureur général près cette cour, après avis du président du tribunal de première instance, du procureur de la République près ce tribunal et du directeur de greffe de la cour d'appel, répartissent le personnel assurant le service des greffes entre le greffe de la cour d'appel et celui du tribunal de première instance et désignent un fonctionnaire responsable du greffe du tribunal de première instance.

Article R533-4

Création Décret n°2008-522 du 2 juin 2008 - art. (V)

Le premier président de la cour d'appel et le procureur général près cette cour, après avis du directeur de greffe de cette cour, ainsi que le président du tribunal de première instance et le procureur de la République près ce tribunal, après avis du fonctionnaire responsable du greffe de ce tribunal, décident de la répartition du personnel assurant le service du greffe entre les services du siège et ceux du parquet.

TITRE IV : DISPOSITIONS APPLICABLES AUX TERRES AUSTRALES ET ANTARCTIQUES FRANCAISES (Article R541-1)

Chapitre unique (Article R541-1)

Article R541-1

Création Décret n°2008-522 du 2 juin 2008 - art. (V)

Les juridictions de l'ordre judiciaire sises au siège de la cour d'appel de Saint-Denis sont compétentes dans les Terres australes et antarctiques françaises.

TITRE V : DISPOSITIONS APPLICABLES A LA POLYNESIE FRANCAISE (Articles R551-1 à R553-4)

Chapitre Ier : Dispositions générales (Articles R551-1 à R551-2)

Article R551-1

Modifié par Décret n°2022-79 du 27 janvier 2022 - art. 2

Le livre Ier du présent code (partie Réglementaire) est applicable à la Polynésie française, dans sa rédaction résultant du décret n° 2022-79 du 27 janvier 2022, à l'exception du second alinéa de l'article R. 111-3, du dernier alinéa de l'article R. 123-1, des articles R. 123-2, R. 123-9, R. 123-10, R. 123-15, R. 123-17, R. 123-19, du second alinéa de l'article R. 123-20 et des articles R. 124-2 et R. 131-12. En outre, ne sont pas non plus applicables à la Polynésie-française les dispositions de l'article R. 123-26 en ce qu'elles s'appliquent aux chambres de proximité.

NOTA :
Conformément à l'article 3 du décret n° 2022-79 du 27 janvier 2022, les présentes dispositions sont applicables aux instances en cours.

Article R551-2

Modifié par Décret n°2019-912 du 30 août 2019 - art. 38

Pour l'application des dispositions étendues par le présent titre en Polynésie française, il y a lieu de lire :

1° " tribunal de première instance " à la place de "tribunal judiciaire" ;

2° " tribunal du travail " à la place de " conseil de prud'hommes " ;

3° " directeur de greffe de la cour d'appel ou fonctionnaire responsable du greffe du tribunal de première instance " à la place de " directeur de greffe " ;

4° " haut-commissaire de la République " à la place de " préfet ".

Pour l'application en Polynésie française de l'article R. 123-28 dans sa rédaction résultant du décret n° 2019-912 du 30 août 2019, les mots : " prud'homale " sont remplacés par les mots : " de juridictions du travail ".

NOTA :
Conformément au I de l'article 40 du décret n° 2019-912 du 30 août 2019, ces dispositions entrent en vigueur le 1er janvier 2020.

Chapitre II : Des juridictions (Articles D552-1 à R552-35)

Section 1 : Le tribunal de première instance (Articles D552-1 à R552-22-8)

Sous-section 1 : Institution et compétence (Articles D552-1 à R552-6)

Article D552-1

Création Décret n°2008-522 du 2 juin 2008 - art. (V)

Le siège et le ressort du tribunal de première instance sont fixés conformément au tableau IV annexé au présent code.

Article R552-2

Création Décret n°2008-522 du 2 juin 2008 - art. (V)

En fonction des nécessités locales, pour le jugement des affaires civiles, correctionnelles et de police, le tribunal de première instance peut tenir des audiences foraines dans les communes de son ressort autres que celle où est situé le siège de ce tribunal.

Le premier président de la cour d'appel, après avis du procureur général près cette cour, fixe par ordonnance le lieu, le jour et la nature de ces audiences.

Article R552-3

Création Décret n°2008-522 du 2 juin 2008 - art. (V)

Dans les matières pour lesquelles compétence n'est pas attribuée expressément à une autre juridiction en raison de la nature de l'affaire, le tribunal de première instance statue à charge d'appel.

Dans les matières pour lesquelles il a compétence exclusive, le tribunal de première instance statue en dernier ressort lorsque le montant de la demande est inférieur ou égal à la contrepartie en monnaie locale de la somme de 3 771 euros et à charge d'appel lorsque la demande excède cette somme ou est indéterminée.

Article D552-4

Modifié par Décret n°2021-286 du 16 mars 2021 - art. 2

Les dispositions des articles D. 211-9 à D. 211-10-1 et D. 211-10-4-1 sont applicables en Polynésie française, dans leur rédaction résultant du décret n° 2021-286 du 16 mars 2021.

NOTA :
Conformément à l'article 4 du décret n° 2021-286 du 16 mars 2021, ces dispositions entrent en vigueur le 1er avril 2021.La juridiction saisie demeure compétente pour statuer sur les procédures introduites antérieurement à la date d'entrée en vigueur des articles 2 et 3 dudit décret.

Article R552-5

Création Décret n°2008-522 du 2 juin 2008 - art. (V)

En matière civile, le président du tribunal de première instance statue en référé ou sur requête.

Article R552-6

Modifié par Décret n°2019-536 du 29 mai 2019 - art. 158

Le président du tribunal de première instance connaît de la demande formée sur le fondement du IV de l'article 21 de la loi n° 78-17 du 6 janvier 1978 relative à l'informatique, aux fichiers et aux libertés, à l'encontre des personnes ou des organismes autres que ceux mentionnés à l'article R. 555-1 du code de justice administrative.

Sous-section 2 : Organisation et fonctionnement (Articles R552-8 à R552-22-3)

Article R552-8

Création Décret n°2008-522 du 2 juin 2008 - art. (V)

L'installation des magistrats du tribunal de première instance a lieu en audience solennelle.

Paragraphe 1 : Le service juridictionnel (Articles R552-9 à R552-13-1)

Article R552-9

Modifié par Décret n°2019-912 du 30 août 2019 - art. 38

Les dispositions de la section 1 du chapitre II du titre Ier du livre II du présent code (partie Réglementaire), relatives au service juridictionnel du tribunal judiciaire, sont applicables en Polynésie française dans leur rédaction résultant du n° 2019-912 du 30 août 2019, à l'exception des articles R. 212-8, R. 212-9 et R. 212-11.

NOTA :
Conformément au I de l'article 40 du décret n° 2019-912 du 30 août 2019, ces dispositions entrent en vigueur le 1er janvier 2020.

Article R552-10

Modifié par Décret n°2019-912 du 30 août 2019 - art. 38

Les dispositions des articles R. 213-8, R. 213-9-1 et R. 213-12-1 sont applicables en Polynésie française dans leur rédaction en vigueur le lendemain de la publication du décret n° 2019-912 du 30 août 2019.

NOTA :
Conformément au I de l'article 40 du décret n° 2019-912 du 30 août 2019, ces dispositions entrent en vigueur le 1er janvier 2020.

Article R552-11

Création Décret n°2008-522 du 2 juin 2008 - art. (V)

La décision de renvoi à la formation collégiale, prise en application de l'article L. 552-6, est une mesure d'administration judiciaire.

Article R552-12

Création Décret n°2008-522 du 2 juin 2008 - art. (V)

En application de l'article L. 552-7, les assesseurs de la formation collégiale du tribunal de première instance sont au nombre de deux.

Article R552-13

Modifié par Décret n°2019-912 du 30 août 2019 - art. 38

Les dispositions des articles R. 214-1 à R. 214-6 sont applicables en Polynésie française dans leur rédaction résultant du décret n° 2019-912 du 30 août 2019.

Pour l'application de l'article R. 214-1 en Polynésie française, les mots : " l'article L. 214-2 " sont remplacés par les mots : " l'article 706-4 du code de procédure pénale ".

NOTA :
Conformément au I de l'article 40 du décret n° 2019-912 du 30 août 2019, ces dispositions entrent en vigueur le 1er janvier 2020.

Article R552-13-1

Création Décret n°2021-682 du 27 mai 2021 - art. 7 (VD)

Les dispositions des articles R. 213-13 et R. 213-14 sont applicables en Polynésie française.

NOTA :
Conformément à l'article 8 du décret n° 2021-682 du 27 mai 2021, ces dispositions entrent en vigueur à la date fixée par l'article 9 de l'ordonnance n° 2019-950 du 11 septembre 2019 (30 septembre 2021).

Paragraphe 2 : Le parquet (Articles R552-14 à R552-15)

Article R552-14

Modifié par Décret n°2019-912 du 30 août 2019 - art. 38

Les articles R. 212-12, R. 212-13 et R. 212-15 sont applicables en Polynésie française dans leur rédaction résultant du décret n° 2019-912 du 30 août 2019.

NOTA :
Conformément au I de l'article 40 du décret n° 2019-912 du 30 août 2019, ces dispositions entrent en vigueur le 1er janvier 2020.

Article R552-15

Création Décret n°2008-522 du 2 juin 2008 - art. (V)

En cas d'absence ou d'empêchement, le procureur de la République est suppléé par un magistrat du parquet général ou un magistrat du parquet du tribunal de première instance désigné par le procureur général.

En cas d'absence ou d'empêchement du magistrat ainsi désigné, le procureur de la République est remplacé par le magistrat du parquet du tribunal de première instance le plus ancien dans le grade le plus élevé.

Paragraphe 3 : Les sections détachées (Articles R552-16 à R552-20)

Article R552-16

Modifié par Décret n°2017-1474 du 16 octobre 2017 - art. 1

Le tribunal de première instance comprend des sections détachées pour juger dans leur ressort les affaires civiles, correctionnelles, de police et d'application des peines.

Lorsqu'elle statue en matière foncière, la section détachée est composée d'un président et de deux assesseurs choisis par le président du tribunal foncier parmi les membres de celui-ci.

En cas de création d'une section détachée, les procédures en cours devant le tribunal de première instance ou devant une autre section à la date fixée pour l'entrée en activité de la nouvelle section sont transférées en l'état à cette dernière, dans la mesure où elles relèvent désormais de sa compétence, sans qu'il y ait lieu de renouveler les actes, formalités et jugements intervenus antérieurement à cette date, à l'exception des convocations, citations et assignations données aux parties et aux témoins à fin de comparution personnelle.

Les citations et assignations produisent leurs effets ordinaires interruptifs de prescription.

La modification du ressort d'une section détachée entraîne un transfert des procédures en cours dans les mêmes conditions.

Article D552-17

Création Décret n°2008-522 du 2 juin 2008 - art. (V)

Le siège et le ressort des sections détachées sont fixés conformément au tableau IV annexé au présent code.

Article R552-18

Création Décret n°2008-522 du 2 juin 2008 - art. (V)

En fonction des nécessités locales, une section détachée du tribunal de première instance peut tenir des audiences foraines dans des communes de son ressort autres que celle où est situé le siège de la section détachée.

Le premier président de la cour d'appel, après avis du procureur général près cette cour, fixe par ordonnance le lieu, le jour et la nature de ces audiences.

Article R552-19

Création Décret n°2008-522 du 2 juin 2008 - art. (V)

Pendant la seconde quinzaine du mois de novembre, le premier président de la cour d'appel, par ordonnance prise après avis de l'assemblée générale des magistrats du siège de cette cour, désigne les magistrats du siège du tribunal de première instance qui seront chargés du service des sections détachées aux fins de les compléter lorsqu'elles statuent en formation collégiale.

Pendant la première quinzaine du mois de décembre, le président du tribunal de première instance, par ordonnance prise après avis de l'assemblée générale des magistrats du siège de ce tribunal, répartit, conformément aux dispositions de l'article L. 121-3, les magistrats chargés du service des sections détachées au sein de celles-ci. Un magistrat peut être affecté au service de plusieurs sections détachées. L'ordonnance précise le nombre, le jour et la nature des audiences.

Les ordonnances prises en application du présent article peuvent être modifiées en cours d'année judiciaire dans les mêmes formes en cas d'absence ou de cessation ou interruption des fonctions des magistrats du siège initialement désignés.

Article R552-20

Création Décret n°2008-522 du 2 juin 2008 - art. (V)

En cas d'absence ou d'empêchement, le magistrat chargé de la présidence d'une section détachée est suppléé par un magistrat du siège du tribunal de première instance désigné par le premier président de la cour d'appel.

En cas d'absence ou d'empêchement, un magistrat chargé du service d'une section détachée est suppléé par un autre magistrat chargé du service d'une section détachée désigné par le président du tribunal de première instance.

Paragraphe 4 : Les assemblées générales (Article R552-21)

Article R552-21

Modifié par Décret n°2019-912 du 30 août 2019 - art. 38

Les dispositions de la section 5 du chapitre II du titre Ier du livre II du présent code (partie Réglementaire), relatives aux assemblées générales du tribunal judiciaire, sont applicables en Polynésie française dans leur rédaction résultant du décret n° 2019-912 du 30 août 2019 à l'exception des articles R. 212-34-1, R. 212-41-1, R. 212-45-1 et R. 212-49-1.

NOTA :
Conformément au I de l'article 40 du décret n° 2019-912 du 30 août 2019, ces dispositions entrent en vigueur le 1er janvier 2020.

Paragraphe 5 : Administration des juridictions du ressort du tribunal de première instance (Article R552-22)

Article R552-22

Modifié par Décret n°2019-912 du 30 août 2019 - art. 38

Les dispositions des articles R. 212-59 à R. 212-61, dans leur rédaction résultant du décret n° 2019-912 du 30 août 2019 sont applicables en Polynésie française.

NOTA :
Conformément au I de l'article 40 du décret n° 2019-912 du 30 août 2019, ces dispositions entrent en vigueur le 1er janvier 2020.

Paragraphe 6 : Les pôles (Article R552-22-1)

Article R552-22-1

Modifié par Décret n°2019-912 du 30 août 2019 - art. 38

Les dispositions de la section 7 du chapitre II du titre Ier du livre II du présent code (partie réglementaire), dans leur rédaction résultant du décret n° 2019-912 du 30 août 2019, sont applicables en Polynésie française.

NOTA :
Conformément au I de l'article 40 du décret n° 2019-912 du 30 août 2019, ces dispositions entrent en vigueur le 1er janvier 2020.

Paragraphe 7 : Le projet de juridiction (Article R552-22-2)

Article R552-22-2

Modifié par Décret n°2019-912 du 30 août 2019 - art. 38

Les dispositions de la section 8 du chapitre II du titre Ier du livre II du présent code (partie réglementaire), dans leur rédaction résultant du décret n° 2019-912 du 30 août 2019, sont applicables en Polynésie française.

NOTA :
Conformément au I de l'article 40 du décret n° 2019-912 du 30 août 2019, ces dispositions entrent en vigueur le 1er janvier 2020.

Paragraphe 8 : Le conseil de juridiction (Article R552-22-3)

Article R552-22-3

Modifié par Décret n°2019-912 du 30 août 2019 - art. 38

Les dispositions de la section 9 du chapitre II du titre Ier du livre II du présent code (partie réglementaire), dans leur rédaction résultant du décret n° 2019-912 du 30 août 2019, sont applicables en Polynésie française.

NOTA :
Conformément au I de l'article 40 du décret n° 2019-912 du 30 août 2019, ces dispositions entrent en vigueur le 1er janvier 2020.

Sous-section 3 : Dispositions spécifiques au tribunal foncier (Articles R552-22-4 à R552-22-8)

Article R552-22-4

Création Décret n°2017-1474 du 16 octobre 2017 - art. 2

Le premier président de la cour d'appel arrête chaque année, parmi les assesseurs agréés dans les conditions de l'article L. 552-9-2, la liste des assesseurs titulaires et suppléants en fonction des nécessités du service et de l'activité de la juridiction.

Article R552-22-5

Création Décret n°2017-1474 du 16 octobre 2017 - art. 2

L'ordonnance prévue à l'article R. 212-6 et au deuxième alinéa de l'article R. 552-19 fixe le nombre et le jour des audiences ainsi que la répartition des assesseurs à celles-ci.

Article R552-22-6

Création Décret n°2017-1474 du 16 octobre 2017 - art. 2

Le greffe convoque les assesseurs par tous moyens conférant date certaine, un mois au moins avant la date de l'audience.

Les assesseurs présents peuvent être convoqués aux audiences suivantes par la remise d'un bulletin après signature de la feuille de répartition des assesseurs aux audiences.

En cas d'absence ou d'empêchement d'un assesseur, le président du tribunal procède à son remplacement par tout autre assesseur inscrit sur la liste.

Article R552-22-7

Création Décret n°2017-1474 du 16 octobre 2017 - art. 2

En cas de cessation des fonctions d'un assesseur, par suite de décès, démission, déchéance ou pour toute autre cause, le premier président procède à son remplacement. Les fonctions de l'assesseur ainsi désigné expirent à l'époque où auraient cessé celles de l'assesseur qu'il remplace.

Article R552-22-8

Création Décret n°2017-1474 du 16 octobre 2017 - art. 2

Dans la limite des crédits ouverts à cet effet au budget du ministère de la justice, les assesseurs perçoivent, les jours où ils assurent le service de l'audience, l'indemnité journalière prévue au premier alinéa de l'article R. 140 du code de procédure pénale.

Ils perçoivent également une indemnité pour perte de salaire ou de gain.

L'indemnité pour perte de salaire est égale à la perte de salaire effectivement subie, justifiée par une attestation d'employeur qu'il appartient à l'assesseur de fournir à la juridiction.

L'indemnité pour perte de gain est fixée forfaitairement à douze fois le montant brut horaire du salaire minimum interprofessionnel de croissance par audience.

Les assesseurs sont indemnisés de leurs frais de déplacement et d'hébergement dans les conditions fixées par le décret n° 2006-781 du 3 juillet 2006.

Section 2 : La cour d'appel (Articles R552-23 à R552-27)

Sous-section 1 : Institution et compétence (Article R552-23)

Article R552-23

Modifié par Décret n°2019-912 du 30 août 2019 - art. 38

Les dispositions du chapitre Ier du titre Ier du livre III du présent code (partie Réglementaire), relatives à la compétence de la cour d'appel, sont applicables en Polynésie française dans leur rédaction en vigueur le lendemain de la publication du décret n° 2019-912 du 30 août 2019 , à l'exception des articles D. 311-8 à D. 311-12-1.

NOTA :
Conformément au I de l'article 40 du décret n° 2019-912 du 30 août 2019, ces dispositions entrent en vigueur le 1er janvier 2020.

Sous-section 2 : Organisation et fonctionnement (Articles R552-24 à R552-27)

Article R552-24

Modifié par Décret n°2021-867 du 29 juin 2021 - art. 6

Les dispositions du chapitre II du titre Ier du livre III du présent code (partie Réglementaire), relatives à l'organisation et au fonctionnement de la cour d'appel, sont applicables en Polynésie française dans leur rédaction résultant du décret n° 2021-867 du 29 juin 2021, à l'exception des articles R. 312-4, R. 312-12, R. 312-13-1 et R. 312-17.

NOTA :
Conformément au I de l'article 40 du décret n° 2019-912 du 30 août 2019, ces dispositions entrent en vigueur le 1er janvier 2020.

Article R552-25

Création Décret n°2008-522 du 2 juin 2008 - art. (V)

La chambre des appels correctionnels ou la chambre de l'instruction assure, avec la chambre civile, le service des audiences solennelles.

Article R552-26

Création Décret n°2008-522 du 2 juin 2008 - art. (V)

En cas d'absence ou d'empêchement d'un magistrat du siège de la cour d'appel, celui-ci peut être suppléé par un magistrat du siège du tribunal de première instance désigné par ordonnance du premier président.

Les magistrats du siège de la cour d'appel doivent être en majorité.

Article R552-27

Création Décret n°2008-522 du 2 juin 2008 - art. (V)

En cas d'absence ou d'empêchement d'un magistrat du parquet de la cour d'appel, celui-ci peut-être suppléé par un magistrat du parquet près le tribunal de première instance, désigné par le procureur général, pour exercer les fonctions du ministère public à la cour d'appel.

Section 4 : Les juridictions des mineurs (Articles R552-28 à R552-30)

Article R552-28

Modifié par Décret n°2019-912 du 30 août 2019 - art. 38

Les dispositions du titre V du livre II du présent code (partie Réglementaire), relatives aux juridictions des mineurs, sont applicables en Polynésie française dans leur rédaction résultant du décret n° 2019-912 du 30 août 2019, l'exception des articles R. 251-6 et R. 252-1.

NOTA :
Conformément au I de l'article 40 du décret n° 2019-912 du 30 août 2019, ces dispositions entrent en vigueur le 1er janvier 2020.

Article R552-29

Création Décret n°2008-522 du 2 juin 2008 - art. (V)

L'effectif des assesseurs des tribunaux pour enfants est fixé, dans chaque juridiction, à raison de deux assesseurs titulaires et deux assesseurs suppléants par juge des enfants et par juge chargé de la présidence d'une section détachée du tribunal de première instance.

Article R552-30

Création Décret n°2008-522 du 2 juin 2008 - art. (V)

Le tribunal pour enfants tient ses audiences au siège des sections détachées du tribunal de première instance pour le jugement des affaires entrant dans leur compétence territoriale.

Le magistrat chargé de la présidence d'une section détachée exerce, dans son ressort, les fonctions de juge des enfants. Il préside le tribunal pour enfants lorsque cette juridiction tient ses audiences au siège de la section détachée.

En cas de création d'une section détachée ou en cas de modification du partage des compétences territoriales du tribunal de première instance et de ses sections détachées, les procédures en cours relevant de la compétence du juge des enfants sont transférées dans les conditions prévues à l'article R. 552-16.

Section 6 : Le tribunal du travail (Articles R552-31 à R552-35)

Article R552-31

Création Décret n°2008-522 du 2 juin 2008 - art. (V)

Le siège et le ressort du tribunal du travail sont fixés conformément au tableau XVII annexé au présent code.

Article R552-32

Création Décret n°2008-522 du 2 juin 2008 - art. (V)

La formation de jugement est composée de deux assesseurs salariés et de deux assesseurs employeurs.

Article R552-33

Création Décret n°2008-522 du 2 juin 2008 - art. (V)

Des indemnités de séjour et de déplacement peuvent être allouées aux assesseurs salariés et employeurs.

Article R552-34

Création Décret n°2008-522 du 2 juin 2008 - art. (V)

Le président constate le refus de service par un procès-verbal contenant l'avis motivé du tribunal du travail, l'assesseur préalablement entendu ou dûment appelé.

Au vu du procès-verbal, la cour d'appel statue en audience non publique après avoir appelé l'intéressé.

Article R552-35

Création Décret n°2008-522 du 2 juin 2008 - art. (V)

En matière disciplinaire, dans le délai d'un mois à dater de la convocation, le procès-verbal de la séance de comparution est adressé par le président du tribunal au procureur de la République, qui le transmet avec son avis au garde des sceaux, ministre de la justice.

L'arrêté prononçant la censure ou la suspension d'un assesseur est pris par le garde des sceaux, ministre de la justice.

Chapitre III : Du greffe (Articles R553-1 à R553-4)

Article R553-1

Création Décret n°2008-522 du 2 juin 2008 - art. (V)

Le service du greffe du tribunal de première instance est assuré par des agents du greffe de la cour d'appel.
Le greffe fait partie de la juridiction dont il dépend.

Article R553-2

Création Décret n°2008-522 du 2 juin 2008 - art. (V)

Les fonctions de greffier du tribunal de première instance, du tribunal du travail, du tribunal mixte de commerce et du tribunal pour enfants sont exercées par le directeur de greffe de la cour d'appel ou par un greffier de cette cour.

Article R553-3

Création Décret n°2008-522 du 2 juin 2008 - art. (V)

Le premier président de la cour d'appel et le procureur général près cette cour, après avis du président du tribunal de première instance, du procureur de la République près ce tribunal et du directeur de greffe de la cour d'appel, répartissent le personnel assurant le service des greffes entre le greffe de la cour d'appel et celui du tribunal de première instance et désignent un fonctionnaire responsable du greffe du tribunal de première instance.

Article R553-4

Création Décret n°2008-522 du 2 juin 2008 - art. (V)

Le premier président de la cour d'appel et le procureur général près cette cour, après avis du directeur de greffe de cette cour, ainsi que le président du tribunal de première instance et le procureur de la République près ce tribunal, après avis du fonctionnaire responsable du greffe de ce tribunal, décident de la répartition du personnel assurant le service du greffe entre les services du siège et ceux du parquet.

TITRE VI : DISPOSITIONS APPLICABLES A LA NOUVELLE-CALEDONIE (Articles R561-1 à R563-4)

Chapitre Ier : Dispositions générales (Articles R561-1 à R561-2)

Article R561-1

Modifié par Décret n°2022-79 du 27 janvier 2022 - art. 2

Le livre Ier du présent code (partie Réglementaire) est applicable en Nouvelle-Calédonie, dans sa rédaction résultant du décret n° 2022-79 du 27 janvier 2022, à l'exception du second alinéa de l'article R. 111-3, du dernier alinéa de l'article R. 123-1, des articles R. 123-2, R. 123-9, R. 123-10, R. 123-15, R. 123-17, R. 123-19, du second alinéa de l'article R. 123-20 et des articles R. 124-2 et R. 131-12. En outre, ne sont pas non plus applicables à la Nouvelle-Calédonie les dispositions de l'article R. 123-26 en ce qu'elles s'appliquent aux chambres de proximité.

NOTA :
Conformément à l'article 3 du décret n° 2022-79 du 27 janvier 2022, les présentes dispositions sont applicables aux instances en cours.

Article R561-2

Modifié par Décret n°2019-912 du 30 août 2019 - art. 39

Pour l'application des dispositions étendues par le présent titre en Nouvelle-Calédonie, il y a lieu de lire :

1° " tribunal de première instance " à la place de "tribunal judiciaire" ;

2° " tribunal du travail " à la place de " conseil des prud'hommes " ;

3° Supprimé ;

4° " haut-commissaire de la République " à la place de " préfet ".

Pour l'application en Nouvelle-Calédonie de l'article R. 123-28 dans sa rédaction résultant du décret n° 2019-912 du 30 août 2019, les mots : " prud'homale " sont remplacés par les mots : " de juridictions du travail ".

NOTA :
Conformément au I de l'article 40 du décret n° 2019-912 du 30 août 2019, ces dispositions entrent en vigueur le 1er janvier 2020.

Chapitre II : Des juridictions (Articles D562-1 à R562-44)

Section 1 : Le tribunal de première instance (Articles D562-1 à R562-31-3)

Sous-section 1 : Institution et compétence (Articles D562-1 à R562-6)

Article D562-1

Création Décret n°2008-522 du 2 juin 2008 - art. (V)

Le siège et le ressort du tribunal de première instance sont fixés conformément au tableau IV annexé au présent code.

Article R562-2

Création Décret n°2008-522 du 2 juin 2008 - art. (V)

En fonction des nécessités locales, pour le jugement des affaires civiles, correctionnelles et de police, le tribunal de première instance peut tenir des audiences foraines dans les communes de son ressort autres que celle où est situé le siège de ce tribunal.

Le premier président de la cour d'appel, après avis du procureur général près cette cour, fixe par ordonnance le lieu, le jour et la nature de ces audiences.

Article R562-3

Création Décret n°2008-522 du 2 juin 2008 - art. (V)

Dans les matières pour lesquelles compétence n'est pas attribuée expressément à une autre juridiction en raison de la nature de l'affaire, le tribunal de première instance statue à charge d'appel.

Dans les matières pour lesquelles il a compétence exclusive, le tribunal de première instance statue en dernier ressort lorsque le montant de la demande est inférieur ou égal à la contrepartie en monnaie locale de la somme de 3 771 euros et à charge d'appel lorsque la demande excède cette somme ou est indéterminée.

Article D562-4

Modifié par Décret n°2021-286 du 16 mars 2021 - art. 2

Les dispositions des articles D. 211-9 à D. 211-10-1 et D. 211-10-4-1 sont applicables en Nouvelle-Calédonie, dans leur rédaction résultant du décret n° 2021-286 du 16 mars 2021.

NOTA :
Conformément à l'article 4 du décret n° 2021-286 du 16 mars 2021, ces dispositions entrent en vigueur le 1er avril 2021.La juridiction saisie demeure compétente pour statuer sur les procédures introduites antérieurement à la date d'entrée en vigueur des articles 2 et 3 dudit décret.

Article R562-5

Création Décret n°2008-522 du 2 juin 2008 - art. (V)

En matière civile, le président du tribunal de première instance statue en référé ou sur requête.

Article R562-6

Modifié par Décret n°2019-536 du 29 mai 2019 - art. 158

Le président du tribunal de première instance connaît de la demande formée sur le fondement du IV de l'article 21 de la loi n° 78-17 du 6 janvier 1978 relative à l'informatique, aux fichiers et aux libertés, à l'encontre des personnes ou des organismes autres que ceux mentionnés à l'article R. 555-1 du code de justice administrative.

Sous-section 2 : Organisation et fonctionnement (Articles R562-8 à R562-31-3)

Article R562-8

Création Décret n°2008-522 du 2 juin 2008 - art. (V)

L'installation des magistrats du tribunal de première instance a lieu en audience solennelle.

Paragraphe 1 : Le service juridictionnel (Articles R562-9 à R562-22-1)

Article R562-9

Modifié par Décret n°2019-912 du 30 août 2019 - art. 39

Les dispositions de la section 1 du chapitre II du titre Ier du livre II du présent code (partie Réglementaire), relatives au service juridictionnel du tribunal judiciaire, sont applicables en Nouvelle-Calédonie dans leur rédaction résultant du décret n° 2019-912 du 30 août 2019, à l'exception des articles R. 212-8, R. 212-9 et R. 212-11.

NOTA :
Conformément au 1 de l'article 40 du décret n° 2019-912 du 30 août 2019, ces dispositions entrent en vigueur le 1er janvier 2020.

Article R562-10

Modifié par Décret n°2019-912 du 30 août 2019 - art. 39

Les dispositions des articles R. 213-8, R. 213-9-1 et R. 213-12-1 sont applicables en Nouvelle Calédonie dans leur rédaction en vigueur le lendemain de la publication du décret n° 2019-912 du 30 août 2019 .

NOTA :
Conformément au I de l'article 40 du décret n° 2019-912 du 30 août 2019, ces dispositions entrent en vigueur le 1er janvier 2020.

Article R562-11

Création Décret n°2008-522 du 2 juin 2008 - art. (V)

La décision de renvoi à la formation collégiale, prise en application de l'article L. 562-6, est une mesure d'administration judiciaire.

Article R562-11-1

Création Décret n°2018-195 du 21 mars 2018 - art. 1

La liste arrêtée par le premier président de la cour d'appel de Paris conformément aux dispositions du premier alinéa de l'article L. 562-6-1 ne peut comprendre que des magistrats du siège ayant donné leur accord pour y figurer et dont le nombre et les compétences répondent aux besoins exprimés dans la demande du premier président de la cour d'appel de Nouméa.

Article R562-11-2

Création Décret n°2018-195 du 21 mars 2018 - art. 1

L'ordonnance par laquelle le premier président de la cour d'appel de Paris désigne les magistrats du siège mentionnés à l'article précédent précise la durée de la délégation de chaque magistrat concerné et la nature des fonctions ou des attributions que celui-ci exercera au sein du tribunal de première instance de Nouméa.

Article R562-11-3

Création Décret n°2018-195 du 21 mars 2018 - art. 1

L'assemblée générale des magistrats du siège des juridictions auxquelles appartiennent les magistrats délégués est informée chaque année du nombre et de la nature des délégations ordonnées conformément à l'article L. 562-6-1, de l'identité des magistrats délégués et de l'incidence des délégations sur le fonctionnement de la juridiction concernée.

Article R562-11-4

Création Décret n°2018-195 du 21 mars 2018 - art. 1

Les magistrats délégués au sein du tribunal de première instance en application du premier alinéa de l'article L. 562-6-1 sont indemnisés dans les conditions fixées par le décret n° 2006-781 du 3 juillet 2006.

Article R562-11-5

Création Décret n°2018-195 du 21 mars 2018 - art. 1

Dans les cas où, en application des dispositions du deuxième alinéa de l'article L. 562-6-1, sont mis en œuvre des moyens de communication audiovisuelle pour la tenue d'une audience, la répartition des diligences du service de greffe est fixée par décision conjointe des chefs de la cour d'appel de Paris et de la cour d'appel de Nouméa et la disposition, à l'intérieur de la salle d'audience et à l'intérieur de la juridiction accueillant le ou les magistrats qui participent à l'audience et au délibéré, du matériel nécessaire à la transmission audiovisuelle est déterminée, respectivement, pour ce qui les concerne, par les chefs de l'une et l'autre cours d'appel. Ces magistrats disposent des pièces du dossier qu'ils estiment nécessaires au jugement de l'affaire. Il est tenu un procès-verbal du déroulement des débats par le greffe de l'une et l'autre des juridictions concernées.

Les prises de vue et de son sont assurées par des agents des services du ministère de la justice ou, à défaut, par tous autres agents publics.

Lorsque l'audience se tient à huis clos ou en chambre du conseil, ces agents sont nécessairement des fonctionnaires des greffes.

Les caractéristiques techniques des moyens de communication audiovisuelle utilisés doivent assurer une transmission fidèle, loyale et confidentielle à l'égard des tiers, dans les mêmes conditions que celles définies par l'arrêté mentionné à l'article R. 513-5.

Article R562-12

Création Décret n°2008-522 du 2 juin 2008 - art. (V)

En application de l'article L. 562-7, les assesseurs de la formation collégiale du tribunal de première instance sont au nombre de deux.

Article R562-13

Création Décret n°2008-522 du 2 juin 2008 - art. (V)

Les candidatures aux fonctions d'assesseur du tribunal de première instance ou d'une section détachée de ce tribunal sont déclarées au premier président de la cour d'appel.

Les déclarations de candidature doivent être effectuées au plus tard deux mois avant l'expiration des fonctions des assesseurs en exercice. Les déclarations sont faites par écrit et signées des candidats. Elles doivent être individuelles.

Chaque candidat fournit, à l'appui de sa candidature, les renseignements et les pièces, destinés à établir qu'il remplit les conditions prévues à l'article L. 562-10 et dont la détermination est fixée par arrêté du garde des sceaux, ministre de la justice.

Le premier président de la cour d'appel reçoit les déclarations des candidats et en donne récépissé. Les candidatures sont immédiatement affichées au greffe de la cour d'appel.

Article R562-14

Création Décret n°2008-522 du 2 juin 2008 - art. (V)

En application de l'article L. 562-11, le premier président de la cour d'appel dresse une liste préparatoire des assesseurs titulaires et des assesseurs suppléants comprenant le nom des personnes ayant fait acte de candidature.

Article R562-15

Création Décret n°2008-522 du 2 juin 2008 - art. (V)

Au plus tard un mois avant l'expiration des fonctions des assesseurs en exercice, le premier président de la cour d'appel adresse au garde des sceaux, ministre de la justice, la liste préparatoire assortie des dossiers de chaque candidat, de l'avis du procureur général près cette cour et du procès-verbal de délibération de l'assemblée des magistrats de celle-ci. Il y joint ses propositions parmi les candidats portés sur la liste préparatoire pour chaque formation de jugement.

Article R562-16

Création Décret n°2008-522 du 2 juin 2008 - art. (V)

En application de l'article L. 562-11, le garde des sceaux, ministre de la justice, arrête une liste comprenant deux assesseurs titulaires et six assesseurs suppléants.

Article R562-17

Création Décret n°2008-522 du 2 juin 2008 - art. (V)

Lorsque le nombre des candidats remplissant les conditions fixées à l'article L. 562-10 n'est pas suffisant pour établir la liste des assesseurs titulaires et suppléants appelés à compléter le tribunal de première instance et les sections détachées de ce tribunal, le garde des sceaux, ministre de la justice, constate, par arrêté, l'impossibilité de constituer cette liste.

Article R562-18

Création Décret n°2008-522 du 2 juin 2008 - art. (V)

Dès sa publication au Journal officiel de la Nouvelle-Calédonie, l'arrêté portant désignation des assesseurs est affiché au greffe du tribunal de première instance et de chacune des sections détachées de ce tribunal. Il est en outre notifié à chacun des assesseurs désignés.

Article R562-19

Création Décret n°2008-522 du 2 juin 2008 - art. (V)

Le procureur général près la cour d'appel invite les assesseurs qui n'ont pas encore exercé de fonctions judiciaires au tribunal de première instance ou dans une section détachée de ce tribunal à se présenter à l'audience de la cour d'appel pour prêter serment.

Le président du tribunal de première instance, siégeant en audience publique et en présence du procureur de la République près ce tribunal, reçoit la prestation de serment des assesseurs puis procède à leur installation.

Il est dressé un procès-verbal de la réception du serment et de l'installation.

Article R562-20

Création Décret n°2008-522 du 2 juin 2008 - art. (V)

Lorsque, en cours d'année, il y a lieu, pour quelque cause que ce soit, de compléter une liste d'assesseurs, il est pourvu, pour la partie de l'année judiciaire restant à courir, au remplacement des assesseurs titulaires ou suppléants. Le nouvel assesseur est désigné dans les mêmes formes.

Article R562-21

Création Décret n°2008-522 du 2 juin 2008 - art. (V)

La demande formée en application de l'article L. 562-24 doit être présentée avant toute défense au fond ou fin de non-recevoir.

Le juge interroge spécialement les parties sur ce point et leur accord est consigné dans la décision.

Article R562-22

Modifié par Décret n°2019-912 du 30 août 2019 - art. 39

Les dispositions des articles R. 214-1 à R. 214-6 sont applicables en Nouvelle-Calédonie dans leur rédaction résultant du décret n° 2019-912 du 30 août 2019.

Pour l'application de l'article R. 214-1 en Nouvelle-Calédonie, les mots : " l'article L. 214-2 " sont remplacés par les mots : " l'article 706-4 du code de procédure pénale ".

NOTA :
Conformément au I de l'article 40 du décret n° 2019-912 du 30 août 2019, ces dispositions entrent en vigueur le 1er janvier 2020.

Article R562-22-1

Création Décret n°2021-682 du 27 mai 2021 - art. 7 (VD)

Les dispositions des articles R. 213-13 et R. 213-14 sont applicables en Nouvelle-Calédonie.

NOTA :
Conformément à l'article 8 du décret n° 2021-682 du 27 mai 2021, ces dispositions entrent en vigueur à la date fixée par l'article 9 de l'ordonnance n° 2019-950 du 11 septembre 2019 (30 septembre 2021).

Paragraphe 2 : Le parquet (Articles R562-23 à R562-24)

Article R562-23

Modifié par Décret n°2019-912 du 30 août 2019 - art. 39

Les articles R. 212-12, R. 212-13 et R. 212-15 sont applicables en Nouvelle-Calédonie dans leur rédaction résultant du décret n° 2019-912 du 30 août 2019.

NOTA :
Conformément au I de l'article 40 du décret n° 2019-912 du 30 août 2019, ces dispositions entrent en vigueur le 1er janvier 2020.

Article R562-24

Création Décret n°2008-522 du 2 juin 2008 - art. (V)

En cas d'absence ou d'empêchement, le procureur de la République est suppléé par un magistrat du parquet général ou un magistrat du parquet du tribunal de première instance désigné par le procureur général.

En cas d'absence ou d'empêchement du magistrat ainsi désigné, le procureur de la République est remplacé par le magistrat du parquet du tribunal de première instance le plus ancien dans le grade le plus élevé.

Paragraphe 3 : Les sections détachées (Articles R562-25 à R562-29)

Article R562-25

Modifié par DÉCRET n°2014-911 du 19 août 2014 - art. 1

Le tribunal de première instance comprend des sections détachées pour juger dans leur ressort les affaires civiles, correctionnelles, de police et d'application des peines. Les sections détachées sont également compétentes pour connaître dans leur ressort des litiges relevant du statut civil particulier dans la composition et les conditions prévues par les articles L. 562-19 à L. 562-24.

En cas de création d'une section détachée, les procédures en cours devant le tribunal de première instance ou devant une autre section à la date fixée pour l'entrée en activité de la nouvelle section, sont transférées en l'état à cette dernière, dans la mesure où elles relèvent désormais de sa compétence, sans qu'il y ait lieu de renouveler les actes, formalités et jugements intervenus antérieurement à cette date, à l'exception des convocations, citations et assignations données aux parties et aux témoins à fin de comparution personnelle.

Les citations et assignations produisent leurs effets ordinaires interruptifs de prescription.

La modification du ressort d'une section détachée entraîne un transfert des procédures en cours dans les mêmes conditions.

NOTA :
Conformément à l'article 2 du décret n° 2014-911 du 19 août 2014, les présentes dispositions entrent en vigueur le 1er janvier 2015. A cette date, les procédures en cours devant le juge de l'application des peines et le juge des enfants du tribunal de première instance de Nouméa et relevant, en application des dispositions de l'article 712-10 du code de procédure pénale, de la compétence des sections détachées sont transférées à ces sections sans qu'il y ait lieu de renouveler les actes, formalités, ordonnances et jugements, à l'exception des convocations envoyées aux condamnés à fin de comparution personnelle.

Article D562-26

Création Décret n°2008-522 du 2 juin 2008 - art. (V)

Le siège et le ressort des sections détachées sont fixés conformément au tableau IV annexé au présent code.

Article R562-27

Création Décret n°2008-522 du 2 juin 2008 - art. (V)

En fonction des nécessités locales, une section détachée du tribunal de première instance peut tenir des audiences foraines dans des communes de son ressort autres que celle où est situé le siège de cette section détachée.

Le premier président de la cour d'appel, après avis du procureur général près cette cour, fixe par ordonnance le lieu, le jour et la nature de ces audiences.

Article R562-28

Création Décret n°2008-522 du 2 juin 2008 - art. (V)

Pendant la seconde quinzaine du mois de novembre, le premier président de la cour d'appel, par ordonnance prise après avis de l'assemblée générale des magistrats du siège de cette cour, désigne les magistrats du siège du tribunal de première instance qui seront chargés du service des sections détachées aux fins de les compléter lorsqu'elles statuent en formation collégiale.

Pendant la première quinzaine du mois de décembre, le président du tribunal de première instance, par ordonnance prise après avis de l'assemblée générale des magistrats du siège de ce tribunal, répartit, conformément aux dispositions de l'article L. 121-3, les magistrats chargés du service des sections détachées au sein de celles-ci. Un magistrat peut être affecté au service de plusieurs sections détachées.L'ordonnance précise le nombre, le jour et la nature des audiences.

Les ordonnances prises en application du présent article peuvent être modifiées en cours d'année judiciaire dans les mêmes formes en cas d'absence ou de cessation ou interruption des fonctions des magistrats du siège initialement désignés.

Article R562-29

Création Décret n°2008-522 du 2 juin 2008 - art. (V)

En cas d'absence ou d'empêchement, le magistrat chargé de la présidence d'une section détachée est suppléé par un magistrat du siège du tribunal de première instance désigné par le premier président de la cour d'appel.

En cas d'absence ou d'empêchement, un magistrat chargé du service d'une section détachée est suppléé par un autre magistrat chargé du service d'une section détachée désigné par le président du tribunal de première instance.

Paragraphe 4 : Les assemblées générales (Article R562-30)

Article R562-30

Modifié par Décret n°2019-912 du 30 août 2019 - art. 39

Les dispositions de la section 5 du chapitre II du titre Ier du livre II du présent code (partie Réglementaire), relatives aux assemblées générales du tribunal judiciaire, sont applicables en Nouvelle-Calédonie dans leur rédaction résultant du décret n° 2019-912 du 30 août 2019 à l'exception des articles R. 212-34-1, R. 212-41-1, R. 212-45-1 et R. 212-49-1.

NOTA :
Conformément au I de l'article 40 du décret n° 2019-912 du 30 août 2019, ces dispositions entrent en vigueur le 1er janvier 2020.

Paragraphe 5 : Administration des juridictions du ressort du tribunal de première instance (Article R562-31)

Article R562-31

Modifié par Décret n°2019-912 du 30 août 2019 - art. 39

Les dispositions des articles R. 212-59 à R. 212-61, dans leur rédaction résultant du décret n° 2019-912 du 30 août 2019 sont applicables en Nouvelle-Calédonie.

NOTA :
Conformément au I de l'article 40 du décret n° 2019-912 du 30 août 2019, ces dispositions entrent en vigueur le 1er janvier 2020.

Paragraphe 6 : Les pôles (Article R562-31-1)

Article R562-31-1

Modifié par Décret n°2019-912 du 30 août 2019 - art. 39

Les dispositions de la section 7 du chapitre II du titre Ier du livre II du présent code (partie réglementaire), dans leur rédaction résultant du décret n° 2019-912 du 30 août 2019, sont applicables en Nouvelle-Calédonie.

NOTA :
Conformément au I de l'article 40 du décret n° 2019-912 du 30 août 2019, ces dispositions entrent en vigueur le 1er janvier 2020.

Paragraphe 7 : Le projet de juridiction (Article R562-31-2)

Article R562-31-2

Modifié par Décret n°2019-912 du 30 août 2019 - art. 39

Les dispositions de la section 8 du chapitre II du titre Ier du livre II du présent code (partie réglementaire), dans leur rédaction résultant du décret n° 2019-912 du 30 août 2019, sont applicables en Nouvelle-Calédonie.

NOTA :
Conformément au I de l'article 40 du décret n° 2019-912 du 30 août 2019, ces dispositions entrent en vigueur le 1er janvier 2020.

Paragraphe 8 : Le conseil de juridiction (Article R562-31-3)

Article R562-31-3

Modifié par Décret n°2019-912 du 30 août 2019 - art. 39

Les dispositions de la section 9 du chapitre II du titre Ier du livre II du présent code (partie réglementaire), dans leur rédaction résultant du décret n° 2019-912 du 30 août 2019 à l'exception de l'article R. 212-65, sont applicables en Nouvelle-Calédonie.

NOTA :
Conformément au I de l'article 40 du décret n° 2019-912 du 30 août 2019, ces dispositions entrent en vigueur le 1er janvier 2020.

Section 2 : La cour d'appel (Articles R562-32 à R562-36)

Sous-section 1 : Institution et compétence (Article R562-32)

Article R562-32

Modifié par Décret n°2019-912 du 30 août 2019 - art. 39

Les dispositions du chapitre Ier du titre Ier du livre III du présent code (partie Réglementaire), relatives à la compétence de la cour d'appel, sont applicables en Nouvelle-Calédonie dans leur rédaction résultant du décret n° 2019-912 du 30 août 2019, à l'exception des articles D. 311-8 à D. 311-12-1.

NOTA :
Conformément au I de l'article 40 du décret n° 2019-912 du 30 août 2019, ces dispositions entrent en vigueur le 1er janvier 2020.

Sous-section 2 : Organisation et fonctionnement (Articles R562-33 à R562-36)

Article R562-33

Modifié par Décret n°2021-867 du 29 juin 2021 - art. 6

Les dispositions du chapitre II du titre Ier du livre III du présent code (partie Réglementaire), relatives à l'organisation et au fonctionnement de la cour d'appel, sont applicables en Nouvelle-Calédonie dans leur rédaction résultant du décret n° 2021-867 du 29 juin 2021, à l'exception des articles R. 312-4, R. 312-12, R. 312-13-1 et R. 312-17.

NOTA :
Conformément au I de l'article 40 du décret n° 2019-912 du 30 août 2019, ces dispositions entrent en vigueur le 1er janvier 2020.

Article R562-34

Création Décret n°2008-522 du 2 juin 2008 - art. (V)

La chambre des appels correctionnels ou la chambre de l'instruction assure, avec la chambre civile, le service des audiences solennelles.

Article R562-35

Création Décret n°2008-522 du 2 juin 2008 - art. (V)

En cas d'absence ou d'empêchement d'un magistrat du siège de la cour d'appel, celui-ci peut être suppléé par un magistrat du siège du tribunal de première instance désigné par ordonnance du premier président.

Les magistrats du siège de la cour d'appel doivent être en majorité.

Article R562-36

Création Décret n°2008-522 du 2 juin 2008 - art. (V)

En cas d'absence ou d'empêchement d'un magistrat du parquet de la cour d'appel, celui-ci peut-être suppléé par un magistrat du parquet près le tribunal de première instance, désigné par le procureur général, pour exercer les fonctions du ministère public à la cour d'appel.

Section 4 : Les juridictions des mineurs (Articles R562-37 à R562-39)

Article R562-37

Modifié par Décret n°2019-912 du 30 août 2019 - art. 39

Les dispositions du titre V du livre II du présent code (partie Réglementaire), relatives aux juridictions des mineurs, sont applicables en Nouvelle-Calédonie leur rédaction résultant du décret n° 2019-912 du 30 août 2019, l'exception des articles R. 251-6 et R. 252-1.

NOTA :
Conformémement au I de l'article 40 du décret n° 2019-912 du 30 août 2019, ces dispositions entrent en vigueur le 1er janvier 2020.

Article R562-38

Création Décret n°2008-522 du 2 juin 2008 - art. (V)

L'effectif des assesseurs des tribunaux pour enfants est fixé, dans chaque juridiction, à raison de deux assesseurs titulaires et deux assesseurs suppléants par juge des enfants et par juge chargé de la présidence d'une section détachée du tribunal de première instance.

Article R562-39

Création Décret n°2008-522 du 2 juin 2008 - art. (V)

Le tribunal pour enfants tient ses audiences au siège des sections détachées du tribunal de première instance pour le jugement des affaires entrant dans leur compétence territoriale.

Le magistrat chargé de la présidence d'une section détachée exerce, dans son ressort, les fonctions de juge des enfants. Il préside le tribunal pour enfants lorsque cette juridiction tient ses audiences au siège de la section détachée.

En cas de création d'une section détachée ou en cas de modification du partage des compétences territoriales du tribunal de première instance et de ses sections détachées, les procédures en cours relevant de la compétence du juge des enfants sont transférées dans les conditions prévues à l'article R. 562-25.

Section 6 : Le tribunal du travail (Articles R562-40 à R562-44)

Article R562-40

Création Décret n°2008-522 du 2 juin 2008 - art. (V)

Le siège et le ressort du tribunal du travail sont fixés conformément au tableau XVII annexé au présent code.

Article R562-41

Création Décret n°2008-522 du 2 juin 2008 - art. (V)

La formation de conciliation est composée d'un assesseur salarié et d'un assesseur employeur.

La formation de jugement est composée de deux assesseurs salariés et de deux assesseurs employeurs.

Article R562-42

Création Décret n°2008-522 du 2 juin 2008 - art. (V)

Des indemnités de séjour et de déplacement peuvent être allouées aux assesseurs salariés et employeurs.

Article R562-43

Création Décret n°2008-522 du 2 juin 2008 - art. (V)

Le président constate le refus de service par un procès-verbal contenant l'avis motivé du tribunal du travail, l'assesseur préalablement entendu ou dûment appelé.

Au vu du procès-verbal, la cour d'appel statue en audience non publique après avoir appelé l'intéressé.

Article R562-44

Création Décret n°2008-522 du 2 juin 2008 - art. (V)

En matière disciplinaire, dans le délai d'un mois à dater de la convocation, le procès-verbal de la séance de comparution est adressé par le président du tribunal au procureur de la République, qui le transmet avec son avis au garde des sceaux, ministre de la justice.

L'arrêté prononçant la censure ou la suspension d'un assesseur est pris par le garde des sceaux, ministre de la justice.

Chapitre III : Du greffe (Articles R563-1 à R563-4)

Article R563-1

Modifié par Décret n°2011-579 du 25 mai 2011 - art. 2

La cour d'appel et le tribunal de première instance ont, chacun, un greffe composé d'effectifs propres.

Le greffe fait partie de la juridiction dont il dépend.

Article R563-2

Modifié par Décret n°2011-579 du 25 mai 2011 - art. 2

Les fonctions de greffier du tribunal du travail, du tribunal mixte de commerce et du tribunal pour enfants sont exercées par le directeur de greffe du tribunal de première instance ou un greffier du tribunal de première instance.

Article R563-3

Modifié par Décret n°2011-579 du 25 mai 2011 - art. 2

Selon les besoins du service, les agents des greffes peuvent être délégués dans les services d'une autre juridiction du ressort de la cour d'appel.

Cette délégation est prononcée par décision du premier président de la cour d'appel et du procureur général près cette cour. Elle ne peut excéder une durée de six mois. Les chefs de cour peuvent la renouveler une fois. A l'issue de cette période, le garde des sceaux peut renouveler la délégation ou lui assigner une durée supérieure.

Les agents délégués dans une autre juridiction perçoivent les indemnités dans les mêmes conditions que les fonctionnaires de leur catégorie et suivant les mêmes taux.

Article R563-3-1

Modifié par Décret n°2021-867 du 29 juin 2021 - art. 5

Lorsque la mise en œuvre de l'article R. 563-3 par le premier président de la cour d'appel de Nouméa n'est pas de nature à répondre aux besoins du service du tribunal de première instance et sous les mêmes conditions que celles prévues au premier alinéa de l'article L. 562-6-1, le premier président de la cour d'appel de Paris et le procureur général près cette cour peuvent déléguer un ou plusieurs agents de greffe d'une juridiction du ressort de cette cour dans les services de ce tribunal pour une durée n'excédant pas trois mois par année civile.

Ces agents sont inscrits, avec leur accord, sur une liste arrêtée chaque année civile par le directeur délégué à l'administration régionale judiciaire de la cour d'appel de Paris.

Cette délégation est prise après consultation, selon le cas, du président du tribunal judiciaire, du procureur de la République et du directeur de greffe de la juridiction d'affectation de l'agent.

Un bilan annuel écrit des délégations ordonnées par les chefs de la cour d'appel de Paris est présenté au comité technique de service déconcentré placé auprès du premier président de cette cour.

NOTA :
Conformément à l'article 9 du décret n° 2019-966 du 18 septembre 2019, les présentes dispositions entrent en vigueur le 1er janvier 2020.

Article R563-3-2

Création Décret n°2018-195 du 21 mars 2018 - art. 2

Les agents délégués au sein du tribunal de première instance en application de l'article précédent sont indemnisés dans les conditions fixées par le décret n° 2006-781 du 3 juillet 2006.

Article R563-4

Modifié par Décret n°2011-579 du 25 mai 2011 - art. 2

Le premier président de la cour d'appel et le procureur général près cette cour, après avis du directeur de greffe de la cour d'appel, ainsi que le président du tribunal de première instance et le procureur de la République, après avis du directeur de greffe du tribunal de première instance, décident de la répartition du personnel assurant le service du greffe entre les services du siège et ceux du parquet.

Annexes (Articles Annexe Tableau I à Annexe Tableau XVII)

Annexe Tableau I

Modifié par Décret n°2019-912 du 30 août 2019 - art. 23 (V)
Modifié par Décret n°2019-914 du 30 août 2019 - art. 9

Costumes et insignes (annexe de l'article R. 111-6)

COUR DE CASSATION

Premier président de la Cour de cassation
et procureur général près ladite cour

AUDIENCE	ROBE	SIMARRE	ÉPITOGE	CEINTURE	TOQUE	CRAVATE
Ordinaire.	Noire, à grandes manches.	De soie noire.	Bordée de fourrure blanche.	Sans.	De velours noir, bordé de deux galons d'or.	Blanche, plissée.
Chambres réunies (et cérémonies publiques).	Rouge, à grandes manches ; manteau et cape de fourrure.	Comme ci dessus.	Sans.	De soie rouge glands d'or.	Comme ci dessus.	En dentelle.

Présidents de chambre de la Cour de cassation
et premiers avocats généraux près ladite cour

AUDIENCE	ROBE	SIMARRE	ÉPITOGE	CEINTURE	TOQUE	CRAVATE

AUDIENCE	ROBE	SIMARRE	ÉPITOGE	CEINTURE	TOQUE	CRAVATE
Ordinaire.	Noire, à grandes manches.	De soie noire.	Bordée de fourrure blanche.	De soie rouge glands d'or.	De velours noir, bordé de deux galons d'or.	Blanche, plissée.
Chambres réunies (et cérémonies publiques).	Rouge, à grandes manches ; garniture de fourrure.	Comme ci-dessus.	Comme ci-dessus.	De soie rouge glands d'or.	Comme ci-dessus.	En dentelle.

Conseillers de la Cour de cassation
et avocats généraux près ladite cour

AUDIENCE	ROBE	SIMARRE	ÉPITOGE	CEINTURE	TOQUE	CRAVATE
Ordinaire.	Noire, à grandes manches.	De soie noire.	Bordée de fourrure blanche.	Sans.	De velours noir, bordé d'un galon d'or.	Blanche, plissée.
Chambres réunies (et cérémonies publiques).	Rouge, à grandes manches.	Comme ci-dessus.	Comme ci-dessus.	De soie rouge glands d'or.	Comme ci-dessus.	En dentelle.

Conseillers référendaires de la Cour de cassation
et avocats généraux référendaires près ladite cour

AUDIENCE	ROBE	SIMARRE	ÉPITOGE	CEINTURE	TOQUE	CRAVATE
Ordinaire.	Noire, à grandes manches.	De soie noire.	Bordée de fourrure blanche.	De soie noire avec franges.	De velours noir, avec deux galons d'or.	Blanche, plissée.
Solennelle (et cérémonies publiques).	Rouge, à grandes manches.	Comme ci-dessus.	Comme ci-dessus.	Comme ci-dessus.	Comme ci-dessus.	Comme ci-dessus.

COURS D'APPEL

Premiers présidents des cours d'appel
et procureurs généraux près lesdites cours

AUDIENCE	ROBE	SIMARRE	ÉPITOGE	CEINTURE	TOQUE	CRAVATE
Ordinaire.	Noire, à grandes manches.	De soie noire.	Bordée de fourrure blanche.	De soie noire avec franges.	De velours noir, avec	Blanche, plissée.

					quatre galons d'or.	
Solennelle (et cérémonies publiques).	Rouge, à grandes manches, à revers bordé d'hermine.	Comme ci-dessus.	Comme ci-dessus.	Comme ci-dessus.	Comme ci-dessus.	Comme ci-dessus.

Présidents de chambre des cours d'appel
et avocats généraux près lesdites cours

AUDIENCE	ROBE	SIMARRE	ÉPITOGE	CEINTURE	TOQUE	CRAVATE
Audience ordinaire.	Noire, à grandes manches.	De soie noire.	Bordée de fourrure blanche.	De soie noire avec franges.	De velours noir avec trois galons d'or.	Blanche, plissée.
Solennelle (et cérémonies publiques).	Rouge, à grandes manches, à revers bordé d'hermine.	Comme ci-dessus.	Comme ci-dessus.	Comme ci-dessus.	Comme ci-dessus.	Comme ci-dessus.

Conseillers des cours d'appel
et substituts généraux près lesdites cours

AUDIENCE	ROBE	SIMARRE	ÉPITOGE	CEINTURE	TOQUE	CRAVATE
Ordinaire.	Noire, à grandes manches.	De soie noire.	Bordée de fourrure blanche.	De soie noire avec franges.	De velours noir, avec deux galons d'or.	Blanche, plissée.
Solennelle (et cérémonies publiques).	Rouge, à grandes manches.	Comme ci-dessus.	Comme ci-dessus.	Comme ci-dessus.	Comme ci-dessus.	Comme ci-dessus.

TRIBUNAUX JUDICIAIRES

Présidents des tribunaux judiciaires, procureurs de la République près lesdits tribunaux, procureur de la République antiterroriste et procureur de la République financier près le tribunal judiciaire de Paris

AUDIENCE	ROBE	SIMARRE	ÉPITOGE	CEINTURE	TOQUE	CRAVATE
Ordinaire.	Noire, à grandes manches.	De soie noire.	Bordée de fourrure blanche.	Sans.	De laine noire avec un double galon d'argent.	Blanche, plissée.

Solennelle (et cérémonies publiques).	Comme ci-dessus, sauf pour les chefs de juridiction des tribunaux judiciaires de Bobigny, Créteil, Nanterre, Paris, le procureur de la République antiterroriste et le procureur de la République financier de Paris : rouge, grandes manches.	Comme ci-dessus.	Comme ci-dessus.	De soie bleu clair, avec franges, sauf dans le ressort des cours d'appel de Paris et de Versailles : de soie noire avec franges	Comme ci-dessus, sauf pour les chefs de juridiction des tribunaux judiciaires de Bobigny, Créteil, Nanterre, Paris, le procureur de la République antiterroriste et le procureur de la République financier de Paris : de velours noir, avec quatre galons d'or.	Comme ci-dessus.

Premiers vice-présidents, vice-présidents et juges des tribunaux judiciaires, procureurs de République adjoints, vice-procureurs et substituts près lesdits tribunaux

AUDIENCE	ROBE	SIMARRE	ÉPITOGE	CEINTURE	TOQUE	CRAVATE
Ordinaire.	Noire, à grandes manches.	De soie noire.	Bordée de fourrure blanche.	Sans.	De laine noire avec un galon d'argent.	Blanche, plissée.
Solennelle (et cérémonies publiques).	Comme ci-dessus, sauf pour les premiers vice-présidents des tribunaux judiciaires de Bobigny, Créteil, Nanterre, Paris, les procureurs de la République adjoints près lesdits tribunaux et les procureurs de la République financiers et antiterroristes adjoints près le tribunal	Comme ci-dessus.	Comme ci-dessus.	De soie bleu clair, avec franges, sauf dans le ressort des cours d'appel de Paris et de Versailles : de soie noire, avec franges.	Comme ci-dessus, sauf pour les premiers vice-présidents des tribunaux judiciaires de Bobigny, Créteil, Nanterre, Paris, les procureurs de la République adjoints près lesdits tribunaux et les procureurs de la République financiers et antiterroristes adjoints près le tribunal judiciaire de Paris : de laine	Comme ci-dessus.

	judiciaire de Paris : rouge, grandes manches.			noire, avec un double galon d'argent.	

TRIBUNAUX SUPÉRIEURS D'APPEL

Présidents des tribunaux supérieurs d'appel
et procureurs de la République près lesdits tribunaux

AUDIENCE	ROBE	SIMARRE	ÉPITOGE	CEINTURE	TOQUE	CRAVATE
Ordinaire.	Noire, à grandes manches.	De soie noire.	Bordée de fourrure blanche.	De soie noire avec franges.	De velours noir, avec deux galon d'or.	Blanche, plissée.
Solennelle (et cérémonies publiques).	Rouge, à grandes manches.	Comme ci-dessus.	Comme ci-dessus.	Comme ci-dessus.	Comme ci-dessus.	Comme ci-dessus.

Vice-présidents et juges des tribunaux supérieurs d'appel
et substituts près lesdits tribunaux

AUDIENCE	ROBE	SIMARRE	ÉPITOGE	CEINTURE	TOQUE	CRAVATE
Ordinaire.	Noire, à grandes manches.	De soie noire.	Bordée de fourrure blanche.	Sans.	De laine noire, avec un galon d'argent.	Blanche, plissée.
Solennelle (et cérémonies publiques).	Comme ci-dessus.	Comme ci-dessus.	Comme ci-dessus.	De soie bleu-clair, avec franges.	Comme ci-dessus.	Comme ci-dessus.

Auditeurs de justice

AUDIENCE	SIMARRE	ÉPITOGE	CEINTURE	TOQUE	CRAVATE
Noire, à grandes manches.	De soie noire.	Sans.	De soie bleu-clair avec franges.	De laine noire, avec un galon d'argent.	Blanche, plissée.

Assesseurs (L. 211-16 et L. 311-16)

MÉDAILLE	MÉTAL	AVERS	RUBAN
D'un module de 45 mm	Doré.	Comportant la mention " République française " et la mention du nom de la	Largeur de 35 mm, divisé dans le sens

sur 65 mm, suspendue un ruban, en sautoir.		juridiction à laquelle ils appartiennent entourant le motif d'une balance sur un fond noir et rouge.	vertical en deux parties égales, noire et verte.

Directeurs des services de greffe judiciaires et greffiers

AUDIENCE	GRADE	COSTUME
Cour de cassation.	Directeur des services de greffe judiciaires	Même costume que les conseillers de la Cour de cassation, sans or à la toque. Ceinture rouge à franges rouges.
	Greffier.	Robe noire sans simarre ni toque noire.
Cour d'appel.	Directeur des services de greffe judiciaires	Même costume que les conseillers de la cour d'appel, sans galon à la toque.
	Greffier.	Robe noire sans simarre ni toque noire.
Tribunal judiciaire	Directeur des services de greffe judiciaires	Même costume que les juges du tribunal judiciaire, sans galon à la toque.
	Greffier.	Robe noire sans simarre ni toque noire.

NOTA :
Conformément aux I et III de l'article 13 du décret n° 2019-914 du 30 août 2019, ces dispositions entrent en vigueur le 1er janvier 2020 et sont applicables aux procédures en cours à leur date d'entrée en vigueur, dans les conditions déterminées par les IV à VIII de l'article 40 du décret n° 2019-912 du 30 août 2019.

Annexe Tableau II

Modifié par Décret n°2019-912 du 30 août 2019 - art. 23 (V)

Liste des secrétariats de parquet autonome
(annexe de l'article R. 123-1)

JURIDICTIONS DOTÉES D'UN SECRÉTARIAT DE PARQUET AUTONOME
Cour de cassation.
Tribunal judiciaire de Paris.

NOTA :
Conformément au I de l'article 40 du décret n° 2019-912 du 30 août 2019, ces dispositions entrent en vigueur le 1er janvier 2020. Se reporter aux conditions d'application prévues aux IV à VIII du même article 40.

Annexe Tableau III

Modifié par Arrêté du 20 avril 2022 - art.

Liste des maisons de justice et du droit

(annexe de l'article R. 131-11)

TRIBUNAUX JUDICIAIRES	MAISONS DE JUSTICE ET DU DROIT
Cour d'appel d'Aix-en-Provence	
Alpes Maritimes	
Nice	Menton, Nice.
Bouches-du-Rhône	
Aix-en-Provence	Aix-en-Provence, Martigues, Salon-de-Provence.
Marseille	Aubagne, Marseille.
Tarascon	Arles.
Var	
Toulon	La Seyne-sur-Mer, Toulon.
Cour d'appel d'Amiens	
Oise	
Beauvais	Méru.
Compiègne	Noyon.
Senlis	Creil.
Somme	
Amiens	Amiens.
Cour d'appel d'Angers	
Maine-et-Loire	
Angers	Angers.
Sarthe	
Le Mans	Allonnes.
Cour d'appel de Basse-Terre	

Guadeloupe	
Pointe-à-Pitre	Les Abymes.
Cour d'appel de Bastia	
Corse-du-Sud	
Ajaccio	Porto-Vecchio.
Cour d'appel de Bordeaux	
Charente	
Angoulême	Angoulême.
Dordogne	
Bergerac	Bergerac.
Gironde	
Bordeaux	Lormont, Bordeaux.
Cour d'appel de Bourges	
Cher	
Bourges	Vierzon.
Cour d'appel de Caen	
Calvados	
Caen	Mondeville.
Manche	
Coutances	Saint-Lô.
Cour d'appel de Cayenne	
Guyane	
Cayenne	Saint-Laurent-du-Maroni.
Cour d'appel de Chambéry	
Haute-Savoie	

Thonon-les-Bains	Annemasse, Saint-Julien-en-Genevois.
Savoie	
Albertville	Albertville, Saint-Jean-de-Maurienne.
Chambéry	Aix-les-Bains, Chambéry.
Cour d'appel de Colmar	
Bas-Rhin	
Strasbourg	Strasbourg.
Haut-Rhin	
Colmar	Colmar.
Mulhouse	Mulhouse.
Cour d'appel de Dijon	
Côte-d'Or	
Dijon	Chenôve.
Haute-Marne	
Chaumont	Saint-Dizier.
Saône-et-Loire	
Chalon-sur-Saône	Chalon-sur-Saône.
Mâcon	Mâcon.
Cour d'appel de Douai	
Nord	
Avesnes-sur-Helpe	Aulnoye-Aymeries, Maubeuge.
Dunkerque	Dunkerque.
Lille	Roubaix, Tourcoing.

Valenciennes	Denain.
Pas-de-Calais	
Béthune	Lens.
Boulogne-sur-Mer	Calais.
Cour d'appel de Fort-de-France	
Martinique	
Fort-de-France	Fort-de-France.
Cour d'appel de Grenoble	
Drôme	
Valence	Romans-sur-Isère.
Hautes-Alpes	
Gap	Briançon.
Isère	
Grenoble	Grenoble.
Vienne	Villefontaine.
Cour d'appel de Limoges	
Corrèze	
Brive-la-Gaillarde	Brive-la-Gaillarde.
Haute-Vienne	
Limoges	Limoges.
Cour d'appel de Lyon	
Ain	
Bourg-en-Bresse	Bourg-en-Bresse.

	Loire
Saint-Etienne	Saint-Etienne.
	Rhône
Lyon	Bron, Givors, Lyon, Rillieux-la-Pape, Vaulx-en-Velin, Villeurbanne, Vénissieux.
	Cour d'appel de Metz
	Moselle
Metz	Faulquemont, Woippy.
Sarreguemines	Forbach.
Thionville	Hayange.
	Cour d'appel de Montpellier
	Aude
Narbonne	Narbonne.
	Hérault
Béziers	Agde.
Montpellier	Lattes, Lodève, Lunel, Montpellier.
	Pyrénées-Orientales
Perpignan	Perpignan.
	Cour d'appel de Nancy
	Meurthe-et-Moselle
Nancy	Nancy, Tomblaine, Vandœuvre-lès-Nancy, Toul.
	Cour d'appel de Nîmes
	Gard
Nîmes	Bagnols-sur-Cèze, Nîmes, Vauvert.

	Vaucluse
Avignon	Avignon.
	Cour d'appel d'Orléans
	Indre-et-Loir
Tours	Joué-les-Tours.
	Loir-et-Cher
Blois	Blois.
	Loiret
Orléans	Orléans.
	Cour d'appel de Paris
	Essonne
Evry	Athis-Mons, Etampes, Les Ulis, Villemoisson-sur-Orge.
	Paris
Paris	Paris (10ème), Paris (14ème), Paris (17ème).
	Seine-et-Marne
Meaux	Chelles, Meaux, Lognes.
Melun	Pontault-Combault, Savigny-le-Temple.
	Seine-Saint-Denis
Bobigny	Aubervilliers, Clichy-sous-Bois, Epinay-sur-Seine, La Courneuve, Le Blan Mesnil, Pantin, Saint-Denis.
	Val-de-Marne
Créteil	Champigny-sur-Marne, Villejuif.
	Cour d'appel de Poitiers
	Charente-Maritime

La Rochelle	La Rochelle.
Cour d'appel de Reims	
Ardennes	
Charleville-Mézières	Charleville-Mézières, Sedan.
Aube	
Troyes	Romilly-sur-Seine, Troyes.
Marne	
Reims	Reims.
Cour d'appel de Rennes	
Côtes d'Armor	
Saint-Brieuc	Lannion, Loudéac.
Loire-Atlantique	
Nantes	Nantes, Rezé, Châteaubriant.
Morbihan	
Lorient	Pontivy.
Cour d'appel de Riom	
Allier	
Montluçon	Montluçon.
Puy-de-Dôme	
Clermont-Ferrand	Clermont-Ferrand.
Cour d'appel de Rouen	
Eure	
Evreux	Evreux, Louviers, Pont-Audemer, Vernon.

Seine-Maritime	
Le Havre	Fécamp, Le Havre.
Rouen	Elbeuf-sur-Seine, Canteleu, Rouen, Saint-Etienne-du-Rouvray.
Cour d'appel de Toulouse	
Haute-Garonne	
Toulouse	Toulouse (Lalande), Toulouse (La Reynerie), Tournefeuille.
Tarn	
Castres	Mazamet.
Cour d'appel de Versailles	
Eure-et-Loir	
Chartres	Dreux, Nogent-le-Rotrou.
Hauts-de-Seine	
Nanterre	Bagneux, Châtenay-Malabry, Gennevilliers.
Val-d'Oise	
Pontoise	Argenteuil, Cergy, Ermont, Garges-lès-Gonesse, Persan, Sarcelles, Villiers-le-Bel.
Yvelines	
Versailles	Les Mureaux, Trappes.

NOTA :
Conformément à l'article 3 de l'arrêté du 20 avril 2022 (NOR : JUSB2211522A), ces dispositions entrent en vigueur le 1er mai 2022.

Annexe Tableau IV

Modifié par Décret n°2022-685 du 26 avril 2022 - art.

SIÈGE ET RESSORT DES COURS D'APPEL ET DES TRIBUNAUX SUPÉRIEURS D'APPEL, DES TRIBUNAUX JUDICIAIRES ET DES TRIBUNAUX DE PREMIÈRE INSTANCE, DES CHAMBRES DE PROXIMITÉ DES TRIBUNAUX JUDICIAIRES, DES SECTIONS DÉTACHÉES DES TRIBUNAUX DE PREMIÈRE INSTANCE

(annexe des articles D. 211-1, D. 212-19, D. 311-1, D. 532-2, D. 552-1, D. 552-17, D. 562-1 et D. 562-26)

SIEGE DU TRIBUNAL JUDICIAIRE	SIEGE DE LA CHAMBRE DE PROXIMITE	RESSORT
Cour d'appel d'Agen		
Gers		
Auch		A l'exception de l'emprise de l'aérodrome d'Aire-sur-L'Adour cantons d'Aignan, Auch-Nord-Est, Auch-Nord-Ouest, Auch Sud-Est-Seissan, Auch-Sud-Ouest, Cologne, Gimont, Jegun, L'Isle-Jourdain, Lombez, Marciac, Masseube, Miélan, Mirande Montesquiou, Plaisance, Riscle, Samatan, Saramon et Vic-Fezensac.
	Condom	Cantons de Cazaubon, Condom, Eauze, Fleurance, Lectoure Mauvezin, Miradoux, Montréal, Nogaro, Saint-Clar et Valence sur-Baïse.
Lot		
Cahors		Cantons de Cahors-Nord-Est, Cahors-Nord-Ouest, Cahors-Sud, Castelnau-Montratier, Catus, Cazals, Gourdon, Gramat, Labastide-Murat, Lalbenque, Lauzès, Limogne-en-Quercy, Luzech, Martel, Montcuq, Payrac, Puy-l'Évêque, Saint-Germain-du-Bel-Air, Saint-Géry, Salviac, Souillac et Vayrac.
	Figeac	Cantons de Bretenoux, Cajarc, Figeac-Est, Figeac-Ouest, Lacapelle-Marival, Latronquière, Livernon, Saint-Céré et Sousceyrac.
Lot-et-Garonne		
Agen		Cantons d'Agen-Centre, Agen-Nord, Agen-Nord-Est, Agen-Ouest, Agen-Sud-Est, Astaffort, Beauville, Francescas, Laplume, Laroque-Timbaut, Lavardac, Mézin, Nérac, Port-Sainte-Marie, Prayssas et Puymirol.
	Marmande	Cantons de Bouglon, Casteljaloux, Castelmoron-sur-Lot, Damazan, Duras, Houeillès, Lauzun, Le Mas-d'Agenais, Marmande-Est, Marmande-Ouest, Meilhan-sur-Garonne, Seyches et Tonneins.

	Villeneuve-sur-L(	Cantons de Cancon, Castillonnès, Fumel, Monclar, Monflanquin, Penne-d'Agenais, Sainte-Livrade-sur-Lot, Tournon-d'Agenais, Villeneuve-sur-Lot-Nord, Villeneuve-sur Lot-Sud et Villeréal.
	Cour d'appel d'Aix-en-Provence	
	Alpes-de-Haute-Provence	
Digne-les-Bains		Cantons d'Allos-Colmars, Annot, Barcelonnette, Barrême, Castellane, Digne-les-Bains-Est, Digne-les-Bains-Ouest, Entrevaux, La Javie, La Motte-du-Caire, Le Lauzet-Ubaye, Le Mées, Mézel, Moustiers-Sainte-Marie, Noyers-sur-Jabron, Rie: Saint-André-les-Alpes, Seyne, Sisteron, Turriers et Volonne.
	Manosque	Cantons de Banon, Forcalquier, Manosque-Nord, Manosque Sud-Est, Manosque-Sud-Ouest, Peyruis, Reillanne, Saint-Étienne-les-Orgues et Valensole.
	Alpes-Maritimes	
Grasse		Cantons de Grasse-Nord, Grasse-Sud, Le Bar-sur-Loup, Sain Auban et Saint-Vallier-de-Thiey.
	Antibes	Cantons d'Antibes-Biot, Antibes-Centre et Vallauris-Antibes Ouest.
	Cagnes-sur-Mer	Cantons de Cagnes-sur-Mer-Centre, Cagnes-sur-Mer-Ouest, Carros, Coursegoules, Saint-Laurent-du-Var-Cagnes-sur-Mer Est et Vence.
	Cannes	Cantons de Cannes-Centre, Cannes-Est, Le Cannet, Mandelie Cannes-Ouest et Mougins.
Nice		Cantons de Contes, Guillaumes, Lantosque, L'Escarène, Levens, Nice 1er Canton, Nice 2e Canton, Nice 3e Canton, Nice 4e Canton, Nice 5e Canton, Nice 6e Canton, Nice 7e Canton, Nice 8e Canton, Nice 9e Canton, Nice 10e Canton, Nice 11e Canton, Nice 12e Canton, Nice 13e Canton, Nice 14 Canton, Puget-Théniers, Roquebillière, Roquesteron, Saint-Étienne-de-Tinée, Saint-Martin-Vésubie, Saint-Sauveur-sur-Tinée et Villars-sur-Var.
	Menton	Cantons de Beausoleil, Breil-sur-Roya, Menton-Est, Menton-Ouest, Sospel, Tende et Villefranche-sur-Mer.
	Bouches-du-Rhône	
Aix-en-Provence		Cantons d'Aix-en-Provence-Centre, Aix-en-Provence-Nord-

		Est, Aix-en-Provence-Sud-Ouest, Gardanne, Les Pennes-Mirabeau, Peyrolles-en-Provence et Trets.
	Martigues	Cantons de Berre-l'Étang, Châteauneuf-Côte-Bleue, Istres-Nord, Istres-Sud, Marignane, Martigues-Est, Martigues-Ouest et Vitrolles.
	Salon-de-Provence	Cantons de Lambesc, Pélissanne et Salon-de-Provence.
Marseille		Cantons d'Allauch, Marseille - Notre-Dame-du-Mont, Marseille - Notre-Dame-Limite, Marseille - Saint-Barthélemy, Marseille Sainte-Marguerite, Marseille - Saint-Giniez, Marseille - Saint-Just, Marseille - Saint-Lambert, Marseille - Saint-Marcel, Marseille - Saint-Mauront, Marseille-Belsunce, Marseille-La Belle-de-Mai, Marseille-La Blancarde, Marseille-La Capelette, Marseille-La Pointe-Rouge, Marseille-La Pomme, Marseille-La Rose, Marseille-Le Camas, Marseille-Les Cinq-Avenues, Marseille-Les Grands-Carmes, Marseille-Les Olives, Marseille Les Trois Lucs, Marseille-Mazargues, Marseille-Montolivet, Marseille-Vauban et Marseille-Verduron.
	Aubagne	Cantons d'Aubagne-Est, Aubagne-Ouest, La Ciotat et Roquevaire.
Tarascon		Cantons d'Arles-Est, Arles-Ouest, Châteaurenard, Eyguières, Orgon, Port-Saint-Louis-du-Rhône, Saintes-Maries-de-la-Mer, Saint-Rémy-de-Provence et Tarascon.
Var		
Draguignan		Cantons d'Aups, Callas, Comps-sur-Artuby, Draguignan, Fayence, Le Luc, Lorgues et Salernes.
	Brignoles	Cantons de Barjols, Besse-sur-Issole, Brignoles, Cotignac, La Roquebrussanne, Rians, Saint-Maximin-la-Sainte-Baume et Tavernes.
	Fréjus	Cantons de Fréjus, Grimaud, Le Muy, Saint-Raphaël et Saint-Tropez.
Toulon		Cantons de Cuers, Collobrières, Hyères-Est, Hyères-Ouest, La Crau, La Garde, La Seyne-sur-Mer, La Valette-du-Var, Le Beausset, Ollioules, Saint-Mandrier-sur-Mer, Six-Fours-les-Plages, Solliès-Pont, Toulon 1er Canton, Toulon 2e Canton, Toulon 3e Canton, Toulon 4e Canton, Toulon 5e Canton, Toulon 6e Canton, Toulon 7e Canton, Toulon 8e Canton et Toulon 9e Canton.
Cour d'appel d'Amiens		
Aisne		

Laon		Cantons d'Anizy-le-Château, Aubenton, Chauny, Coucy-le-Château-Auffrique, Craonne, Crécy-sur-Serre, Hirson, La Capelle, La Fère, Laon-Nord, Laon-Sud, Le Nouvion-en-Thiérache, Marle, Neufchâtel-sur-Aisne (à l'exception de la fraction de commune de Cormicy), Rozoy-sur-Serre, Sains-Richaumont, Sissonne, Tergnier et Vervins.
Saint-Quentin		Cantons de Bohain-en-Vermandois, Guise, Le Catelet, Moÿ-de-l'Aisne, Ribemont, Saint-Quentin-Centre, Saint-Quentin-Nord, Saint-Quentin-Sud, Saint-Simon, Vermand et Wassigny.
Soissons		Cantons de Braine, Charly-sur-Marne, Château-Thierry, Condé-en-Brie, Fère-en-Tardenois, Neuilly-Saint-Front, Oulchy-le-Château, Soissons-Nord, Soissons-Sud, Vailly-sur-Aisne, Vic-sur-Aisne et Villers-Cotterêts.
Oise		
Beauvais		Cantons d'Auneuil, Beauvais-Nord-Est, Beauvais-Nord-Ouest, Beauvais-Sud-Ouest, Breteuil, Chaumont-en-Vexin, Clermont, Crèvecoeur-le-Grand, Formerie, Froissy, Grandvilliers, Le Coudray-Saint-Germer, Liancourt, Maignelay-Montigny, Marseille-en-Beauvaisis, Méru, Mouy, Nivillers, Noailles, Saint-Just-en-Chaussée et Songeons.
Compiègne		Cantons d'Attichy, Compiègne-Nord, Compiègne-Sud-Est, Compiègne-Sud-Ouest, Estrées-Saint-Denis, Guiscard, Lassigny, Noyon, Ressons-sur-Matz et Ribécourt-Dreslincourt.
Senlis		Cantons de Betz, Chantilly, Creil-Nogent-sur-Oise, Creil-Sud, Crépy-en-Valois, Montataire, Nanteuil-le-Haudouin, Neuilly-en-Thelle, Pont-Sainte-Maxence et Senlis.
Somme		
Amiens		Cantons d'Acheux-en-Amiénois, Ailly-sur-Noye, Amiens 1er Ouest, Amiens 2e Nord-Ouest, Amiens 3e Nord-Est, Amiens 4e Est, Amiens 5e Sud-Est, Amiens 6e Sud, Amiens 7e Sud-Ouest, Amiens 8e Nord, Bernaville, Boves, Conty, Corbie, Domart-en-Ponthieu, Doullens, Hornoy-le-Bourg, Molliens-Dreuil, Montdidier, Moreuil, Oisemont, Picquigny, Poix-de-Picardie, Rosières-en-Santerre, Roye et Villers-Bocage.
	Abbeville	Cantons d'Abbeville-Nord, Abbeville-Sud, Ailly-le-Haut-Clocher, Ault, Crécy-en-Ponthieu, Friville-Escarbotin, Gamaches, Hallencourt, Moyenneville, Nouvion, Rue et Saint-Valery-sur-Somme.
	Péronne	Cantons d'Albert, Bray-sur-Somme, Chaulnes, Combles, Ham, Nesle, Péronne et Roisel.

Cour d'appel d'Angers		
Maine-et-Loire		
Angers		Cantons d'Angers-Centre, Angers-Est, Angers-Nord, Angers-Nord-Est, Angers-Nord-Ouest, Angers-Ouest, Angers-Sud, Angers-Trélazé, Candé (à l'exception de la fraction de commune de Vallons-de-l'Erdre), Chalonnes-sur-Loire, Châteauneuf-sur-Sarthe, Durtal, Le Lion-d'Angers, Le Louroux Béconnais, Les Ponts-de-Cé, Pouancé, Saint-Georges-sur-Loire, Segré, Seiches-sur-le-Loir (à l'exception de la fraction de commune de Mazé-Milon), Thouarcé (à l'exception de la fraction de commune de Chemillé-en-Anjou) et Tiercé et communes de Brissac Loire Aubance, Ingrandes-Le Fresne-sur-Loire, Loire-Authion et Terranjou.
	Cholet	Cantons de Beaupréau, Champtoceaux, Chemillé, Cholet 1er Canton, Cholet 2e Canton, Cholet 3e Canton, Montfaucon-Montigné, Montrevault et Saint-Florent-le-Vieil et commune de Chemillé-en-Anjou.
Saumur		Cantons d'Allonnes, Baugé, Beaufort-en-Vallée (à l'exception de la fraction de commune de Loire-Authion), Doué-la-Fontaine (à l'exception de la fraction de commune de Terranjou), Gennes (à l'exception de la fraction de commune de Brissac-Loire Aubance), Longué-Jumelles, Montreuil-Bellay, Noyant, Saumur-Nord, Saumur-Sud et Vihiers (à l'exception de la fraction de commune de Chemillé-en-Anjou) et commune de Mazé-Milon.
Mayenne		
Laval		Cantons d'Ambrières-les-Vallées, Argentré, Bais, Bierné, Château-Gontier-Est, Château-Gontier-Ouest, Chailland, Cossé-le-Vivien, Couptrain, Craon, Ernée, Évron, Gorron, Grez-en-Bouère, Landivy, Lassay-les-Châteaux, Laval-Est, Laval-Nord-Est, Laval-Nord-Ouest, Laval-Saint-Nicolas, Laval-Sud-Ouest, Le Horps, Loiron, Mayenne-Est, Mayenne-Ouest, Meslay-du-Maine, Montsûrs, Pré-en-Pail, Saint-Aignan-sur-Roë, Saint-Berthevin, Sainte-Suzanne et Villaines-la-Juhel.
Sarthe		
Le Mans		Cantons d'Allonnes, Ballon, Beaumont-sur-Sarthe, Bonnétable, Bouloire, Conlie, Écommoy, Fresnay-sur-Sarthe, La Ferté-Bernard, La Fresnaye-sur-Chédouet, La Suze-sur-Sarthe, Le Mans-Centre, Le Mans-Est-Campagne, Le Mans-Nord-Campagne, Le Mans-Nord-Ouest, Le Mans-Nord-Ville, Le Mans-Ouest, Le Mans-Sud-Est, Le Mans-Sud-Ouest, Le Mans-Ville-Est, Loué, Mamers, Marolles-les-Braults, Montfort-le-Gesnois, Montmirail, Saint-Calais, Saint-Paterne, Sillé-le-Guillaume, Tuffé et Vibraye.

	La Flèche	Cantons de Brûlon, Château-du-Loir, La Chartre-sur-le-Loir, l Flèche, Le Grand-Lucé, Le Lude, Malicorne-sur-Sarthe, Maye Pontvallain et Sablé-sur-Sarthe.

Cour d'appel de Basse-Terre

Guadeloupe

Basse-Terre		Cantons de Basse-Terre 1er canton, Basse-Terre 2e canton, Bouillante, Capesterre-Belle-Eau 1er canton, Capesterre-Belle Eau 2e canton, Gourbeyre, Goyave (uniquement la commune de Goyave), Les Saintes, Pointe-Noire, Saint-Claude, Sainte-Rose 2e canton (uniquement la commune de Deshaies), Trois Rivières et Vieux-Habitants.
	Saint-Martin	Cantons de Saint-Barthélemy, Saint-Martin 1er canton et Sain Martin 2e Canton.
Pointe-à-Pitre		Cantons d'Anse-Bertrand, Baie-Mahault, Capesterre-de-Marie Galante, Grand-Bourg, Goyave (uniquement la fraction de la commune de Petit-Bourg), La Désirade, Lamentin, Le Gosier 1er Canton, Le Gosier 2e Canton, Le Moule 1er Canton, Le Moule 2e Canton, Les Abymes 1er Canton, Les Abymes 2e Canton, Les Abymes 3e Canton, Les Abymes 4e Canton, Les Abymes 5e Canton, Morne-à-l'Eau 1er Canton, Morne-à-l'Eau 2e Canton, Petit-Bourg, Petit-Canal, Pointe-à-Pitre 1er Canton Pointe-à-Pitre 2e Canton, Pointe-à-Pitre 3e Canton, Sainte-Anne 1er Canton, Sainte-Anne 2e Canton, Sainte-Rose 1er canton, Sainte-Rose 2e Canton (uniquement la fraction de la commune de Sainte-Rose), Saint-François et Saint-Louis.

Cour d'appel de Bastia

Corse-du-Sud

Ajaccio		Cantons d'Ajaccio 1er Canton, Ajaccio 2e Canton, Ajaccio 3e Canton, Ajaccio 4e Canton, Ajaccio 5e Canton, Ajaccio 6e Canton, Ajaccio 7e Canton, Bastelica, Bonifacio, Celavo-Mezzana, Cruzini-Cinarca, Figari, Les Deux-Sevi, Les Deux-Sorru, Levie, Olmeto, Petreto-Bicchisano, Porto-Vecchio, Santa-Maria-Siché, Sartène, Tallano-Scopamène et Zicavo.

Haute-Corse

Bastia		Cantons d'Alto-di-Casaconi, Bastia 1er Canton, Bastia 2e Canton, Bastia 3e Canton, Bastia 4e Canton, Bastia 5e Canton Lupino, Bastia 6e Canton Furiani-Montésoro, Belgodère, Borgo, Bustanico, Calenzana, Calvi, Campoloro-di-Moriani, Capobianco, Castifao-Morosaglia, Corte, Fiumalto-d'Ampugnani, Ghisoni, La Conca-d'Oro, Le Haut-Nebbio, L'Île-Rousse, Moïta-Verde, Niolu-Omessa, Orezza-Alesani,

		Prunelli-di-Fiumorbo, Sagro-di-Santa-Giulia, San-Martino-di-Lota, Venaco, Vescovato et Vezzani.
Cour d'appel de Besançon			
Doubs			
Besançon		Cantons d'Amancey (à l'exception de la fraction de commune de Levier), Audeux, Baume-les-Dames, Besançon-Est, Besançon-Nord-Est, Besançon-Nord-Ouest, Besançon-Ouest, Besançon-Planoise, Besançon-Sud, Boussières, Marchaux, Ornans (à l'exception de la fraction de commune d'Etalans), Quingey, Rougemont et Roulans.
	Pontarlier	Cantons du Russey, Levier, Montbenoît, Morteau, Mouthe, Pontarlier, Pierrefontaine-les-Varans, Vercel-Villedieu-le-Camp et communes d'Etalans et Levier.
Montbéliard		Cantons d'Audincourt, Clerval, Étupes, Hérimoncourt, L'Isle-sur-le-Doubs, Maîche, Montbéliard-Est, Montbéliard-Ouest, Pont-de-Roide, Saint-Hippolyte, Sochaux-Grand-Charmont et Valentigney.
Haute-Saône			
Vesoul		Cantons d'Amance, Autrey-lès-Gray, Champlitte, Combeaufontaine, Dampierre-sur-Salon, Fresne-Saint-Mamès, Gray, Gy, Jussey, Marnay, Montbozon, Noroy-le-Bourg, Pesmes, Port-sur-Saône, Rioz, Scey-sur-Saône-et-Saint-Albin, Vesoul-Est, Vesoul-Ouest et Vitrey-sur-Mance.
	Lure	Cantons de Champagney, Faucogney-et-la-Mer, Héricourt-Est, Héricourt-Ouest, Lure-Nord, Lure-Sud, Luxeuil-les-Bains, Mélisey, Saint-Loup-sur-Semouse, Saint-Sauveur, Saulx, Vauvillers et Villersexel.
Jura			
Lons-le-Saunier		Cantons d'Arinthod, Beaufort, Bletterans, Clairvaux-les-Lacs, Conliège, Lons-le-Saunier-Nord, Lons-le-Saunier-Sud, Orgelet, Saint-Amour, Saint-Julien, Sellières et Voiteur.
	Dole	Cantons d'Arbois, Champagnole, Chaumergy, Chaussin, Chemin, Dampierre, Dole-Nord-Est, Dole-Sud-Ouest, Gendrey, Les Planches-en-Montagne, Montbarrey, Montmirey-le-Château, Nozeroy, Poligny, Rochefort-sur-Nenon, Salins-les-Bains et Villers-Farlay.
	Saint-Claude	Cantons Les Bouchoux, Moirans-en-Montagne, Morez, Saint-Claude et Saint-Laurent-en-Grandvaux.

		Territoire de Belfort
Belfort		Cantons de Beaucourt, Belfort-Centre, Belfort-Est, Belfort-Nord, Belfort-Ouest, Belfort-Sud, Châtenois-les-Forges, Danjoutin, Delle, Fontaine, Giromagny, Grandvillars, Offemont, Rougemont-le-Château et Valdoie.
		Cour d'appel de Bordeaux
		Charente
Angoulême		Cantons d'Aigre, Angoulême-Est, Angoulême-Nord, Angoulême-Ouest, Blanzac-Porcheresse, Chabanais, Champagne-Mouton, Confolens-Nord, Confolens-Sud, Gond-Pontouvre, Hiersac, La Couronne, La Rochefoucauld, Mansle, Montbron, Montemboeuf, Rouillac, Ruelle-sur-Touvre, Ruffec, Saint-Amant-de-Boixe, Saint-Claud, Soyaux, Villebois-Lavalette et Villefagnan.
	Cognac	Cantons d'Aubeterre-sur-Dronne, Baignes-Sainte-Radegonde, Barbezieux-Saint-Hilaire, Brossac, Chalais Châteauneuf-sur-Charente, Cognac-Nord, Cognac-Sud, Jarnac, Montmoreau-Saint-Cybard et Segonzac.
		Dordogne
Bergerac		Cantons de Beaumont-du-Périgord, Bergerac 1er Canton, Bergerac 2e Canton, Eymet, Issigeac, La Force, Lalinde, Le Buisson-de-Cadouin, Monpazier, Sainte-Alvère, Sigoulès, Vélines, Villamblard et Villefranche-de-Lonchat et commune de Val de Louyre et Caudeau.
	Sarlat-la-Canéda	Cantons de Belvès, Carlux, Domme, Le Bugue, Saint-Cyprien, Salignac-Eyvigues, Sarlat-la-Canéda et Villefranche-du-Périgord.
Périgueux		Cantons de Brantôme, Bussière-Badil, Champagnac-de-Belair, Excideuil, Hautefort, Jumilhac-le-Grand, Lanouaille, Mareuil, Montagrier, Montignac, Montpon-Ménestérol, Mussidan, Neuvic, Nontron, Périgueux-Centre, Périgueux-Nord-Est, Périgueux-Ouest, Ribérac, Saint-Pardoux-la-Rivière, Saint-Astier, Saint-Aulaye, Saint-Pierre-de-Chignac, Savignac-les-Églises, Terrasson-Lavilledieu, Thenon, Thiviers, Vergt (à l'exception de la fraction de commune de Val de Louyre et Caudeau) et Verteillac.
		Gironde
Bordeaux		Cantons d'Auros, Bazas, Bègles, Blanquefort, Bordeaux 1er Canton, Bordeaux 2e Canton, Bordeaux 3e Canton, Bordeaux 4e Canton, Bordeaux 5e Canton, Bordeaux 6e Canton,

		Bordeaux 7e Canton, Bordeaux 8e Canton, Cadillac, Captieux, Carbon-Blanc, Castelnau-de-Médoc, Cenon, Créon, Floirac, Gradignan, Grignols, La Brède, La Réole, Langon, Le Bouscat, Lesparre-Médoc, Lormont, Mérignac 1er Canton, Mérignac 2e Canton, Monségur, Pauillac, Pellegrue, Pessac 1er Canton, Pessac 2e Canton, Podensac, Saint-Laurent-Médoc, Saint-Macaire, Saint-Médard-en-Jalles, Saint-Symphorien, Saint-Vivien-de-Médoc, Sauveterre-de-Guyenne, Talence, Targon, Villandraut et Villenave-d'Ornon.
	Arcachon	Cantons d'Arcachon, Audenge, Belin-Béliet et La Teste-de-Buch.
Libourne		Cantons de Blaye, Bourg, Branne, Castillon-la-Bataille, Coutras, Fronsac, Guîtres, Libourne, Lussac, Pujols, Saint-André-de-Cubzac, Saint-Ciers-sur-Gironde, Saint-Savin et Sainte-Foy-la-Grande.

Cour d'appel de Bourges

Cher

Bourges		Cantons d'Argent-sur-Sauldre, Aubigny-sur-Nère, Baugy, Bourges 1er Canton, Bourges 2e Canton, Bourges 3e Canton, Bourges 4e Canton, Bourges 5e Canton, Chârost, Graçay, Henrichemont, La Chapelle-d'Angillon, Les Aix-d'Angillon, Léré, Levet, Lury-sur-Arnon, Mehun-sur-Yèvre, Saint-Doulchard, Saint-Martin-d'Auxigny, Sancergues, Sancerre, Vailly-sur-Sauldre, Vierzon 1er Canton et Vierzon 2e Canton et commune de Corquoy.
	Saint-Amand-Montrond	Cantons de Charenton-du-Cher, Châteaumeillant, Châteauneuf-sur-Cher (à l'exception de la fraction de commune de Corquoy), Dun-sur-Auron, La Guerche-sur-l'Aubois, Le Châtelet, Lignières, Nérondes, Saint-Amand-Montrond, Sancoins et Saulzais-le-Potier.

Indre

Châteauroux		Cantons d'Aigurande, Ardentes, Argenton-sur-Creuse, Bélâbre, Buzançais, Châteauroux-Centre, Châteauroux-Est, Châteauroux-Ouest, Châteauroux-Sud, Châtillon-sur-Indre, Écueillé, Éguzon-Chantôme, Issoudun-Nord, Issoudun-Sud, La Châtre, Le Blanc, Levroux, Mézières-en-Brenne, Neuvy-Saint-Sépulchre, Saint-Benoît-du-Sault, Saint-Christophe-en-Bazelle, Saint-Gaultier, Tournon-Saint-Martin, Sainte-Sévère-sur-Indre, Valençay et Vatan.

Nièvre

Nevers		Cantons de Château-Chinon (Ville), Châtillon-en-Bazois, Cosne-Cours-sur-Loire-Nord, Cosne-Cours-sur-Loire-Sud,

		Decize, Dornes, Fours, Guérigny, Imphy, La Charité-sur-Loire, La Machine, Luzy, Moulins-Engilbert, Nevers-Centre, Nevers-Est, Nevers-Nord, Nevers-Sud, Pougues-les-Eaux, Pouilly-sur-Loire, Prémery, Saint-Benin-d'Azy, Saint-Pierre-le-Moûtier et Saint-Saulge.
	Clamecy	Cantons de Brinon-sur-Beuvron, Clamecy, Corbigny, Donzy, Lormes, Montsauche-les-Settons, Saint-Amand-en-Puisaye, Tannay et Varzy.
Cour d'appel de Caen		
Calvados		
Caen		Cantons de Balleroy, Bayeux, Bourguébus, Bretteville-sur-Laize (à l'exception de la fraction de commune de Mézidon Vallée d'Auge), Cabourg, Caen 1er Canton, Caen 2ème Canton, Caen 3ème Canton, Caen 4ème Canton, Caen 7ème Canton, Caen 8ème Canton, Caen 9ème Canton, Caen 10ème Canton, Caen Hérouville Caen 6ème Canton, Caumont-l'Éventé, Creully, Douvres-la-Délivrande, Évrecy, Falaise-Nord, Falaise-Sud, Hérouville-Saint-Clair Caen 5ème Canton, Isigny-sur-Mer, Morteaux-Couliboeuf, Ouistreham, Ryes, Tilly-sur-Seulles, Trévières, Troarn, Thury-Harcourt et Villers-Bocage et communes des Monts d'Aunay et Val de Drôme.
	Vire	Cantons d'Aunay-sur-Odon (à l'exception des fractions de communes des Monts d'Aunay et de Val de Drôme), Condé-sur-Noireau, Le Bény-Bocage, Saint-Sever-Calvados (à l'exception de la fraction de commune de Tessy-Bocage), Vassy et Vire.
Lisieux		Cantons de Blangy-le-Château, Cambremer, Dozulé, Honfleur, Lisieux 1er Canton, Lisieux 2e Canton, Lisieux 3e Canton, Livarot, Mézidon-Canon, Orbec, Pont-l'Évêque, Saint-Pierre-sur-Dives et Trouville-sur-Mer et commune de Mézidon Vallée d'Auge.
Manche		
Cherbourg-en-Cotentin		Cantons de Barneville-Carteret, Beaumont-Hague, Bricquebec, Cherbourg-Octeville-Nord-Ouest, Cherbourg-Octeville-Sud-Est, Cherbourg-Octeville-Sud-Ouest, Équeurdreville-Hainneville, Les Pieux, Montebourg, Quettehou, Sainte-Mère-Église (à l'exception de la fraction de commune de Carentan-les-Marais), Saint-Pierre-Église, Saint-Sauveur-le-Vicomte, Tourlaville et Valognes et communes de Picauville et de Port-Bail-Sur-Mer.
Coutances		Cantons de Bréhal, Canisy, Carentan, Cerisy-la-Salle, Coutances, Gavray, La Haye-du-Puits (à l'exception des fractions de communes de Picauville et de Port-Bail-sur-Mer), Lessay,

		Marigny, Montmartin-sur-Mer, Percy, Périers, Saint-Clair-sur-l'Elle, Saint-Jean-de-Daye, Saint-Lô-Est, Saint-Lô-Ouest, Saint-Malo-de-la-Lande, Saint-Sauveur-Lendelin, Tessy-sur-Vire et Torigni-sur-Vire et communes de Carentan-les-Marais et de Tessy-Bocage.
	Avranches	Cantons d'Avranches, Barenton, Brécey, Ducey, Granville, Isigny-le-Buat, Juvigny-le-Tertre, La Haye-Pesnel, Le Teilleul, Mortain, Pontorson, Saint-Hilaire-du-Harcouët, Saint-James, Saint-Pois, Sartilly, Sourdeval et Villedieu-les-Poêles.
Orne		
Alençon		Cantons d'Alençon 1er Canton, Alençon 2e Canton, Alençon 3e Canton, Bazoches-sur-Hoëne, Bellême, Carrouges, Courtomer, L'Aigle-Est, L'Aigle-Ouest, Le Theil, Le Mêle-sur-Sarthe, Longny-au-Perche, Mortagne-au-Perche, Moulins-la-Marche, Nocé, Pervenchères, Rémalard, Sées (à l'exception de la fraction de commune de Mortrée) et Tourouvre et commune de Chailloué.
Argentan		Cantons d'Argentan-Est, Argentan-Ouest, Briouze, Écouché, Exmes, Gacé, La Ferté-Frênel, Le Merlerault, Mortrée (à l'exception de la fraction de commune de Chailloué), Putanges-Pont-Écrepin, Trun et Vimoutiers et commune de Mortrée.
	Flers	Cantons d'Athis-de-l'Orne, Domfront, Flers-Nord, Flers-Sud, Juvigny-sous-Andaine, La Ferté-Macé, Messei, Passais et Tinchebray.
Cour d'appel de Cayenne		
Guyane		
Cayenne		Cantons d'Approuague-Kaw, Cayenne 1er Canton Nord-Ouest, Cayenne 2e Canton Nord-Est, Cayenne 3e Canton Sud-Ouest, Cayenne 4e Canton Centre, Cayenne 5e Canton Sud, Cayenne 6e Canton Sud-Est, Iracoubo, Kourou, Macouria, Mana, Maripasoula, Matoury, Montsinéry-Tonnegrande, Remire-Montjoly, Roura, Saint-Georges-Oyapoc, Saint-Laurent-du-Maroni et Sinnamary.
	Saint-Laurent-du-Maroni	Cantons de Mana, Maripasoula, Saint-Laurent-du-Maroni.
Cour d'appel de Chambéry		
Haute-Savoie		
Annecy		Cantons d'Alby-sur-Chéran, Annecy-Centre, Annecy-le-Vieux

		Annecy-Nord-Est, Annecy-Nord-Ouest, Faverges, Rumilly, Seynod, Thônes et Thorens-Glières.
Bonneville		Cantons de Bonneville, Chamonix-Mont-Blanc, Cluses, La Roche-sur-Foron, Saint-Gervais-les-Bains, Saint-Jeoire, Sallanches, Samoëns, Scionzier et Taninges.
Thonon-les-Bains		Cantons d'Abondance, Boëge, Douvaine, Évian-les-Bains, Le Biot, Thonon-les-Bains-Est et Thonon-les-Bains-Ouest.
	Annemasse	Cantons d'Annemasse-Nord, Annemasse-Sud, Cruseilles, Frangy, Reignier, Saint-Julien-en-Genevois et Seyssel.
Savoie		
Chambéry		Cantons d'Aix-les-Bains-Centre, Aix-les-Bains-Nord-Grésy, Aix-les-Bains-Sud, Albens, Chambéry-Est, Chambéry-Nord, Chambéry-Sud, Chambéry-Sud-Ouest, Chamoux-sur-Gelon, Cognin, La Motte-Servolex, La Ravoire, La Rochette, Le Châtelard, Le Pont-de-Beauvoisin, Les Échelles, Montmélian Ruffieux, Saint-Alban-Leysse, Saint-Genix-sur-Guiers, Saint-Pierre-d'Albigny et Yenne.
Albertville		Cantons d'Aiguebelle, Aime, Albertville-Nord, Albertville-Sud, Beaufort, Bourg-Saint-Maurice, Bozel, Grésy-sur-Isère, La Chambre, Lanslebourg-Mont-Cenis, Modane, Moûtiers, Saint-Jean-de-Maurienne, Saint-Michel-de-Maurienne et Ugine.
Cour d'appel de Colmar		
Bas-Rhin		
Strasbourg		Cantons de Strasbourg 1er Canton, Strasbourg 2e Canton, Strasbourg 3e Canton, Strasbourg 4e Canton, Strasbourg 5e Canton, Strasbourg 6e Canton, Strasbourg 7e Canton, Strasbourg 8e Canton, Strasbourg 9e Canton et Strasbourg 10 Canton.
	Haguenau	Cantons de Bischwiller, Brumath, Haguenau, Hochfelden, Lauterbourg, Niederbronn-les-Bains, Seltz, Soultz-sous-Forêt Truchtersheim, Wissembourg et Woerth et commune de Val de Moder.
	Illkirch-Graffenstaden	Cantons de Benfeld, Erstein, Geispolsheim et Illkirch-Graffenstaden.
	Schiltigheim	Cantons de Bischheim, Mundolsheim et Schiltigheim.
Saverne		Cantons de Bouxwiller (à l'exception de la fraction de commune de Val de Moder), Drulingen, La Petite-Pierre, Marmoutier, Sarre-Union et Saverne.

	Molsheim	Cantons de Molsheim, Obernai, Rosheim, Saales, Schirmeck (Wasselonne.
Bas-Rhin et Haut-Rhin		
Colmar	Sélestat	Cantons de Barr, Marckolsheim, Sainte-Marie-aux-Mines, Sélestat, Villé et Ribeauvillé.
Haut-Rhin		
Colmar		Cantons d'Andolsheim, Colmar-Nord, Colmar-Sud, Kaysersberg, Lapoutroie, Munster, Neuf-Brisach et Wintzenheim.
	Guebwiller	Cantons d'Ensisheim, Guebwiller, Rouffach et Soultz-Haut-Rhin.
Mulhouse		Cantons d'Altkirch, Dannemarie, Ferrette, Habsheim, Hirsingue, Huningue, Illzach, Mulhouse-Est, Mulhouse-Nord Mulhouse-Ouest, Mulhouse-Sud, Sierentz et Wittenheim et commune de Bernwiller.
	Thann	Cantons de Cernay (à l'exception de la fraction de commune c Bernwiller), Masevaux, Saint-Amarin et Thann.
Cour d'appel de Dijon		
Côte-d'Or		
Dijon		Cantons d'Auxonne, Chenôve, Dijon 1er Canton, Dijon 2e Canton, Dijon 3e Canton, Dijon 4e Canton, Dijon 5e Canton Dijon 6e Canton, Dijon 7e Canton, Dijon 8e Canton, Fontain Française, Fontaine-lès-Dijon, Genlis, Gevrey-Chambertin, Grancey-le-Château-Neuvelle, Is-sur-Tille, Mirebeau-sur-Bèze Pontailler-sur-Saône, Saint-Seine-l'Abbaye, Selongey et Sombernon.
	Beaune	Cantons d'Arnay-le-Duc, Beaune-Nord, Beaune-Sud, Bligny-sur-Ouche, Liernais, Nolay, Nuits-Saint-Georges, Pouilly-en-Auxois, Saint-Jean-de-Losne et Seurre.
	Montbard	Cantons d'Aignay-le-Duc, Baigneux-les-Juifs, Châtillon-sur-Seine, Laignes, Montbard, Montigny-sur-Aube, Précy-sous-Th Recey-sur-Ource, Saulieu, Semur-en-Auxois, Venarey-les-Laumes et Vitteaux.
Haute-Marne		
Chaumont		Cantons d'Andelot-Blancheville, Arc-en-Barrois, Auberive,

		Bourbonne-les-Bains, Bourmont, Châteauvillain, Chaumont-Nord, Chaumont-Sud, Clefmont, Doulaincourt-Saucourt, Fay-Billot, Juzennecourt, Laferté-sur-Amance, Langres, Longeau-Percey, Neuilly-l'Évêque, Nogent, Prauthoy, Saint-Blin, Terre Natale, Val-de-Meuse et Vignory.
	Saint-Dizier	Cantons de Chevillon, Doulevant-le-Château, Joinville, Montier-en-Der, Poissons, Saint-Dizier-Centre, Saint-Dizier-Nord-Est, Saint-Dizier-Ouest, Saint-Dizier-Sud-Est et Wassy
Saône-et-Loire		
Chalon-sur-Saône		Cantons de Beaurepaire-en-Bresse, Buxy, Chagny, Chalon-sur-Saône-Centre, Chalon-sur-Saône-Nord, Chalon-sur-Saône-Ouest, Chalon-sur-Saône-Sud, Cuiseaux, Cuisery, Givry, Louhans, Montpont-en-Bresse, Montret, Pierre-de-Bresse, Saint-Germain-du-Bois, Saint-Germain-du-Plain, Saint-Martin-en-Bresse, Sennecey-le-Grand et Verdun-sur-le-Doubs.
	Le Creusot	Cantons d'Autun-Nord, Autun-Sud, Couches, Épinac, Issy-l'Évêque, Le Creusot-Est, Le Creusot-Ouest, Lucenay-l'Évêque, Mesvres, Montcenis, Montceau-les-Mines-Nord, Montceau-les-Mines-Sud, Montchanin, Mont-Saint-Vincent et Saint-Léger-sous-Beuvray.
Mâcon		Cantons de Bourbon-Lancy, Charolles, Chauffailles, Cluny, Digoin, Gueugnon, La Chapelle-de-Guinchay, La Clayette, La Guiche, Lugny, Mâcon-Centre, Mâcon-Nord, Mâcon-Sud, Marcigny, Matour, Palinges, Paray-le-Monial, Saint-Bonnet-de-Joux, Saint-Gengoux-le-National, Semur-en-Brionnais, Toulon-sur-Arroux, Tournus et Tramayes.
Cour d'appel de Douai		
Nord		
Avesnes-sur-Helpe		Cantons d'Avesnes-sur-Helpe-Nord, Avesnes-sur-Helpe-Sud, Berlaimont, Landrecies, Le Quesnoy-Est, Le Quesnoy-Ouest, Solre-le-Château et Trélon.
	Maubeuge	Cantons de Bavay, Hautmont, Maubeuge-Nord et Maubeuge-Sud.
Cambrai		Cantons de Cambrai-Est, Cambrai-Ouest, Carnières, Clary, Le Cateau-Cambrésis, Marcoing et Solesmes.
Douai		Cantons d'Arleux, Douai-Nord, Douai-Nord-Est, Douai-Sud, Douai-Sud-Ouest, Marchiennes et Orchies.
Dunkerque		Cantons de Bergues, Bourbourg, Coudekerque-Branche,

		Dunkerque-Est, Dunkerque-Ouest, Grande-Synthe, Gravelines Hondschoote et Wormhout.
	Hazebrouck	Cantons de Bailleul-Nord-Est, Bailleul-Sud-Ouest, Cassel, Hazebrouck-Nord, Hazebrouck-Sud, Merville et Steenvoorde
Lille		Cantons d'Armentières, Cysoing, Haubourdin, La Bassée, Lannoy, Lille-Centre, Lille-Est, Lille-Nord, Lille-Nord-Est, Lille-Ouest, Lille-Sud, Lille-Sud-Est, Lille-Sud-Ouest, Lomme Pont-à-Marcq, Quesnoy-sur-Deûle, Seclin-Nord, Seclin-Sud, Villeneuve-d'Ascq-Nord et Villeneuve-d'Ascq-Sud.
	Roubaix	Cantons de Roubaix-Centre, Roubaix-Est, Roubaix-Nord et Roubaix-Ouest.
	Tourcoing	Cantons de Marcq-en-Baroeul, Tourcoing-Nord, Tourcoing-Nord-Est et Tourcoing-Sud.
Valenciennes		Cantons d'Anzin, Bouchain, Condé-sur-l'Escaut, Denain, Saint Amand-les-Eaux-Rive droite, Saint-Amand-les-Eaux-Rive gauche, Valenciennes-Est, Valenciennes-Nord et Valenciennes Sud.
Pas-de-Calais		
Arras		Cantons d'Arras-Nord, Arras-Ouest, Arras-Sud, Aubigny-en-Artois, Auxi-le-Château, Avesnes-le-Comte, Avion, Bapaume Beaumetz-lès-Loges, Bertincourt, Croisilles, Dainville, Heuchi Le Parcq, Marquion, Pas-en-Artois, Rouvroy, Saint-Pol-sur-Ternoise, Vimy et Vitry-en-Artois.
Béthune		Cantons d'Auchel, Barlin, Béthune-Est, Béthune-Nord, Béthune-Sud, Bruay-la-Buissière, Cambrin, Divion, Douvrin Houdain, Laventie, Lillers, Noeux-les-Mines et Norrent-Fonte
	Lens	Cantons de Bully-les-Mines, Carvin, Courrières, Harnes, Héni Beaumont, Leforest, Lens-Est, Lens-Nord-Est, Lens-Nord-Ouest, Liévin-Nord, Liévin-Sud, Montigny-en-Gohelle, Noyelles-sous-Lens, Sains-en-Gohelle et Wingles.
Boulogne-sur-Me		Cantons de Boulogne-sur-Mer-Nord-Est, Boulogne-sur-Mer Nord-Ouest, Boulogne-sur-Mer-Sud, Desvres, Le Portel, Marquise, Outreau et Samer.
	Montreuil	Cantons de Berck, Campagne-lès-Hesdin, Étaples, Fruges, Hesdin, Hucqueliers et Montreuil.
	Calais	Cantons de Calais-Centre, Calais-Est, Calais-Nord-Ouest, Calais-Sud-Est et Guînes.
Saint-Omer		Cantons d'Aire-sur-la-Lys, Ardres, Arques, Audruicq,

		Fauquembergues, Lumbres, Saint-Omer-Nord et Saint-Omer-Sud.
Cour d'appel de Fort-de-France		
Martinique		
Fort-de-France		Cantons de Basse-Pointe, Case-Pilote-Bellefontaine, Ducos, Fort-de-France 1er Canton, Fort-de-France 2e Canton, Fort-de-France 3e Canton, Fort-de-France 4e Canton, Fort-de-France 5e Canton, Fort-de-France 6e Canton, Fort-de-France 7e Canton, Fort-de-France 8e Canton, Fort-de-France 9e Canton, Fort-de-France 10e Canton, Gros-Morne, L'Ajoupa-Bouillon, La Trinité, Le Carbet, Le Diamant, Le François 1er Canton Nord, Le François 2e Canton Sud, Le Lamentin 1er Canton Sud-Bourg, Le Lamentin 2e Canton Nord, Le Lamentin 3e Canton Est, Le Lorrain, Le Marigot, Le Marin, Le Morne-Rouge, Le Prêcheur, Le Robert 1er Canton Sud, Le Robert 2e Canton Nord, Le Vauclin, Les Anses-d'Arlet, Les Trois-Îlets, Macouba, Rivière-Pilote, Rivière-Salée, Sainte-Anne, Sainte-Luce, Sainte-Marie 1er Canton Nord, Sainte-Marie 2e Canton Sud, Saint-Esprit, Saint-Joseph, Saint-Pierre, Schoelcher 1er Canton et Schoelcher 2e Canton.
Cour d'appel de Grenoble		
Drôme		
Valence		Cantons de Bourdeaux, Bourg-lès-Valence, Chabeuil, Châtillon-en-Diois, Crest-Nord, Crest-Sud, Die, La Motte-Chalancon, Loriol-sur-Drôme, Luc-en-Diois, Portes-lès-Valence, Saillans, Saint-Vallier, Tain-l'Hermitage, Valence 1er Canton, Valence 2e Canton, Valence 3e Canton et Valence 4e Canton.
	Montélimar	Cantons de Buis-les-Baronnies, Dieulefit, Grignan, Marsanne, Montélimar 1er Canton, Montélimar 2e Canton, Nyons, Pierrelatte, Rémuzat, Saint-Paul-Trois-Châteaux et Séderon.
	Romans-sur-Isère	Cantons de Bourg-de-Péage, La Chapelle-en-Vercors, Le Grand-Serre, Romans-sur-Isère 1er Canton, Romans-sur-Isère 2e Canton, Saint-Donat-sur-l'Herbasse et Saint-Jean-en-Royans.
Hautes-Alpes		
Gap		Cantons d'Aiguilles, Aspres-sur-Buëch, Barcillonnette, Briançon-Nord, Briançon-Sud, Chorges, Embrun, Gap-Campagne, Gap-Centre, Gap-Nord-Est, Gap-Nord-Ouest, Gap-Sud-Est, Gap-Sud-Ouest, Guillestre, La Bâtie-Neuve, La Grave, L'Argentière-la-Bessée, Laragne-Montéglin, Le Monêtier-les-Bains, Orcières, Orpierre, Ribiers, Rosans, Saint-Bonnet-en-Champsaur, Saint-Étienne-en-Dévoluy, Saint-Firmin, Savines-le-Lac, Serres, Tallard et Veynes.

	Isère	
Bourgoin-Jallieu		Cantons de Bourgoin-Jallieu-Nord, Bourgoin-Jallieu-Sud, Crémieu, La Tour-du-Pin, Le Grand-Lemps, Le Pont-de-Beauvoisin, Morestel, Saint-Geoire-en-Valdaine et Virieu et commune d'Eclose-Badinières.
Grenoble		Cantons d'Allevard, Clelles, Corps, Domène, Échirolles-Est, Échirolles-Ouest, Eybens, Fontaine-Sassenage, Fontaine-Seyssinet, Goncelin, Grenoble 1er Canton, Grenoble 2e Canton, Grenoble 3e Canton, Grenoble 4e Canton, Grenoble 5e Canton, Grenoble 6e Canton, La Mure, Le Bourg-d'Oisans, Le Touvet, Mens, Meylan, Monestier-de-Clermont, Pont-en-Royans, Rives, Roybon, Saint-Égrève, Saint-Étienne-de-Saint Geoirs, Saint-Ismier, Saint-Laurent-du-Pont, Saint-Marcellin, Saint-Martin-d'Hères-Nord, Saint-Martin-d'Hères-Sud, Tullins, Valbonnais, Vif, Villard-de-Lans, Vinay, Vizille et Voiron.
Vienne		Cantons de Beaurepaire, Heyrieux, La Côte-Saint-André, La Verpillière, L'Isle-d'Abeau, Pont-de-Chéruy, Roussillon, Saint-Jean-de-Bournay (à l'exception de la fraction de la commune d'Eclose-Badinières), Vienne-Nord et Vienne-Sud.
	Cour d'appel de Limoges	
	Corrèze	
Brive-la-Gaillarde		Cantons d'Ayen, Beaulieu-sur-Dordogne, Beynat, Brive-la-Gaillarde-Centre, Brive-la-Gaillarde-Nord-Est, Brive-la-Gaillarde-Nord-Ouest, Brive-la-Gaillarde-Sud-Est, Brive-la-Gaillarde-Sud-Ouest, Donzenac, Juillac, Larche, Lubersac, Malemort-sur-Corrèze, Meyssac et Vigeois.
Tulle		Cantons d'Argentat, Bort-les-Orgues, Bugeat, Corrèze, Égletons, Eygurande, La Roche-Canillac, Lapleau, Mercoeur, Meymac, Neuvic, Saint-Privat, Seilhac, Sornac, Treignac, Tulle-Campagne-Nord, Tulle-Campagne-Sud, Tulle-Urbain-Nord, Tulle-Urbain-Sud, Ussel-Est, Ussel-Ouest et Uzerche.
	Creuse	
Guéret		Cantons d'Ahun, Aubusson, Auzances, Bellegarde-en-Marche, Bénévent-l'Abbaye, Bonnat, Bourganeuf, Boussac, Chambon-sur-Vouelize, Châtelus-Malvaleix Chénérailles, Crocq, Dun-le-Palestel, Évaux-les-Bains, Felletin, Gentioux-Pigerolles, Guéret-Nord, Guéret-Sud-Est, Guéret-Sud-Ouest, Jarnages, La Courtine, La Souterraine, Le Grand-Bourg, Pontarion, Royère-de-Vassivière, Saint-Sulpice-les-Champs et Saint-Vaury.
	Haute-Vienne	

Limoges		Cantons d'Aixe-sur-Vienne, Ambazac, Bellac, Bessines-sur-Gartempe, Châlus, Châteauneuf-la-Forêt, Châteauponsac, Eymoutiers, Laurière, Le Dorat, Limoges-Beaupuy, Limoges-Carnot, Limoges-Centre, Limoges-Cité, Limoges-Condat, Limoges-Corgnac, Limoges-Couzeix, Limoges-Émailleurs, Limoges-Grand-Treuil, Limoges-Isle, Limoges-La Bastide, Limoges-Landouge, Limoges-Le Palais, Limoges-Panazol, Limoges-Puy-las-Rodas, Limoges-Vigenal, Magnac-Laval, Mézières-sur-Issoire, Nantiat, Nexon, Nieul, Oradour-sur-Vayres, Pierre-Buffière, Rochechouart, Saint-Germain-les-Belles, Saint-Léonard-de-Noblat, Saint-Junien-Est, Saint-Junien-Ouest, Saint-Laurent-sur-Gorre, Saint-Mathieu, Saint-Sulpice-les-Feuilles et Saint-Yrieix-la-Perche.
Cour d'appel de Lyon		
Ain		
Bourg-en-Bresse		Cantons de Bâgé-le-Châtel, Bourg-en-Bresse-Est, Bourg-en-Bresse-Nord-Centre, Bourg-en-Bresse-Sud, Ceyzériat, Coligny, Montrevel-en-Bresse, Péronnas, Pont-d'Ain, Pont-de-Vaux, Pont-de-Veyle, Saint-Trivier-de-Courtes, Treffort-Cuisiat et Viriat.
	Belley	Cantons d'Ambérieu-en-Bugey, Belley, Champagne-en-Valromey, Hauteville-Lompnes, Lagnieu, Lhuis, Saint-Rambert-en-Bugey, Seyssel et Virieu-le-Grand et commune de Haut Valromey.
	Nantua	Cantons de Bellegarde-sur-Valserine, Brénod (à l'exception de fraction de commune de Haut Valromey), Collonges, Ferney-Voltaire, Gex, Izernore, Nantua, Oyonnax-Nord, Oyonnax-Sud et Poncin.
	Trévoux	Cantons de Chalamont, Châtillon-sur-Chalaronne, Meximieux, Miribel, Montluel, Reyrieux, Saint-Trivier-sur-Moignans, Thoissey, Trévoux et Villars-les-Dombes.
Loire		
Roanne		Cantons de Belmont-de-la-Loire, Charlieu, La Pacaudière, Néronde, Perreux, Roanne-Nord, Roanne-Sud, Saint-Germain-Laval, Saint-Haon-le-Châtel, Saint-Just-en-Chevalet et Saint-Symphorien-de-Lay.
Saint-Étienne		Cantons de Bourg-Argental, Firminy, La Grand-Croix, Le Chambon-Feugerolles, Pélussin, Rive-de-Gier, Saint-Chamond-Nord, Saint-Chamond-Sud, Saint-Étienne-Nord-Est-1, Saint-Étienne-Nord-Est-2, Saint-Étienne-Nord-Ouest-1, Saint-Étienne-Nord-Ouest-2, Saint-Étienne-Sud-Est-1, Saint-Étienne-Sud-Est-2, Saint-Étienne-Sud-Est-3, Saint-Étienne-Sud-Ouest

		1, Saint-Étienne-Sud-Ouest-2, Saint-Genest-Malifaux et Saint Héand.
	Montbrison	Cantons de Boën, Chazelles-sur-Lyon, Feurs, Montbrison, Noirétable, Saint-Bonnet-le-Château, Saint-Galmier, Saint-Georges-en-Couzan, Saint-Jean-Soleymieux et Saint-Just-Saint Rambert.
Rhône		
Lyon		Cantons de Caluire-et-Cuire, Condrieu, Écully, Givors, Irigny L'Arbresle, Limonest, Lyon-I, Lyon-II, Lyon-III, Lyon-IV, Lyon-IX, Lyon-V, Lyon-VI, Lyon-VII, Lyon-VIII, Lyon-X, Lyon-XI, Lyon-XII, Lyon-XIII, Lyon-XIV, Mornant, Neuville sur-Saône, Oullins, Rillieux-la-Pape, Sainte-Foy-lès-Lyon, Sain Genis-Laval, Saint-Laurent-de-Chamousset, Saint-Symphorien sur-Coise, Tassin-la-Demi-Lune et Vaugneray.
	Villeurbanne	Cantons de Bron, Décines-Charpieu, Meyzieu, Saint-Fons, Saint-Priest, Saint-Symphorien-d'Ozon, Vaulx-en-Velin, Vénissieux-Nord, Vénissieux-Sud, Villeurbanne-Centre, Villeurbanne-Nord et Villeurbanne-Sud.
Villefranche-sur-Saône		Cantons d'Amplepuis, Anse, Beaujeu, Belleville, Gleizé, Lamure-sur-Azergues, Le Bois-d'Oingt, Monsols, Tarare, Thiz et Villefranche-sur-Saône.
Cour d'appel de Metz		
Moselle		
Metz		Cantons d'Albestroff, Ars-sur-Moselle, Boulay-Moselle, Bouzonville, Château-Salins, Delme, Dieuze, Faulquemont, Maizières-lès-Metz, Marange-Silvange, Metz-Ville 1er Canton Metz-Ville 2e Canton, Metz-Ville 3e Canton, Metz-Ville 4e Canton, Montigny-lès-Metz, Pange, Rombas, Verny, Vic-sur-Seille, Vigy et Woippy.
	Sarrebourg	Cantons de Fénétrange, Lorquin, Phalsbourg, Réchicourt-le-Château et Sarrebourg.
Sarreguemines		Cantons de Bitche, Rohrbach-lès-Bitche, Sarralbe, Sarreguemines, Sarreguemines-Campagne et Volmunster.
	Saint-Avold	Cantons de Behren-lès-Forbach, Forbach, Freyming-Merlebac Grostenquin, Saint-Avold 1er Canton, Saint-Avold 2e Canton et Stiring-Wendel.
Thionville		Cantons d'Algrange, Cattenom, Fameck, Florange, Fontoy, Hayange, Metzervisse, Moyeuvre-Grande, Sierck-les-Bains, Thionville-Est, Thionville-Ouest et Yutz.

Cour d'appel de Montpellier		
Aude		
Carcassonne		Cantons d'Alaigne, Alzonne, Axat, Belcaire, Belpech, Capendu, Carcassonne 1er Canton, Carcassonne 2e Canton-Nord, Carcassonne 2e Canton-Sud, Carcassonne 3e Canton, Castelnaudary-Nord, Castelnaudary-Sud, Chalabre, Conques-sur-Orbiel, Couiza, Fanjeaux, Lagrasse, Limoux, Mas-Cabardès, Montréal, Mouthoumet, Peyriac-Minervois, Quillan, Saint-Hilaire, Saissac et Salles-sur-l'Hers.
Narbonne		Cantons de Coursan, Durban-Corbières, Ginestas, Lézignan-Corbières, Narbonne-Est, Narbonne-Ouest, Narbonne-Sud, Sigean et Tuchan.
Aveyron		
Rodez		Cantons d'Aubin, Baraqueville-Sauveterre, Bozouls, Capdenac-Gare, Cassagnes-Bégonhès, Conques, Decazeville, Entraygues-sur-Truyère, Espalion, Estaing, Laguiole, Laissac, La Salvetat-Peyralès, Marcillac-Vallon, Montbazens, Mur-de-Barrez, Najac, Naucelle, Pont-de-Salars, Réquista, Rieupeyroux, Rignac, Rodez-Est, Rodez-Nord, Rodez-Ouest, Saint-Amans-des-Cots, Saint-Chély-d'Aubrac, Sainte-Geneviève-sur-Argence, Saint-Geniez-d'Olt, Villefranche-de-Rouergue et Villeneuve.
	Millau	Cantons de Belmont-sur-Rance, Camarès, Campagnac, Cornus, Millau-Est, Millau-Ouest, Nant, Peyreleau, Saint-Affrique, Saint-Beauzély, Saint-Rome-de-Tarn, Saint-Sernin-sur-Rance, Salles-Curan, Sévérac-le-Château et Vézins-de-Lévézou.
Hérault		
Béziers		Cantons d'Agde, Bédarieux, Béziers 1er Canton, Béziers 2e Canton, Béziers 3e Canton, Béziers 4e Canton, Capestang, Florensac, La Salvetat-sur-Agout, Montagnac, Murviel-lès-Béziers, Olargues, Olonzac, Pézenas, Roujan, Saint-Chinian, Saint-Gervais-sur-Mare, Saint-Pons-de-Thomières et Servian et communes d'Avène, Brénas, Ceilhes-et-Rocozels, Dio-et-Valquières, Joncels, Le Bousquet-d'Orb et Lunas.
Montpellier		Cantons d'Aniane, Castelnau-le-Lez, Castries, Claret, Clermont-l'Hérault, Ganges, Gignac, Lattes, Le Caylar, Les Matelles, Lodève, Lunas (à l'exception des communes d'Avène, Brénas, Ceilhes-et-Rocozels, Dio-et-Valquières, Joncels, Le Bousquet-d'Orb et Lunas), Lunel, Mauguio, Montpellier 1er Canton, Montpellier 2e Canton, Montpellier 3e Canton, Montpellier 4e Canton, Montpellier 5e Canton, Montpellier 6e Canton, Montpellier 7e Canton, Montpellier 8e Canton, Montpellier 9e

		Canton, Montpellier 10e Canton, Pignan et Saint-Martin-de-Londres.
	Sète	Cantons de Frontignan, Mèze, Sète 1er Canton et Sète 2e Canton.
Pyrénées-Orientales		
Perpignan		Cantons d'Argelès-sur-Mer, Arles-sur-Tech, Canet-en-Roussillon, Céret, Côte Vermeille, Elne, La Côte Radieuse, Latour-de-France, Millas, Mont-Louis, Olette, Perpignan 1er Canton, Perpignan 2e Canton, Perpignan 3e Canton, Perpignan 4e Canton, Perpignan 5e Canton, Perpignan 6e Canton, Perpignan 7e Canton, Perpignan 8e Canton, Perpignan 9e Canton, Prades, Prats-de-Mollo-la-Preste, Rivesaltes, Saillagouse, Saint-Estève, Saint-Laurent-de-la-Salanque, Saint-Paul-de-Fenouillet, Sournia, Thuir, Toulouges et Vinça.
Cour d'appel de Nancy		
Meurthe-et-Moselle		
Val de Briey		Cantons d'Audun-le-Roman, Briey, Chambley-Bussières, Conflans-en-Jarnisy, Herserange, Homécourt, Longuyon, Longwy, Mont-Saint-Martin et Villerupt.
Nancy		Cantons de Colombey-les-Belles, Dieulouard, Domèvre-en-Haye, Haroué, Jarville-la-Malgrange, Laxou, Malzéville, Nancy-Est, Nancy-Nord, Nancy-Ouest, Nancy-Sud, Neuves-Maisons, Nomeny, Pompey, Pont-à-Mousson, Saint-Max, Saint-Nicolas-de-Port, Seichamps, Thiaucourt-Regniéville, Tomblaine, Toul-Nord, Toul-Sud, Vandoeuvre-lès-Nancy-Est, Vandoeuvre-lès-Nancy-Ouest et Vézelise.
	Lunéville	Cantons d'Arracourt, Baccarat, Badonviller, Bayon, Blâmont, Cirey-sur-Vezouze, Gerbéviller, Lunéville-Nord et Lunéville-Sud.
Meuse		
Bar-le-Duc		Cantons d'Ancerville, Bar-le-Duc-Nord, Bar-le-Duc-Sud, Commercy, Gondrecourt-le-Château, Ligny-en-Barrois, Montiers-sur-Saulx, Pierrefitte-sur-Aire, Revigny-sur-Ornain, Saint-Mihiel, Seuil-d'Argonne, Vaubecourt, Vaucouleurs, Vavincourt, Vigneulles-lès-Hattonchâtel et Void-Vacon.
Verdun		Cantons de Charny-sur-Meuse, Clermont-en-Argonne, Damvillers, Dun-sur-Meuse, Étain, Fresnes-en-Woëvre, Montfaucon-d'Argonne, Montmédy, Souilly, Spincourt, Stenay, Varennes-en-Argonne, Verdun-Centre, Verdun-Est et Verdun-Ouest.

Vosges		
Epinal		Cantons de Bains-les-Bains, Bruyères, Bulgnéville, Charmes, Châtel-sur-Moselle, Châtenois, Coussey, Darney, Dompaire, Épinal-Est, Épinal-Ouest, Lamarche, Le Thillot, Mirecourt, Monthureux-sur-Saône, Neufchâteau, Plombières-les-Bains, Rambervillers, Remiremont, Saulxures-sur-Moselotte, Vittel e Xertigny.
	Saint-Dié-des-Vosges	Cantons de Brouvelieures, Corcieux, Fraize, Gérardmer, Provenchères-sur-Fave, Raon-l'Étape, Saint-Dié-des-Vosges-Est, Saint-Dié-des-Vosges-Ouest et Senones.
Cour d'appel de Nîmes		
Ardèche		
Privas		Cantons d'Antraigues-sur-Volane, Bourg-Saint-Andéol, Chomérac, La Voulte-sur-Rhône, Privas, Rochemaure, Saint-Pierreville, Vals-les-Bains, Villeneuve-de-Berg et Viviers.
	Annonay	Cantons d'Annonay-Nord, Annonay-Sud, Lamastre, Le Cheylard, Saint-Agrève, Saint-Félicien, Saint-Martin-de-Valamas, Saint-Péray, Satillieu, Serrières, Tournon-sur-Rhône Vernoux-en-Vivarais.
	Aubenas	Cantons de Aubenas, Burzet, Coucouron, Joyeuse, Largentière Les Vans, Montpezat-sous-Bauzon, Saint-Étienne-de-Lugdarè Thueyts, Valgorge et Vallon-Pont-d'Arc.
Gard		
Alès		Cantons d'Alès-Nord-Est, Alès-Ouest, Alès-Sud-Est, Alzon, Anduze, Barjac, Bessèges, Génolhac, La Grand-Combe, Lasall Lédignan, Le Vigan, Quissac, Saint-Ambroix, Saint-André-de Valborgne, Saint-Hippolyte-du-Fort, Saint-Jean-du-Gard, Sauve, Sumène, Trèves, Valleraugue et Vézénobres.
Nîmes		Cantons d'Aigues-Mortes, Aramon, Beaucaire, La Vistrenque Marguerittes, Nîmes 1er Canton, Nîmes 2e Canton, Nîmes 3e Canton, Nîmes 4e Canton, Nîmes 5e Canton, Nîmes 6e Canton, Rhôny-Vidourle, Saint-Gilles, Saint-Mamert-du-Gard Sommières et Vauvert.
	Uzès	Cantons de Bagnols-sur-Cèze, Lussan, Pont-Saint-Esprit, Remoulins, Roquemaure, Saint-Chaptes, Uzès et Villeneuve-lè Avignon.
Lozère		

Mende		Cantons de d'Aumont-Aubrac, Barre-des-Cévennes, Chanac, Châteauneuf-de-Randon, Florac, Fournels, Grandrieu, La Canourgue, Langogne, Le Bleymard, Le Malzieu-Ville, Le Massegros, Le Pont-de-Montvert, Marvejols, Mende-Nord, Mende-Sud, Meyrueis, Nasbinals, Saint-Alban-sur-Limagnole, Saint-Amans, Saint-Chély-d'Apcher, Saint-Germain-de-Calbert, Saint-Germain-du-Teil, Sainte-Enimie et Villefort.
Vaucluse		
Avignon		Cantons d'Avignon-Est, Avignon-Nord, Avignon-Ouest, Avignon-Sud, Bédarrides, Cavaillon et L'Isle-sur-la-Sorgue.
	Pertuis	Cantons d'Apt, Bonnieux, Cadenet, Gordes et Pertuis.
Carpentras		Cantons de Carpentras-Nord, Carpentras-Sud, Mormoiron, Pernes-les-Fontaines et Sault.
	Orange	Cantons de Beaumes-de-Venise, Bollène, Malaucène, Orange-Est, Orange-Ouest, Vaison-la-Romaine et Valréas.
Cour d'appel d'Orléans		
Indre-et-Loire		
Tours		Cantons d'Amboise, Azay-le-Rideau, Ballan-Miré, Bléré, Bourgueil, Chambray-lès-Tours, Château-la-Vallière, Château-Renault, Chinon, Descartes, Joué-lès-Tours-Nord, Joué-lès-Tours-Sud, Langeais, Le Grand-Pressigny, Ligueil, L'Île-Bouchard, Loches, Luynes, Montbazon, Montlouis-sur-Loire, Montrésor, Neuillé-Pont-Pierre, Neuvy-le-Roi, Preuilly-sur-Claise, Richelieu, Saint-Avertin, Saint-Cyr-sur-Loire, Saint-Pierre-des-Corps, Sainte-Maure-de-Touraine, Tours-Centre, Tours-Est, Tours-Nord-Est, Tours-Nord-Ouest, Tours-Ouest, Tours-Sud, Tours-Val-du-Cher et Vouvray.
Loiret		
Montargis		Cantons d'Amilly, Bellegarde, Briare, Châlette-sur-Loing, Château-Renard, Châtillon-Coligny, Châtillon-sur-Loire, Courtenay, Ferrières-en-Gâtinais, Gien, Lorris, Montargis, Ouzouer-sur-Loire et Sully-sur-Loire et commune de Bray-Saint Aignan.
Orléans		Cantons d'Artenay, Beaugency, Beaune-la-Rolande, Châteauneuf-sur-Loire (à l'exception de la fraction de commune de Bray-Saint Aignan), Chécy, Cléry-Saint-André, Fleury-les-Aubrais, Ingré, Jargeau, La Ferté-Saint-Aubin, Malesherbes, Meung-sur-Loire, Neuville-aux-Bois, Olivet, Orléans-Bannier, Orléans-Bourgogne, Orléans-Carmes, Orléans-La Source,

		Orléans-Saint-Marc-Argonne, Orléans-Saint-Marceau, Outarville, Patay, Pithiviers, Puiseaux, Saint-Jean-de-Braye, Saint-Jean-de-la-Ruelle et Saint-Jean-le-Blanc.
	Loir-et-Cher	
Blois		Cantons de Blois 1er Canton, Blois 2e Canton, Blois 3e Canton, Blois 4e Canton, Blois 5e Canton, Bracieux, Contres, Droué, Herbault, Lamotte-Beuvron, Marchenoir, Mennetou-sur-Cher, Mer, Mondoubleau, Montoire-sur-le-Loir, Morée, Montrichard, Neung-sur-Beuvron, Ouzouer-le-Marché, Romorantin-Lanthenay-Nord, Romorantin-Lanthenay-Sud, Saint-Aignan, Saint-Amand-Longpré, Salbris, Savigny-sur-Braye, Selles-sur-Cher, Selommes, Vendôme 1er Canton, Vendôme 2e Canton et Vineuil.

	Cour d'appel de Paris
	Essonne
Évry-Courcouronnes		Cantons de Corbeil-Essonnes-Est, Corbeil-Essonnes-Ouest, Évry-Nord, Évry-Sud, Mennecy, Milly-la-Forêt, Ris-Orangis et Saint-Germain-lès-Corbeil.
	Etampes	Cantons de Dourdan, Étampes, Étréchy, La Ferté-Alais, Méréville et Saint-Chéron.
	Juvisy-sur-Orge	Cantons de Brunoy, Draveil, Epinay-sous-Sénart, Grigny, Juvisy-sur-Orge (uniquement la commune de Juvisy-sur-Orge), Montgeron, Morsang-sur-Orge, Vigneux-sur-Seine, Viry-Châtillon et Yerres.
	Longjumeau	A l'exception de l'emprise de l'aérodrome de Paris-Orly, cantons d'Arpajon, Athis-Mons, Brétigny-sur-Orge, Chilly-Mazarin, Juvisy-sur-Orge (uniquement la fraction de la commune de Savigny-sur-Orge), Longjumeau, Massy-Est, Massy-Ouest, Montlhéry, Sainte-Geneviève-des-Bois, Saint-Michel-sur-Orge, Savigny-sur-Orge et Villebon-sur-Yvette (uniquement les communes de Ballainvilliers, de Champlan et de Saulx-les-Chartreux).
	Palaiseau	Cantons de Bièvres, Gif-sur-Yvette, Les Ulis, Limours, Orsay, Palaiseau et Villebon-sur-Yvette (uniquement les communes de Villebon-sur-Yvette et Villejust).
	Paris
Paris		Ville de Paris
	Seine-et-Marne

Fontainebleau		Cantons de Château-Landon, Fontainebleau, La Chapelle-la-Reine, Lorrez-le-Bocage-Préaux, Montereau-Fault-Yonne, Moret-sur-Loing et Nemours.
Meaux		A l'exception de l'emprise de l'aérodrome de Roissy-Charles-de Gaulle, cantons de Coulommiers, Crécy-la-Chapelle, Dammartin-en-Goële, La Ferté Gaucher, La Ferté-sous-Jouarr Lizy-sur-Ourcq, Meaux-Nord, Meaux-Sud, Rebais et Rozay-er Brie.
	Lagny-sur-Marn	A l'exception de l'emprise de l'aérodrome de Roissy-Charles-de Gaulle, cantons de Champs-sur-Marne, Chelles, Claye-Souilly Lagny-sur-Marne, Mitry-Mory, Noisiel, Thorigny-sur-Marne, Torcy et Vaires-sur-Marne.
Melun		Cantons de Bray-sur-Seine, Brie-Comte-Robert, Combs-la-Vill Donnemarie-Dontilly, Le Châtelet-en-Brie, Le Mée-sur-Seine Melun-Nord, Melun-Sud, Mormant, Nangis, Perthes, Pontaul Combault, Provins, Roissy-en-Brie, Savigny-le-Temple, Tournan-en-Brie et Villiers-Saint-Georges.
Seine-Saint-Denis		
Bobigny		Cantons de Bobigny, Bondy-Nord-Ouest, Bondy-Sud-Est, Drancy, Le Bourget (uniquement la fraction de la commune d Drancy), Les Pavillons-sous-Bois, Noisy-le-Sec, Romainville, Rosny-sous-Bois et Villemomble.
	Aubervilliers	Emprise de l'aérodrome de Paris-Le Bourget et cantons d'Aubervilliers-Est, Aubervilliers-Ouest, La Courneuve, Le Bourget (uniquement les communes du Bourget et de Dugny et Stains.
	Aulnay-sous-Boi	Emprise de l'aérodrome de Roissy-Charles-de-Gaulle et canto d'Aulnay-sous-Bois-Nord, Aulnay-sous-Bois-Sud, Le Blanc-Mesnil, Sevran, Tremblay-en-France et Villepinte.
	Le Raincy	Cantons de Gagny, Le Raincy, Livry-Gargan, Montfermeil, Neuilly-Plaisance, Neuilly-sur-Marne et Noisy-le-Grand.
	Montreuil	Cantons de Montreuil-Est, Montreuil-Nord et Montreuil-Oues
	Pantin	Cantons de Bagnolet, Les Lilas, Pantin-Est et Pantin-Ouest.
	Saint-Denis	Cantons de Pierrefitte-sur-Seine, Saint-Denis-Nord-Est, Saint Denis-Nord-Ouest et Saint-Denis-Sud (uniquement la fractio de la commune de Saint-Denis).
	Saint-Ouen-sur-Seine	Cantons d'Épinay-sur-Seine, Saint-Denis-Sud (uniquement la

		fraction de la commune de Saint-Ouen-sur-Seine et la commune de L'Ile-Saint-Denis) et Saint-Ouen.
Val-de-Marne		
Créteil	Sucy-en-Brie	A l'exception de l'emprise de l'aérodrome de Paris-Orly, cantons de Boissy-Saint-Léger, Chennevières-sur-Marne, Ormesson-sur-Marne, Sucy-en-Brie, Valenton, Villecresnes, Villeneuve-le-Roi, Villeneuve-Saint-Georges et Villiers-sur-Marne.
	Charenton-le-Pont	Cantons d'Alfortville-Nord, Alfortville-Sud, Charenton-le-Pont, Maisons-Alfort-Nord et Maisons-Alfort-Sud.
	Ivry-sur-Seine	Emprise de l'aérodrome de Paris-Orly et cantons de Choisy-le-Roi, Ivry-sur-Seine-Est, Ivry-sur-Seine-Ouest, Orly, Thiais, Vitry-sur-Seine-Est, Vitry-sur-Seine-Nord et Vitry-sur-Seine-Ouest.
	Nogent-sur-Marne	Cantons de Bry-sur-Marne, Champigny-sur-Marne-Centre, Champigny-sur-Marne-Est, Champigny-sur-Marne-Ouest, Fontenay-sous-Bois-Est, Fontenay-sous-Bois-Ouest, Le Perreux-sur-Marne, Nogent-sur-Marne, Saint-Mandé, Vincennes-Est et Vincennes-Ouest.
	Saint-Maur-des-Fossés	Cantons de Bonneuil-sur-Marne, Créteil-Nord, Créteil-Ouest, Créteil-Sud, Joinville-le-Pont, Saint-Maur-des-Fossés-Centre, Saint-Maur-des-Fossés-Ouest et Saint-Maur-La Varenne.
	Villejuif	A l'exception de l'emprise de l'aérodrome de Paris-Orly, cantons d'Arcueil, Cachan, Chevilly-Larue, Fresnes, Le Kremlin-Bicêtre, L'Haÿ-les-Roses, Villejuif-Est et Villejuif-Ouest.
Yonne		
Auxerre		Cantons d'Ancy-le-Franc, Avallon, Auxerre-Est, Auxerre-Nord, Auxerre-Nord-Ouest, Auxerre-Sud, Auxerre-Sud-Ouest, Bléneau, Chablis, Coulanges-la-Vineuse, Coulanges-sur-Yonne, Courson-les-Carrières, Cruzy-le-Châtel, Flogny-la-Chapelle, Guillon, Ligny-le-Châtel, L'Isle-sur-Serein, Noyers, Quarré-les-Tombes, Saint-Fargeau, Saint-Florentin, Saint-Sauveur-en-Puisaye, Seignelay, Tonnerre, Toucy, Vermenton et Vézelay.
Sens		Cantons d'Aillant-sur-Tholon, Brienon-sur-Armançon, Cerisiers, Charny, Chéroy, Joigny, Migennes, Pont-sur-Yonne, Saint-Julien-du-Sault, Sens-Nord-Est, Sens-Ouest, Sens-Sud-Est, Sergines, Villeneuve-l'Archevêque et Villeneuve-sur-Yonne.
Cour d'appel de Pau		
Hautes-Pyrénées		

Tarbes		Cantons d'Argelès-Gazost, Arreau, Aucun, Aureilhan, Bagnères-de-Bigorre, Bordères-Louron, Bordères-sur-l'Échez, Campan, Castelnau-Magnoac, Castelnau-Rivière-Basse, Galan, La Barthe-de-Neste, Laloubère, Lannemezan, Lourdes-Est, Lourdes-Ouest, Luz-Saint-Sauveur, Maubourguet, Mauléon-Barousse, Ossun, Pouyastruc, Rabastens-de-Bigorre, Saint-Laurent-de-Neste, Saint-Pé-de-Bigorre, Séméac, Tarbes 1er Canton, Tarbes 2e Canton, Tarbes 3e Canton, Tarbes 4e Canton, Tarbes 5e Canton, Tournay, Trie-sur-Baïse, Vic-en-Bigorre et Vielle-Aure.
	Landes	
Dax		Cantons d'Amou, Castets, Dax-Nord, Dax-Sud, Montfort-en-Chalosse, Mugron, Peyrehorade, Pouillon, Saint-Martin-de-Seignanx, Saint-Vincent-de-Tyrosse, Soustons, Tartas-Est et Tartas-Ouest.
Mont-de-Marsan		Emprise de l'aérodrome d'Aire-sur-l'Adour et cantons d'Aire-sur-l'Adour, Gabarret, Geaune, Grenade-sur-l'Adour, Hagetmau, Labrit, Mimizan, Mont-de-Marsan-Nord, Mont-de-Marsan-Sud, Morcenx, Parentis-en-Born, Pissos, Roquefort, Sabres, Saint-Sever, Sore et Villeneuve-de-Marsan.
	Pyrénées-Atlantiques	
Bayonne		Cantons d'Anglet-Nord, Anglet-Sud, Bayonne-Est, Bayonne-Nord, Bayonne-Ouest, Biarritz-Est, Biarritz-Ouest, Bidache, Espelette, Hasparren, Hendaye, Iholdy, La Bastide-Clairence, Saint-Étienne-de-Baïgorry, Saint-Jean-de-Luz, Saint-Jean-Pied-de-Port, Saint-Palais, Saint-Pierre-d'Irube et Ustaritz.
Pau		Cantons d'Arthez-de-Béarn, Arzacq-Arraziguet, Billère, Garlin, Jurançon, Lagor, Lembeye, Lescar, Montaner, Morlaàs, Navarrenx, Nay-Est, Nay-Ouest, Orthez, Pau-Centre, Pau-Est, Pau-Nord, Pau-Ouest, Pau-Sud, Pontacq, Salies-de-Béarn, Sauveterre-de-Béarn et Thèze.
	Oloron-Sainte-Marie	Cantons d'Accous, Aramits, Arudy, Laruns, Lasseube, Mauléon-Licharre, Monein, Oloron-Sainte-Marie-Est, Oloron-Sainte-Marie-Ouest et Tardets-Sorholus.
	Cour d'appel de Poitiers	
	Charente-Maritime	
La Rochelle		Cantons d'Ars-en-Ré, Aytré, Courçon, La Jarrie, La Rochelle 1er Canton, La Rochelle 2e Canton, La Rochelle 3e Canton, La Rochelle 4e Canton, La Rochelle 5e Canton, La Rochelle 6e Canton, La Rochelle 7e Canton, La Rochelle 8e Canton, La Rochelle 9e Canton, Marans et Saint-Martin-de-Ré.

	Rochefort	Cantons d'Aigrefeuille-d'Aunis, La Tremblade, Le Château-d'Oléron, Marennes, Rochefort-Centre, Rochefort-Nord, Rochefort-Sud, Saint-Agnant, Saint-Pierre-d'Oléron, Surgères Tonnay-Charente et commune de La Devise.
Saintes		Cantons d'Aulnay, Burie, Cozes, Loulay, Matha, Royan-Est, Royan-Ouest, Saint-Hilaire-de-Villefranche, Saint-Jean-d'Angély, Saint-Savinien, Saintes-Est, Saintes-Nord, Saintes-Ouest, Saint-Porchaire, Saujon et Tonnay-Boutonne (à l'exception de la fraction de commune de La Devise).
	Jonzac	Cantons d'Archiac, Gémozac, Jonzac, Mirambeau, Montendre, Montguyon, Montlieu-la-Garde, Pons et Saint-Genis-de-Saintonge.
Deux-Sèvres		
Niort		Cantons de Beauvoir-sur-Niort, Brioux-sur-Boutonne, Celles-sur-Belle, Champdeniers-Saint-Denis, Chef-Boutonne, Coulonges-sur-l'Autize, Frontenay-Rohan-Rohan, La Mothe-Saint-Héray, Lezay, Mauzé-sur-le-Mignon, Melle, Niort-Est, Niort-Nord, Niort-Ouest, Prahecq, Saint-Maixent-l'École 1er Canton, Saint-Maixent-l'École 2e Canton et Sauzé-Vaussais.
	Bressuire	Cantons d'Airvault, Argenton-les-Vallées, Bressuire, Cerizay, Mauléon, Mazières-en-Gâtine, Ménigoute, Moncoutant, Parthenay, Saint-Loup-Lamairé, Saint-Varent, Secondigny, Thénezay, Thouars 1er Canton et Thouars 2e Canton.
Vendée		
La Roche-sur-Yon		Cantons de Chantonnay, La Roche-sur-Yon-Nord, La Roche-sur-Yon-Sud, Le Poiré-sur-Vie, Les Essarts, Les Herbiers, Mareuil-sur-Lay-Dissais, Montaigu, Mortagne-sur-Sèvre, Rocheservière et Saint-Fulgent.
	Fontenay-le-Comte	Cantons de Chaillé-les-Marais, Fontenay-le-Comte, La Châtaigneraie, L'Hermenault, Luçon (à l'exception de la fraction de commune de L'Aiguillon-la-Presqu'île), Maillezais, Pouzauges, Sainte-Hermine et Saint-Hilaire-des-Loges.
Les Sables-d'Olonne		Cantons de Beauvoir-sur-Mer, Challans, La Mothe-Achard, Les Sables-d'Olonne, L'Île-d'Yeu, Moutiers-les-Mauxfaits, Noirmoutier-en-l'Île, Palluau, Saint-Gilles-Croix-de-Vie, Saint-Jean-de-Monts et Talmont-Saint-Hilaire et commune de l'Aiguillon-la-Presqu'île.
Vienne		
Poitiers		Cantons d'Availles-Limouzine, Charroux, Chauvigny, Civray,

		Couhé, Gençay, La Trimouille, La Villedieu-du-Clain, Les Trois-Moutiers, L'Isle-Jourdain, Loudun, Lusignan, Lussac-les-Châteaux, Mirebeau, Moncontour, Montmorillon, Monts-sur-Guesnes, Neuville-de-Poitou, Poitiers 1er Canton, Poitiers 2e Canton, Poitiers 3e Canton, Poitiers 4e Canton, Poitiers 5e Canton, Poitiers 6e Canton, Poitiers 7e Canton, Saint-Georges-lès-Baillargeaux (à l'exception de la fraction de commune de Beaumont Saint-Cyr), Saint-Julien-l'Ars, Saint-Savin, Vivonne Vouillé.
	Châtellerault	Cantons de Châtellerault-Nord, Châtellerault-Ouest, Châtellerault-Sud, Dangé-Saint-Romain, Lencloître, Pleumartin, Saint-Gervais-les-Trois-Clochers et Vouneuil-sur-Vienne et commune de Beaumont Saint-Cyr.
Cour d'appel de Reims		
Ardennes		
Charleville-Mézières		Cantons d'Asfeld, Charleville-Centre, Charleville-La Houillère, Château-Porcien, Chaumont-Porcien, Flize, Fumay, Givet, Juniville, Mézières-Centre-Ouest, Mézières-Est, Monthermé, Nouzonville, Novion-Porcien, Omont, Renwez, Rethel, Revin, Rocroi, Rumigny, Signy-le-Petit, Signy-l'Abbaye et Villers-Semeuse.
	Sedan	Cantons d'Attigny, Buzancy, Carignan, Grandpré, Le Chesne, Machault, Monthois, Mouzon, Raucourt-et-Flaba, Sedan-Est, Sedan-Nord, Sedan-Ouest, Tourteron et Vouziers.
Aube		
Troyes		Cantons d'Aix-en-Othe, Arcis-sur-Aube, Bar-sur-Aube, Bar-sur-Seine, Bouilly, Brienne-le-Château, Chaource, Chavanges, Ervy-le-Châtel, Essoyes, Estissac, La Chapelle-Saint-Luc, Les Riceys, Lusigny-sur-Barse, Marcilly-le-Hayer, Méry-sur-Seine, Mussy-sur-Seine, Nogent-sur-Seine, Piney, Ramerupt, Romilly-sur-Seine 1er Canton, Romilly-sur-Seine 2e Canton, Sainte-Savine, Soulaines-Dhuys, Troyes 1er Canton, Troyes 2e Canton, Troyes 3e Canton, Troyes 4e Canton, Troyes 5e Canton, Troyes 6e Canton, Troyes 7e Canton, Vendeuvre-sur-Barse et Villenauxe-la-Grande.
Marne		
Châlons-en-Champagne		Cantons d'Anglure, Avize, Châlons-en-Champagne 1er Canton, Châlons-en-Champagne 2e Canton, Châlons-en-Champagne 3e Canton, Châlons-en-Champagne 4e Canton, Dormans, Écury-sur-Coole, Épernay 1er Canton, Épernay 2e Canton, Esternay, Fère-Champenoise, Givry-en-Argonne, Heiltz-le-Maurupt, Marson, Montmirail, Montmort-Lucy, Saint-Remy-en-Bouzemont-Saint-Genest-et-Isson, Sainte-Menehould, Sézanne

		Sompuis, Suippes, Thiéblemont-Farémont, Vertus, Ville-sur-Tourbe, Vitry-le-François-Est et Vitry-le-François-Ouest.
Reims		Cantons d'Ay, Beine-Nauroy, Bourgogne, Châtillon-sur-Marne, Fismes, Reims 1er Canton, Reims 2e Canton, Reims 3e Canton, Reims 4e Canton, Reims 5e Canton, Reims 6e Canton, Reims 7e Canton, Reims 8e Canton, Reims 9e Canton, Reims 10e Canton, Verzy et Ville-en-Tardenois et commune de Cormicy.

Cour d'appel de Rennes

Côtes-d'Armor

Saint-Brieuc		Cantons de Châtelaudren, Collinée, Corlay, Étables-sur-Mer, Gouarec, La Chèze, Lamballe, Langueux, Lanvollon, Loudéac, Merdrignac, Moncontour, Mûr-de-Bretagne, Paimpol, Pléneuf-Val-André, Plérin, Ploeuc-sur-Lié, Ploufragan, Plouguenast, Plouha, Quintin, Saint-Brieuc-Nord, Saint-Brieuc-Ouest, Saint-Brieuc-Sud et Uzel.
	Guingamp	Cantons de Bégard, Belle-Isle-en-Terre, Bourbriac, Callac, Guingamp, Lannion, La Roche-Derrien, Lézardrieux, Maël-Carhaix, Perros-Guirec, Plestin-les-Grèves, Plouagat, Plouaret, Pontrieux, Rostrenen, Saint-Nicolas-du-Pélem et Tréguier.

Finistère

Brest		Cantons de Brest-Bellevue, Brest-Cavale-Blanche-Bohars-Guilers, Brest-Centre, Brest-Kerichen, Brest-Lambezellec, Brest-L'Hermitage-Gouesnou, Brest-Plouzané, Brest-Recouvrance, Brest-Saint-Marc, Brest-Saint-Pierre, Daoulas, Guipavas, Landerneau, Lannilis, Lesneven, Ouessant, Plabennec, Ploudalmézeau, Ploudiry et Saint-Renan.
	Morlaix	Cantons de Carhaix-Plouguer, Huelgoat, Landivisiau, Lanmeur, Morlaix, Plouescat, Plouigneau, Plouzévédé, Saint-Pol-de-Léon, Saint-Thégonnec, Sizun et Taulé.
Quimper		Cantons d'Arzano, Bannalec, Briec, Châteaulin, Châteauneuf-du-Faou, Concarneau, Crozon, Douarnenez, Fouesnant, Guilvinec, Le Faou, Pleyben, Plogastel-Saint-Germain, Pont-Aven, Pont-Croix, Pont-l'Abbé, Quimper 1er Canton, Quimper 2e Canton, Quimper 3e Canton, Quimperlé, Rosporden et Scaër.

Ille-et-Vilaine

Rennes		Cantons de Bécherel, Betton, Bruz, Cesson-Sévigné, Châteaugiron, Hédé, Janzé, Liffré, Montauban-de-Bretagne, Montfort-sur-Meu, Mordelles, Plélan-le-Grand, Rennes-Brequigny, Rennes-Centre, Rennes-Centre-Ouest, Rennes-

		Centre-Sud, Rennes-Est, Rennes-le-Blosne, Rennes-Nord, Rennes-Nord-Est, Rennes-Nord-Ouest, Rennes-Sud-Est, Rennes-Sud-Ouest, Saint-Aubin-d'Aubigné, Saint-Méen-le-Grand et commune de Châteaugiron.
	Fougères	Cantons d'Antrain, Argentré-du-Plessis, Châteaubourg (à l'exception de la fraction de commune de Châteaugiron), Fougères-Nord, Fougères-Sud, La Guerche-de-Bretagne, Louvigné-du-Désert, Retiers, Saint-Aubin-du-Cormier, Saint-Brice-en-Coglès, Vitré-Est, Vitré-Ouest.
	Redon	Cantons de Bain-de-Bretagne, Grand-Fougeray, Guichen, Le Sel-de-Bretagne, Maure-de-Bretagne, Pipriac et Redon.
Saint-Malo		Cantons de Cancale, Châteauneuf-d'Ille-et-Vilaine, Combourg, Dinard, Dol-de-Bretagne, Pleine-Fougères, Saint-Malo-Nord, Saint-Malo-Sud et Tinténiac.
	Dinan (Côtes d'Armor)	Cantons de Broons, Caulnes, Dinan-Est, Dinan-Ouest, Évran, Jugon-les-Lacs, Matignon, Plancoët, Plélan-le-Petit et Ploubala
Loire-Atlantique		
Nantes		Cantons d'Aigrefeuille-sur-Maine, Ancenis, Bouaye, Carquefou, Châteaubriant, Clisson, Derval, La Chapelle-sur-Erdre, Le Loroux-Bottereau, Le Pellerin, Legé, Ligné, Machecoul, Moisdon-la-Rivière, Nantes 1er Canton, Nantes 2e Canton, Nantes 3e Canton, Nantes 4e Canton, Nantes 5e Canton, Nantes 6e Canton, Nantes 7e Canton, Nantes 8e Canton, Nantes 9e Canton, Nantes 10e Canton, Nantes 11e Canton, Nort-sur-Erdre, Nozay, Orvault, Rezé, Riaillé, Rougé, Saint-Étienne-de-Montluc, Saint-Herblain-Est, Saint-Herblain-Ouest, Indre, Saint-Julien-de-Vouvantes, Saint-Mars-la-Jaille, Saint-Philbert-de-Grand-Lieu, Vallet, Varades (à l'exception de la fraction de commune d'Ingrandes-Le Fresne sur Loire), Vertou et Vertou-Vignoble et commune de Vallons-de-l'Erdre.
Saint-Nazaire		Cantons de Blain, Bourgneuf-en-Retz, Guémené-Penfao, Guérande, Herbignac, La Baule-Escoublac, Le Croisic, Montoir-de-Bretagne, Paimboeuf, Pontchâteau, Pornic, Saint-Gildas-des-Bois, Saint-Nazaire-Centre, Saint-Nazaire-Est, Saint-Nazaire-Ouest, Saint-Nicolas-de-Redon, Saint-Père-en-Retz et Savenay.
Morbihan		
Lorient		Cantons d'Auray, Baud, Belle-Île, Belz, Cléguérec, Gourin, Groix, Guémené-sur-Scorff, Hennebont, Lanester, Le Faouët, Locminé, Lorient-Centre, Lorient-Nord, Lorient-Sud, Ploemeur, Plouay, Pluvigner, Pontivy, Pont-Scorff, Port-Louis et Quiberon.

Vannes		Cantons d'Allaire, Elven, Grand-Champ, Guer, Josselin, La Gacilly, La Roche-Bernard, La Trinité-Porhoët, Malestroit, Mauron, Muzillac, Ploërmel, Questembert, Rochefort-en-Terre, Rohan, Saint-Jean-Brévelay, Sarzeau, Vannes-Centre, Vannes-Est et Vannes-Ouest.
Cour d'appel de Riom		
Allier		
Cusset	Vichy	Cantons de Chantelle, Cusset-Nord, Cusset-Sud, Ébreuil, Escurolles, Gannat, Jaligny-sur-Besbre, Lapalisse, Le Donjon, Le Mayet-de-Montagne, Saint-Pourçain-sur-Sioule, Varennes-sur-Allier, Vichy-Nord et Vichy-Sud.
Montluçon		Cantons de Cérilly, Commentry, Domérat-Montluçon-Nord-Ouest, Hérisson, Huriel, Marcillat-en-Combraille, Montluçon Est 4e Canton, Montluçon-Nord-Est 1er Canton, Montluçon Ouest 2e Canton, Montluçon-Sud 3e Canton et Montmarault.
Moulins		Cantons de Bourbon-l'Archambault, Chevagnes, Dompierre-sur-Besbre, Le Montet, Lurcy-Lévis, Moulins-Ouest, Moulins-Sud, Neuilly-le-Réal, Souvigny et Yzeure.
Cantal		
Aurillac		Cantons d'Arpajon-sur-Cère, Aurillac 1er Canton, Aurillac 2e Canton, Aurillac 3e Canton, Aurillac 4e Canton, Champs-sur-Tarentaine-Marchal, Jussac, Laroquebrou, Mauriac, Maurs, Montsalvy, Pleaux, Riom-ès-Montagnes, Saignes, Saint-Cernin, Saint-Mamet-la-Salvetat, Salers et Vic-sur-Cère.
	Saint-Flour	Cantons d'Allanche, Chaudes-Aigues, Condat, Massiac, Murat, Pierrefort, Ruynes-en-Margeride, Saint-Flour-Nord et Saint-Flour-Sud.
Haute-Loire		
Le Puy-en-Velay		Cantons d'Allègre, Aurec-sur-Loire, Auzon, Bas-en-Basset, Blesle, Brioude-Nord, Brioude-Sud, Cayres, Craponne-sur-Arzon, Fay-sur-Lignon, La Chaise-Dieu, Langeac, Lavoûte-Chilhac, Le Monastier-sur-Gazeille, Le Puy-en-Velay-Est, Le Puy-en-Velay-Nord, Le Puy-en-Velay-Ouest, Le Puy-en-Velay-Sud-Est, Le Puy-en-Velay-Sud-Ouest, Loudes, Monistrol-sur-Loire, Montfaucon-en-Velay, Paulhaguet, Pinols, Pradelles, Retournac, Saint-Didier-en-Velay, Saint-Julien-Chapteuil, Saint-Paulien, Sainte-Sigolène, Saugues, Solignac-sur-Loire, Tence, Vorey et Yssingeaux.
Puy-de-Dôme		

Clermont-Ferrand		Cantons d'Ardes, Aubière, Beaumont, Besse-et-Saint-Anastaise, Billom, Bourg-Lastic, Chamalières, Champeix, Clermont-Ferrand-Centre, Clermont-Ferrand-Est, Clermont-Ferrand-Nord, Clermont-Ferrand-Nord-Ouest, Clermont-Ferrand-Ouest, Clermont-Ferrand-Sud, Clermont-Ferrand-Sud-Est, Clermont-Ferrand-Sud-Ouest, Cournon-d'Auvergne, Gerzat, Herment, Issoire, Jumeaux, La Tour-d'Auvergne, Montferrand, Pont-du-Château, Rochefort-Montagne, Royal, Saint-Amant-Tallende, Saint-Dier-d'Auvergne, Saint-Germain-Lembron, Sauxillanges, Tauves, Vertaizon, Veyre-Monton et Vic-le-Comte.
	Riom	Cantons d'Aigueperse, Combronde, Ennezat, Manzat, Menat, Montaigut, Pionsat, Pontaumur, Pontgibaud, Randan, Riom-Est, Riom-Ouest et Saint-Gervais-d'Auvergne.
	Thiers	Cantons d'Ambert, Arlanc, Châteldon, Courpière, Cunlhat, Lezoux, Maringues, Olliergues, Saint-Amant-Roche-Savine, Saint-Anthème, Saint-Germain-l'Herm, Saint-Rémy-sur-Durolle, Thiers et Viverols.
	Cour d'appel de Rouen	
	Eure	
Evreux		Cantons de Breteuil, Conches-en-Ouche, Damville, Évreux-Est, Évreux-Nord, Évreux-Ouest, Évreux-Sud, Nonancourt, Pacy-sur-Eure, Rugles, Saint-André-de-l'Eure, Verneuil-sur-Avre, Vernon-Nord et Vernon-Sud.
	Bernay	Cantons de Beaumesnil, Beaumont-le-Roger, Bernay-Est, Bernay-Ouest, Beuzeville, Bourgtheroulde-Infreville, Brionne, Broglie, Cormeilles, Montfort-sur-Risle, Pont-Audemer, Quillebeuf-sur-Seine, Routot, Saint-Georges-du-Vièvre, Thiberville et commune des Monts du Roumois.
	Louviers	Cantons d'Amfreville-la-Campagne (à l'exception de la fraction de commune des Monts du Roumois), Écos, Étrépagny, Fleur-sur-Andelle, Gaillon, Gaillon-Campagne, Gisors, Le Neubourg, Les Andelys, Louviers-Nord, Louviers-Sud, Lyons-la-Forêt, Pont-de-l'Arche et Val-de-Rueil.
	Seine-Maritime	
Dieppe		Cantons d'Argueil, Aumale, Bacqueville-en-Caux, Bellencombre, Blangy-sur-Bresle, Dieppe-Est, Dieppe-Ouest, Envermeu, Eu, Forges-les-Eaux, Gournay-en-Bray, Londinières, Longueville-sur-Scie, Neufchâtel-en-Bray, Offranville, Saint-Saëns et Tôtes.
Le Havre		Cantons de Bolbec, Criquetot-l'Esneval, Fauville-en-Caux, Fécamp, Goderville, Gonfreville-l'Orcher, Le Havre 1er

		Canton, Le Havre 2e Canton, Le Havre 3e Canton, Le Havre 4e Canton, Le Havre 5e Canton, Le Havre 6e Canton, Le Havre 7e Canton, Le Havre 8e Canton, Le Havre 9e Canton, Lillebonne, Montivilliers, Saint-Romain-de-Colbosc et Valmont et commune de Port-Jérôme-sur-Seine.
Rouen		Cantons de Bois-Guillaume, Boos, Buchy, Cany-Barville, Caudebec-en-Caux (à l'exception de la fraction de commune de Port-Jérôme-sur-Seine), Caudebec-lès-Elbeuf, Clères, Darnétal, Doudeville, Duclair, Elbeuf, Fontaine-le-Dun, Grand-Couronne, Le Grand-Quevilly, Le Petit-Quevilly, Maromme, Mont-Saint-Aignan, Notre-Dame-de-Bondeville, Ourville-en-Caux, Pavilly, Rouen 1er Canton, Rouen 2e Canton, Rouen 3e Canton, Rouen 4e Canton, Rouen 5e Canton, Rouen 6e Canton, Rouen 7e Canton, Saint-Étienne-du-Rouvray, Saint-Valery-en-Caux, Sotteville-lès-Rouen-Est, Sotteville-lès-Rouen-Ouest, Yerville et Yvetot.
Cour d'appel de Saint-Denis		
La Réunion		
Saint-Denis		Cantons de Saint-Denis 1er Canton, Saint-Denis 2e Canton, Saint-Denis 3e Canton, Saint-Denis 4e Canton, Saint-Denis 5e Canton, Saint-Denis 6e Canton, Saint-Denis 7e Canton, Saint-Denis 8e Canton, Saint-Denis 9e Canton, Sainte-Marie et Sainte-Suzanne ; Îles Eparses (îles Bassas-da-India, Europa, Glorieuses, Juan-de-Nova et Tromelin) ; et territoire des Terres australes et antarctiques françaises (îles Amsterdam et Saint-Paul, archipels Crozet et Kerguelen, et Terre-Adélie).
	Saint-Benoît	Cantons de Bras-Panon, La Plaine-des-Palmistes, Saint-André 1er Canton, Saint-André 2e Canton, Saint-André 3e Canton, Saint-Benoît 1er Canton, Saint-Benoît 2e Canton, Sainte-Rose et Salazie.
	Saint-Paul	Cantons de La Possession, Le Port 1er Canton Nord, Le Port 2e Canton Sud, Saint-Paul 1er Canton, Saint-Paul 2e Canton, Saint-Paul 3e Canton, Saint-Paul 4e Canton et Saint-Paul 5e Canton.
Saint-Pierre		Cantons d'Entre-Deux, Le Tampon 1er Canton, Le Tampon 2e Canton, Le Tampon 3e Canton, Le Tampon 4e Canton, Les Avirons, Les Trois-Bassins, L'Étang-Salé, Petite-Île, Saint-Joseph 1er Canton, Saint-Joseph 2e Canton, Saint-Leu 1er Canton, Saint-Leu 2e Canton, Saint-Louis 1er Canton, Saint-Louis 2e Canton, Saint-Louis 3e Canton, Saint-Philippe, Saint-Pierre 1er Canton, Saint-Pierre 2e Canton, Saint-Pierre 3e Canton et Saint-Pierre 4e Canton.
Mayotte		

Mamoudzou		Cantons de Acoua, Brandaboua, Bandrele, Bouéni, Chiconi, Chirongui, Dembeni, Dzaoudzi, Kani-Kéli, Koungou, Mamoudzou-I, Mamoudzou-II, Mamoudzou-III, Mtsamboro M'Tsangamouji, Ouangani, Pamandzi, Sada, Tsingoni.
Cour d'appel de Toulouse		
Ariège		
Foix		Cantons d'Ax-les-Thermes, Foix-Rural, Foix-Ville, La Bastide de-Sérou, Lavelanet, Le Fossat, Le Mas-d'Azil, Les Cabannes Mirepoix, Pamiers-Est, Pamiers-Ouest, Quérigut, Saverdun, Tarascon-sur-Ariège, Varilhes et Vicdessos.
	Saint-Girons	Cantons de Castillon-en-Couserans, Massat, Oust, Sainte-Croix Volvestre, Saint-Girons et Saint-Lizier.
Haute-Garonne		
Saint-Gaudens		Cantons d'Aspet, Aurignac, Bagnères-de-Luchon, Barbazan, Boulogne-sur-Gesse, Cazères, Le Fousseret, L'Isle-en-Dodon Montréjeau, Saint-Béat, Saint-Gaudens, Saint-Martory et Salies du-Salat.
Toulouse		Cantons de Blagnac, Cadours, Caraman, Castanet-Tolosan, Fronton, Grenade, Lanta, Léguevin, Montastruc-la-Conseillère Montgiscard, Nailloux, Revel, Toulouse 1er Canton, Toulouse 2e Canton, Toulouse 3e Canton, Toulouse 4e Canton, Toulouse 5e Canton, Toulouse 6e Canton, Toulouse 7e Canton, Toulouse 8e Canton, Toulouse 9e Canton, Toulouse 10e Canton, Toulouse 11e Canton, Toulouse 12e Canton, Toulouse 13e Canton, Toulouse 14e Canton, Toulouse 15e Canton, Tournefeuille, Verfeil, Villefranche-de-Lauragais et Villemur-sur-Tarn.
	Muret	Cantons d'Auterive, Carbonne, Cintegabelle, Montesquieu-Volvestre, Muret, Portet-sur-Garonne, Rieumes, Rieux-Volvestre et Saint-Lys.
Tarn		
Albi		Cantons d'Alban, Albi-Centre, Albi-Est, Albi-Nord-Est, Albi-Nord-Ouest, Albi-Ouest, Albi-Sud, Cadalen, Carmaux-Nord, Carmaux-Sud, Castelnau-de-Montmiral, Cordes-sur-Ciel, Gaillac, Lisle-sur-Tarn, Monestiés, Pampelonne, Rabastens, Réalmont, Salvagnac, Valderiès, Valence-d'Albigeois, Vaour et Villefranche-d'Albigeois.
Castres		Cantons d'Anglès, Brassac, Castres-Est, Castres-Nord, Castres-Ouest, Castres-Sud, Cuq-Toulza, Dourgne, Graulhet,

		Labruguière, Lacaune, Lautrec, Lavaur, Mazamet-Nord-Est, Mazamet-Sud-Ouest, Montredon-Labessonnié, Murat-sur-Vèbre, Puylaurens, Roquecourbe, Saint-Amans-Soult, Saint-Paul-Cap-de-Joux, Vabre et Vielmur-sur-Agout.
Tarn-et-Garonne		
Montauban		Cantons de Caussade, Caylus, Lafrançaise, Molières, Monclar-de-Quercy, Montauban 1er Canton, Montauban 2e Canton, Montauban 3e Canton, Montauban 4e Canton, Montauban 5e Canton, Montauban 6e Canton, Montpezat-de-Quercy, Nègrepelisse, Saint-Antonin-Noble-Val et Villebrumier.
	Castelsarrasin	Cantons d'Auvillar, Beaumont-de-Lomagne, Bourg-de-Visa, Castelsarrasin 1er Canton, Castelsarrasin 2e Canton, Grisolles, Lauzerte, Lavit, Moissac 1er Canton, Moissac 2e Canton, Montaigu-de-Quercy, Montech, Saint-Nicolas-de-la-Grave, Valence et Verdun-sur-Garonne.
Cour d'appel de Versailles		
Eure-et-Loir		
Chartres		Cantons d'Auneau, Authon-du-Perche, Bonneval, Brou, Chartres-Nord-Est, Chartres-Sud-Est, Chartres-Sud-Ouest, Châteaudun, Cloyes-sur-le-Loir, Courville-sur-Eure, Illiers-Combray, Janville, La Loupe, Lucé, Maintenon, Mainvilliers, Nogent-le-Rotrou, Orgères-en-Beauce, Thiron Gardais et Voves.
	Dreux	Cantons d'Anet, Brezolles, Châteauneuf-en-Thymerais, Dreux-Est, Dreux-Ouest, Dreux-Sud, La Ferté-Vidame, Nogent-le-Roi et Senonches.
Hauts-de-Seine		
Nanterre	Antony	Cantons d'Antony, Bagneux, Bourg-la-Reine, Châtenay-Malabry, Fontenay-aux-Roses, Le Plessis-Robinson (uniquement la commune du Plessis-Robinson), Montrouge et Sceaux.
	Asnières-sur-Seine	Cantons d'Asnières-sur-Seine-Nord, Asnières-sur-Seine-Sud, Clichy, Gennevilliers-Nord, Gennevilliers-Sud, Levallois-Perret-Nord (uniquement la fraction de la commune de Clichy) et Villeneuve-la-Garenne.
	Boulogne-Billancourt	Cantons de Boulogne-Billancourt-Nord-Est, Boulogne-Billancourt-Nord-Ouest, Boulogne-Billancourt-Sud, Chaville, Garches (uniquement la commune de Garches), Saint-Cloud et Sèvres.

	Colombes	Cantons de Bois-Colombes, Colombes-Nord-Est, Colombes-Nord-Ouest, Colombes-Sud et La Garenne-Colombes.
	Courbevoie	Cantons de Courbevoie-Nord, Courbevoie-Sud, Levallois-Perret-Nord (uniquement la fraction de la commune de Levallois-Perret), Levallois-Perret-Sud, Neuilly-sur-Seine-Nord et Neuilly-sur-Seine-Sud.
	Puteaux	Cantons de Garches (uniquement la fraction de la commune de Rueil-Malmaison), Nanterre-Nord, Nanterre-Sud-Est, Nanterre-Sud-Ouest, Puteaux, Rueil-Malmaison et Suresnes.
	Vanves	Cantons de Châtillon, Clamart, Issy-les-Moulineaux-Est, Issy-les-Moulineaux-Ouest, Le Plessis-Robinson (uniquement la fraction de la commune de Clamart), Malakoff, Meudon et Vanves.
	Val-d'Oise	
Pontoise		Cantons de Beauchamp (uniquement la commune de Pierrelaye), Beaumont-sur-Oise, Cergy-Nord, Cergy-Sud, La Vallée-du-Sausseron, L'Hautil, L'Isle-Adam, Magny-en-Vexin, Marines, Pontoise, Saint-Ouen-l'Aumône et Vigny.
	Gonesse	A l'exception de l'emprise des aérodromes de Paris-Le Bourget et de Roissy-Charles-de-Gaulle, cantons de Domont, Écouen, Garges-lès-Gonesse-Est, Garges-lès-Gonesse-Ouest, Gonesse, Goussainville, Luzarches, Sarcelles-Nord-Est, Sarcelles-Sud-Ouest, Viarmes et Villiers-le-Bel.
	Montmorency	Cantons de Beauchamp (uniquement les communes de Plessis-Bouchard et de Beauchamp), Eaubonne, Enghien-les-Bains, Ermont, Franconville, Montmorency, Saint-Gratien, Saint-Leu-la-Forêt, Soisy-sous-Montmorency et Taverny.
	Sannois	Cantons d'Argenteuil-Est, Argenteuil-Nord, Argenteuil-Ouest, Bezons, Cormeilles-en-Parisis, Herblay et Sannois.
	Yvelines	
Versailles		Cantons du Chesnay, Montfort-l'Amaury (uniquement les communes d'Auteuil, Autouillet, Bazoches-sur-Guyonne, Béhoust, Beynes, Boissy-sans-Avoir, Flexanville, Galluis, Garancières, Goupillières, Grosrouvre, Marcq, Mareil-le-Guyon, Méré, Les Mesnuls, Millemont, Montfort-l'Amaury, Neauphle-le-Château, Neauphle-le-Vieux, La Queue-les-Yvelines, Saint-Germain-de-la-Grange, Saulx-Marchais, Thoiry, Le Tremblay-sur-Mauldre, Vicq, Villiers-le-Mahieu et Villiers-Saint-Frédéric, Montigny-le-Bretonneux, Plaisir, Saint-Cyr-l'Ecole, Trappes, Vélizy-Villacoublay, Versailles-Nord, Versailles-Nord-Ouest, Versailles-Sud et Viroflay.

	Mantes-la-Jolie	Cantons de Bonnières-sur-Seine, Guerville, Houdan, Limay, Mantes-la-Jolie et Mantes-la-Ville.
	Poissy	Cantons d'Andrésy, Aubergenville, Conflans-Sainte-Honorine, Meulan, Poissy-Nord, Poissy-Sud et Triel-sur-Seine.
	Rambouillet	Cantons de Chevreuse, Maurepas, Montfort-l'Amaury (uniquement les communes de Jouars-Ponchartrain et Saint-Rémy-l'Honoré), Rambouillet et Saint-Arnoult-en-Yvelines.
	Saint-Germain-en-Laye	Cantons de Chatou, Houilles, La Celle-Saint-Cloud, Le Pecq, Le Vésinet, Maisons-Laffitte, Marly-le-Roi, Saint-Germain-en-Laye-Nord, Saint-Germain-en-Laye-Sud, Saint-Nom-la-Bretèche et Sartrouville.

Siège du tribunal de première instance	Siège de la section détachée	Ressort
Cour d'appel de Nouméa		
Nouvelle-Calédonie		
Nouméa		Nouvelle-Calédonie.
	Koné	Province Nord.
	Lifou	Province des Îles Loyauté.
Wallis-et-Futuna		
Mata-Utu		Territoire des îles Wallis et Futuna.
Cour d'appel de Papeete		
Polynésie française		
Papeete		Collectivité d'outre-mer de la Polynésie française.
	Uturoa	Îles Sous-le-Vent.
	Nuku-Hiva	Îles Marquises.

Siège du tribunal de première instance et de la juridiction de proximité	Ressort
Tribunal supérieur d'appel de Saint-Pierre	
Saint-Pierre-et-Miquelon	
Saint-Pierre	Collectivité territoriale de Saint-Pierre-et-Miquelon

NOTA :
Conformément à l'article 2 du décret n° 2022-685 du 26 avril 2022, ces dispositions sont applicables aux procédures introduites à compter du 1er mai 2022.

Annexe Tableau IV-I

Modifié par Arrêté du 23 avril 2021 - art.

Conseils de prud'hommes et maisons de justice et du droit dans lesquels est implanté un service d'accueil unique du justiciable (annexe R. 123-26)

CONSEIL DE PRUD'HOMMES ET MAISONS DE JUSTICE ET DU DROIT DANS LESQUELS EST IMPLANTE UN SERVICE D'ACCUEIL UNIQUE DU JUSTICIABLE
Cour d'appel d'Agen

Conseil de prud'hommes d'Auch
Conseil de prud'hommes d'Agen
Cour d'appel d'Aix-en-Provence
Conseil de prud'hommes d'Arles
Cour d'appel d'Amiens
Maison de justice et du droit de Creil
Cour d'appel d'Angers
Conseil de prud'hommes de Laval
Cour d'appel de Basse-Terre
Conseil de prud'hommes de Basse-Terre
Cour d'appel de Bastia
Maison de justice et du droit de Porto-Vecchio
Cour d'appel de Bourges
Maison de justice et du droit de Vierzon
Cour d'appel de Caen
Conseil de prud'hommes de Caen
Maison de justice et du droit de Saint-Lô
Conseil de prud'hommes de Cherbourg-en-Cotentin
Cour d'appel de Chambéry
Conseil de prud'hommes d'Aix-les-bains
Cour d'appel de Douai
Conseil de prud'hommes de Lannoy
Cour d'appel de Lyon

Conseil de prud'hommes d'Oyonnax
Conseil de prud'hommes de Lyon
Cour d'appel de Metz
Conseil de prud'hommes de Forbach
Cour d'appel de Montpellier
Conseil de prud'hommes de Montpellier
Cour d'appel de Nancy
Conseil de prud'hommes d'Epinal
Conseil de prud'hommes de Longwy
Cour d'appel de Paris
Conseil de prud'hommes de Bobigny
Conseil de prud'hommes de Créteil
Conseil de prud'hommes de Villeneuve-Saint-Georges
Cour d'appel de Poitiers
Conseil de prud'hommes de Saintes
Conseil de prud'hommes de Thouars
Conseil de prud'hommes de La Roche-sur-Yon
Cour d'appel de Reims
Conseil de prud'hommes d'Epernay
Cour d'appel de Rennes
Conseil de prud'hommes de Brest
Conseil de prud'hommes de Nantes
Conseil de prud'hommes de Lorient

Maison de justice et du droit de Pontivy
Cour d'appel de Versailles
Conseil de prud'hommes de Boulogne-Billancourt
Conseil de prud'hommes de Châteaudun
Conseil de prud'hommes d'Argenteuil
Conseil de prud'hommes de Saint-Germain-en-Laye

NOTA :
Conformément à l'article 2 de l'arrêté du 23 avril 2021 (NOR : JUSB2112667A), ces dispositions entrent en vigueur le 1er septembre 2021.

Annexe Tableau IV-II

Modifié par Décret n°2021-872 du 30 juin 2021 - art. 7
Modifié par Décret n°2021-456 du 15 avril 2021 - art. 2
Modifié par Décret n°2020-1563 du 10 décembre 2020 - art.

COMPÉTENCES MATÉRIELLES DES CHAMBRES DE PROXIMITÉ NON MENTIONNÉES AU TABLEAU IV-III

(annexe de l'article D. 212-19-1)

COUR D'APPEL	TRIBUNAL JUDICIAIRE	CHAMBRES DE PROXIMITE	COMPETENCE MATERIELLE
Agen	Agen	Villeneuve-sur-Lot.	1° Actions personnelles ou mobilières jusqu' la valeur de 10 000 euros et demandes indéterminées qui ont pour origine l'exécutio d'une obligation dont le montant n'excède pa 10 000 euros, en matière civile ;
	Auch	Condom.	
	Cahors	Figeac.	
Aix-en-Provence	Aix-en-Provenc	Martigues, Salon-de-Provence.	2° Demandes formées en application du règlement (CE) n° 861/2007 du Parlement européen et du Conseil du 11 juillet 2007 instituant une procédure européenne de règlement des petits litiges ;
	Digne-les-Bains	Manosque.	
	Draguignan	Brignoles, Fréjus.	
	Grasse	Antibes, Cagnes-sur-Mer, Cannes.	3° Demandes de mainlevée de l'opposition

	Marseille	Aubagne.	frappant les titres perdus ou volés dans les conditions prévues par les articles 19 et 20 du décret n° 56-27 du 11 janvier 1956 relatif à la procédure à suivre en cas de dépossession de titres au porteur ou de coupons ;
	Nice	Menton.	
Amiens	Amiens	Abbeville, Péronne.	
Angers	Angers	Cholet.	4° Contestations sur les conditions des funérailles ;
	Le Mans	La Flèche.	
Besançon	Besançon	Pontarlier	5° Demandes relatives aux frais, émoluments et débours des auxiliaires de justice et des officiers publics ou ministériels suivant les modalités définies au premier alinéa de l'article 52 du code de procédure civile ;
	Lons-le-Saunier	Saint-Claude.	
	Vesoul	Lure.	6° Actions en bornage ;
Bordeaux	Angoulême	Cognac.	7° Actions pour dommages causés aux champs et cultures, aux fruits et récoltes, aux arbres, aux clôtures et aux bâtiments agricoles, que ces dommages résultent du fait de l'homme, des animaux domestiques ou des instruments et machines de culture ;
	Bergerac	Sarlat-la-Canéda.	
	Bordeaux	Arcachon.	
Bourges	Bourges	Saint-Amand-Montrond.	
	Nevers	Clamecy.	8° Actions pour dommages causés aux cultures et récoltes par le gibier ;
Caen	Argentan	Flers.	9° Demandes relatives aux vices rédhibitoires et aux maladies contagieuses des animaux domestiques, fondées sur les dispositions du code rural et de la pêche maritime ou sur la convention des parties, quel qu'ait été le mode d'acquisition des animaux ;
	Caen	Vire.	
	Coutances	Avranches.	
Chambéry	Thonon-les-Bains	Annemasse.	
Dijon	Chalon-sur-Saône	Le Creusot.	10° Actions en rescision, réduction de prix ou dommages-intérêts pour lésion dans les ventes d'engrais, amendements, semences et plants destinés à l'agriculture, et de substances destinées à l'alimentation du bétail ;
	Chaumont	Saint-Dizier.	
	Dijon	Beaune, Montbard.	
Douai	Avesnes-sur-Helpe	Maubeuge.	11° Contestations relatives aux warrants agricoles ;
	Béthune	Lens.	

	Boulogne-sur-M	Montreuil, Calais.	12° Contestations relatives aux travaux nécessaires à l'entretien et à la mise en état de viabilité des chemins d'exploitation ;
	Dunkerque	Hazebrouck.	
	Lille	Roubaix, Tourcoing.	13° Litiges relatifs à la vente des objets abandonnés dans les garde-meubles ou chez tout dépositaire, des objets confiés à des ouvriers, industriels ou artisans pour être travaillés, réparés ou mis en garde et des obje confiés à des entrepreneurs de transport et no réclamés, ainsi qu'au paiement des sommes dues à ces différents détenteurs ;
Grenoble	Valence	Montélimar, Romans sur-Isère.	
Lyon	Bourg-en-Bress	Belley, Nantua, Trévoux.	
	Lyon	Villeurbanne.	
	Saint-Etienne	Montbrison.	14° Actions entre les transporteurs et les expéditeurs ou les destinataires relatives aux indemnités pour perte, avarie, détournemen des colis et bagages, y compris les colis postaux, ou pour retard dans la livraison ; ce indemnités ne pourront excéder les tarifs prévus aux conventions intervenues entre les transporteurs concessionnaires et l'Etat ;
Montpellie	Montpellier	Sète.	
Nancy	Epinal	Saint-Dié-des-Vosges	
	Nancy	Lunéville.	
Nîmes	Avignon	Pertuis.	15° Actions relatives à la distance prescrite pa la loi, les règlements particuliers et l'usage de lieux pour les plantations ou l'élagage d'arbre ou de haies ;
	Carpentras	Orange.	
	Nîmes	Uzès.	16° Actions relatives aux constructions et travaux mentionnés à l'article 674 du code civ ;
	Privas	Annonay, Aubenas.	
Paris	Bobigny	Aubervilliers, Aulnay sous-Bois, Le Raincy Montreuil, Pantin, Saint-Denis, Saint-Ouen-sur-Seine.	17° Actions relatives au curage des fossés et canaux servant à l'irrigation des propriétés ou au mouvement des usines et moulins ;
	Créteil	Charenton-le-Pont, Ivry-sur-Seine, Nogen sur-Marne, Saint-Mau des-Fossés, Sucy-en-Brie, Villejuif.	18° Contestations relatives à l'établissement à l'exercice des servitudes instituées par les articles L. 152-14 à L. 152-23 du code rural e de la pêche maritime, 640 et 641 du code civ ainsi qu'aux indemnités dues à raison de ces servitudes ;
	Évry-Courcouronnes	Etampes, Juvisy-sur-Orge, Longjumeau, Palaiseau.	19° Contestations relatives aux servitudes établies au profit des associations syndicales prévues par l'ordonnance n° 2004-632 du 1e
	Meaux	Lagny-sur-Marne.	

Pau	Pau	Oloron-Sainte-Marie	juillet 2004 relative aux associations syndicale de propriétaires ;
Poitiers	La Roche-sur-Yon	Fontenay-le-Comte.	20° Contestations relatives aux indemnités auxquelles peuvent donner lieu, conforméme à l'article L. 215-5 du code de l'environnemen l'élargissement ou l'ouverture du nouveau lit des cours d'eau non domaniaux ;
	La Rochelle	Rochefort.	
	Poitiers	Châtellerault.	
	Niort	Bressuire.	21° Contestations relatives aux indemnités dues à raison des servitudes aéronautiques d balisage prévues aux articles D. 243-1 et suivants du code de l'aviation civile ;
	Saintes	Jonzac.	
Reims	Charleville-Mézières	Sedan.	
Rennes	Brest	Morlaix.	22° Contestations relatives aux indemnités dues à raison des servitudes prévues par l'article L. 171-10 du code de la voirie routière
	Rennes	Fougères, Redon.	
	Saint-Malo	Dinan.	23° Actions mentionnées aux articles L. 211- et L. 211-20 du code rural et de la pêche maritime ;
Riom	Aurillac	Saint-Flour.	
	Clermont-Ferrand	Riom, Thiers.	24° Demandes présentées par les organisatior professionnelles agricoles en application de l'article L. 632-7 du code rural et de la pêche maritime en matière de contrat de fourniture de produits ;
	Cusset	Vichy.	
Rouen	Evreux	Bernay, Louviers	
Saint-Denis	Saint-Denis	Saint-Benoît, Saint-Pau	25° Contestations relatives à l'application des et II de l'article 1er de la loi n° 66-457 du 2 juillet 1966 relative à l'installation d'antennes réceptrices de radiodiffusion et des décrets n 67-1171 du 28 décembre 1967 et n° 2009-5 du 15 janvier 2009 pris en application de cett loi ;
Toulouse	Foix	Saint-Girons.	
	Montauban	Castelsarrasin.	
	Toulouse	Muret.	
Versailles	Chartres	Dreux.	26° Contestations des décisions du maire et c la commission de contrôle relatives à l'établissement et à la révision des listes électorales dans les conditions prévues par le de l'article L. 20 du code électoral ainsi que d réclamations présentées devant lui en application du II de l'article L. 20 du même code ;
	Nanterre	Antony, Asnières-sur Seine, Boulogne-Billancourt, Colombe: Courbevoie, Puteaux Vanves.	
	Pontoise	Gonesse, Montmorency, Sannoi	27° Côte et paraphe des livres, registres et

	Versailles	Mantes-la-Jolie, Poissy Rambouillet, Saint-Germain-en-Laye.	répertoires des notaires, des huissiers de justice, des commissaires-priseurs judiciaires des courtiers établis ou exerçant leurs fonctions dans le ressort de la chambre de proximité ; 28° Contestations prévues aux articles R*421 7, R. 422-2-1 et R*423-89 du code de la construction et de l'habitation ; 29° Des contestations relatives à la formation à l'exécution ou à la rupture du contrat d'engagement maritime entre l'employeur et l marin, dans les conditions prévues aux article L. 5542-48 et L. 5621-18 du code des transports ; 30° Oppositions à contrainte dans les conditions prévues par les articles R. 1235-4 R. 1235-9 du code du travail ; 31° Demandes formées en application du règlement (CE) n° 1896/2006 du Parlement européen et du Conseil du 12 décembre 200 instituant une procédure européenne d'injonction de payer ; 32° Des demandes formées en application d l'article R. 2234-91 du code de la défense lorsque le montant de la demande n'excède pa les taux de compétence prévus à 1° du préser tableau ; 33° Des demandes formées en application d l'article R. 2234-103 du code de la défense ; 34° Des contestations formées contre les saisies pour contrefaçon d'un brevet, dessin c modèle prévues à aux articles R. 123-8 et suivants du code de l'aviation civile ; 35° De la suspension d'un permis de chasser prévues à aux articles L. 428-16 et suivants d code de l'environnement ;

			36° Des demandes de désignation d'expert prévues à l'article L. 429-32 du code de l'environnement ;
			37° Des actions mentionnées aux articles R. 113-7 à R. 113-10 du code de la construction de l'habitation ;
			38° Des actions mentionnées à l'article L. 271-5 du code de l'action sociale et des familles ;
			39° Des actions en responsabilités prévues à l'article L. 2333-35 du code général des collectivités territoriales ;
			40° Des désignations d'experts prévues à l'article 5 de la Loi du 17 juillet 1856 relative a drainage ;
			41° Des actions prévues à l'article 2 de la Lo n° 73-1230 du 31 décembre 1973 réglementar la location du droit de pêche dans certains étangs salés privés du littoral ;
			42° Des actions prévues aux articles L. 313-6 et L. 314-20 du code de la consommation ;
			43° Des actes de notoriété prévus à l'article F 39 du code des pensions civiles et militaires d retraite ;
			44° Des demandes formées en application d l'article L. 106 du Livre des procédures fiscale ;
			45° Cotes et paraphes des registres des sociéte civiles de placement immobilier, sociétés d'épargne forestière et groupements forestier d'investissement prévu à l'article R. 214-148 d code monétaire et financier ;
			46° Cotes et paraphes des registres des

			professions libérales R. 4113-2 et R. 4131-14 du code de la santé publique ;
			47° De la réception des testaments faits en application des articles 985 et 986 du code civil ;
			48° Des demandes de mainlevée de saisie d'aéronef prévues aux articles R. 123-8 et suivants du code de l'aviation civile ;
			49° Des demandes d'indemnités dues à raison des servitudes aéronautiques de balisage prévues de l'article D. 243-5 du code de l'aviation civile ;
			50° Des demandes d'indemnisations des témoins et des jurés prévus aux articles R. 13 et R. 146 du code de procédure pénale ;
			51° Des demandes de mainlevée provisoire de la mise sous séquestre des animaux et des objets périssables prévues à l'article R. 149 du code de procédure pénale ;
			52° Des actions prévues à l'article R. 421-14 du code des assurances dont le montant n'excède pas 10 000 euros ;
			53° Cote et paraphe du registre spécial tenu au siège de la société civile de l'article 1845 du code civil et prévu à l'article 45 du Décret n° 78-704 du 3 juillet 1978 relatif à l'application de la loi n° 78-9 du 4 janvier 1978 modifiant le titre IX du livre III du code civil ;
			54° Cote et paraphe du registre spécial des délibérations du conseil d'administration de la Compagnie française d'assurance pour le commerce extérieur (Coface) prévu à l'article 18 du Décret du 20 janvier 1948 portant approbation des statuts de la Compagnie française d'assurance pour le commerce extérieur ;

			55° Demandes présentées en application des articles L. 471-3 à L. 471-7 du code rural et de la pêche maritime ;
			56° Demandes présentées en application de l'article R. 124-13 du code rural et de la pêche maritime ;
			57° Demandes présentées en application de l'article R. 125-10 du code rural et de la pêche maritime ;
			58° Demandes présentées en application de l'article R. 135-5 du code rural et de la pêche maritime ;
			59° Contestations mentionnées aux articles R. 152-26, R. 152-27 et R. 152-28 du code rural de la pêche maritime ;
			60° Demandes présentées en application de l'article R. 213-3 du code rural et de la pêche maritime ;
			61° Demandes présentées en application de l'article D. 554-12 du code rural et de la pêche maritime ;
			62° Demandes tendant au paiement du capital mentionnées à l'article R. 361-4 du code de la sécurité sociale ;
			63° Contestations relatives au contrat mentionné à l'article L. 442-1 du code de l'action sociale et des familles ;
			64° Contestations relatives à la décision du directeur régional des entreprises, de la concurrence, de la consommation, du travail et de l'emploi relative à la détermination du nombre et du périmètre des établissements distincts mentionnée aux articles R. 2313-2 et R. 2313-5 du code du travail ;

			65° Actions en fixation du montant de la subvention de fonctionnement mentionnées l'article R. 2315-32 du code du travail ;
			66° Actions en dommages et intérêts envers l régime d'assurance chômage mentionnées à l'article D. 3141-2 du code du travail.

NOTA :
Conformément à l'article 3 du décret n° 2020-1563 du 10 décembre 2020, les présentes dispositions entrent en vigueur le 1er septembre 2021. A cette date, les procédures en cours devant le tribunal judiciaire d'Evreux et la chambre de proximité des Andelys sont transférées en l'état à la nouvelle chambre de proximité de Louviers, dans la mesure où elles relèvent désormais de sa compétence. Les convocations, citations et assignations données aux parties et aux témoins délivrées avant le 1er septembre 2021 pour une comparution postérieure à cette date le sont devant la chambre de proximité nouvellement compétente. Il n'y a pas lieu de renouveler les actes, formalités et jugements régulièrement intervenus avant le 1er septembre 2021, à l'exception des convocations, citations et assignations données aux parties et aux témoins qui n'auraient pas été suivies d'une comparution devant le tribunal judiciaire d'Evreux ou la chambre de proximité des Andelys. Les citations et assignations produisent cependant leurs effets ordinaires interruptifs de prescription. Le tribunal judiciaire d'Evreux ou la chambre de proximité des Andelys informent les parties ayant comparu devant l'un ou l'autre, de ce qu'il leur appartient d'accomplir les actes de la procédure devant la chambre de proximité de Louviers à laquelle la procédure a été transférée. Les archives et les minutes du greffe du tribunal judiciaire d'Evreux antérieurement compétent et de la chambre de proximité des Andelys sont transférées au greffe de la chambre de proximité de Louviers nouvellement compétente. Les frais de transfert de ces archives et minutes sont imputés sur le crédit ouvert à cet effet au budget du ministère de la justice.

Annexe Tableau IV-III

Création Décret n°2019-914 du 30 août 2019 - art.

COMPÉTENCES MATÉRIELLES DES CHAMBRES DE PROXIMITÉ DE DOLE, GUEBWILLER, GUINGAMP, HAGUENAU, ILLKIRCH-GRAFFENSTADEN, MARMANDE, MILLAU, MOLSHEIM, SAINT-MARTIN, SAINT-LAURENT-DU-MARONI, SAINT-AVOLD, SARREBOURG, SCHILTIGHEIM, SÉLESTAT ET THANN

(annexe de l'article D. 212-19-1)

COUR D'APPEL	TRIBUNAL JUDICIAIRE	CHAMBRES DE PROXIMITE	COMPETENCE MATERIELLE
Agen	Agen	Marmande	1° Matières énumérées au tableau IV-II annexé au présent code ; 2° Matières relevant de l'article L. 213-3 du code de l'organisation judiciaire, à l'exception de celles relevant du 1° et du d du 3° de cet article, et de celle relevant des articles 233, 237, 242 et 296 du code civi

			3° Matières relevant de l'article L. 213-3-1 du code d[e] l'organisation judiciaire ;
			4° Délits dont la liste est fixée aux 2° et 3° de l'artic[le] 398-1 du code de procédure pénale.
			5° Procédures de comparution sur reconnaissance préalable de culpabilité dont l'audience d'homologation est régie par les articles 495-9 et 495-11 à 495-16 du code de procédure pénale.
Basse-Terre	Basse-Terre	Saint-Martin	1° Sous réserve du 2°, affaires civiles et pénales de l[a] compétence du tribunal judiciaire à l'exception de celles relevant des fonctions visées au premier aliné[a] de l'article 28-3 de l'ordonnance n° 58-1270 du 22 décembre 1958 portant loi organique relative au statut de la magistrature ;
			2° Fonctions relevant de la compétence du juge des enfants et présidence du tribunal pour enfants lorsque cette juridiction tient ses audiences au siège de la chambre de proximité.
Besançon	Lons-le-Saunier	Dole	1° Matières énumérées au tableau IV-II annexé au présent code ;
			2° Matières relevant de l'article L. 213-3 du code d[e] l'organisation judiciaire, à l'exception de celles relevant du 1° et du d du 3° de cet article, et de celle[s] relevant des articles 376 à 377-3 du code civil ;
			3° Délits dont la liste est fixée à l'article 398-1 du code de procédure pénale ;
			4° Contraventions.
Cayenne	Cayenne	Saint-Laurent-du Maroni.	Affaires civiles et pénales de la compétence du tribunal judiciaire à l'exception de celles relevant de[s] fonctions visées au premier alinéa de l'article 28-3 d[e] l'ordonnance n° 58-1270 du 22 décembre 1958 portant loi organique relative au statut de la magistrature ;
Colmar	Colmar	Guebwiller	1° Matières énumérées au tableau IV-II annexé au

		Sélestat	présent code ;
	Mulhouse	Thann	2° En matière civile et commerciale, actions patrimoniales jusqu'à la valeur de 10.000 euros et demandes indéterminées qui ont pour origine l'exécution d'une obligation dont le montant n'excède pas 10.000 euros ;
	Saverne	Molsheim	
	Strasbourg	Haguenau	
		Illkirch-Graffenstaden	3° Fonctions de tribunal de l'exécution ;
		Schiltigheim	4° Tutelle, administrations légales et curatelles de droit local ;
Metz	Metz	Sarrebourg	5° Partage judiciaire et vente judiciaire d'immeubles, certificats d'héritier et scellés ;
	Sarreguemines	Saint-Avold	6° Registre des associations de droit local ; 7° Saisie conservatoire prévue à l'article L. 511-51 du code de commerce quel que soit le montant des causes de la saisie.
Montpellier	Rodez	Millau	1° Matières énumérées au tableau IV-II annexé au présent code ; 2° Matières relevant de l'article L. 213-3 du code de l'organisation judiciaire, à l'exception de celles relevant des articles 377 à 377-3 du code civil ; 3° Matières relevant de l'article L. 213-3-1 du code de l'organisation judiciaire ; 4° Délits dont la liste est fixée à l'article 398-1 du code de procédure pénale ; 5° Procédures de comparution sur reconnaissance préalable de culpabilité dont l'audience d'homologation est régie par les articles 495-9 et 495-11 à 495-16 du code de procédure pénale ; 6° Contraventions.

COUR D'APPEL	TRIBUNAL JUDICIAIRE	CHAMBRES DE PROXIMITÉ	COMPETENCE MATERIELLE
Rennes	Saint-Brieuc	Guingamp	1° Matières énumérées au tableau IV-II annexé au présent code ; 2° Matières relevant de l'article 311-20 du code civil 3° Matières relevant de l'article L. 213-3 du code de l'organisation judiciaire, à l'exception de celles relevant des articles 205,206 et 376 à 377-3 du code civil, et de celles relevant des articles 233,237,242,296,371-4,515-7,515-8,840,1400,1536 et 1569 du code civil pour lesquelles l'assignation a été enrôlée au tribunal de grande instance de Saint-Brieuc avant le 1er septembre 2014 ; 4° Matières relevant de l'article L. 213-3-1 du code de l'organisation judiciaire ; 5° Délits dont la liste est fixée à l'article 398-1 du code de procédure pénale ; 6° Contraventions.

NOTA :
Conformément aux I et III de l'article 13 du décret n° 2019-914 du 30 août 2019, ces dispositions entrent en vigueur le 1er janvier 2020 et sont applicables aux procédures en cours à leur date d'entrée en vigueur, dans les conditions déterminées par les IV à VIII de l'article 40 du décret n° 2019-912 du 30 août 2019.

Annexe Tableau IV-III

Modifié par Décret n°2021-887 du 2 juillet 2021 - art. 1

COMPÉTENCES MATÉRIELLES DES CHAMBRES DE PROXIMITÉ DE DOLE, GUEBWILLER, GUINGAMP, HAGUENAU, ILLKIRCH-GRAFFENSTADEN, MARMANDE, MILLAU, MOLSHEIM, SAINT-MARTIN, SAINT-LAURENT-DU-MARONI, SAINT-AVOLD, SARREBOURG, SCHILTIGHEIM, SÉLESTAT ET THANN

(annexe de l'article D. 212-19-1)

COUR D'APPEL	TRIBUNAL JUDICIAIRE	CHAMBRES DE PROXIMITE	COMPETENCE MATERIELLE
Agen	Agen	Marmande	1° Matières énumérées au tableau IV-II annexé au présent code ;

			2° Matières relevant de l'article L. 213-3 du code de l'organisation judiciaire, à l'exception de celles relevant du 1° et du d du 3° de cet article, et de celle relevant des articles 233,237,242 et 296 du code civi

3° Matières relevant de l'article L. 213-3-1 du code d l'organisation judiciaire ;

4° Délits dont la liste est fixée aux 2° et 3° de l'artic 398-1 du code de procédure pénale.

5° Procédures de comparution sur reconnaissance préalable de culpabilité dont l'audience d'homologation est régie par les articles 495-9 et 495-11 à 495-16 du code de procédure pénale. |
| Basse-Terre | Basse-Terre | Saint-Martin | 1° Sous réserve des 2° et 3°, affaires civiles et pénale de la compétence du tribunal judiciaire à l'exception de celles relevant des fonctions visées au premier alinéa de l'article 28-3 de l'ordonnance n° 58-1270 d 22 décembre 1958 portant loi organique relative au statut de la magistrature ; 2° Fonctions relevant de l compétence du juge des enfants et présidence du tribunal pour enfants lorsque cette juridiction tient ses audiences au siège de la chambre de proximité

2° Fonctions relevant de la compétence du juge des enfants et présidence du tribunal pour enfants lorsque cette juridiction tient ses audiences au siège de la chambre de proximité ;

3° Fonctions relevant de la compétence du juge des libertés et de la détention. |
| Besançon | Lons-le-Saunier | Dole | 1° Matières énumérées au tableau IV-II annexé au présent code ;

2° Matières relevant de l'article L. 213-3 du code de l'organisation judiciaire, à l'exception de celles relevant du 1° et du d du 3° de cet article, et de celle relevant des articles 376 à 377-3 du code civil ;

3° Délits dont la liste est fixée à l'article 398-1 du code de procédure pénale ;

4° Contraventions. |
| Cayenne | Cayenne | Saint-Laurent-du Maroni | 1° Sous réserve du 2°, affaires civiles et pénales de l compétence du tribunal judiciaire à l'exception de celles relevant des fonctions visées au premier aliné de l'article 28-3 de l'ordonnance n° 58-1270 du 22 décembre 1958 portant loi organique relative au |

			statut de la magistrature ; 2° Fonctions relevant de la compétence du juge des enfants et présidence du tribunal pour enfants lorsque cette juridiction tient ses audiences au siège de la chambre de proximité ;
Colmar	Colmar	Guebwiller	1° Matières énumérées au tableau IV-II annexé au présent code ; 2° En matière civile et commerciale, actions patrimoniales jusqu'à la valeur de 10.000 euros et demandes indéterminées qui ont pour origine l'exécution d'une obligation dont le montant n'excède pas 10.000 euros ; 3° Fonctions de tribunal de l'exécution ; 4° Tutelle, administrations légales et curatelles de droit local ; 5° Partage judiciaire et vente judiciaire d'immeubles, certificats d'héritier et scellés ; 6° Registre des associations de droit local ; 7° Saisie conservatoire prévue à l'article L. 511-51 du code de commerce quel que soit le montant des causes de la saisie.
		Sélestat	
	Mulhouse	Thann	
	Saverne	Molsheim	
	Strasbourg	Haguenau	
		Illkirch-Graffenstaden	
		Schiltigheim	
Metz	Metz	Sarrebourg	
	Sarreguemines	Saint-Avold	
Montpellier	Rodez	Millau	1° Matières énumérées au tableau IV-II annexé au présent code ; 2° Matières relevant de l'article L. 213-3 du code de l'organisation judiciaire, à l'exception de celles relevant des articles 377 à 377-3 du code civil ; 3° Matières relevant de l'article L. 213-3-1 du code de l'organisation judiciaire ; 4° Délits dont la liste est fixée à l'article 398-1 du code de procédure pénale ; 5° Procédures de comparution sur reconnaissance préalable de culpabilité dont l'audience d'homologation est régie par les articles 495-9 et 495-11 à 495-16 du code de procédure pénale ; 6° Contraventions.

Rennes	Saint-Brieuc	Guingamp	1° Matières énumérées au tableau IV-II annexé au présent code ; 2° Matières relevant de l'article L. 213-3 du code de l'organisation judiciaire, à l'exception de celles relevant des articles 205, 206 et 376 à 377-3 du code civil, et de celles relevant des articles 233,237,242,296,371-4,515-7,515-8,840,1400,1536 et 1569 du code civil pour lesquelles l'assignation a été enrôlée au tribunal de grande instance de Saint-Brieuc avant le 1er septembre 2014 ; 3° Matières relevant de l'article L. 213-3-1 du code de l'organisation judiciaire ; 4° Délits dont la liste est fixée à l'article 398-1 du code de procédure pénale ; 5° Contraventions.

NOTA :
Conformément à l'article 2 du décret n° 2021-887 du 2 juillet 2021, ces dispositions sont applicables aux saisines du juge des enfants introduites à compter du 1er septembre 2021.

Annexe Tableau IV-IV

Modifié par Décret n°2021-1822 du 27 décembre 2021 - art. 1

Siège, ressort et compétences matérielles des tribunaux judiciaires spécialement désignés sur le fondement de l'article L. 211-9-3

(annexe de l'article D. 211-4-1)

Siège	Compétences civiles (conformément à l'article R. 211-4 I)	Compétences pénales (conformément à l'article R. 211-4 II)	Ressort
Cour d'appel de Grenoble			
Département de l'Isère			
Grenoble	-Des actions relatives aux droits d'enregistrement et assimilés ;	-Des délits et contraventions prévus et réprimés par le code de la consommation ;	Ressort des tribunaux judiciaires du département de l'Isère

	-Des actions relatives à la cession ou au nantissement de créance professionnelle fondées sur les articles L. 313-23 à L. 313-29-2 du code monétaire et financier ;	-Des délits et contraventions prévus et réprimés par le code de la propriété intellectuelle ;	
	-Des actions relatives au billet à ordre fondées sur les articles L. 512-1 à L. 512- du code de commerce ;	-Des délits prévus et réprimés par les articles 1741 et 1743 du code général des impôts.	
	-Des litiges relevant de l'exécution d'un contrat de transport de marchandises ;		
	-Des demandes en réparation des dommages causés par un véhicule aérien maritime ou fluvial ;		
	-Sauf stipulation contraire des parties et sous réserve de la compétence du tribunal judiciaire de Paris ou de son président en matière d'arbitrage international ainsi que de la compétence de la cour d'appel ou de son premier président en matière de voie de recours, des demandes fondées sur le Livre IV du code de procédure civile ;		
	-Les actions en contestation des décisions des assemblées générales et celles relatives aux copropriétés en difficulté relevant de loi n° 65-557 du 10 juillet 1965 fixant le statut de la copropriété des immeubles bâtis.		
Cour d'appel de Metz			
Département de la Moselle			
Metz	-Des actions relatives aux droits d'enregistrement et assimilés ; -Des litiges relevant de l'exécution d'un contrat de transport de marchandises ; -Des demandes en réparation des	-Des délits et contraventions prévus et réprimés par le code de l'action sociale et des familles ; -Des délits et contraventions prévus et	Ressorts des tribunaux judiciaires du département de Moselle

	dommages causés par un véhicule aérien maritime ou fluvial ; -Sauf stipulation contraire des parties et sous réserve de la compétence du tribunal judiciaire de Paris ou de son président en matière d'arbitrage international ainsi que de la compétence de la cour d'appel ou de son premier président en matière de voie de recours, des demandes fondées sur le Livre IV du code de procédure civile.	réprimés par le code de la sécurité sociale ; -Des délits et contraventions prévus et réprimés par le code de la propriété intellectuelle ; -Des délits prévus et réprimés par les articles 1741 et 1743 du code général des impôts ; -Des délits et contraventions prévus et réprimés par le code de l'urbanisme.	
Cour d'appel de Montpellier			
Département de l'Hérault			
Montpellier	-Des actions relatives aux droits d'enregistrement et assimilés ; -Des demandes en réparation des dommages causés par un véhicule aérien maritime ou fluvial.	-Des délits prévus et réprimés par les articles 1741 et 1743 du code général des impôts.	Ressorts des tribunaux judiciaires du département de l'Hérault
Béziers	-Des litiges relevant de l'exécution d'un contrat de transport de marchandises ; -Des actions relatives à la cession ou au nantissement de créance professionnelle fondées sur les articles L. 313-23 à L. 313-29-2 du code monétaire et financier.	-Des délits et contraventions prévus et réprimés par le code de la propriété intellectuelle.	Ressorts des tribunaux judiciaires du département de l'Hérault
Département de l'Aude			
Narbonne	-Des litiges relevant de l'exécution d'un contrat de transport de marchandises ; -Des demandes en réparation des	-Des délits et contraventions prévus et réprimés par le code du travail ;	Ressort des tribunaux judiciaires du département de l'Aude

	dommages causés par un véhicule aérien maritime ou fluvial ; -Sauf stipulation contraire des parties et sous réserve de la compétence du tribunal judiciaire de Paris ou de son président en matière d'arbitrage international ainsi que de la compétence de la cour d'appel ou de son premier président en matière de voies de recours, des demandes fondées sur le Livre IV du code de procédure civile ;	-Des délits et contraventions prévus et réprimés par le code de l'urbanisme ; -Des délits prévus et réprimés par les articles 1741 et 1743 du code général des impôts ; -Des délits prévus par les articles L. 183-15, L. 184-1 à L. 184-6, L. 511-22 et L. 521-4 du code de la construction et de l'habitation.	
Carcassonne	-Des actions relatives aux droits d'enregistrement et assimilés ; -Des actions relatives à la cession ou au nantissement de créance professionnelle fondées sur les articles L. 313-23 à L. 313-29-2 du code monétaire et financier ; -Des actions relatives au billet à ordre fondées sur les articles L. 512-1 à L. 512-8 du code de commerce ;	-Des délits et contraventions prévus et réprimés par le code de l'action sociale et des familles ; -Des délits et contraventions prévus et réprimés par le code de la sécurité sociale ; -Des délits et contraventions prévus et réprimés par le code de la consommation ; -Des délits et contraventions prévus et réprimés par le code de la propriété intellectuelle.	Ressort des tribunaux judiciaires du département de l'Aude
Cour d'appel d'Orléans			
Département du Loiret			
Orléans	-Des actions en responsabilité médicale	-Des délits prévus et réprimés par les articles	Ressorts des tribunaux judiciaires du

	-Des actions relatives aux droits d'enregistrement et assimilés.	1741 et 1743 du code général des impôts.	département du Loiret
Montargis		-Des délits prévus par les articles L. 183-15, L. 184- à L. 184-6, L. 511-22 et L 521-4 du code de la construction et de l'habitation. -Des délits et contraventions prévus et réprimés par le code de la consommation.	Ressorts des tribunaux judiciaires du département du Loiret
Cour d'appel de Pau			
Département des Landes			
Mont de Marsan	-Des actions relatives aux droits d'enregistrement et assimilés ; -Des actions en responsabilité médicale -Des demandes en réparation des dommages causés par un véhicule aérien maritime ou fluvial.	-Des délits prévus et réprimés par les articles 1741 et 1743 du code général des impôts.	Ressorts des tribunaux judiciaires du département de Landes
Dax	-Des actions relatives à la cession ou au nantissement de créance professionnelle fondées sur les articles L. 313-23 à L. 313 29-2 du code monétaire et financier ; -Des actions relatives aux baux commerciaux fondées sur les articles L. 145-1 à L. 145-60 du code de commerce -Des actions relatives au billet à ordre fondées sur les articles L. 512-1 à L. 512- du code de commerce ; -Des litiges relevant de l'exécution d'un contrat de transport de marchandises ;	-Des délits et contraventions prévus et réprimés par le code du travail ; -Des délits et contraventions prévus et réprimés par le code de la sécurité sociale ; -Des délits et contraventions prévus et réprimés par le code de la consommation ; -Des délits et contraventions prévus et réprimés par le code de	Ressorts des tribunaux judiciaires du département de Landes

	-Sauf stipulation contraire des parties et sous réserve de la compétence du tribunal judiciaire de Paris ou de son président en matière d'arbitrage international ainsi que de la compétence de la cour d'appel ou de son premier président en matière de voies de recours, des demandes fondées sur le Livre IV du code de procédure civile ; -Les actions en contestation des décisions des assemblées générales et celles relatives aux copropriétés en difficulté relevant de loi n° 65-557 du 10 juillet 1965 fixant le statut de la copropriété des immeubles bâtis.	l'action sociale et des familles ; -Des délits et contraventions prévus et réprimés par le code de l'urbanisme ; -Des délits et contraventions prévus et réprimés par le code de la propriété intellectuelle ; -Des délits prévus par les articles L. 183-15, L. 184-1 à L. 184-6, L. 511-22 et L. 521-4 du code de la construction et de l'habitation.	

NOTA :
Conformément à l'article 2 du décret n° 2021-1822 du 27 décembre 2021, ces dispositions entrent en vigueur le 1er janvier 2022. Se référer à cedit article 2 concernant les modalités d'application.

Annexe Tableau V

Modifié par Décret n°2019-912 du 30 août 2019 - art. 23 (V)

Siège et ressort des tribunaux judiciaires compétents pour connaître des actions en matière d'obtentions végétales (annexe de l'article D. 211-5)

SIÈGE	RESSORT
	Cour d'appel d'Aix-en-Provence
Marseille	Ressort des cours d'appel d'Aix-en-Provence, Bastia et Nîmes.
	Cour d'appel de Bordeaux
Bordeaux	Ressort des cours d'appel d'Agen, Bordeaux et Poitiers.
	Cour d'appel de Colmar
Strasbourg	Ressort des cours d'appel de Colmar et Metz.
	Cour d'appel de Douai
Lille	Ressort des cours d'appel d'Amiens et Douai.
	Cour d'appel de Limoges
Limoges	Ressort des cours d'appel de Bourges, Limoges et Riom.
	Cour d'appel de Lyon
Lyon	Ressort des cours d'appel de Chambéry, Grenoble et Lyon.
	Cour d'appel de Nancy
Nancy	Ressort des cours d'appel de Besançon, Dijon et Nancy.
	Cour d'appel de Paris

Paris	Ressort des cours d'appel de Basse-Terre, Cayenne, Fort-de-France, Nouméa, Orléans, Papeete, Paris, Reims, Rouen, Saint-Denis et Versailles, et du tribunal supérieur d'appel de Saint-Pierre.
Cour d'appel de Rennes	
Rennes	Ressort des cours d'appel d'Angers, Caen et Rennes.
Cour d'appel de Toulouse	
Toulouse	Ressort des cours d'appel de Montpellier, Pau et Toulouse.

NOTA :
Conformément au I de l'article 40 du décret n° 2019-912 du 30 août 2019, ces dispositions entrent en vigueur le 1er janvier 2020. Se reporter aux conditions d'application prévues aux IV à VIII du même article 40.

Annexe Tableau VI

Modifié par Décret n°2019-912 du 30 août 2019 - art. 23 (V)

Siège et ressort des tribunaux judiciaires et des tribunaux de première instance compétents pour connaître des actions en matière de propriété littéraire et artistique, de dessins et modèles, de marques et d'indications géographiques
(annexe de l'article D. 211-6-1)

SIÈGE	RESSORT
Bordeaux.	Ressort des cours d'appel d'Agen, Bordeaux, Limoges, Pau et Toulouse.
Lille.	Ressort des cours d'appel d'Amiens, Douai, Reims et Rouen.
Lyon.	Ressort des cours d'appel de Chambéry, Grenoble, Lyon et Riom.
Marseille.	Ressort des cours d'appel d'Aix-en-Provence, Bastia, Montpellier et Nîmes.
Nanterre.	Ressort de la cour d'appel de Versailles.
Nancy.	Ressort des cours d'appel de Besançon, Dijon, Metz et Nancy.
Paris.	Ressort des cours d'appel de Bourges, Paris, Orléans, Nouméa, Papeete, Saint-Denis e du tribunal supérieur d'appel de Saint-Pierre.
Rennes.	Ressort des cours d'appel d'Angers, Caen, Poitiers et Rennes.
Strasbourg.	Ressort de la cour d'appel de Colmar.
Fort-de-Franc	Ressort des cours d'appel de Basse-Terre, Cayenne et Fort-de-France.

Annexe Tableau VII

Modifié par Décret n°2019-912 du 30 août 2019 - art. 23 (V)

Siège et ressort des tribunaux judiciaires et des tribunaux de première instance compétents pour connaître des actions engagées sur le fondement des dispositions des instruments internationaux et communautaires relatives au déplacement illicite international d'enfants (annexe de l'article D. 211-9)

SIÈGE	RESSORT
Cour d'appel d'Agen	
Agen	Ressort de la cour d'appel d'Agen.
Cour d'appel d'Aix-en-Provence	
Marseille	Ressort de la cour d'appel d'Aix-en-Provence.
Cour d'appel d'Amiens	

Amiens	Ressort de la cour d'appel d'Amiens.
Cour d'appel d'Angers	
Angers	Ressort de la cour d'appel d'Angers.
Cour d'appel de Basse-Terre	
Basse-Terre	Ressort de la cour d'appel de Basse-Terre.
Cour d'appel de Bastia	
Bastia	Ressort de la cour d'appel de Bastia.
Cour d'appel de Besançon	
Besançon	Ressort de la cour d'appel de Besançon.
Cour d'appel de Bordeaux	
Bordeaux	Ressort de la cour d'appel de Bordeaux.
Cour d'appel de Bourges	
Bourges	Ressort de la cour d'appel de Bourges.
Cour d'appel de Caen	
Caen	Ressort de la cour d'appel de Caen.
Cour d'appel de Cayenne	
Cayenne	Ressort de la cour d'appel de Cayenne.
Cour d'appel de Chambéry	
Chambéry	Ressort de la cour d'appel de Chambéry.
Cour d'appel de Colmar	
Strasbourg	Ressort de la cour d'appel de Colmar.
Cour d'appel de Dijon	
Dijon	Ressort de la cour d'appel de Dijon.
Cour d'appel de Douai	
Lille	Ressort de la cour d'appel de Douai.
Cour d'appel de Fort-de-France	
Fort-de-France	Ressort de la cour d'appel de Fort-de-France.
Cour d'appel de Grenoble	
Grenoble	Ressort de la cour d'appel de Grenoble.
Cour d'appel de Limoges	
Limoges	Ressort de la cour d'appel de Limoges.
Cour d'appel de Lyon	
Lyon	Ressort de la cour d'appel de Lyon.
Cour d'appel de Metz	
Metz	Ressort de la cour d'appel de Metz.
Cour d'appel de Montpellier	
Montpellier	Ressort de la cour d'appel de Montpellier.
Cour d'appel de Nancy	
Nancy	Ressort de la cour d'appel de Nancy.
Cour d'appel de Nîmes	
Nîmes	Ressort de la cour d'appel de Nîmes.
Cour d'appel de Nouméa	
Nouméa	Ressort de la cour d'appel de Nouméa.
Cour d'appel d'Orléans	
Orléans	Ressort de la cour d'appel d'Orléans.

SIÈGE	RESSORT
	Cour d'appel de Papeete
Papeete	Ressort de la cour d'appel de Papeete.
	Cour d'appel de Paris
Paris	Ressort de la cour d'appel de Paris.
	Cour d'appel de Pau
Pau	Ressort de la cour d'appel de Pau.
	Cour d'appel de Poitiers
Poitiers	Ressort de la cour d'appel de Poitiers.
	Cour d'appel de Reims
Reims	Ressort de la cour d'appel de Reims.
	Cour d'appel de Rennes
Rennes	Ressort de la cour d'appel de Rennes.
	Cour d'appel de Riom
Clermont-Ferrand	Ressort de la cour d'appel de Riom.
	Cour d'appel de Rouen
Rouen	Ressort de la cour d'appel de Rouen.
	Cour d'appel de Saint-Denis
Saint-Denis	Ressort de la cour d'appel de Saint-Denis.
	Cour d'appel de Toulouse
Toulouse	Ressort de la cour d'appel de Toulouse.
	Cour d'appel de Versailles
Nanterre	Ressort de la cour d'appel de Versailles.
	Tribunal supérieur d'appel de Saint-Pierre
Saint-Pierre	Ressort du tribunal supérieur d'appel de Saint-Pierre

NOTA :
Conformément au 1 de l'article 40 du décret n° 2019-912 du 30 août 2019, ces dispositions entrent en vigueur le 1er janvier 2020. Se reporter aux conditions d'application prévues aux IV à VIII du même article 40.

Annexe Tableau VIII

Modifié par Décret n°2019-912 du 30 août 2019 - art. 23 (V)

SIÈGE ET RESSORT DES TRIBUNAUX JUDICIAIRES ET DE PREMIÈRE INSTANCE COMPÉTENTS POUR CONNAÎTRE DES CONTESTATIONS SUR LA NATIONALITÉ FRANÇAISE OU ÉTRANGÈRE DES PERSONNES PHYSIQUES (ANNEXE DE L'ARTICLE D. 211-10)

SIÈGE	RESSORT
	Cour d'appel d'Aix-en-Provence
Marseille.	Ressort des cours d'appel d'Aix-en-Provence, Bastia, Montpellier et Nîmes.
	Cour d'appel de Bordeaux
Bordeaux.	Ressort des cours d'appel d'Agen, Bordeaux, Limoges, Pau et Toulouse.
	Cour d'appel de Douai
Lille.	Ressort des cours d'appel d'Amiens, Douai, Reims et Rouen.
	Cour d'appel de Cayenne

Cayenne	Ressort de la cour d'appel de Cayenne.
Cour d'appel de Fort-de-France	
Fort-de-France	Ressort des cours d'appel de Basse-Terre et de Fort-de-France.
Cour d'appel de Lyon	
Lyon.	Ressort des cours d'appel de Chambéry, Grenoble, Lyon et Riom.
Cour d'appel de Nancy	
Nancy.	Ressort des cours d'appel de Besançon, Colmar, Dijon, Metz et Nancy.
Cour d'appel de Nouméa	
Nouméa.	Ressort du tribunal de première instance de Nouméa.
Mata-Utu.	Ressort du tribunal de première instance de Mata-Utu.
Cour d'appel de Papeete	
Papeete.	Ressort de la cour d'appel.
Cour d'appel de Paris	
Paris.	Ressort des cours d'appel de Bourges, Orléans, Paris et Versailles.
Cour d'appel de Rennes	
Nantes.	Ressort des cours d'appel d'Angers, Caen, Poitiers et Rennes.
Cour d'appel de Saint-Denis	
La Réunion	
Saint-Denis.	Ressort de la cour d'appel, à l'exception du ressort du tribunal judiciaire de Mamoudzou
Mayotte	
Mamoudzou.	Ressort du tribunal judiciaire de Mamoudzou
Tribunal supérieur d'appel de Saint-Pierre	
Saint-Pierre-et-Miquelon	
Saint-Pierre.	Ressort du tribunal supérieur d'appel.

NOTA :
Conformément au I de l'article 40 du décret n° 2019-912 du 30 août 2019, ces dispositions entrent en vigueur le 1er janvier 2020. Se reporter aux conditions d'application prévues aux IV à VIII du même article 40.

Annexe Tableau VIII-I

Modifié par Décret n°2019-912 du 30 août 2019 - art. 23 (V)

Siège et ressort des tribunaux judiciaires et des tribunaux de première instance compétents pour connaître des actions aux fins d'adoption ainsi que des actions aux fins de reconnaissance des jugements d'adoption rendus à l'étranger, lorsque l'enfant résidant habituellement à l'étranger a été, est ou doit être déplacé vers la France

(annexe de l'article D. 211-10-1)

SIÈGE	RESSORT
Cour d'appel d'AgenAgen	
	Ressort de la cour d'appel d'Agen.

	Cour d'appel d'Aix-en-ProvenceMarseille
	Ressort de la cour d'appel d'Aix-en-Provence.
	Cour d'appel d'Amiens
Amiens	Ressort de la cour d'appel d'Amiens.
	Cour d'appel d'Angers
Angers	Ressort de la cour d'appel d'Angers.
	Cour d'appel de Basse-Terre
Basse-Terre	Ressort de la cour d'appel de Basse-Terre.
	Cour d'appel de BastiaBastia
	Ressort de la cour d'appel de Bastia.
	Cour d'appel de Besançon
Besançon	Ressort de la cour d'appel de Besançon.
	Cour d'appel de Bordeaux
Bordeaux	Ressort de la cour d'appel de Bordeaux.
	Cour d'appel de Bourges
Bourges	Ressort de la cour d'appel de Bourges.
	Cour d'appel de Caen
Caen	Ressort de la cour d'appel de Caen.
	Cour d'appel de Cayenne
Cayenne	Ressort de la cour d'appel de Cayenne.
	Cour d'appel de Chambéry
Chambéry	Ressort de la cour d'appel de Chambéry.
	Cour d'appel de Colmar
Strasbourg	Ressort de la cour d'appel de Colmar.
	Cour d'appel de Dijon
Dijon	Ressort de la cour d'appel de Dijon.
	Cour d'appel de Douai
Lille	Ressort de la cour d'appel de Douai.
	Cour d'appel de Fort-de-France
Fort-de-France	Ressort de la cour d'appel de Fort-de-France.
	Cour d'appel de GrenobleGrenoble
	Ressort de la cour d'appel de Grenoble.
	Cour d'appel de LimogesLimoges
	Ressort de la cour d'appel de Limoges.
	Cour d'appel de Lyon
Lyon	Ressort de la cour d'appel de Lyon.
	Cour d'appel de Metz
Metz	Ressort de la cour d'appel de Metz.

	Cour d'appel de Montpellier
Montpellier	Ressort de la cour d'appel de Montpellier.
	Cour d'appel de Nancy
Nancy	Ressort de la cour d'appel de Nancy.
	Cour d'appel de Nîmes
Nîmes	Ressort de la cour d'appel de Nîmes.
	Cour d'appel de NouméaNouméa
	Ressort de la cour d'appel de Nouméa.
	Cour d'appel d'OrléansOrléans
	Ressort de la cour d'appel d'Orléans.
	Cour d'appel de PapeetePapeete
	Ressort de la cour d'appel de Papeete.
	Cour d'appel de Paris
Paris	Ressort de la cour d'appel de Paris.
	Cour d'appel de Pau
Pau	Ressort de la cour d'appel de Pau.
	Cour d'appel de Poitiers
Poitiers	Ressort de la cour d'appel de Poitiers.
	Cour d'appel de Reims
Reims	Ressort de la cour d'appel de Reims.
	Cour d'appel de Rennes
Nantes	Ressort de la cour d'appel de Rennes.
	Cour d'appel de RiomClermont
-Ferrand	Ressort de la cour d'appel de Riom.
	Cour d'appel de RouenRouen
	Ressort de la cour d'appel de Rouen.
	Cour d'appel de Saint-Denis
Saint-Denis	Ressort de la cour d'appel de Saint-Denis.
	Cour d'appel de ToulouseToulouse
	Ressort de la cour d'appel de Toulouse.
	Cour d'appel de Versailles
Nanterre	Ressort de la cour d'appel de Versailles.
	Tribunal supérieur d'appel de Saint-Pierre
Saint-Pierre	Ressort du tribunal supérieur d'appel de Saint-Pierre

NOTA :
Conformément au I de l'article 40 du décret n° 2019-912 du 30 août 2019, ces dispositions entrent en vigueur le 1er janvier 2020. Se reporter aux conditions d'application prévues aux IV à VIII du même article 40.

Annexe Tableau VIII-II

Modifié par Décret n°2019-912 du 30 août 2019 - art. 23 (V)

Siège et ressort des tribunaux judiciaires et des tribunaux de première instance compétents pour connaître des recours en matière de contrats de la commande publique (annexe de l'article D. 211-10-2)

SIÈGE	RESSORT
Bordeaux	Ressort des cours d'appel d'Agen, Bordeaux, Limoges, Pau et Toulouse.
Lille	Ressort des cours d'appel d'Amiens, Douai, Reims et Rouen.
Lyon	Ressort des cours d'appel de Chambéry, Grenoble, Lyon et Riom.
Marseille	Ressort des cours d'appel d'Aix-en-Provence, Bastia, Montpellier et Nîmes.
Nanterre	Ressort de la cour d'appel de Versailles.
Nancy	Ressort des cours d'appel de Besançon, Colmar, Dijon, Metz et Nancy.
Paris	Ressort des cours d'appel de Bourges, Paris et Orléans.
Rennes	Ressort des cours d'appel d'Angers, Caen, Poitiers et Rennes.
Fort-de-France	Ressort des cours d'appel de Basse-Terre, Cayenne et Fort-de-France.
Saint-Denis	Ressort de la cour d'appel de Saint-Denis.
Saint-Pierre-et-Miquelon	Ressort du tribunal supérieur d'appel de Saint-Pierre.

NOTA :
Conformément au I de l'article 40 du décret n° 2019-912 du 30 août 2019, ces dispositions entrent en vigueur le 1er janvier 2020. Se reporter aux conditions d'application prévues aux IV à VIII du même article 40.

Annexe Tableau VIII-III

Modifié par Décret n°2019-912 du 30 août 2019 - art. 23 (V)

Siège et ressort des tribunaux judiciaires et des cours d'appels compétents en matière de contentieux technique et général de la sécurité sociale et d'admission à l'aide sociale

(annexe des articles D. 211-10-3 et D. 311-12-1)

COURS D'APPEL COMPÉTENTES	SIÈGE ET RESSORT DES TRIBUNAUX JUDICIAIRES COMPÉTENTS	
Cour d'appel d'Aix-en-Provence	Cour d'appel d'Aix-en-Provence	
	Alpes-de-Haute-Provence	
	Digne-les-Bains	Ressort du tribunal judiciaire de Digne-les-Bains
	Alpes-Maritimes	
	Nice	Ressort des tribunaux judiciaires de Grasse et Nice.
	Bouches-du-Rhône	
	Marseille	Ressort des tribunaux judiciaires d'Aix-en-Provence, Marseille et Tarascon.
	Var	
	Toulon	Ressort des tribunaux judiciaires de Draguignan Toulon.
Cour d'appel d'Amiens	Cour d'appel d'Amiens	
	Aisne	
	Laon	Ressort des tribunaux judiciaires de Laon et Soissons.
	Saint-Quentin	Ressort du tribunal judiciaire de Saint-Quentin.
	Oise	
	Beauvais	Ressort des tribunaux judiciaires de Beauvais, Compiègne et Senlis.
	Somme	
	Amiens	Ressort du tribunal judiciaire d'Amiens.

	Cour d'appel de Douai	
	Nord	
	Douai	Ressort des tribunaux judiciaires de Douai et Cambrai.
	Lille	Ressort des tribunaux judiciaires de Dunkerque Lille.
	Valenciennes	Ressort des tribunaux judiciaires d'Avesnes-sur-Helpe et Valenciennes.
	Pas-de-Calais	
	Arras	Ressort des tribunaux judiciaires d'Arras et Béthune.
	Boulogne-sur-Mer	Ressort des tribunaux judiciaires de Boulogne-sur-Mer et Saint-Omer.
Cour d'appel d'Angers	Cour d'appel d'Angers	
	Maine-et-Loire	
	Angers	Ressort des tribunaux judiciaires d'Angers et Saumur.
	Mayenne	
	Laval	Ressort du tribunal judiciaire de Laval.
	Sarthe	
	Le Mans	Ressort du tribunal judiciaire du Mans.
Cour d'appel de Basse-Terre	Cour d'appel de Basse-Terre	
	Guadeloupe, Saint-Barthélemy et Saint-Martin	
	Pointe-à-Pitre	Ressort des tribunaux judiciaires de Basse-Terre Pointe-à-Pitre.
Cour d'appel de Bastia	Cour d'appel de Bastia	
	Corse-du-Sud	

	Ajaccio	Ressort du tribunal judiciaire d'Ajaccio.
	Haute-Corse	
	Bastia	Ressort du tribunal judiciaire de Bastia.
Cour d'appel de Besançon	Cour d'appel de Besançon	
	Doubs	
	Besançon	Ressort du tribunal judiciaire de Besançon.
	Montbéliard	Ressort du tribunal judiciaire de Montbéliard.
	Haute-Saône	
	Vesoul	Ressort du tribunal judiciaire de Vesoul.
	Jura	
	Lons-le-Saunier	Ressort du tribunal judiciaire de Lons-le-Saunier
	Territoire de Belfort	
	Belfort	Ressort du tribunal judiciaire de Belfort.
Cour d'appel de Bordeaux	Cour d'appel de Bordeaux	
	Charente	
	Angoulême	Ressort du tribunal judiciaire d'Angoulême.
	Dordogne	
	Périgueux	Ressort des tribunaux judiciaires de Bergerac et Périgueux.
	Gironde	
	Bordeaux	Ressort des tribunaux judiciaires de Bordeaux e Libourne.
Cour d'appel de Caen	Cour d'appel de Caen	
	Calvados	

	Caen	Ressort des tribunaux judiciaires de Caen et Lisieux.
	Manche	
	Coutances	Ressort des tribunaux judiciaires de Cherbourg-en-Cotentin et Coutances.
	Orne	
	Alençon	Ressort des tribunaux judiciaires d'Alençon et Argentan.
Cour d'appel de Cayenne	Cour d'appel de Cayenne	
	Guyane	
	Cayenne	Ressort du tribunal judiciaire de Cayenne.
Cour d'appel de Colmar	Cour d'appel de Colmar	
	Bas-Rhin	
	Strasbourg	Ressort des tribunaux judiciaires de Saverne et Strasbourg.
	Bas-Rhin et Haut-Rhin	
	Mulhouse	Ressort des tribunaux judiciaires de Colmar et Mulhouse.
Cour d'appel de Dijon	Cour d'appel de Dijon	
	Côte-d'Or	
	Dijon	Ressort du tribunal judiciaire de Dijon.
	Haute-Marne	
	Chaumont	Ressort du tribunal judiciaire de Chaumont.
	Saône-et-Loire	
	Mâcon	Ressort des tribunaux judiciaires de Chalon-sur-Saône et Mâcon.
Cour d'appel	Cour d'appel de Fort-de-France	

de Fort-de-France	Martinique	
	Fort-de-France	Ressort du tribunal judiciaire de Fort-de-France
Cour d'appel de Grenoble	Cour d'appel de Chambéry	
	Haute-Savoie	
	Annecy	Ressort des tribunaux judiciaires d'Annecy, Bonneville et Thonon-les-Bains.
	Savoie	
	Chambéry	Ressort des tribunaux judiciaires d'Albertville et Chambéry.
	Cour d'appel de Grenoble	
	Drôme	
	Valence	Ressort du tribunal judiciaire de Valence.
	Hautes-Alpes	
	Gap	Ressort du tribunal judiciaire de Gap.
	Isère	
	Grenoble	Ressort des tribunaux judiciaires de Bourgoin-Jallieu et Grenoble.
	Vienne	Ressort du tribunal judiciaire de Vienne.
Cour d'appel de Lyon	Cour d'appel de Lyon	
	Ain	
	Bourg-en-Bresse	Ressort du tribunal judiciaire de Bourg-en-Bresse
	Loire	
	Roanne	Ressort du tribunal judiciaire de Roanne.
	Saint-Étienne	Ressort du tribunal judiciaire de Saint-Étienne.
	Rhône	

	Lyon	Ressort du tribunal judiciaire de Lyon.
	Villefranche-sur-Saône	Ressort du tribunal judiciaire de Villefranche-sur-Saône.
Cour d'appel de Metz		
	Cour d'appel de Metz	
	Moselle	
	Metz	Ressort des tribunaux judiciaires de Metz, Sarreguemines et Thionville.
Cour d'appel de Montpellier	Cour d'appel de Montpellier	
	Aude	
	Carcassonne	Ressort des tribunaux judiciaires de Carcassonne et Narbonne.
	Aveyron	
	Rodez	Ressort du tribunal judiciaire de Rodez.
	Hérault	
	Montpellier	Ressort des tribunaux judiciaires de Béziers et Montpellier.
	Pyrénées-Orientales	
	Perpignan	Ressort du tribunal judiciaire de Perpignan.
Cour d'appel de Nancy	Cour d'appel de Nancy	
	Meurthe-et-Moselle	
	Nancy	Ressort du tribunal judiciaire de Nancy.
	Val de Briey	Ressort du tribunal judiciaire de Val de Briey.
	Meuse	
	Bar-le-Duc	Ressort des tribunaux judiciaires de Bar-le-Duc et Verdun.
	Vosges	

	Épinal	Ressort du tribunal judiciaire d'Épinal.
	Cour d'appel de Reims	
	Ardennes	
	Charleville-Mézières	Ressort du tribunal judiciaire de Charleville-Mézières.
	Aube	
	Troyes	Ressort du tribunal judiciaire de Troyes.
	Marne	
	Châlons-en-Champagne	Ressort du tribunal judiciaire de Châlons-en-Champagne.
	Reims	Ressort du tribunal judiciaire de Reims.
Cour d'appel de Nîmes	Cour d'appel de Nîmes	
	Ardèche	
	Privas	Ressort du tribunal judiciaire de Privas.
	Gard	
	Nîmes	Ressort des tribunaux judiciaires d'Alès et Nîmes
	Lozère	
	Mende	Ressort du tribunal judiciaire de Mende.
	Vaucluse	
	Avignon	Ressort des tribunaux judiciaires d'Avignon et Carpentras.
Cour d'appel d'Orléans	Cour d'appel de Bourges	
	Cher	
	Bourges	Ressort du tribunal judiciaire de Bourges.
	Indre	

	Châteauroux	Ressort du tribunal judiciaire de Châteauroux.
	Nièvre	
	Nevers	Ressort du tribunal judiciaire de Nevers.
	Cour d'appel d'Orléans	
	Indre-et-Loire	
	Tours	Ressort du tribunal judiciaire de Tours.
	Loiret	
	Orléans	Ressort des tribunaux judiciaires de Montargis et Orléans.
	Loir-et-Cher	
	Blois	Ressort du tribunal judiciaire de Blois.
Cour d'appel de Paris	Cour d'appel de Paris	
	Essonne	
	Évry	Ressort du tribunal judiciaire d'Évry.
	Paris	
	Paris	Ressort du tribunal judiciaire de Paris.
	Seine-et-Marne	
	Meaux	Ressort du tribunal judiciaire de Meaux.
	Melun	Ressort des tribunaux judiciaires de Fontainebleau et Melun.
	Seine-Saint-Denis	
	Bobigny	Ressort du tribunal judiciaire de Bobigny.
	Val-de-Marne	
	Créteil	Ressort du tribunal judiciaire de Créteil.

		Yonne
	Auxerre	Ressort des tribunaux judiciaires d'Auxerre et Sens.
Cour d'appel de Pau		Cour d'appel de Pau
		Hautes-Pyrénées
	Tarbes	Ressort du tribunal judiciaire de Tarbes.
		Landes
	Mont-de-Marsan	Ressort des tribunaux judiciaires de Dax et Mon de-Marsan
		Pyrénées-Atlantiques
	Bayonne	Ressort du tribunal judiciaire de Bayonne
	Pau	Ressort du tribunal judiciaire de Pau.
Cour d'appel de Poitiers		Cour d'appel de Limoges
		Corrèze
	Tulle	Ressort des tribunaux judiciaires de Brive-la-Gaillarde et Tulle.
		Creuse
	Guéret	Ressort du tribunal judiciaire de Guéret.
		Haute-Vienne
	Limoges	Ressort du tribunal judiciaire de Limoges.
		Cour d'appel de Poitiers
		Charente-Maritime
	La Rochelle	Ressort du tribunal judiciaire de La Rochelle.
	Saintes	Ressort du tribunal judiciaire de Saintes.
		Deux-Sèvres

	Niort	Ressort du tribunal judiciaire de Niort.
	Vendée	
	La Roche-sur-Yon	Ressort des tribunaux judiciaires de La Roche-sur-Yon et Les Sables-d'Olonne.
	Vienne	
	Poitiers	Ressort du tribunal judiciaire de Poitiers.
Cour d'appel de Rennes	Cour d'appel de Rennes	
	Côtes-d'Armor	
	Saint-Brieuc	Ressort du tribunal judiciaire de Saint-Brieuc.
	Finistère	
	Brest	Ressort du tribunal judiciaire de Brest.
	Quimper	Ressort du tribunal judiciaire de Quimper.
	Côtes-d'Armor et Ille-et-Vilaine	
	Rennes	Ressort des tribunaux judiciaires de Rennes et Saint-Malo.
	Loire-Atlantique	
	Nantes	Ressort des tribunaux judiciaires de Nantes et Saint-Nazaire.
	Morbihan	
	Vannes	Ressort des tribunaux judiciaires de Lorient et Vannes.
Cour d'appel de Riom	Cour d'appel de Riom	
	Allier	
	Moulins	Ressort des tribunaux judiciaires de Cusset, Montluçon et Moulins.
	Cantal	

	Aurillac	Ressort du tribunal judiciaire d'Aurillac.
	Haute-Loire	
	Le Puy-en-Velay	Ressort du tribunal judiciaire du Puy-en-Velay.
	Puy-de-Dôme	
	Clermont-Ferrand	Ressort du tribunal judiciaire de Clermont-Ferrand.
Cour d'appel de Rouen	Cour d'appel de Rouen	
	Eure	
	Évreux	Ressort du tribunal judiciaire d'Évreux.
	Seine-Maritime	
	Le Havre	Ressort du tribunal judiciaire du Havre.
	Rouen	Ressort des tribunaux judiciaires de Dieppe et Rouen.
Cour d'appel de Saint-Denis	Cour d'appel de Saint-Denis	
	La Réunion	
	Saint-Denis	Ressort des tribunaux judiciaires de Saint-Denis Saint-Pierre.
	Mayotte	
	Mamoudzou	Ressort du tribunal judiciaire de Mamoudzou.
Cour d'appel de Toulouse	Cour d'appel d'Agen	
	Gers	
	Auch	Ressort du tribunal judiciaire d'Auch.
	Lot	
	Cahors	Ressort du tribunal judiciaire de Cahors.
	Lot-et-Garonne	

	Agen	Ressort du tribunal judiciaire d'Agen.
	Cour d'appel de Toulouse	
	Ariège	
	Foix	Ressort du tribunal judiciaire de Foix.
	Haute-Garonne	
	Toulouse	Ressort des tribunaux judiciaires de Saint-Gaudens et Toulouse.
	Tarn	
	Albi	Ressort des tribunaux judiciaires d'Albi et Castre
	Tarn-et-Garonne	
	Montauban	Ressort du tribunal judiciaire de Montauban.
Cour d'appel de Versailles	Cour d'appel de Versailles	
	Eure-et-Loir	
	Chartres	Ressort du tribunal judiciaire de Chartres.
	Hauts-de-Seine	
	Nanterre	Ressort du tribunal judiciaire de Nanterre.
	Val-d'Oise	
	Pontoise	Ressort du tribunal judiciaire de Pontoise.
	Yvelines	
	Versailles	Ressort du tribunal judiciaire de Versailles.

NOTA :
Conformément au I de l'article 40 du décret n° 2019-912 du 30 août 2019, ces dispositions entrent en vigueur le 1er janvier 2020. Se reporter aux conditions d'application prévues aux IV à VIII du même article 40.

Annexe Tableau VIII-IV

Modifié par Décret n°2021-1305 du 7 octobre 2021 - art. 2

SIÈGE ET RESSORT DES TRIBUNAUX JUDICIAIRES COMPÉTENTS POUR CONNAÎTRE DES ACTIONS RELATIVES AU PRÉJUDICE ÉCOLOGIQUE FONDÉES SUR LES ARTICLES 1246 À 1252 DU CODE CIVIL, DES ACTIONS EN RESPONSABILITÉ CIVILE PRÉVUES PAR LE CODE DE L'ENVIRONNEMENT ET DES ACTIONS EN RESPONSABILITÉ CIVILE FONDÉES SUR LES RÉGIMES SPÉCIAUX DE RESPONSABILITÉ APPLICABLES EN MATIÈRE ENVIRONNEMENTALE RÉSULTANT DE RÈGLEMENTS EUROPÉENS, DE CONVENTIONS INTERNATIONALES ET DES LOIS PRISES POUR L'APPLICATION DE CES CONVENTIONS

(annexe de l'article D. 211-10-4-1)

SIÈGE	RESSORT
Cour d'appel d'Agen	
Agen	Ressort de la cour d'appel d'Agen
Cour d'appel d'Aix-en-Provence	
Marseille	Ressort de la cour d'appel d'Aix-en-Provence
Cour d'appel d'Amiens	
Amiens	Ressort de la cour d'appel d'Amiens
Cour d'appel d'Angers	
Angers	Ressort de la cour d'appel d'Angers
Cour d'appel de Basse-Terre	
Basse-Terre	Ressort de la cour d'appel de Basse-Terre
Cour d'appel de Bastia	
Bastia	Ressort de la cour d'appel de Bastia
Cour d'appel de Besançon	
Besançon	Ressort de la cour d'appel de Besançon
Cour d'appel de Bordeaux	
Bordeaux	Ressort de la cour d'appel de Bordeaux

Cour d'appel de Bourges	
Châteauroux	Ressort de la cour d'appel de Bourges
Cour d'appel de Caen	
Coutances	Ressort de la cour d'appel de Caen
Cour d'appel de Cayenne	
Cayenne	Ressort de la cour d'appel de Cayenne
Cour d'appel de Chambéry	
Annecy	Ressort de la cour d'appel de Chambéry
Cour d'appel de Colmar	
Strasbourg	Ressort de la cour d'appel de Colmar
Cour d'appel de Dijon	
Dijon	Ressort de la cour d'appel de Dijon
Cour d'appel de Douai	
Lille	Ressort de la cour d'appel de Douai
Cour d'appel de Fort-de-France	
Fort-de-France	Ressort de la cour d'appel de Fort-de-France
Cour d'appel de Grenoble	
Grenoble	Ressort de la cour d'appel de Grenoble
Cour d'appel de Limoges	
Limoges	Ressort de la cour d'appel de Limoges
Cour d'appel de Lyon	
Lyon	Ressort de la cour d'appel de Lyon
Cour d'appel de Metz	

Metz	Ressort de la cour d'appel de Metz
Cour d'appel de Montpellier	
Montpellier	Ressort de la cour d'appel de Montpellier
Cour d'appel de Nancy	
Nancy	Ressort de la cour d'appel de Nancy
Cour d'appel de Nîmes	
Nîmes	Ressort de la cour d'appel de Nîmes
Cour d'appel de Nouméa	
Nouméa	Ressort de la cour d'appel de Nouméa
Cour d'appel d'Orléans	
Tours	Ressort de la cour d'appel d'Orléans
Cour d'appel de Papeete	
Papeete	Ressort de la cour d'appel de Papeete
Cour d'appel de Paris	
Paris	Ressort de la cour d'appel de Paris
Cour d'appel de Pau	
Bayonne	Ressort de la cour d'appel de Pau
Cour d'appel de Poitiers	
La Rochelle	Ressort de la cour d'appel de Poitiers
Cour d'appel de Reims	
Troyes	Ressort de la cour d'appel de Reims
Cour d'appel de Rennes	
Brest	Ressort de la cour d'appel de Rennes

Cour d'appel de Riom	
Clermont-Ferrand	Ressort de la cour d'appel de Riom
Cour d'appel de Rouen	
Rouen	Ressort de la cour d'appel de Rouen
Cour d'appel de Saint-Denis de La Réunion	
Saint-Pierre	Ressort de la cour d'appel de Saint-Denis de La Réunion
Cour d'appel de Toulouse	
Toulouse	Ressort de la cour d'appel de Toulouse
Cour d'appel de Versailles	
Nanterre	Ressort de la cour d'appel de Versailles
Tribunal supérieur d'appel de Saint-Pierre-et-Miquelon	
Saint-Pierre-et-Miquelon	Ressort du tribunal supérieur d'appel de Saint-Pierre-et-Miquelon

NOTA :
Conformément à l'article 3 du décret n° 2021-1305 du 7 octobre 2021, la juridiction saisie demeure compétente pour statuer sur les procédures introduites antérieurement à la date d'entrée en vigueur de l'article 2 dudit décret.

Annexe Tableau IX

Modifié par Décret n°2019-914 du 30 août 2019 - art.

SIÈGE ET RESSORT DES TRIBUNAUX JUDICIAIRES, DES CHAMBRES DE PROXIMITÉ, DES TRIBUNAUX DE PREMIÈRE INSTANCE ET DES SECTIONS DÉTACHÉES COMPÉTENTS POUR RECEVOIR ET ENREGISTRER LES DÉCLARATIONS DE NATIONALITÉ FRANÇAISE ET DÉLIVRER LES CERTIFICATS DE NATIONALITÉ FRANÇAISE

(annexe des articles D. 211-10-3-1 et D. 212-19)

Siège		Ressort
Tribunal judiciaire ou tribunal de première instance	Chambre de proximité ou section détachée	

Cour d'appel d'Agen		
Gers		
Auch		Ressort du tribunal judiciaire d'Auch.
Lot		
Cahors		Ressort du tribunal judiciaire de Cahors.
Lot-et-Garonne		
Agen		Ressort du tribunal judiciaire d'Agen.
Cour d'appel d'Aix en Provence		
Alpes-de-Haute-Provence		
Digne-les-Bains		Ressort du tribunal judiciaire de Digne-les-Bains.
Alpes-Maritimes		
	Cannes	Ressort du tribunal judiciaire de Grasse.
Nice		Ressort du tribunal judiciaire de Nice.
Bouches-du-Rhône		
Aix-en-Provence		Ressort du tribunal judiciaire d'Aix-en-Provence.
Tarascon		Ressort du tribunal judiciaire de Tarascon.
Marseille		Ressort du tribunal judiciaire de Marseille.
Var		
	Fréjus	Ressort du tribunal judiciaire de Draguignan.
Toulon		Ressort du tribunal judiciaire de Toulon.
Cour d'appel d'Amiens		
Aisne		
Laon		Ressorts des tribunaux judiciaires de Laon et de Saint Quentin.

Soissons		Ressort du tribunal judiciaire de Soissons.
Oise		
Beauvais		Ressort du tribunal judiciaire de Beauvais.
Senlis		Ressort des tribunaux judiciaires de Compiègne et Senlis.
Somme		
Amiens		Ressort du tribunal judiciaire d'Amiens.

Cour d'appel d'Angers

Maine-et-Loire		
Angers		Ressort des tribunaux judiciaires d'Angers et de Saumur.
Mayenne		
Laval		Ressort du tribunal judiciaire de Laval.
Sarthe		
Le Mans		Ressort du tribunal judiciaire du Mans.

Cour d'appel de Basse-Terre

Basse-Terre		Ressort du tribunal judiciaire de Basse-Terre, à l'exception du ressort de la chambre de proximité de Saint-Martin.
	Saint-Martin	Ressort de la chambre de proximité de Saint-Martin.
Pointe-à-Pitre		Ressort du tribunal judiciaire de Pointe-à-Pitre.

Cour d'appel de Bastia

Corse-du-Sud		
Ajaccio		Ressort du tribunal judiciaire d'Ajaccio.
Haute-Corse		
Bastia		Ressort du tribunal judiciaire de Bastia.

	Cour d'appel de Besançon	
	Doubs	
Besançon		Ressort du tribunal judiciaire de Besançon.
Montbéliard		Ressort du tribunal judiciaire de Montbéliard.
	Haute-Saône	
Vesoul		Ressort du tribunal judiciaire de Vesoul.
	Jura	
Lons-le-Saunier		Ressorts du tribunal judiciaire de Lons-le-Saunier.
	Territoire de Belfort	
Belfort		Ressort du tribunal judiciaire de Belfort.
	Cour d'appel de Bordeaux	
	Charente	
Angoulême		Ressort du tribunal judiciaire d'Angoulême.
	Dordogne	
Périgueux		Ressort des tribunaux judiciaires de Périgueux et de Bergerac.
	Gironde	
Bordeaux		Ressorts des tribunaux judiciaires de Bordeaux et de Libourne.
	Cour d'appel de Bourges	
	Cher	
Bourges		Ressort du tribunal judiciaire de Bourges.
	Indre	
Châteauroux		Ressort du tribunal judiciaire de Châteauroux.

	Nièvre	
Nevers		Ressort du tribunal judiciaire de Nevers.
Cour d'appel de Caen		
	Calvados	
Caen		Ressort des tribunaux judiciaires de Caen et de Lisieu
	Manche	
Cherbourg		Ressort du tribunal judiciaire de Cherbourg.
Coutances		Ressort du tribunal judiciaire de Coutances.
	Orne	
Alençon		Ressort des tribunaux judiciaires d'Alençon et d'Argentan.
Cour d'appel de Cayenne		
	Guyane	
Cayenne		Ressort du tribunal judiciaire de Cayenne, à l'exceptio du ressort de la chambre de proximité de Saint-Laurent-du-Maroni.
Cayenne	Saint-Laurent-du-Maroni	Ressort de la chambre de proximité de Saint-Laurent du-Maroni.
Cour d'appel de Chambéry		
	Haute-Savoie	
Annecy		Ressort du tribunal judiciaire d'Annecy.
Bonneville		Ressort des tribunaux judiciaires de Bonneville et de Thonon-les-Bains.
	Savoie	
Chambéry		Ressort des tribunaux judiciaires d'Albertville et de Chambéry.
Cour d'appel de Colmar		

Bas-Rhin			
		Haguenau	Ressort de la chambre de proximité d'Haguenau.
		Illkirch-Graffenstade	Ressort de la chambre de proximité d'Illkirch-Graffenstaden.
	Saverne		Ressort du tribunal judiciaire de Saverne.
	Strasbourg		Ressort du tribunal judiciaire de Strasbourg, à l'exception du ressort des chambres de proximité d'Haguenau et Illkirch-Graffenstaden.
Haut-Rhin			
	Colmar		Ressort du tribunal judiciaire de Colmar.
	Mulhouse		Ressort du tribunal judiciaire de Mulhouse, à l'exception du ressort de la chambre de proximité de Thann.
		Thann	Ressort de la chambre de proximité de Thann.
Cour d'appel de Dijon			
Côte-d'Or			
	Dijon		Ressort du tribunal judiciaire de Dijon.
Haute-Marne			
	Chaumont		Ressort du tribunal judiciaire de Chaumont.
Saône-et-Loire			
	Chalon-sur-Saône		Ressort du tribunal judiciaire de Chalon-sur-Saône, à l'exception du ressort de la chambre de proximité du Creusot.
		Le Creusot	Ressort de la chambre de proximité du Creusot.
	Mâcon		Ressort du tribunal judiciaire de Mâcon.
Cour d'appel de Douai			
Nord			

Avesnes-sur-Helpe		Ressort du tribunal judiciaire d'Avesnes-sur-Helpe.
Douai		Ressort des tribunaux judiciaires de Douai et de Cambrai.
Dunkerque		Ressort du tribunal judiciaire de Dunkerque.
Lille		Ressort du tribunal judiciaire de Lille, à l'exception du ressort des chambres de proximité de Roubaix et Tourcoing.
	Roubaix	Ressort des chambres de proximité de Roubaix et de Tourcoing.
Valenciennes		Ressort du tribunal judiciaire de Valenciennes.
Pas-de-Calais		
Arras		Ressort du tribunal judiciaire d'Arras.
Béthune		Ressort du tribunal judiciaire de Béthune.
Boulogne-sur-Mer		Ressort des tribunaux judiciaires de Boulogne-sur-Mer et de Saint-Omer.
Cour d'appel de Fort-de-France		
Martinique		
Fort-de-France		Ressort du tribunal judiciaire de Fort-de-France.
Cour d'appel de Grenoble		
Drôme		
	Montélimar	Ressort de la chambre de proximité de Montélimar.
	Romans-sur-Isère	Ressort de la chambre de proximité de Romans-sur-Isère.
Valence		Ressort du tribunal judiciaire de Valence, à l'exception du ressort des chambres de proximité de Montélimar Romans-sur-Isère.
Hautes-Alpes		
Gap		Ressort du tribunal judiciaire de Gap.

Isère		
Bourgoin-Jallieu		Ressort du tribunal judiciaire de Bourgoin-Jallieu.
Grenoble		Ressort du tribunal judiciaire de Grenoble.
Vienne		Ressort du tribunal judiciaire de Vienne.
Cour d'appel de Limoges		
Corrèze		
Tulle		Ressort des tribunaux judiciaires de Brive-la-Gaillard et de Tulle.
Creuse		
Guéret		Ressort du tribunal judiciaire de Guéret.
Haute-Vienne		
Limoges		Ressort du tribunal judiciaire de Limoges.
Cour d'appel de Lyon		
Ain		
Bourg-en-Bresse		Ressort du tribunal judiciaire de Bourg-en-Bresse.
Loire		
Roanne		Ressort du tribunal judiciaire de Roanne.
Saint-Etienne		Ressort du tribunal judiciaire de Saint-Etienne.
Rhône		
Lyon		Ressort du tribunal judiciaire de Lyon, à l'exception d ressort de la chambre de proximité de Villeurbanne.
Villefranche-sur-Saône		Ressort du tribunal judiciaire de Villefranche-sur-Saône.
	Villeurbanne	Ressort de la chambre de proximité de Villeurbanne
Cour d'appel de Metz		

Moselle		
	Saint-Avold	Ressort du tribunal judiciaire de Sarreguemines.
Metz		Ressort du tribunal judiciaire de Metz.
Thionville		Ressort du tribunal judiciaire de Thionville.
Cour d'appel de Montpellier		
Aude		
Carcassonne		Ressort des tribunaux judiciaires de Carcassonne et d Narbonne.
Aveyron		
	Millau	Ressort de la chambre de proximité de Millau.
Rodez		Ressort du tribunal judiciaire de Rodez, à l'exception du ressort de la chambre de proximité de Millau.
Hérault		
Béziers		Ressort du tribunal judiciaire de Béziers.
Montpellier		Ressort du tribunal judiciaire de Montpellier.
Pyrénées-Orientales		
Perpignan		Ressort du tribunal judiciaire de Perpignan.
Cour d'appel de Nancy		
Meurthe-et-Moselle		
Val de Briey		Ressort du tribunal judiciaire de Val de Briey.
Nancy		Ressort du tribunal judiciaire de Nancy.
Meuse		
Verdun		Ressort des tribunaux judiciaires de Bar-le-Duc et Verdun.
Vosges		

Epinal		Ressort du tribunal judiciaire d'Epinal.
Cour d'appel de Nîmes		
Ardèche		
	Annonay	Ressort de la chambre de proximité d'Annonay.
	Aubenas	Ressort de la chambre de proximité d'Aubenas.
Privas		Ressort du tribunal judiciaire de Privas à l'exception d ressort des chambres de proximité d'Annonay et Aubenas.
Gard		
Alès		Ressort du tribunal judiciaire d'Alès.
Nîmes		Ressort du tribunal judiciaire de Nîmes, à l'exception du ressort de la chambre de proximité d'Uzès.
	Uzès	Ressort de la chambre de proximité d'Uzès.
Lozère		
Mende		Ressort du tribunal judiciaire de Mende.
Vaucluse		
Avignon		Ressort du tribunal judiciaire d'Avignon.
	Orange	Ressort du tribunal judiciaire de Carpentras.
Cour d'appel de Nouméa		
Nouvelle-Calédonie		
Nouméa		Ressort du tribunal de première instance de Nouméa, l'exception de la province Nord et de la province des Iles Loyauté.
	Koné	Province Nord.
	Lifou	Province des Iles Loyautés.
Wallis-et-Futuna		

Mata-Utu		Ressort du tribunal de première instance de Mata-Utu
Cour d'appel d'Orléans		
Indre-et-Loire		
Tours		Ressort du tribunal judiciaire de Tours.
Loiret		
Montargis		Ressort du tribunal judiciaire de Montargis.
Orléans		Ressort du tribunal judiciaire d'Orléans.
Loir-et-Cher		
Blois		Ressort du tribunal judiciaire de Blois.
Cour d'appel de Papeete		
Polynésie Française		
Papeete		Ressort du tribunal de première instance de Papeete, l'exception des Îles Sous-le-Vent et des Îles Marquise
	Uturoa	Île Sous-le-Vent.
	Nuku-Hiva	Îles Marquises.
Cour d'appel de Paris		
Essonne		
	Etampes	Ressort de la chambre de proximité d'Etampes.
Evry-Courcouronnes		Ressort du tribunal judiciaire d'Evry-Courcouronnes, l'exception du ressort des chambres de proximité d'Etampes, Juvisy-sur-Orge, Longjumeau et Palaiseau
	Juvisy-sur-Orge	Ressort de la chambre de proximité de Juvisy-sur-Orge.
	Longjumeau	Ressort de la chambre de proximité de Longjumeau.
	Palaiseau	Ressort de la chambre de proximité de Palaiseau.
Paris		

Paris		Ressort du tribunal judiciaire de Paris.
Seine-et-Marne		
Fontainebleau		Ressort du tribunal judiciaire de Fontainebleau.
	Lagny-sur-Marne	Ressort de la chambre de proximité de Lagny-sur-Marne.
Meaux		Ressort du tribunal judiciaire de Meaux, à l'exception du ressort de la chambre de proximité de Lagny-sur-Marne.
Melun		Ressort du tribunal judiciaire de Melun.
Seine-Saint-Denis		
	Aubervilliers	Ressort de la chambre de proximité d'Aubervilliers.
	Aulnay-Sous-Bois	Ressort de la chambre de proximité d'Aulnay-Sous-Bois.
Bobigny		Ressort du tribunal judiciaire de Bobigny, à l'exception du ressort des chambres de proximité d'Aubervilliers, Aulnay-sous-Bois, Le Raincy, Montreuil, Pantin, Saint-Denis et Saint-Ouen-sur-Seine.
	Le Raincy	Ressort de la chambre de proximité du Raincy.
	Montreuil	Ressort de la chambre de proximité de Montreuil.
	Pantin	Ressort de la chambre de proximité de Pantin.
	Saint-Denis	Ressort de la chambre de proximité de Saint-Denis.
	Saint-Ouen-sur-Seine	Ressort de la chambre de proximité de Saint-Ouen-sur-Seine.
Val-de-Marne		
	Sucy-en-Brie	Ressort de la chambre de proximité de Sucy-en-Brie
	Charenton-le-Pont	Ressort de la chambre de proximité de Charenton-le-Pont.
	Ivry-sur-Seine	Ressort de la chambre de proximité d'Ivry-sur-Seine

	Nogent-sur-Marne	Ressort de la chambre de proximité de Nogent-sur-Marne.
	Saint-Maur-des-Fossés	Ressort de la chambre de proximité de Saint-Maur-des-Fossés.
	Villejuif	Ressort de la chambre de proximité de Villejuif.
Yonne		
Auxerre		Ressort du tribunal judiciaire d'Auxerre.
Sens		Ressort du tribunal judiciaire de Sens.
Cour d'appel de Pau		
Hautes-Pyrénées		
Tarbes		Ressort du tribunal judiciaire de Tarbes.
Landes		
Dax		Ressort du tribunal judiciaire de Dax.
Mont-de-Marsan		Ressort du tribunal judiciaire de Mont-de-Marsan.
Pyrénées-Atlantiques		
Bayonne		Ressort du tribunal judiciaire de Bayonne.
Pau		Ressort du tribunal judiciaire de Pau.
Cour d'appel de Poitiers		
Charente-Maritime		
La Rochelle		Ressort du tribunal judiciaire de La Rochelle.
Saintes		Ressort du tribunal judiciaire de Saintes.
Deux-Sèvres		
	Bressuire	Ressort de la chambre de proximité de Bressuire.
Niort		Ressort du tribunal judiciaire de Niort, à l'exception du ressort de la chambre de proximité de Bressuire.

	Vendée	
La-Roche-sur-Yon		Ressort des tribunaux judiciaires de La-Roche-sur-Yon et des Sables-d'Olonne.
	Vienne	
Poitiers		Ressort du tribunal judiciaire de Poitiers.

	Cour d'appel de Reims	
	Ardennes	
Charleville-Mézières		Ressort du tribunal judiciaire de Charleville-Mézières.
	Aube	
Troyes		Ressort du tribunal judiciaire de Troyes.
	Marne	
Châlons-en-Champagne		Ressort du tribunal judiciaire de Châlons-en-Champagne.
Reims		Ressort du tribunal judiciaire de Reims.

	Cour d'appel de Rennes	
	Côtes-d'Armor	
Saint-Brieuc		Ressort du tribunal judiciaire de Saint-Brieuc.
	Finistère	
Brest		Ressort du tribunal judiciaire de Brest.
Quimper		Ressort du tribunal judiciaire de Quimper.
	Ille-et-Vilaine	
Rennes		Ressort des tribunaux judiciaires de Rennes et de Saint-Malo.
	Loire-Atlantique	
Nantes		Ressort du tribunal judiciaire de Nantes.

Saint-Nazaire		Ressort du tribunal judiciaire de Saint-Nazaire.
Morbihan		
Vannes		Ressort des tribunaux judiciaires de Lorient et de Vannes.
Cour d'appel de Riom		
Allier		
Montluçon		Ressort du tribunal judiciaire de Montluçon.
Moulins		Ressort du tribunal judiciaire de Moulins.
	Vichy	Ressort du tribunal judiciaire de Cusset.
Cantal		
Aurillac		Ressort du tribunal judiciaire d'Aurillac, à l'exception du ressort de la chambre de proximité de Saint-Flour
	Saint-Flour	Ressort de la chambre de proximité de Saint-Flour.
Haute-Loire		
Le-Puy-en-Velay		Ressort du tribunal judiciaire du Puy-en-Velay.
Puy-de-Dôme		
Clermont-Ferrand		Ressort du tribunal judiciaire de Clermont-Ferrand, à l'exception du ressort des chambres de proximité de Riom et Thiers.
	Riom	Ressort de la chambre de proximité de Riom.
	Thiers	Ressort de la chambre de proximité de Thiers.
Cour d'appel de Rouen		
Eure		
Evreux		Ressort du tribunal judiciaire d'Evreux.
Seine-Maritime		
Dieppe		Ressort du tribunal judiciaire de Dieppe.

Le Havre		Ressort du tribunal judiciaire du Havre.
Rouen		Ressort du tribunal judiciaire de Rouen.
Cour d'appel de Saint-Denis		
Mayotte		
Mamoudzou		Ressort du tribunal judiciaire de Mamoudzou.
Réunion		
	Saint-Benoit	Ressort de la chambre de proximité de Saint-Benoit.
Saint-Denis		Ressort du tribunal judiciaire de Saint-Denis, à l'exception du ressort des chambres de proximité de Saint-Paul et Saint-Benoit.
	Saint-Paul	Ressort de la chambre de proximité de Saint-Paul.
Saint-Pierre		Ressort du tribunal judiciaire de Saint-Pierre.
Cour d'appel de Toulouse		
Ariège		
Foix		Ressort du tribunal judiciaire de Foix.
Haute-Garonne		
Toulouse		Ressort des tribunaux judiciaires de Saint-Gaudens e Toulouse.
Tarn		
Albi		Ressort des tribunaux judiciaires d'Albi et de Castres
Tarn-et-Garonne		
Montauban		Ressort du tribunal judiciaire de Montauban.
Cour d'appel de Versailles		
Eure-et-Loir		
Chartres		Ressort du tribunal judiciaire de Chartres, à l'exceptio du ressort de la chambre de proximité de Dreux.

	Dreux	Ressort de la chambre de proximité de Dreux.
	Hauts-de-Seine	
	Antony	Ressort de la chambre de proximité d'Antony.
	Asnières-sur-Seine	Ressort de la chambre de proximité d'Asnières-sur-Seine.
	Boulogne-Billancourt	Ressort de la chambre de proximité de Boulogne-Billancourt.
	Colombes	Ressort de la chambre de proximité de Colombes.
	Courbevoie	Ressort de la chambre de proximité de Courbevoie.
	Puteaux	Ressort de la chambre de proximité de Puteaux.
	Vanves	Ressort de la chambre de proximité de Vanves.
	Val-d'Oise	
	Gonesse	Ressort de la chambre de proximité de Gonesse.
	Montmorency	Ressort de la chambre de proximité de Montmorency.
Pontoise		Ressort du tribunal judiciaire de Pontoise, à l'exception du ressort des chambres de proximité de Gonesse, Montmorency et Sannois.
	Sannois	Ressort de la chambre de proximité de Sannois.
	Yvelines	
	Mantes-la-Jolie	Ressort de la chambre de proximité de Mantes-la-Jolie.
	Poissy	Ressort de la chambre de proximité de Poissy.
	Rambouillet	Ressort de la chambre de proximité de Rambouillet.
	Saint-Germain-en-Laye	Ressort de la chambre de proximité de Saint-Germain-en-Laye.
Versailles		Ressort du tribunal judiciaire de Versailles, à l'exception du ressort des chambres de proximité de Mantes-la-Jolie, Poissy, Rambouillet et Saint-Germain-en-Laye.

	Tribunal supérieur d'appel de Saint-Pierre	
	Saint-Pierre-et-Miquelon	
Saint-Pierre		Ressort du tribunal de première instance de Saint-Pierre.

NOTA :
Conformément aux I et III de l'article 13 du décret n° 2019-914 du 30 août 2019, ces dispositions entrent en vigueur le 1er janvier 2020 et sont applicables aux procédures en cours à leur date d'entrée en vigueur, dans les conditions déterminées par les IV à VIII de l'article 40 du décret n° 2019-912 du 30 août 2019.

Annexe Tableau IX-I

Modifié par Décret n°2021-439 du 13 avril 2021 - art. 1

SIÈGE ET RESSORT DES TRIBUNAUX JUDICIAIRES OU DES CHAMBRES DE PROXIMITÉ DONT LES JUGES DES CONTENTIEUX DE LA PROTECTION SONT SEULS COMPÉTENTS, DANS LE RESSORT DE CERTAINS TRIBUNAUX JUDICIAIRES, POUR CONNAÎTRE DES MESURES DE TRAITEMENT DES SITUATIONS DE SURENDETTEMENT DES PARTICULIERS ET DES PROCÉDURES DE RÉTABLISSEMENT PERSONNEL

(annexe de l'article R. 213-9-6)

SIÈGE		RESSORT
TRIBUNAL JUDICIAIRE	**CHAMBRE DE PROXIMITE**	
Cour d'appel d'Aix-en-Provence		
Alpes-Maritimes		
Nice		Ressort du tribunal judiciaire de Nice
Bouches-du-Rhône		
Aix-en-Provence		Ressort du tribunal judiciaire d'Aix-en-Provence à l'exception du ressort de la chambre de proximité de Martigues
Marseille		Ressort du tribunal judiciaire de Marseille
Cour d'appel d'Angers		

	Sarthe	
Le Mans		Ressort du tribunal judiciaire du Mans
	Cour d'appel de Paris	
	Seine-Saint-Denis	
Bobigny		Ressort du tribunal judiciaire de Bobigny
	Val-de-Marne	
	Villejuif	Ressort du tribunal judiciaire de Créteil
	Cour d'appel de Reims	
	Ardennes	
Charleville-Mézières		Ressort du tribunal judiciaire de Charleville-Mézières
	Cour d'appel de Toulouse	
	Ariège	
Foix		Ressort du tribunal judiciaire de Foix
	Tarn-et-Garonne	
Montauban		Ressort du tribunal judiciaire de Montauban
	Cour d'appel de Versailles	
	Hauts-de-Seine	
	Asnières-sur-Seir	Ressort du tribunal judiciaire de Nanterre
	Val-d'Oise	
Pontoise		Ressort du tribunal judiciaire de Pontoise
	Yvelines	
Versailles		Ressort du tribunal judiciaire de Versailles à l'exception du resso de la chambre de proximité de Saint-Germain-en-Laye

NOTA :
Conformément à l'article 2 du décret n° 2021-439 du 13 avril 2021, ces dispositions sont applicables aux instances introduites à compter du 1er juillet 2021.

Annexe Tableau XI

Modifié par Décret n°2019-914 du 30 août 2019 - art.

SIÈGE ET RESSORT DES GREFFES DÉTACHÉS IMPLANTÉS HORS DU SIÈGE D'UNE CHAMBRE DE PROXIMITÉ

(annexe de l'article D. 212-17-2)

TRIBUNAL JUDICIAIRE	CHAMBRE DE PROXIMITÉ	SIÈGE DU GREFFE DÉTACHÉ	RESSORT DU GREFFE DÉTACHÉ
Cour d'appel de Saint-Denis			
Mamoudzou		Sada	Cantons de Bouéni, Bandrele, Chiconi, Chirongui, Kani-Kéli, Sada

NOTA :
Conformément aux I et III de l'article 13 du décret n° 2019-914 du 30 août 2019, ces dispositions entrent en vigueur le 1er janvier 2020 et sont applicables aux procédures en cours à leur date d'entrée en vigueur, dans les conditions déterminées par les IV à VIII de l'article 40 du décret n° 2019-912 du 30 août 2019.

Annexe Tableau XII

Modifié par Décret n°2019-914 du 30 août 2019 - art. 9

Siège et ressort du tribunal pour la navigation du Rhin et du tribunal de première instance pour la navigation de la Moselle (annexe de l'article D. 215-2)

SIÈGE	RESSORT
Tribunal pour la navigation du Rhin	
Strasbourg	Partie du Rhin située en territoire français.
Tribunal de première instance pour la navigation de la Moselle	
Thionville	Partie de la Moselle située entre Metz et la frontière.

NOTA :
Conformément aux I et III de l'article 13 du décret n° 2019-914 du 30 août 2019, ces dispositions entrent en vigueur le 1er janvier 2020 et sont applicables aux procédures en cours à leur date d'entrée en vigueur, dans les conditions déterminées par les IV à VIII de l'article 40 du décret n° 2019-912 du 30 août 2019.

Annexe Tableau XIII

Modifié par Arrêté du 30 août 2019 - art.

Liste des bureaux fonciers
(annexe de l'article D. 215-4)

SIEGE DU TRIBUNAL JUDICIAIRE	SIEGE DE LA CHAMBRE DE PROXIMITE	BUREAU FONCIER	RESSORT
Cour d'appel de Colmar			
Colmar		Colmar	Ressort du tribunal judiciaire de Colmar à l'exception du ressort des chambres de proximité de Guebwiller et de Sélestat
Colmar	Guebwiller	Guebwiller	Ressort de la chambre de proximité de Guebwiller
	Sélestat	Sélestat	Ressort de la chambre de proximité de Sélestat
Mulhouse		Mulhouse	Ressort du tribunal judiciaire de Mulhouse à l'exception du ressort de la chambre de proximité de Thann
	Thann	Thann	Ressort de la chambre de proximité de Thann
Saverne		Saverne	Ressort du tribunal judiciaire de Saverne
Strasbourg		Strasbourg	Ressort du tribunal judiciaire de Strasbourg à

			l'exception du ressort de la chambre de proximité d'Haguenau
	Haguenau	Haguenau	Ressort de la chambre de proximité d'Haguenau
Cour d'appel de Metz			
	Metz	Metz	Ressort du tribunal judiciaire de Metz
	Sarreguemines	Sarreguemines	Ressort du tribunal judiciaire de Sarreguemines
	Thionville	Thionville	Ressort du tribunal judiciaire de Thionville

NOTA :
Conformément à l'article 3 de l'arrêté du 30 août 2019, ces dispositions entrent en vigueur le 1er janvier 2020 et sont applicables aux procédures en cours dans les conditions déterminées par les IV à VIII de l'article 40 du décret n° 2019-912.

Annexe Tableau XIV

Modifié par Décret n°2019-912 du 30 août 2019 - art. 23 (V)
Modifié par Décret n°2019-914 du 30 août 2019 - art. 9

Siège et ressort des tribunaux pour enfants
(annexe de l'article D. 251-1)

SIÈGE	RESSORT
Cour d'appel d'Agen	
Gers	
Auch	Ressort du tribunal judiciaire d'Auch.
Lot	
Cahors	Ressort du tribunal judiciaire de Cahors.
Lot-et-Garonne	
[Agen	Ressort du tribunal judiciaire d'Agen. (4)]
Cour d'appel d'Aix-en-Provence	
Alpes-de-Haute-Provence	
Digne-les-Bains	Ressort du tribunal judiciaire de Digne-les-Bains.
Alpes-Maritimes	
Grasse	Ressort du tribunal judiciaire de Grasse.
Nice	Ressort du tribunal judiciaire de Nice.
Bouches-du-Rhône	
Aix-en-Provence	Ressort du tribunal judiciaire d'Aix-en-Provence.
Marseille	Ressort du tribunal judiciaire de Marseille.
Tarascon	Ressort du tribunal judiciaire de Tarascon.
Var	
Draguignan	Ressort du tribunal judiciaire de Draguignan.

Toulon	Ressort du tribunal judiciaire de Toulon.
Cour d'appel d'Amiens	
Aisne	
Laon	Ressort du tribunal judiciaire de Laon.
Saint-Quentin	Ressort du tribunal judiciaire de Saint-Quentin.
Soissons	Ressort du tribunal judiciaire de Soissons.
Oise	
Beauvais	Ressort du tribunal judiciaire de Beauvais.
Compiègne	Ressort du tribunal judiciaire de Compiègne.
Senlis	Ressort du tribunal judiciaire de Senlis.
Somme	
[Amiens	Ressort du tribunal judiciaire d'Amiens. (4)]
Cour d'appel d'Angers	
Maine-et-Loire	
Angers	Ressort des tribunaux judiciaire d'Angers et de Saumur.
Mayenne	
Laval	Ressort du tribunal judiciaire de Laval.
Sarthe	
Le Mans	Ressort du tribunal judiciaire du Mans.
Cour d'appel de Basse-Terre	
Guadeloupe	
Basse-Terre	Ressort du tribunal judiciaire de Basse-Terre.
Pointe-à-Pitre	Ressort du tribunal judiciaire de Pointe-à-Pitre.
Cour d'appel de Bastia	
Corse-du-Sud	
Ajaccio	Ressort du tribunal judiciaire d'Ajaccio.
Haute-Corse	
Bastia	Ressort du tribunal judiciaire de Bastia.
Cour d'appel de Besançon	
Doubs	
Montbéliard	Ressort du tribunal judiciaire de Montbéliard.
Besançon	Ressort du tribunal judiciaire de Besançon.
Haute-Saône	
[Vesoul	Ressort du tribunal judiciaire de Vesoul. (4)]
Jura	
[Lons-le-Saunier	Ressort du tribunal judiciaire de Lons-le-Saunier. (4)]
Territoire de Belfort	
Belfort	Ressort du tribunal judiciaire de Belfort.
Cour d'appel de Bordeaux	
Charente	

Angoulême	Ressort du tribunal judiciaire d'Angoulême.
Dordogne	
Bergerac	Ressort du tribunal judiciaire de Bergerac.
Périgueux	Ressort du tribunal judiciaire de Périgueux.
Gironde	
Bordeaux	Ressort du tribunal judiciaire de Bordeaux.
Libourne	Ressort du tribunal judiciaire de Libourne.
Cour d'appel de Bourges	
Cher	
Bourges	Ressort du tribunal judiciaire de Bourges.
Indre	
Châteauroux	Ressort du tribunal judiciaire de Châteauroux.
Nièvre	
Nevers	Ressort du tribunal judiciaire de Nevers.
Cour d'appel de Caen	
Calvados	
Caen	Ressort des tribunaux judiciaire de Caen et Lisieux.
Manche	
Cherbourg-en-Cotentin	Ressort du tribunal judiciaire de Cherbourg-en-Cotentin.
[Coutances	Ressort du tribunal judiciaire de Coutances. (4)]
Orne	
Alençon	Ressort des tribunaux judiciaire d'Alençon et Argentan.
Cour d'appel de Cayenne (Guyane)	
Cayenne	Ressort du tribunal judiciaire de Cayenne.
Cour d'appel de Chambéry	
Haute-Savoie	
Annecy	Ressort du tribunal judiciaire d'Annecy.
Bonneville	Ressort du tribunal judiciaire de Bonneville.
Thonon-les-Bains	Ressort du tribunal judiciaire de Thonon-les-Bains.
Savoie	
Chambéry	Ressort des tribunaux judiciaire d'Albertville et Chambéry.
Cour d'appel de Colmar	
Bas-Rhin	
Saverne	Ressort du tribunal judiciaire de Saverne.
Strasbourg	Ressort du tribunal judiciaire de Strasbourg.
Haut-Rhin	
Colmar	Ressort du tribunal judiciaire de Colmar.
Mulhouse	Ressort du tribunal judiciaire de Mulhouse.
Cour d'appel de Dijon	
Côte-d'Or	
Dijon	Ressort du tribunal judiciaire de Dijon.

	Haute-Marne
Chaumont	Ressort du tribunal judiciaire de Chaumont.
	Saône-et-Loire
Chalon-sur-Saône	Ressort du tribunal judiciaire de Chalon-sur-Saône.
Mâcon	Ressort du tribunal judiciaire de Mâcon.
	Cour d'appel de Douai
	Nord
Avesnes-sur-Helpe	Ressort du tribunal judiciaire d'Avesnes-sur-Helpe.
Cambrai	Ressort du tribunal judiciaire de Cambrai.
Douai	Ressort du tribunal judiciaire de Douai.
[Dunkerque	Ressort du tribunal judiciaire de Dunkerque. (4)]
Lille	Ressort du tribunal judiciaire de Lille.
Valenciennes	Ressort du tribunal judiciaire de Valenciennes.
	Pas-de-Calais
Arras	Ressort du tribunal judiciaire d'Arras.
Béthune	Ressort du tribunal judiciaire de Béthune.
Boulogne-sur-Mer	Ressort du tribunal judiciaire de Boulogne-sur-Mer.
Saint-Omer	Ressort du tribunal judiciaire de Saint-Omer.
	Cour d'appel de Fort-de-France (Martinique)
Fort-de-France	Ressort du tribunal judiciaire de Fort-de-France.
	Cour d'appel de Grenoble
	Drôme
Valence	Ressort du tribunal judiciaire de Valence.
	Hautes-Alpes
Gap	Ressort du tribunal judiciaire de Gap.
	Isère
Bourgoin-Jallieu	Ressort du tribunal judiciaire de Bourgoin-Jallieu.
Grenoble	Ressort du tribunal judiciaire de Grenoble.
Vienne	Ressort du tribunal judiciaire de Vienne.
	Cour d'appel de Limoges
	Corrèze
Brive-la-Gaillarde	Ressort des tribunaux judiciaire de Brive-la-Gaillarde et Tulle.
	Creuse
Guéret	Ressort du tribunal judiciaire de Guéret.
	Haute-Vienne
Limoges	Ressort du tribunal judiciaire de Limoges.
	Cour d'appel de Lyon
	Ain
[Bourg-en-Bresse	Ressort du tribunal judiciaire de Bourg-en-Bresse. (4)]
	Loire
Roanne	Ressort du tribunal judiciaire de Roanne.
[Saint-Etienne	Ressort du tribunal judiciaire de Saint-Etienne. (4)]

	Rhône	
Lyon	Ressort du tribunal judiciaire de Lyon.	
Villefranche-sur-Saône	Ressort du tribunal judiciaire de Villefranche-sur-Saône.	
	Cour d'appel de Metz	
	Moselle	
Metz	Ressort du tribunal judiciaire de Metz.	
Thionville	Ressort du tribunal judiciaire de Thionville.	
Sarreguemines	Ressort du tribunal judiciaire de Sarreguemines.	
	Cour d'appel de Montpellier	
	Aude	
Carcassonne	Ressort du tribunal judiciaire de Carcassonne.	
Narbonne	Ressort du tribunal judiciaire de Narbonne.	
	Aveyron	
[Rodez	Ressort du tribunal judiciaire de Rodez. (4)]	
	Hérault	
Béziers	Ressort du tribunal judiciaire de Béziers.	
Montpellier	Ressort du tribunal judiciaire de Montpellier.	
	Pyrénées-Orientales	
Perpignan	Ressort du tribunal judiciaire de Perpignan.	
	Cour d'appel de Nancy	
	Meurthe-et-Moselle	
Val de Briey	Ressort du tribunal judiciaire de Val de Briey.	
Nancy	Ressort du tribunal judiciaire de Nancy.	
	Meuse	
Verdun	Ressort des tribunaux judiciaire de Bar-le-Duc et Verdun.	
	Vosges	
[Epinal	Ressort du tribunal judiciaire d'Epinal. (4)]	
	Cour d'appel de Nîmes	
	Ardèche	
Privas	Ressort du tribunal judiciaire de Privas.	
	Gard	
Nîmes	Ressort des tribunaux judiciaire d'Alès et Nîmes.	
	Lozère	
Mende	Ressort du tribunal judiciaire de Mende.	
	Vaucluse	
Avignon	Ressort du tribunal judiciaire d'Avignon.	
Carpentras	Ressort du tribunal judiciaire de Carpentras.	
	Cour d'appel de Nouméa	
	Nouvelle-Calédonie	
Nouméa	Ressort du tribunal de première instance de Nouméa.	
	Wallis-et-Futuna	

Mata-Utu	Ressort du tribunal de première instance de Mata-Utu.
Cour d'appel d'Orléans	
Indre-et-Loire	
Tours	Ressort du tribunal judiciaire de Tours.
Loiret	
Montargis	Ressort du tribunal judiciaire de Montargis.
Orléans	Ressort du tribunal judiciaire d'Orléans.
Loir-et-Cher	
Blois	Ressort du tribunal judiciaire de Blois.
Tribunal supérieur d'appel de Papeete	
Polynésie française	
Papeete	Ressort du tribunal de première instance de Papeete.
Cour d'appel de Paris	
Essonne	
Evry-Courcouronnes	Ressort du tribunal judiciaire d'Evry-Courcouronnes
Paris	
Paris	Ressort du tribunal judiciaire de Paris.
Seine-et-Marne	
Meaux	Ressort du tribunal judiciaire de Meaux.
Melun	Ressort des tribunaux judiciaire de Fontainebleau et Melun.
Seine-Saint-Denis	
Bobigny	Ressort du tribunal judiciaire de Bobigny.
Val-de-Marne	
Créteil	Ressort du tribunal judiciaire de Créteil.
Yonne	
Auxerre	Ressort des tribunaux judiciaire d'Auxerre et Sens.
Cour d'appel de Pau	
Hautes-Pyrénées	
Tarbes	Ressort du tribunal judiciaire de Tarbes.
Landes	
Dax	Ressort du tribunal judiciaire de Dax.
Mont-de-Marsan	Ressort du tribunal judiciaire de Mont-de-Marsan.
Pyrénées-Atlantiques	
Bayonne	Ressort du tribunal judiciaire de Bayonne.
Pau	Ressort du tribunal judiciaire de Pau.
Cour d'appel de Poitiers	
Charente-Maritime	
[La Rochelle	Ressort du tribunal judiciaire de La Rochelle. (6)]
[Saintes	Ressort du tribunal judiciaire de Saintes. (6)]
Deux-Sèvres	
[Niort	Ressort du tribunal judiciaire de Niort. (4)]

	Vendée
La Roche-sur-Yon	Ressort des tribunaux judiciaire de La Roche-sur-Yon et Les Sables-d'Olonne
	Vienne
Poitiers	Ressort du tribunal judiciaire de Poitiers.
Cour d'appel de Reims	
Ardennes	
Charleville-Mézières	Ressort du tribunal judiciaire de Charleville-Mézières.
	Aube
Troyes	Ressort du tribunal judiciaire de Troyes.
	Marne
Châlons-en-Champagn	Ressort du tribunal judiciaire de Châlons-en-Champagne.
Reims	Ressort du tribunal judiciaire de Reims.
Cour d'appel de Rennes	
Côtes-d'Armor	
[Saint-Brieuc	Ressort du tribunal judiciaire de Saint-Brieuc. (4)]
	Finistère
[Brest	Ressort du tribunal judiciaire de Brest. (4)]
Quimper	Ressort du tribunal judiciaire de Quimper.
	Ille-et-Vilaine
Rennes	Ressort du tribunal judiciaire de Rennes.
Saint-Malo	Ressort du tribunal judiciaire de Saint-Malo.
	Loire-Atlantique
Nantes	Ressort du tribunal judiciaire de Nantes.
Saint-Nazaire	Ressort du tribunal judiciaire de Saint-Nazaire.
	Morbihan
Lorient	Ressort du tribunal judiciaire de Lorient.
Vannes	Ressort du tribunal judiciaire de Vannes.
Cour d'appel de Riom	
Allier	
Moulins	Ressort des tribunaux judiciaire de Cusset, Montluçon et Moulins.
	Cantal
Aurillac	Ressort du tribunal judiciaire d'Aurillac.
	Haute-Loire
Le Puy-en-Velay	Ressort du tribunal judiciaire du Puy-en-Velay.
	Puy-de-Dôme
[Clermont-Ferrand	Ressort du tribunal judiciaire de Clermont-Ferrand. (4)]
Cour d'appel de Rouen	
Eure	
[Evreux	Ressort du tribunal judiciaire d'Evreux. (4)]
	Seine-Maritime
Dieppe	Ressort du tribunal judiciaire de Dieppe.
Le Havre	Ressort du tribunal judiciaire du Havre.

Rouen	Ressort du tribunal judiciaire de Rouen.
Cour d'appel de Saint-Denis	
La Réunion	
Saint-Denis	Ressort du tribunal judiciaire de Saint-Denis.
Saint-Pierre	Ressort du tribunal judiciaire de Saint-Pierre.
Mayotte	
Mamoudzou	Ressort du tribunal judiciaire de Mamoudzou
Cour d'appel de Toulouse	
Ariège	
Foix	Ressort du tribunal judiciaire de Foix.
Haute-Garonne	
Toulouse	Ressort des tribunaux judiciaire de Saint-Gaudens et de Toulouse.
Tarn	
Albi	Ressort du tribunal judiciaire d'Albi.
Castres	Ressort du tribunal judiciaire de Castres.
Tarn-et-Garonne	
Montauban	Ressort du tribunal judiciaire de Montauban.
Cour d'appel de Versailles	
Eure-et-Loir	
Chartres	Ressort du tribunal judiciaire de Chartres.
Hauts-de-Seine	
Nanterre	Ressort du tribunal judiciaire de Nanterre.
Val-d'Oise	
Pontoise	Ressort du tribunal judiciaire de Pontoise.
Yvelines	
Versailles	Ressort du tribunal judiciaire de Versailles.
Tribunal supérieur d'appel de Saint-Pierre	
Saint-Pierre-et-Miquelon	
Saint-Pierre	Ressort du tribunal judiciaire de Saint-Pierre
(4) Applicable à compter du 1er janvier 2011.	
(6) Applicable à compter du 1er janvier 2011.	
(12) Applicable à compter du 1er juillet 2014.	

NOTA :
Conformément aux I et III de l'article 13 du décret n° 2019-914 du 30 août 2019, ces dispositions entrent en vigueur le 1er janvier 2020 et sont applicables aux procédures en cours à leur date d'entrée en vigueur, dans les conditions déterminées par les IV à VIII de l'article 40 du décret n° 2019-912 du 30 août 2019..

Annexe Tableau XV

Modifié par Décret n°2019-912 du 30 août 2019 - art. 23 (V)

Listes des tribunaux pour enfants dans lesquels les fonctions de président et, le cas échéant, celles de vice-président sont confiées à un vice-président du tribunal judiciaire chargé des fonctions de juge des enfants (annexe de l'article D. 251-2)

TRIBUNAUX POUR ENFANTS DANS LESQUELS LES FONCTIONS DE PRÉSIDENT SONT CONFIÉES À UN VICE-PRÉSIDENT DU TRIBUNAL JUDICIAIRE CHARGÉ DES FONCTIONS DE JUGE DES ENFANTS
Cour d'appel d'Aix-en-Provence
Tribunal pour enfants de Marseille.
Cour d'appel de Douai
Tribunal pour enfants de Lille.
Cour d'appel de Lyon
Tribunal pour enfants de Lyon.
Cour d'appel de Paris
Tribunal pour enfants de Bobigny.
Tribunal pour enfants de Créteil.
Tribunal pour enfants de Paris.
Cour d'appel de Versailles
Tribunal pour enfants de Nanterre.

.

TRIBUNAUX POUR ENFANTS DANS LESQUELS LES FONCTIONS DE VICE-PRÉSIDENT SONT CONFIÉES À UN VICE-PRÉSIDENT DU TRIBUNAL JUDICIAIRE CHARGÉ DES FONCTIONS DE JUGE DES ENFANTS
Cour d'appel de Paris
Tribunal judiciaire de Paris.

NOTA :
Conformément au I de l'article 40 du décret n° 2019-912 du 30 août 2019, ces dispositions entrent en vigueur le 1er janvier 2020. Se reporter aux conditions d'application prévues aux IV à VIII du même article 40.

Annexe Tableau XVI

Modifié par Décret n°2019-1316 du 9 décembre 2019 - art. 14

Siège et ressort des cours d'appel mentionnées à l'article R. 411-19 du code de la propriété intellectuelle compétentes pour connaître directement des recours formés contre les décisions du directeur général de l'Institut national de la propriété industrielle en matière de délivrance, rejet ou maintien des dessins et modèles et des marques, de nullité ou de déchéance des marques, en matière d'homologation, de rejet et de retrait d'homologation du cahier des charges des indications géographiques définies à l'article L. 721-2 du code de la propriété intellectuelle, ainsi qu'en matière d'homologation et de rejet des modifications de ce cahier des charges (annexe de l'article D. 311-8) :

SIÈGE	RESSORT
Aix-en-Provence	Ressort des cours d'appel d'Aix-en-Provence, Bastia, Montpellier et Nîmes.
Bordeaux	Ressort des cours d'appel d'Agen, Bordeaux, Limoges, Pau et Toulouse.
Colmar	Ressort de la cour d'appel de Colmar.
Douai	Ressort des cours d'appel d'Amiens, Douai, Reims et Rouen.
Fort-de-France	Ressort des cours d'appel de Basse-Terre, Cayenne et Fort-de-France.
Lyon	Ressort des cours d'appel de Chambéry, Grenoble, Lyon et Riom.
Nancy	Ressort des cours d'appel de Besançon, Dijon, Metz et Nancy.
Paris	Ressort des cours d'appel de Bourges, Paris, Orléans, Nouméa, Papeete, Saint-Denis e du tribunal supérieur d'appel de Saint-Pierre.
Rennes	Ressort des cours d'appel d'Angers, Caen, Poitiers et Rennes.
Versailles	Ressort de la cour d'appel de Versailles.

Annexe Tableau XVII

Siège et ressort des tribunaux du travail
(annexe des articles R. 552-31 et R. 562-40)

SIÈGE	RESSORT
	Cour d'appel de Nouméa
Nouméa.	Ressort du tribunal de première instance de Nouméa.
	Cour d'appel de Papeete
Nuku-Hiva	Ressort de la section détachée de Nuku-Hiva.
Papeete.	Ressort du tribunal de première instance de Papeete, à l'exception des ressorts des sections détachées de Nuku Hiva et Uturoa.
Uturoa.	Ressort de la section détachée d'Uturoa.

Annexes (Article Annexe Tableau III) (abrogé)

Annexe Tableau III

Modifié par Décret n°2008-235 du 6 mars 2008 - art.

TABLEAU III

SIÈGE ET RESSORT DES TRIBUNAUX POUR ENFANTS

SIÈGE	RESSORT

Cour d'appel d'Agen	
Gers	
Auch	Ressort du tribunal de grande instance d'Auch.
Lot	
Cahors	Ressort du tribunal de grande instance de Cahors.
Lot-et-Garonne	
Agen	Ressort du tribunal de grande instance d'Agen.
Cour d'appel d'Aix-en-Provence	
Alpes-de-Haute-Provence	
Digne-les-Bains	Ressort du tribunal de grande instance de Digne-les-Bains.
Alpes-Maritimes	
Grasse	Ressort du tribunal de grande instance de Grasse.
Nice	Ressort du tribunal de grande instance de Nice.
Bouches-du-Rhône	
Aix-en-Provence	Ressort du tribunal de grande instance d'Aix-en-Provence.

Marseille	Ressort du tribunal de grande instance de Marseille.
Tarascon	Ressort du tribunal de grande instance de Tarascon.
Var	
Draguignan	Ressort du tribunal de grande instance de Draguignan.
Toulon	Ressort du tribunal de grande instance de Toulon.
Cour d'appel d'Amiens	
Aisne	
Laon	Ressort du tribunal de grande instance de Laon.
Saint-Quentin	Ressort du tribunal de grande instance de Saint-Quentin.
Soissons	Ressort du tribunal de grande instance de Soissons.
Oise	
Beauvais	Ressort du tribunal de grande instance de Beauvais.
Compiègne	Ressort du tribunal de grande instance de Compiègne.
Senlis	Ressort du tribunal de grande instance de Senlis.
Somme	
Amiens	Ressort du tribunal de grande instance d'Amiens.

Cour d'appel d'Angers	
Maine-et-Loire	
Angers	Ressort du tribunal de grande instance d'Angers.
Mayenne	
Laval	Ressort du tribunal de grande instance de Laval.
Sarthe	
Le Mans	Ressort du tribunal de grande instance du Mans.
Cour d'appel de Basse-Terre	
Guadeloupe	
Basse-Terre	Ressort du tribunal de grande instance de Basse-Terre.
Pointe-à-Pitre	Ressort du tribunal de grande instance de Pointe-à-Pitre.
Cour d'appel de Bastia	
Corse-du-Sud	
Ajaccio	Ressort du tribunal de grande instance d'Ajaccio.
Haute-Corse	
Bastia	Ressort du tribunal de grande instance de Bastia.

Cour d'appel de Besançon	
Doubs	
Montbéliard	Ressort du tribunal de grande instance de Montbéliard.
Besançon	Ressort du tribunal de grande instance de Besançon.
Haute-Saône	
Vesoul	Ressort du tribunal de grande instance de Vesoul.
Jura	
Lons-le-Saunier	Ressort du tribunal de grande instance de Lons-le-Saunier.
Territoire de Belfort	
Belfort	Ressort du tribunal de grande instance de Belfort.
Cour d'appel de Bordeaux	
Charente	
Angoulême	Ressort du tribunal de grande instance d'Angoulême.
Dordogne	
Bergerac	Ressort du tribunal de grande instance de Bergerac.
Périgueux	Ressort du tribunal de grande instance de Périgueux.

	Gironde	
	Bordeaux	Ressort du tribunal de grande instance de Bordeaux.
	Libourne	Ressort du tribunal de grande instance de Libourne.
Cour d'appel de Bourges		
	Cher	
	Bourges	Ressort du tribunal de grande instance de Bourges.
	Indre	
	Châteauroux	Ressort du tribunal de grande instance de Châteauroux.
	Nièvre	
	Nevers	Ressort du tribunal de grande instance de Nevers.
Cour d'appel de Caen		
	Calvados	
	Caen	Ressort des tribunaux de grande instance de Caen et Lisieux.
	Manche	
	Cherbourg-Octeville	Ressort du tribunal de grande instance de Cherbourg-Octeville.
	Coutances	Ressort du tribunal de grande instance de Coutances.

	Orne	
	Alençon	Ressort des tribunaux de grande instance d'Alençon et Argentan.
	Cour d'appel de Chambéry	
	Haute-Savoie	
	Annecy	Ressort du tribunal de grande instance d'Annecy.
	Bonneville	Ressort du tribunal de grande instance de Bonneville.
	Thonon-les-Bains	Ressort du tribunal de grande instance de Thonon-les-Bains.
	Savoie	
	Chambéry	Ressort des tribunaux de grande instance d'Albertville et Chambéry.
	Cour d'appel de Colmar	
	Bas-Rhin	
	Saverne	Ressort du tribunal de grande instance de Saverne.
	Strasbourg	Ressort du tribunal de grande instance de Strasbourg.
	Haut-Rhin	
	Colmar	Ressort du tribunal de grande instance de Colmar.
	Mulhouse	Ressort du tribunal de grande instance de Mulhouse.

Cour d'appel de Dijon	
Côte-d'Or	
Dijon	Ressort du tribunal de grande instance de Dijon.
Haute-Marne	
Chaumont	Ressort du tribunal de grande instance de Chaumont.
Saône-et-Loire	
Chalon-sur-Saône	Ressort du tribunal de grande instance de Chalon-sur-Saône.
Mâcon	Ressort du tribunal de grande instance de Mâcon.
Cour d'appel de Douai	
Nord	
Avesnes-sur-Helpe	Ressort du tribunal de grande instance d'Avesnes-sur-Helpe.
Cambrai	Ressort du tribunal de grande instance de Cambrai.
Douai	Ressort du tribunal de grande instance de Douai.
Dunkerque	Ressort du tribunal de grande instance de Dunkerque.
Lille	Ressort du tribunal de grande instance de Lille.
Valenciennes	Ressort du tribunal de grande instance de Valenciennes.

Pas-de-Calais	
Arras	Ressort du tribunal de grande instance d'Arras.
Béthune	Ressort du tribunal de grande instance de Béthune.
Boulogne-sur-Mer	Ressort du tribunal de grande instance de Boulogne-sur-Mer.
Saint-Omer	Ressort du tribunal de grande instance de Saint-Omer.
Cour d'appel de Fort-de-France	
Guyane	
Cayenne	Ressort du tribunal de grande instance de Cayenne.
Martinique	
Fort-de-France	Ressort du tribunal de grande instance de Fort-de-France.
Cour d'appel de Grenoble	
Drôme	
Valence	Ressort du tribunal de grande instance de Valence.
Hautes-Alpes	
Gap	Ressort du tribunal de grande instance de Gap.
Isère	

Grenoble	Ressort du tribunal de grande instance de Grenoble.
Vienne	Ressort du tribunal de grande instance de Vienne.
Cour d'appel de Limoges	
Corrèze	
Brive-la-Gaillarde	Ressort du tribunal de grande instance de Brive-la-Gaillarde.
Creuse	
Guéret	Ressort du tribunal de grande instance de Guéret.
Haute-Vienne	
Limoges	Ressort du tribunal de grande instance de Limoges.
Cour d'appel de Lyon	
Ain	
Bourg-en-Bresse	Ressort du tribunal de grande instance de Bourg-en-Bresse.
Loire	
Roanne	Ressort du tribunal de grande instance de Roanne.
Saint-Etienne	Ressort du tribunal de grande instance de Saint-Etienne.
Rhône	

Lyon	Ressort du tribunal de grande instance de Lyon.
Villefranche-sur-Saône	Ressort du tribunal de grande instance de Villefranche-sur-Saône.
Cour d'appel de Metz	
Moselle	
Metz	Ressort du tribunal de grande instance de Metz.
Thionville	Ressort du tribunal de grande instance de Thionville.
Sarreguemines	Ressort du tribunal de grande instance de Sarreguemines.
Cour d'appel de Montpellier	
Aude	
Carcassonne	Ressort du tribunal de grande instance de Carcassonne.
Narbonne	Ressort du tribunal de grande instance de Narbonne.
Aveyron	
Rodez	Ressort du tribunal de grande instance de Rodez.
Hérault	
Béziers	Ressort du tribunal de grande instance de Béziers.
Montpellier	Ressort du tribunal de grande instance de Montpellier.

Pyrénées-Orientales	
Perpignan	Ressort du tribunal de grande instance de Perpignan.
Cour d'appel de Nancy	
Meurthe-et-Moselle	
Briey	Ressort du tribunal de grande instance de Briey.
Nancy	Ressort du tribunal de grande instance de Nancy.
Meuse	
Verdun	Ressort des tribunaux de grande instance de Bar-le-Duc et Verdun.
Vosges	
Epinal	Ressort du tribunal de grande instance d'Epinal.
Cour d'appel de Nîmes	
Ardèche	
Privas	Ressort du tribunal de grande instance de Privas.
Gard	
Nîmes	Ressort des tribunaux de grande instance d'Alès et Nîmes.
Lozère	

	Mende	Ressort du tribunal de grande instance de Mende.
	Vaucluse	
	Avignon	Ressort du tribunal de grande instance d'Avignon.
	Carpentras	Ressort du tribunal de grande instance de Carpentras.
Cour d'appel de Nouméa		
	Nouvelle-Calédonie	
	Nouméa	Ressort du tribunal de première instance de Nouméa.
	Wallis-et-Futuna	
	Mata-Utu	Ressort du tribunal de première instance de Mata-Utu.
Cour d'appel d'Orléans		
	Indre-et-Loire	
	Tours	Ressort du tribunal de grande instance de Tours.
	Loiret	
	Montargis	Ressort du tribunal de grande instance de Montargis.
	Orléans	Ressort du tribunal de grande instance d'Orléans.
	Loir-et-Cher	

Blois	Ressort du tribunal de grande instance de Blois.
Tribunal supérieur d'appel de Papeete	
Polynésie française	
Papeete	Ressort du tribunal de première instance de Papeete.
Cour d'appel de Paris	
Essonne	
Evry	Ressort du tribunal de grande instance d'Evry.
Paris	
Paris	Ressort du tribunal de grande instance de Paris.
Seine-et-Marne	
Meaux	Ressort du tribunal de grande instance de Meaux.
Melun	Ressort des tribunaux de grande instance de Fontainebleau et Melun.
Seine-Saint-Denis	
Bobigny	Ressort du tribunal de grande instance de Bobigny.
Val-de-Marne	
Créteil	Ressort du tribunal de grande instance de Créteil.

Yonne	
Auxerre	Ressort des tribunaux de grande instance d'Auxerre et Sens.
Cour d'appel de Pau	
Hautes-Pyrénées	
Tarbes	Ressort du tribunal de grande instance de Tarbes.
Landes	
Dax	Ressort du tribunal de grande instance de Dax.
Mont-de-Marsan	Ressort du tribunal de grande instance de Mont-de-Marsan.
Pyrénées-Atlantiques	
Bayonne	Ressort du tribunal de grande instance de Bayonne.
Pau	Ressort du tribunal de grande instance de Pau.
Cour d'appel de Poitiers	
Charente-Maritime	
La Rochelle	Ressort des tribunaux de grande instance de La Rochelle et Saintes
Deux-Sèvres	
Niort	Ressort du tribunal de grande instance de Niort.

Vendée	
La Roche-sur-Yon	Ressort des tribunaux de grande instance de La Roche-sur-Yon et Les Sables-d'Olonne.
Vienne	
Poitiers	Ressort du tribunal de grande instance de Poitiers.
Cour d'appel de Reims	
Ardennes	
Charleville-Mézières	Ressort du tribunal de grande instance de Charleville-Mézières.
Aube	
Troyes	Ressort du tribunal de grande instance de Troyes.
Marne	
Châlons-en-Champagne	Ressort du tribunal de grande instance de Châlons-en-Champagne.
Reims	Ressort du tribunal de grande instance de Reims.
Cour d'appel de Rennes	
Côtes-d'Armor	
Saint-Brieuc	Ressort du tribunal de grande instance de Saint-Brieuc.
Finistère	

Brest	Ressort du tribunal de grande instance de Brest.
Quimper	Ressort du tribunal de grande instance de Quimper.
Ille-et-Vilaine	
Rennes	Ressort du tribunal de grande instance de Rennes.
Saint-Malo	Ressort du tribunal de grande instance de Saint-Malo.
Loire-Atlantique	
Nantes	Ressort du tribunal de grande instance de Nantes.
Saint-Nazaire	Ressort du tribunal de grande instance de Saint-Nazaire.
Morbihan	
Lorient	Ressort du tribunal de grande instance de Lorient.
Vannes	Ressort du tribunal de grande instance de Vannes.
Cour d'appel de Riom	
Allier	
Cusset	Ressort des tribunaux de grande instance de Cusset et Montluçon.
Cantal	
Aurillac	Ressort du tribunal de grande instance d'Aurillac.

Haute-Loire	
Le Puy-en-Velay	Ressort du tribunal de grande instance du Puy-en-Velay.
Puy-de-Dôme	
Clermont-Ferrand	Ressort du tribunal de grande instance de Clermont-Ferrand.
Cour d'appel de Rouen	
Eure	
Evreux	Ressort du tribunal de grande instance d'Evreux.
Seine-Maritime	
Dieppe	Ressort du tribunal de grande instance de Dieppe.
Le Havre	Ressort du tribunal de grande instance du Havre.
Rouen	Ressort du tribunal de grande instance de Rouen.
Cour d'appel de Saint-Denis	
La Réunion	
Saint-Denis	Ressort du tribunal de grande instance de Saint-Denis.
Saint-Pierre	Ressort du tribunal de grande instance de Saint-Pierre.
Cour d'appel de Toulouse	

Ariège	
Foix	Ressort du tribunal de grande instance de Foix.
Haute-Garonne	
Toulouse	Ressort du tribunal de grande instance de Toulouse.
Tarn	
Albi	Ressort du tribunal de grande instance d'Albi.
Castres	Ressort du tribunal de grande instance de Castres.
Tarn-et-Garonne	
Montauban	Ressort du tribunal de grande instance de Montauban.
Cour d'appel de Versailles	
Eure-et-Loir	
Chartres	Ressort du tribunal de grande instance de Chartres.
Hauts-de-Seine	
Nanterre	Ressort du tribunal de grande instance de Nanterre.
Val-d'Oise	
Pontoise	Ressort du tribunal de grande instance de Pontoise.

Yvelines	
Versailles	Ressort du tribunal de grande instance de Versailles.
Tribunal supérieur d'appel de Mamoudzou	
Mayotte	
Mamoudzou	Ressort du tribunal de première instance de Mamoudzou.
Tribunal supérieur d'appel de Saint-Pierre	
Saint-Pierre-et-Miquelon	
Saint-Pierre	Ressort du tribunal de première instance de Saint-Pierre.

Printed in Poland
by Amazon Fulfillment
Poland Sp. z o.o., Wrocław
05 March 2024